U0610413

本书得到同济大学马克思主义学院支持

批发市场概论

丁晓强　何建农　龚晓莺　主编

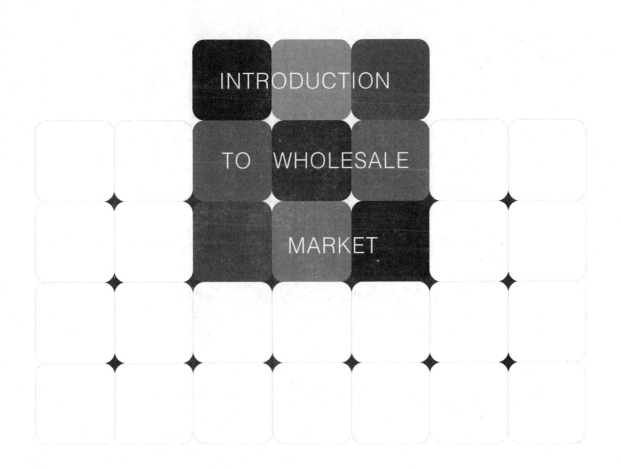

INTRODUCTION

TO WHOLESALE

MARKET

经济管理出版社
ECONOMY & MANAGEMENT PUBLISHING HOUSE

图书在版编目（CIP）数据

批发市场概论/丁晓强，何建农，龚晓莺主编 . —北京：经济管理出版社，2016. 10
ISBN 978 - 7 - 5096 - 4659 - 5

Ⅰ . ①批… Ⅱ . ①丁… ②何… ③龚… Ⅲ . ①批发市场—高等学校—教材 Ⅳ . ①F713. 31

中国版本图书馆 CIP 数据核字 (2016) 第 241798 号

组稿编辑：王光艳
责任编辑：许　兵
责任印制：黄章平
责任校对：超　凡

出版发行：经济管理出版社
　　　　　（北京市海淀区北蜂窝 8 号中雅大厦 A 座 11 层　100038）
网　　址：www. E - mp. com. cn
电　　话：（010）51915602
印　　刷：北京银祥印刷有限公司
经　　销：新华书店
开　　本：787 × 1092/16
印　　张：19. 75
字　　数：432 千字
版　　次：2017 年 1 月第 1 版　　2017 年 1 月第 1 次印刷
书　　号：ISBN 978 - 7 - 5096 - 4659 - 5
定　　价：68. 00 元

目　录

第一章
批发市场导论

教学目的及要求

了解批发和批发市场的概念，掌握我国批发市场产生的条件、特征以及发展阶段，明确批发市场的功能和作用，了解我国批发市场的现状以及未来的发展趋势。

教学重点及难点

掌握批发市场产生和发展的条件，特别要把握社会主义市场经济下，我国批发市场产生的历史条件；了解我国批发市场的现状，分析其存在的问题以及未来的发展趋势。

市场，从狭义上看，顾名思义，"市"就是交换，"场"就是场所，因此，市场是指商品交换的场所，如集市、商场等，我国古代有关"日中为市，致天下之民，聚天下之货，交易而退，各得其所"的记载（《易·系天下》），就是描述在一定时间、一定地点进行商品交易的场所。狭义的市场界定侧重说明，凡是商品交换总是离不开商品所有者与商品需求者之间的接触，而汇集众多商品所有者和商品需求者的地方就形成了市场。

第一节　批发市场概述

随着经济的发展，商品交换活动不再局限于同一时间、同一地点，由买卖双方直接完成，内容和形式都发生了深刻变化。因此，广义的市场概念是指以交换过程为纽带的现代经济体系中经济关系的总和，它反映人与人之间的关系，尤其是人与人之间的利益关系，还反映生产与生产之间、生产与消费之间错综复杂的商品交易关系，这是从无形的"关系"角度对市场进行的描述。美国市场营销学家菲利普·科特勒（Philip Kotler）站在生产者的角度，将市场描述为"具有某种需求或欲望，愿意并能够通过交换来满足这种需求或欲望的某种产品的实际购买者和潜在购买者的集合"。

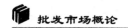

一、批发的概念

国内外学者对批发概念的界定做过很多探讨，形成了许多观点，如美国著名的市场营销学家菲利普·科特勒在《市场营销管理》一书中对批发的概念做了以下阐述："批发包含一切将货物或者服务销售给为了专卖或者商业用途而进行购买的人的活动。"美国商务部普查局将批发定义为：那些将产品卖给零售商和其他商人或者行业机构、商业机构，但不向最终消费者出售商品的人或企业的相关活动①。换句话说，批发是一切将物品和服务销售给那些用于经营用途客户的商业活动。

在上述的批发定义中强调了批发不是向最终消费者的销售行为。但在现实的销售对象中，非营利性组织也是最终消费者，因此，将最终消费者完全排除在批发销售对象之外也是不准确的。

结合我国批发业的特点，本书将批发定义为向再销售者、产业和事业用户销售商品或服务的行为。这里的再销售者是指二次及其以下的批发商或者零售商；产业用户，是指农、林、水产业者，矿山、建筑、工业、交通、邮电、服务业者等购买设备以及原材料的营利性组织，即第一产业、第二产业、第三产业的企业用户；事业用户，是指非营利性组织，这类组织不再以销售为目的，而是为了业务或者事业上的需要购买设备或材料，也是一种最终消费者。这样，我们可以将批发的销售对象归纳为企业或者事业单位，而将零售的销售对象归纳为家庭。因此，作为产销的中间环节，批发与零售的主要区别是：批发是为中间性消费者进行的购销活动，而零售则是为最终消费者服务的。

二、批发市场的概念

批发市场作为商品流通的一个范畴，具有两层含义：其一是作为场所名称，批发市场就是指商品交易规模较大的商品交换场所。一般指由市场所有者提供交易场地、设施和相关服务，许多批发商借此将商品批量交易给下一级批发商或零售商的商品交易场地。规模大小是相对于零售交易而言的。这种批发市场一般是在城镇集市贸易市场、专业市场的基础上自发形成的，大多位于交通便利之地，交易主体不固定，交易者无须经过资格审查就可以进入市场，交易成本较低。这种市场被人们认为是批发市场发育的早期形式。其二是作为一种流通组织的形式。它是由政府、政府团体或个人选址投资兴建的专门的批发市场，建有专门的建筑物，由专职人员提供商品流通的物质技术手段和劳务服务。市场具有明显的界标和专门的管理人员以上管理组织。进入市场交易的主体必须经过考核登记，取得法人资格，组织内部制定了严格的交易资格审查制度和交易结算制度。它是一种组织化

---

① 童一秋，王振华，刘芳. 批发商［M］. 北京：中国时代经济出版社，2004.

程度较高的市场形态。

结合批发概念的内涵，将批发市场定义如下：批发市场是相对于零售市场而言的，向再销售者、产业和事业用户销售商品和服务的商业市场的统称。作为批发业态的形式之一，批发市场是众多批发商在同一场地集中经营的形式。具体地说，就是众多批发商集中在一个特定的场所或交易组织内，通过自由选择和竞争确定彼此间的交易对象，对批发价格进行批量交易，进行商品购销活动的一种商品交易的场所或组织形式。而每个批发商利益独立、专业相近，形成极大的吞吐能力。目前，市场形态已经由有形市场扩展到无形市场，由实体市场延伸到虚拟市场。

第二节　批发市场的产生和发展

当人类社会还处于原始社会蒙昧时代时，由于社会生产力水平十分低下，人们共同劳动所得的产品极其有限，只够维持最低限度的生活，没有什么剩余。因而那时不可能有商品生产和商品交换，也就不存在市场。

人类在长期同自然界进行斗争的过程中，度过了蒙昧时代，进入了原始社会的野蛮时代。在野蛮时代的中级阶段，社会生产力已有很大提高，第一次大分工的结果，游牧部落从其余野蛮人群中分离出来。人们除了生产能够满足自身消费的产品外，还有一定的剩余产品可以用来进行交换。这种交换是在共同体与共同体的交界处偶然进行的。但是，原始的市场已经出现，由于社会分工，不同所有者进行交换，彼此互相成为市场。

一、市场及批发市场的产生

随着人们日益丰富的交易活动及需求的多样化，市场随之产生并发展。批发市场在市场发展并逐渐壮大的基础上也随之产生。

1. 市场的产生

随着人类社会第二次大分工和私有制的产生，出现了直接以交换为目的的商品生产。到野蛮时代高级阶段末期，个人和个人之间的交换已成为商品交换的唯一形式，市场的范围日益扩大，交换的品种和数量日渐增多。

社会分工的扩大，使人们对市场的依赖程度逐渐增强。独立的商品生产者为市场而生产，除自给性生产外，人们还要通过市场进行交换，才能满足多种多样的需求。在商品生产不断发展的过程中，发生了人类社会第三次大分工，商人的出现，更促进了市场的发展。

最初的市场主要是一个空间概念，就是一个交换的场所。当时生产力发展水平很低，货物单纯，数量甚少，交通不便，生产者自带货物到市场，日中为市，交易而退，交换手续与形式都很简单，交易活动当事人之间的关系也简单明了，市场上没有什么设备和服务，也没有什么组织。这时，市场的范围十分狭小。

随着商品经济的发展，物物交换发展成为以货币为媒介的简单商品流通，在简单商品流通的基础上，又产生了商业，市场范围日益扩大。市场已不单纯是交换的场所，为适应交换发展的需要，逐渐增加了各种服务项目，并日益发展为现代市场组织不可缺少的各种机能。

2. 批发市场的产生

自从人类社会出现了以货币为媒介的商品交换以后，随着商品生产的发展，商品购销量逐渐增大，流通范围不断扩展，生产者和生产者之间、生产者和零售商之间常常难以进行直接的商品交换，或他们之间直接进行买卖不如由中间商来作媒介对他们更为有利。19世纪70年代产业革命后，机械化大生产提供了大量商品，为批发商业的最终独立创造了前提条件。同时，运输、仓储、通信条件的发展，足够的资本和广阔的市场等条件的成熟，导致批发商业的产生。于是产生专门向生产者直接购进商品，然后再转卖给其他生产者或零售商的批发商业，商业部门内部有了批发、零售的分工。

批发商业从零售商业中独立出来以后，批发商经营的产品在数量上和品种上日益增多，许多批发商为了沟通信息，扩大交易，促进社会经济的发展，开始自发地集聚在商品产地、销售地或集散地进行集中交易，于是，自发地产生原始的批发市场。随着自发性批发市场的形成，商品流通规模进一步扩大，参加批发市场交易的组织和个人也越来越多，经营的产品包罗万象。因此，为了规范批发市场的交易行为和交易秩序，创造公平竞争和公平交易的环境，批发市场的组织化程度也逐渐提高，由行业自律发展到政府规则，从而使自发性批发市场成为有一系列制度与规则的现代化批发市场。

二、我国批发市场的产生条件

我国批发市场的产生和发展不是在偶然状况下形成的。

1. 一般条件分析

我国批发市场首先产生于农村，是在传统的农村集贸市场不断发展的基础上形成的，规模小但分布广泛的各类农贸市场向大规模经营的商品交易市场转变是一个从量变到质变的过程。农贸市场阶段的积累和孕育，依赖于以下两个条件：

其一是商品需求量的不断增加，同时由于生产力的发展，市场上的货源逐渐丰富并形成一定数量的客户和中间商。这是需求拉动理论在批发市场这个微观经济过程中的具体体现，需求通过商品消费来满足，而日益丰富的需求，要求更大规模的市场来与之相适应。

其二是该地区要有某种相对优势。一些以相关产业为依托的市场的形成正是因为该地区具有某种产业优势。例如山东淄博的化工城、浙江桐乡的羊毛衫市场等。位于浙江义乌市的中国小商品城就是在这样的背景下形成和发展起来的。由于义乌人固有的经商传统和市场的发展壮大，义乌商人逐渐积累了一定的资金，这些资金就成了义乌最初的启动资本，在不断发展中逐步扩充，"蛋糕"越做越大，形成目前颇具规模的中国小商品城。

2. 历史条件分析

以上是批发市场产生的一般条件，作为具有中国特色的社会主义经济，批发市场产生这一经济现象也必然和中国国情有密切的联系，所以中国的批发市场产生还有以下三个原因。

（1）传统体制与农村工业发展矛盾的碰撞结果。新中国成立之初，各种物资十分匮乏，广大人民对生活的要求只是满足温饱，所以国家采取了计划分配的方式将优先的商品分配到人民的手中，应该说，这种流通体制的形成在当时是必要的也是必需的。但是，随着生产力的不断发展，社会产品日益丰富，这种分配制度逐渐阻碍了经济发展。20世纪80年代，农副产品加工业的迅速崛起，大量的产品到达消费者手中，如果还使用原有的以国有、合作商业为主的传统流通网络，必然会造成资源的大量浪费和效率的损失，对国民经济造成损害，所以创造一种新的、更有效的流通方式，就成为传统体制与农村工业发展这对矛盾不断碰撞所必然产生的结果。

（2）中国特有区域性的块状经济发展的必然要求。相对于其他的发展中国家而言，中国农村工业（手工业）的超前发展有着十分明显的特征：经营主体以家庭作坊和小型的民营企业为主，规模相对较小，但数量众多。由于中国农村工业（手工业）地区分工的明显性和突出性，大多形成了"一乡一品""一区一品"的块状经济结构，日益扩大的生产规模和相对有限的当地及邻近地区的市场又形成了一对矛盾。区域经济规模的扩大，要突破区域市场束缚的要求就必须拓宽流通渠道，同时又由于各经营主体的规模较小，对它们而言，就要有一种相对以较少的费用获得大规模的流通网络的方式来解决区域市场对区域块状经济的束缚。

（3）地方政府的支持、引导和培育。自发形成的批发市场由于符合当时社会的需要和生产力的发展，有利于促进当地经济的繁荣，形成依托于产业优势又促进优势产业的良性循环，这些都有利于增加当地政府的财政收入，所以地方政府和行政部门在自身利益的驱动下，有意为商品交易市场营造一种较为宽松和有序的经营环境，从而促进当地批发市场更大的发展。

三、我国批发市场的特征

相对于传统的百货商店和综合市场，批发市场具有其明显的特征。

1. 主办者和经营者在产权上的分离

我国批发市场的所有者（通常也是市场主办者）和经营者（即在市场上从事商品销售行为的人）在产权上是分离的。由于经营者和所有者分离的产权体制，使两者在发展过程中产生相应的分工。由有关方面出资兴建的市场为广大中小经营者提供了靠自身的力量难以提供的经营场所和流通网络，而经营者们在所有者提供的交易制度安排中相互竞争也使这一制度包含了蓬勃的活力，优胜劣汰的市场机制则激活了市场本身的资源。

2. 市场内竞争激烈

市场内广大经营者不是统一的主体，他们有各自的利益，为了使自身的利益最大化，展开博弈和竞争。经营主体之间的博弈和竞争，交易对象的集中和比照，又使市场在最大限度内达到完全化，使生产者、消费者的信息均衡较传统渠道达到了更为理想的水平，大大降低了信息损耗和交易成本，从而使社会整体流通费用下降，社会经济净效益增加。

3. 批发商品关联度较大

一般来说，批发市场中的产品也有其鲜明特征，即它们之间具有替代或互补的关系，集中交易商品的离散性很小。

4. 多样化

批发市场参与者、类型、经营方式众多，在多方面具有多样化特征。

（1）主办者多样化。批发市场主办者包括村、乡政府或其经济实体，各级政府，国有和集体企业，各类社会资本等，近年来私人资本开办的市场增多。

（2）市场类型多样化。批发市场分综合性批发市场和专业性批发市场，行业以纺织品、服装、建材、鞋帽、小商品、水产品、蔬菜、肉禽蛋、土畜产、粮油、果品为主。

（3）经营方式多样化。批发市场以出租摊位为主，有的兼营自办批发、配送业，有的开办相关联的储运、信息、服务等机构。

（4）经营者和供应对象多样化。我国批发市场可分为两大类：一类是在城乡集贸市场基础上发展起来的，市场经营者多为小制造业者、私营和个体批发商，供应对象为中小批发商、零售商；另一类是政府有关部门参照国外经验进行规范设计而建立起来的，其市场经营者和供应对象有严格的限制，只有取得会员资格的单位才能进行交易。

四、我国批发市场的发展阶段

我国的批发市场产生自集贸市场，我国的集贸市场拥有悠久的历史渊源，早在母系氏族社会就产生了，之后不断发展。新中国成立后，中国的集贸市场进入了一个新的历史时期。

第一阶段，新中国成立至1978年以前，城乡集贸市场屡遭遏制取缔，批发市场缺乏赖以孕育、生存的体制环境和物质基础。新中国成立后至1978年以前，我国长期实行以统购统销为特征的高度集中的计划经济体制，其主要表现：在农业生产方式上实行集体统一经营、集中劳动与按工分统一分配的人民公社制度；在农产品购销方式上实行统购派购、统一包销与分配供应的统购统销制度。加之在"以阶级斗争为纲"的"左"倾错误影响下，排斥了商品经济和市场机制的作用，把城乡集市贸易当作"资本主义尾巴"加以批判和取缔，农民个体从事农产品长途运销被当作"投机倒把"予以打击。这一系列僵化的制度安排和"左"的政策严重抑制了农民的生产积极性，不可避免地造成农产品的生产与供给"越统越少、越少越统"的恶性循环，导致农产品供给长期短缺和市场凋敝，批发市场缺乏赖以孕育、生存的体制条件和物质基础。

第二阶段，1979~1984年，恢复集贸市场时期，也是批发市场的孕育期。我国的批发市场起源于20世纪80年代初期，随着改革开放的不断深入，逐渐发展、兴旺起来，进而成为我国市场体系的一个重要组成部分。新中国成立以来，我国先后经历了关闭集贸市场（1958~1960年）—开放集贸市场（1960年下半年至1965年）—关闭集贸市场（1966年5月至1976年）—开放集贸市场（1979年至今）的过程，在计划经济时期，曾经把集贸市场当做"资本主义尾巴"来割，改革开放以后，对集贸市场给予正名，并给予了合法地位，于是集贸市场得到迅速发展，我国汉正街小商品市场（1979年）、义乌小商品市场（1982年）就是在这个时期产生的。

第三阶段，1984~1992年，"贸易中心热"时期，批发市场从此开始自发地发展。1984年我国贸易中心开始起步，1985年进入大发展时期——形成"贸易中心热"，1986年对贸易中心进行清理整顿。1984年全国人大六届二次会议明确提出"广泛设置农产品批发市场"。同年，我国第一家产区蔬菜批发市场——山东寿光批发市场成立，1990年郑州粮食批发市场成立，这不仅在国内有较大的影响，而且在国外也有较大的影响，其他一些批发市场相继建成。

第四阶段，1992~1998年，批发市场数量型扩张时期。1992年邓小平南方谈话以及1993年党的十四届三中全会召开，确立社会主义市场经济体制的目标，《关于建立社会主义市场经济体制若干问题的决议》指出："改革现有的商品流通体系，进一步发展商品市场，在重要的产地、销地或集散地，建立大宗农产品、工业消费品和生产资料批发市场。"至此，培育市场体系成为经济体制改革的一个核心内容，我国批发市场进入一个新的发展时期，这一时期，我国制定了《批发市场管理办法》《全国商品市场规划纲要》等法规。

第五阶段，1999~2002年，我国批发市场由数量型扩张转变为质量效益型发展阶段。这个阶段批发市场建设的重点是控制现有的数量规模、调整结构、规范运作、加强管理、提高效益，并开始把"百城万店无假货活动"引入批发市场。

我国批发市场的快速发展时期得益于以下三个方面的因素：①在原有农贸市场和集贸市场基础上发展起来的；②在原有商业、粮食、物资、供销等流通部门的购销中心的基础上形成的；③为适应经济发展的要求而兴建的专业市场，特别是进入21世纪后批发市场更是进入一个快速发展阶段，各地大量兴建和发展各种类型、各种形式的批发市场，几乎涵盖各行各业、各种商品，广泛分布在农副产品、服装纺织品、日用工业品、生产资料等众多领域，可以说是中国市场经济的一大特色。这一阶段，国内许多批发市场进入更新改造阶段，或者利用城市搬迁改造进行批发市场更新改造，或者进行交易升级、管理创新等探索，批发市场已经发生深刻的变化。

第六阶段，近十年来，批发市场进入了向国际化、信息化方向发展阶段。自我国加入WTO以来，竞争力强的批发市场国际化步伐日益加快，国际贸易额也逐年上升。以义乌市场为例，2002 年的外贸出口大约是 15 亿元人民币，而 2014 年实现外贸出口 1456.4 亿元，增长速度惊人。中国轻纺城及其他发达的批发市场也加速了国际化发展的步伐，今后的国际化趋势更加明晰。

此外，随着我国互联网技术，特别是 B2B 电子商务技术的发展和批发市场硬件设施的完善，电子商务开始深入我国的批发市场，一方面，市场在发展上开始利用网络管理和服务市场，另一方面，市场商户也开始积极应用互联网开展电子商务。总体上说，我国批发市场趋向规模化、现代化、国际化、信息化发展。它在一定时期内将继续发展完善，以流通业中流砥柱的角色服务于我国相对落后的市场经济，以促进国民经济快速有序的健康发展。

第三节　批发市场的功能和作用

批发商业分为产地批发、销地批发以及插在这两类批发中间的中转地或集散地批发。这是商业部门内部分工发展的结果，也是一种专门从事批发贸易而插在生产者和生产者之间、生产者和零售商之间的中间商业。其职能在于通过买卖，把商品从生产者手中收购进来，然后再将其转卖给其他生产者或零售商。

一、批发市场的功能

功能是指事物本身所具有的特定用途，即所承担的特殊用途。批发市场作为发达商品经济中较高层次的市场形态和流通组织，在社会经济中承担着重要的经济职能。具体而言，批发市场具有媒介功能、综合服务功能、管理功能及价格形成和发现功能。

1. 媒介功能

媒介功能，即媒介商品交易的功能。批发市场的媒介功能是通过将商品交易者集中到一定的空间场所，以提高商品交易者的交易效率来实现的。批发市场内万商云集、交易者众多、成交率高，同时由于集中交易，商品交易者可以利用批发市场的商流、物流和信息流设施、设备，从而可以大大地提高交易效率，降低交易成本。批发市场作为一种较为先进的商业组织，自然体现出其媒介生产与零售的功能，并凭借其较高的流通效率，推动商品从生产领域向消费领域的转移。

2. 综合服务功能

批发市场作为交易服务组织的一种形式，专门为入场交易者提供流通的物质手段和劳务服务。它能为入市交易者提供各种交易场所和设施、通信设备、仓储设施、贷款结算、金融服务及生活服务，保证商品交易顺利进行。同时，批发市场还可以为每个商品交易者及社会公众提供商品价格信息和商品供求信息，以促进生产与消费更好地结合。由此可见，综合服务功能是批发市场的重要功能，只有充分发挥综合服务功能，批发市场才有存在的必要。

3. 管理功能

管理功能是指批发市场对场内交易进行规范与管理的功能。为了保证批发市场的公开、公正和公平交易，批发市场要有统一的交易规则、交易程序、交易方法和管理制度，并有专门的管理机构和管理人员。同时，批发市场本身不参加商品交易，而只是为入场交易者提供必要的服务，因而批发市场必须对每个交易者进行公正的管理。这对于规范市场行为，实现公平交易，保证市场有秩序地发展起到了重要作用。

4. 价格形成和发现功能

在批发市场上，买方和卖方在空间集中起来，卖方可以待价而沽，买方可以择优选购。在完全自由竞争的情况下，通过充分的比质、比价及其他相关条件，最终以合理的价格成交。这个价格充分体现了价值规律的作用，同时也考虑了市场供求的因素。由于批发市场供需集中成交数量大，能代表这类商品的行情，因此由批发市场产生的价格具有代表性，可以为场内交易者及相关生产者、零售商、消费者提供参考依据。

二、批发市场的作用

随着加入世界贸易组织以来中国市场竞争的不断规范，一部分生产企业和零售商的规模得到了扩大并介入批发业务，使生产企业或零售企业直接构建起了交易渠道，部分业态或业种出现直接销售渠道或直接采购源头货，缩短了流通渠道，降低了流通成本。但是，面对中国大多数中小生产企业和零售企业组织化程度低以及在多数产品短缺的地方，对批发商渠道依赖性依然很强。

1. 积累效应

批发市场之所以能够不断发展和完善，其本质原因在于其运作的过程中产生了广泛的效应。随着批发市场体系的发育和完善，大量商品、劳动力、资金等要素的流入，使批发市场成为新的经济增长点和经济增长中心。批发市场之所以有积聚效应，其主要原因如下：

（1）制度优势。批发市场的两权分离制度以及地方政府的大力支持，使得市场充满了活力，与其他流通渠道相比，有明显的制度优势。

（2）规模优势。发展良好的批发市场虽然以地方经济为依托，立足于地方特色，但其绝对不会拘泥于一个地区，在其不断发展的过程中，必定会走向全国市场，甚至是国际市场，从而较容易形成规模效应。

（3）商品优势。一般来说，批发市场中的商品既专又全，品种的组合既宽又深。这既能大大节省商品交易的搜索费用，又提高了交易质量，具有明显的商品组合整体优势。

（4）组织优势。批发市场对各品种实行分类管理，批发细分化、专业化。而且，随着批发市场不断进行经营创新，单个商品经营从传统摊位式逐渐走向现代代理制，与厂家结成联盟，通过总代理、总经销获得工业企业的支持。同时，通过市场体系的对外扩张，许多交易市场走上"专业城、特色街、专业店、大众摊"的发展模式。这些都突破了传统专业市场的组织结构，从而使批发市场有很大的组织优势。

（5）信息优势。批发市场中商品、人员等要素大量频繁流动，使其自然成为商品供求信息的积聚中心。经销商在市场中设立窗口，便于及时掌握信息，容易抓住发展机会。

（6）要素流动。由于批发市场充分的、动态的竞争特征，必然导致市场中的人（经营者）与摊位（商位）的优化重组，而人、摊位的重组，实质上就是构成市场活力的各种要素的重新配置，而这是一种面向全社会利益取向的开放式的市场化选择，它带动了商品和要素的全面流动，从而激发市场活力，创造市场效率。

2. 扩散效应

批发市场作为一个开放的系统，它是双向的：一方面，自身的比较优势吸引和聚集各种商品、要素流入；另一方面，它又具有扩散效应。

（1）信息扩散。信息生产、收集的目的在于扩散。批发市场既是一个商品信息的聚集中心，同时也是一个商品信息的扩散中心。如中国浙江的小商品城从1995年举办了四届名优新产品博览会，吸引国内外众多企业商家进场参展，该博览会的商品信息在大量生产出来的同时又被大量扩散，既增加了商品的交易额，又提高了市场的知名度。

（2）人才扩散。批发市场是一个大学校，批发市场的发展和成熟能培养一大批经商人才，这些人才随着全国各地市场的兴起，又纷纷扩散出去，从而产生人才扩散效应。

（3）创新扩散。即一种创新活动在经济增长的过程中，随着时间的推移，会不断地从一个企业（或企业集团）、一个地区（或国家）通过市场交易等方式向外扩散。在批发市场上，表现明显的是经营者为获取超额利润而对新产品、新的经营领域的追求，因率先取得的新产品具有暂时垄断性，因而可获得超额利润。但由于创新扩散机制，超额利润由一种极端分布走向均匀分布，从而导致再次创新、再度扩散。正是这种创新扩散机制使市场产品快速更新换代，市场保持生机活力。

3. 外部效应

集散是批发市场自身具有的内部效应，批发市场的经济效应除了这些内部效应以外，还存在外部效应。

（1）企业发展效应。市场的发展，使企业获得了明显的外部效应。首先，使产品有了更大的销售市场；其次，可以在市场上获得廉价甚至免费的信息，参与市场竞争；最后，有的企业采用前摊后场的产销一体化方式，使企业营销费用大为节省，从而扩大生产投资，增加产量。

（2）产业成长效应。首先表现为市场与产业互动，推进区域特色经济的成长；其次是对基础设施和服务产业带来了明显的外部经济效应。由于批发市场的迅速发展，人口流量的急剧增加，货物流量的大进大出，为基础设施配套和服务业提供了必要的需求规模，使得经营成本下降，效益增加。这就刺激了各类主体投入较多的资金发展交通、电力、通信、供水基础设施，同时也促进了金融、餐旅、咨询、保险、运输、仓储保管、医疗保健、文化娱乐等服务产业的迅速发展。

（3）消费者外部效应。对消费者来说，其外部效应：批发市场促进了整个社会总产出的不断增加，使消费者的平均个人收入不断提高。同时，繁多的商品、低廉的价格，为消费者提供了广泛的选择机会，带来了种种便利和福利，避免了许多损失。

三、我国批发市场的作用

我国批发市场经过 30 多年的发展，在配置资源、扩大内需、引导生产、搞活流通、形成价格、推动经济发展等方面发挥了重要作用。主要表现在以下几方面：

1. 扩大内需、开拓市场和促进流通

批发市场是为满足不同层次消费需求而发展起来的，农产品批发市场，特别是蔬菜批发市场正成为城市"菜篮子"供应的重要载体，通过南菜北运等绿色通道的建立，调节了因季节变化的蔬菜需求，丰富了城乡居民的生活。各地小商品市场以农村居民为主要消费群体，基本上满足了广大农村居民对日用工业消费品的需求。生产资料市场为工农业生产提供了必不可少的原材料。粮食批发市场在国家粮食宏观调控中正发挥着积极的作用。

2. 丰富商品流通模式，促进大市场、大流通的形成

商品流通模式是指在商品流通过程中由流通主体、流通渠道、流通环节以特定的组合来完成商流、物流、信息流的转移，从而最终完成商品交换的方式。批发市场的建立，突破了中国传统的仅靠商业零售和一级、二级批发站的流通模式，实现了通过批发市场进行批发、零售的新模式，有效地解决了分散的小生产与大市场之间的矛盾，成为中国现行流通模式中不可缺少的组成部分。

3. 活跃地方经济、推动相关产业发展

通过建立批发市场，一方面为农产品与乡镇企业产品找到了销售渠道，另一方面又为农业与乡镇企业调整产品结构提供了市场需求等方面的信息。通过建立批发市场，还带动了交通运输、通信、旅游、商业服务业、加工业的发展。批发市场已经成为当地财政税收的重要来源。总之，真正起到了"建一个市场，带动一片产业，搞活一方经济，富裕一方人民"的作用。

以浙江义乌市场推动工业发展为例，年交易额 315 多亿元的义乌市场，13 个工业园

区年产值已达 120 亿元，市场拉动上游工业的作用非常明显。同时，义乌市场的发展也带动了物流业和会展业的发展，义乌市已成为浙江省最大的物流集散地，"义乌中国小商品博览会"也已经连续成功举办了 21 届，2015 年"义博会"展会 5 天展期实现成交额 171.73 亿元，同比增长 0.58%。

4. 吸收下岗人员再就业和解决富余劳动力，促进社会稳定

近年来，在国有生产、流通企业经营困难，普遍出现亏损的情况下，批发市场通过不断完善功能，不但没有出现亏损，而且保持着良好的发展势头。一些地方政府提出"退二进三"的措施，以发展第三产业尤其是流通产业为重点，来解决国有企业下岗职工再就业问题。据初步统计，各类批发市场的从业人员超过 1000 万人，其中相当一部分来自下岗职工。

以中小批发企业最活跃的场所——商品交易市场为例，规模较大的商品交易市场以其较多品种、较低流通成本、较高流通效率，符合广大中小企业和个体、私营企业经营活动的需要，深受中小批发企业的欢迎，像以小商品闻名的义乌市，2014 年，全年城镇登记失业率控制在 2.9%，市场从业人员 22.96 万人，实现成交额 1073.8 亿元。[①]

5. 指导生产、形成价格

随着批发市场中信息网络的建立，各类批发市场通过市场供求信息的传递，及时向生产厂家提供了市场供求动态，为生产厂家调整产品结构提供了依据。一些农产品批发市场的商品价格已成为各地同类商品的参考价格，而且成为国家制定价格政策的重要参考依据。

第四节　批发市场的发展趋势

我国批发市场从最早的简单贸易活动场所发展至今经过了长时间的转型和发展，规模上批发市场数量逐渐增加、面积不断扩大，功能上从单一的贸易交易场所到目前集交易、物流、推动区域经济发展等多功能场所，制度上也向有利于批发市场发展和转型的方向逐步改善。

一、我国批发市场的现状

我国的批发市场虽然起源于过去的集市贸易活动，但其真正繁荣兴旺是在改革开放以后特别是加入世界贸易组织以后。经过改革开放 30 多年的培育和发展，我国批发市场的

---

① 数字义乌. http://yw.gov.cn/dzs/szyw2014/online.html.

规模不断扩大。加入世界贸易组织以后，中国经济的增长速度逐步加快，与世界经济的联系越来越密切，批发市场的发展也呈现加速之势。

1. 市场总体规模持续扩大

新中国成立以后，除"文化大革命"期间有过不正常的下滑之外，批发市场一直处于平稳上升的态势。截至 2013 年底，我国年成交额亿元以上的批发市场有 5089 家，比 2012 年减少 2%；亿元以上批发市场的年交易总额达 9.9 万亿元，比 2012 年增长 6.7%。从成交额的变化来看，2003 年突破 2 万亿元；2005 年突破 3 万亿元；2007 年突破 4 万亿元；2008 年突破 5 万亿元；进入 2010 年后，年均增速始终保持在 15% 以上。

表 1-1 2002～2008 年商品交易市场总体规模变动表

指标	2002 年	2003 年	2004 年	2005 年	2006 年	2007 年	2008 年
市场数（个）	3258	3265	3365	3323	3876	4121	4567
摊位数（个）	2190814	2148866	2229818	2248803	2527987	2681630	2839070
营业面积（平方米）	103131711	109840363	124774690	131408239	180723148	198146314	212252204
成交额（万元）	198400373	215144785	261027342	300209160	371374664	440850978	524579577

资料来源：王克臣，李敏，刘晓燕. 我国商品交易市场发展现状分析［J］. 中国市场，2009（34）.

2. 市场经营情况稳中有忧

在一般的批发市场收益中，市场的主要收入是摊位租金、国家税收、政府行政主管部门收取的市场管理费。2014 年全国亿元以上商品交易市场平均摊位出租率为 89%，资源基本得到了利用。

但同时我们也不得不看到，在批发市场中，大部分经营主体仍然是个体商户通过租摊位方式经营的，除了亿元市场的批发大户外，大部分经营规模处在散、小、弱的状态，必要的市场管理费、税金和租金就能对其经营造成压力，负担过重、利润过薄、风险过大是市场经营主体面临的大问题。

3. 市场布局和发展仍不平衡

东部地区是我国工业生产的主要基地，在企业改制和经济体制完善方面占有绝对的优势，又具有较好的人文、经济和社会基础，商品交易市场发展较快。2012 年，东部沿海三大地带（环渤海、长三角、珠三角）亿元市场数和成交额占全国的 41.2% 和 56.9%。

中西部地区如山西省、贵州省、云南省、陕西省、甘肃省、青海省、宁夏回族自治区、新疆维吾尔自治区等地经济基础较薄弱，商品交易市场发展较为缓慢，亿元市场数和成交额仅占全国的 8% 和 10.8%。值得指出的是，近几年来一些中西部地区逐渐重视商品交易市场的发展，如湖北省、广西壮族自治区、重庆市、四川省、内蒙古自治区、吉林省、黑龙江省、陕西省、新疆维吾尔自治区等地，亿元市场成交额的增幅均超过 30%，有的甚至高达 60% 以上。

由此可见，批发市场在全国发展不平衡，东部沿海省市已基本饱和，中西部地区还有较大发展空间。

4. 市场秩序比较混乱，法制建设滞后

一些市场假冒伪劣商品泛滥，市场商业欺诈行为严重，使消费者权益受损；某些企业信誉不佳，合同履行率不高，相互拖欠货款的"三角债"现象比较严重。而国家现有的一些相关法规以及地方自定的政策文件也很不完善，有些条款含义不清，有些还互相矛盾，让人无所适从。另外，对已经实施的市场法则和法律也存在执法不严、有法不依的情况，削弱了法律的严肃性和有效性。

5. 市场中介组织发育落后

我国批发市场缺乏代表经营者的中介组织，一家一户的农民或个体商户进入市场经营，增加了流通和交易费用，造成规模不经济。同时，也使自身讨价还价能力下降，导致效益下降。同时，由于缺乏各类市场策划、自我规范、中介服务的中介组织和配套人员，也在一定程度上制约了批发市场的健康发展。

从总体上讲，中国的批发市场已基本完成发展期而进入调整期，目前面临着一个业态提升、扶优扶强、功能扩充、管理升级、二次创业的严峻挑战。

二、我国批发市场的发展趋势

随着我国流通体制改革的不断深入，市场体系日益完善，批发市场在"大市场、大流通"思想的指导下，开始向管理法制化、质量高档化、交易集约化、投资多元化方向发展，在适应经济形势不断变化的同时，我国的批发市场又呈现出新的发展趋势。

1. 实现批发市场的管理创新，向管理法制化转变

市场经济就是法制经济，批发市场作为市场经济的一种形式，必须通过法律手段进行规范化发展。尽早出台《批发市场管理条例》，进而出台《批发市场法》，为中国批发市场创造良好的发展环境。在国家目前还没有出台这方面法律的时期，可先制定地方性的批发市场管理办法。同时要根据当地经济发展的需要和资源优势，认真做好市场发展规划，严格按照规划建设和发展市场，消除重复建设和不利于市场发展的因素，促进市场的健康发展。中国批发市场建设的重点是抓好与人民生活密切相关的农副产品批发市场建设，工业消费品和生产资料市场重点是抓现有市场的完善和提高，一般不再新铺摊子。

2. 实现批发市场的组织创新，向质量高档化转变

走出传统的只注重数量增加，而忽视优化市场质量的发展模式，在重视市场硬件建设的同时，加强市场软件建设，完成市场由外延扩张向内涵发展的过渡。市场建设的重点要放在市场功能的完善上，通过对现有市场的改造、扩建和软件设施的配套建设来扩大市场规模。要大力发展专业化市场，综合性市场要按经营品种的商品特性进行分类，建立专业交易区，专业性市场要重点培育代表市场特色的品种，形成市场自己的特色，建立起各具

特色的市场群体。要大力培育有影响力的交易商，特别是一级批发商，大力培育市场中介组织与经纪人队伍。要根据市场需求，及时调整商品结构，增强市场的竞争能力。努力实现批发市场与产业基地的有机结合，走市场连基地、基地促市场的发展路子，形成贸工农、产供销一体化的市场发展模式。开拓农村市场是中国政府提出的扩大内需、开拓市场的长期战略方针。批发市场在开拓农村市场中有着得天独厚的优势，只有占领了农村市场，批发市场才有生存和进一步发展的空间。

3. 实现批发市场交易方式创新，向交易集约化转变

批发市场不是简单的商品中转站，从世界批发市场发展趋势来看，批发市场必须具备"商品集散、财务结算、信息传播和形成价格"四大功能。因此，中国批发市场的发展，必须围绕上述四大功能的实现来进行完善，逐步把批发市场建设成为商品的集散中心、信息中心、价格形成中心和统一结算中心。要逐步走出千篇一律的摊位制的对手交易模式，积极把连锁、代理、配送、拍卖等现代营销方式引入到批发市场中来，通过办分市场和连锁经营，实行总经销、总代理，大力开展配送业务等形式来丰富市场交易模式，大胆探索网络交易、仓单经营等符合批发市场运作的交易方式。要积极促进批发市场信息网络建设，逐步形成全国联网的信息网络体系，充分利用计算机和网络技术建立电子市场，实现有形市场与无形市场的有机结合，推动批发市场朝着适应现代流通改革要求的方向发展。

4. 实现批发市场形象创新，向成为优质产品的集散地转变

过去一提到批发市场就与假冒伪劣商品联系到一起，特别是小商品市场表现得更为突出，严重损害了批发市场声誉。近年来，一些市场认识到产品质量的重要性，采取了一些措施，但力度不够，假冒伪劣商品仍然在相当一部分市场中存在。百城万店无假货向批发市场延伸活动目的就是提高批发市场中经营商品的质量，在批发市场中逐步杜绝假冒伪劣商品，树立批发市场的新形象。

5. 实现批发市场制度创新，向投资多元化转变

实践已经证明，批发市场的单一投资主体的管理模式，已不适应批发市场发展的要求。要按照《中共中央关于国有企业改革和发展若干重大问题的决定》的要求，积极引导批发市场运行和管理体制向现代企业制度方向发展，通过对现有批发市场的改组、改制，努力实现跨所有制、跨行业、跨地区的联合，实现批发市场的战略性重组，通过股份制形式来经营和管理批发市场。加强联合是市场经济发展的趋势，各同类市场要通过兼并、联合来扩大市场规模，增强市场的竞争能力和辐射力。

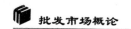

本章案例

义乌市发展历程与主要经验①

"义乌自古是穷地，人多地少缺粮米，为了解决温饱大问题，鸡毛换糖做生意。改革开放春风起，义乌人赶上了好时期。经商做生意，拨浪鼓摇出了新天地。"这段"义乌道情"唱出了义乌人的心声，也道出了义乌市发展的奥秘。

义乌市地处浙江中部，面积 1105 平方公里，2005 年底户籍人口 68 万人，境内丘陵起伏，土壤贫瘠，人均耕地不到半亩，在省内是出了名的穷乡僻壤。但是，义乌人素有自强不息的精神，悠久的亲商经商传统。几百年来，义乌人手摇"拨浪鼓"，走村串巷做"鸡毛换糖"的小生意。改革开放后，城乡市场的开放为数以万计的经商农民提供了施展身手的舞台，经过 20 多年的发展，义乌市的经济社会发生了巨大变化，被称为"义乌现象"和"义乌模式"，引起国内外的广泛关注。

1. 市场和经济发展

从相对落后的农业小县到实力雄厚的经济强市的跨越。1982 年，义乌县委、县政府及时作出开放小商品市场的决策，提出了"兴商建县"的经济发展战略，开启了小商品市场的建设历程。小商品市场从第一代到第五代，五易其址，八次扩建，不断发展壮大。特别是中国加入世界贸易组织后，义乌市的市场更是加快了与国际接轨的步伐。在市场交易规模迅速扩张的同时，交易方式不断创新。网络技术和电子商务模式在交易中大规模运用，订单贸易、政府采购、旅游购物等多种贸易方式兴起，国际会展、国际物流等新兴服务业不断涌现，小商品物流、小商品展览的国际化程度迅速提高，引领义乌市加速走上通向国际小商品贸易中心的发展道路。为了更好地发挥自己的优势，1993 年以来，义乌市进一步实施"以商促工、贸工联动"战略，发展与市场关联度较高的产业，形成了市场带动工业，工业支撑市场的贸工互动机制。通过大力发展区域特色产业集群，形成了针织袜业、饰品、工艺品、拉链、化妆品等 20 个优势行业。同时推进高新技术发展和用高新技术改造传统产业，目前已有 83 家高新技术和科技型企业。现在，义乌市正在优势行业的基础上积极建设小商品的制造中心、设计中心和研发中心，努力实现自主创新。2000 年义乌市实施"建设国际性商贸城市"战略，义乌市逐渐形成了全球最大的小商品批发市场。政府通过对市场商位与货运物流等战略性资源实行控股，牢牢掌握市场建设和发展的主动权，这是义乌市经济实现可持续和科学发展的重要保障。

---

① 义乌市志. 义乌市政府网，2008（04）.

2. 城市和农村发展

从相对落后的城乡二元结构到城乡一体、共享现代文明的跨越。义乌市从一个山区小城镇发展到现在的综合性商贸城市，验证了市场经济中"先有市，后有城"的城市发展规律。20多年来，义乌市场发展促进了城市发展，小商品市场每一次易址扩建，城市规模就随之扩张。20世纪90年代初，义乌市已发展成为以小商品贸易为特色的综合性商贸城市，形成了外围加工制造业与中心商贸服务业合理分工、互为支撑的城市框架。以国际商贸城为核心，在主城区积极兴建100平方公里的商贸服务区，大力发展会展业和中介服务业，在副城区积极建设两个100平方公里的制造业产业带。现代商贸服务产业中心与两个制造产业带相互支撑，使义乌的城市化水平出现了新的飞跃。同时，通过城市建设与产业发展的良性互动，使农业得到了工业的反哺，农村得到了城市的有效辐射，也加快了义乌市的城乡一体化进程。为了进一步统筹城乡发展，2003年义乌市制定了国内第一个县级市的城乡一体化行动纲要，编制完成全省第一个城乡一体化社区布局规划，把全市800个行政村统筹规划为290个社区，争取到2020年基本完成城乡一体化任务，实现农村向社区、农民向市民、农业向企业的转变，促进城乡融合，共享现代文明。

3. 文化和社会发展

从单纯注重经济增长向更加注重经济、文化和社会全面发展、和谐共进的跨越。历史上，义乌市有勤耕好学的优良传统。现在，富裕起来的义乌人更加重视发展教育文化事业。1993年，义乌市就创办了全国第一家设在县级市的高等院校——杭州大学义乌分校，现发展为全日制高职院校——义乌工商职业技术学院。从2001年起，义乌市每年公共财政投资教育的经费都在5亿元以上，建设了以投资2.1亿元、占地468亩的义乌中学为代表的20多所现代化、标准化学校。2005年全市学龄人口高中入学率和大学入学率分别达到98.7%和40%。为了满足群众日益增长的文化需求，市委、市政府制定实施了《义乌市文化发展纲要》。一是加快推进文化名城建设，先后获得了"全国文化先进县（市）""中国现代民间绘画之乡""中国曲艺之乡"等荣誉称号。二是大力推进基层文化服务，新建一批城区公共文化设施，普及农村基本文化设施和场所，积极制作适应农村文化市场需求的文化产品，组织文艺工作者深入农村、社区、企业、校园巡回演出，举办"商城之春""江滨之夜""农村文化节"等一系列群众文化活动，丰富群众的精神文化生活。三是积极开展各类群众性体育活动，加快发展体育事业。体育事业经费投入不断加大，投资5亿多元建成梅湖体育中心。四是积极支持民办文化发展，依托市场优势，培育以文教体育用品、框画工艺品、年画挂历、印刷包装业、制笔业为主体的优势文化产业，依法加强对文化市场的管理，举办中国义乌国际文体用品博览会，不断发展和壮大文化产业。五是及时推出"外来人口本地化"政策。义乌市是一个因商而兴起的"移民城市"，现有100多万的外来人口，外来经商者和外来民工比重较大。

问题：

1. 分析义乌市为什么能从一个自发的货郎摊市场发展成为一个现代化的小商品批发市场？

2. 结合文章并联系实际，总结义乌市的发展经验。

集市贸易及集贸市场

集市贸易作为最古老的贸易形态在我国已有数千年的历史。但是，在现代化超级市场的挤压下，集贸市场的生存空间越来越小，在有些国家，集贸市场已经被赶到了城市狭窄偏僻的小巷之中。我国一些学者也指出，传统集贸市场的弊端很多，主张应该逐步实现由现代超市与便利店替代传统的集贸市场。许多城市的政府部门都在积极开展对集贸市场的整治工作。据悉，湖北省的武汉市将在今后三年到五年内，关闭所有集贸市场。[1]

问题：

1. 请根据你对集贸市场的理解，评述上述材料，并谈一谈集贸市场在中国是否还有生存空间？如果没有生存空间，请说明理由。

2. 如果还有生存空间，请联系实际谈谈今后我国集贸市场发展的走向，以及在发展中应注意的问题。

综合批发市场发展概述

某综合批发市场位于中国北方某城市，处于城区的区域中心位置，地理位置比较好，交通十分便利，占地23万平方米，经过20多年的稳步发展，经营范围可划分为七大专业市场，包括粮油交易市场、花卉交易市场、农副产品交易市场、食品百货交易市场、装饰材料交易市场、家具交易市场、洁具交易市场。这些市场，基本上是伴随着改革开放以来该市消费需求的增长，企业"摸着石头过河"发展起来的，并曾经不断地为企业创造了经济增长点。近年来，该市同类批发市场发展得越来越多，该综合市场基本上每个专业市场均有竞争对手，特别是一些现代零售业态的发展，如大型综合超市、家居店等，对其一些专业市场构成了明显的竞争，批发交易额近年来迅速下降。于是，一些问题便摆在了该综合批发市场经营和管理者面前，何去何从已经成为该综合批发市场的发展战略必须要面对和抉择的问题。[2]

---

①② 丁俊发，赵娴. 流通经济学概论［M］. 北京：中国人民大学出版社，2012.

问题：

1. 你认为该综合批发市场主要面临着哪些挑战？

2. 你认为该综合批发市场需不需要进行战略转型？途径有哪些？

本章小结

批发市场是相对于零售市场而言的，向再销售者、产业和事业用户销售商品和服务的商业市场的统称。作为批发业态的形式之一，批发市场是众多批发商在同一场地集中经营的形式。批发市场的产生是商品生产和交换不断发展，批发商业从零售商业中独立出来之后的必然结果。

在中国，批发市场的产生除了具备与其他国家一样的一般条件外，也和中国国情有着密切的联系，它是传统体制与农村工业发展矛盾的碰撞结果，是中国特有区域性的块状经济发展的必然要求，同时也离不开地方政府的支持、积极引导和培育。我国的批发市场具有明显的特征，包括主办者和经营者在产权上的分离、市场内竞争激烈、交易商品关联度大及呈现多样化发展趋势。我国批发市场的发展经历了恢复集贸市场时期（1979～1984年）、"贸易中心热"时期（1984～1992年）、批发市场数量扩张时期（1992～1998年）、向质量效益型发展时期（1999～2002年）以及向国际化、信息化发展时期（2002年至今）。

批发市场作为发达商品经济中较高层次的市场形态和流通组织，在社会经济中承担着重要的经济职能，如媒介功能、服务功能、管理功能及价格形成和发现功能等。而中国批发市场经过改革开放30多年的培育和发展，在配置资源、扩大内需、引导生产、搞活流通、形成价格、推动经济发展等方面也发挥了重要作用。

30多年来，我国批发市场的规模不断扩大。加入世界贸易组织以后，中国经济的增长速度逐步加快，与世界经济的联系越来越密切，批发市场的发展也呈现加速之势。然而我们也要看到中国的批发市场存在着市场经营情况稳中有忧、市场布局和发展仍不平衡、市场秩序比较混乱、法制建设滞后以及市场中介组织发育落后等问题，在未来，我国的批发市场在适应经济形势不断变化的同时，也要不断向管理法制化、质量高档化、交易集约化、投资多元化方向发展。

关键术语

批发市场概念；批发市场功能；批发市场作用；批发市场发展趋势

分析与思考

1. 批发和批发市场的定义是什么？

2. 批发市场有哪些功能？

3. 我国批发市场产生的条件和原因是什么？

4. 我国批发市场的发展分为哪几个阶段？

5. 怎样理解我国批发市场的发展趋势？

第二章
批发市场的构成

✨ **教学目的及要求**

　　学习和了解批发市场的主体和客体的构成要素，系统地了解它们的特点和作用，着重把握批发市场的载体及其流通渠道的内容。了解批发市场的运行规则，能够根据产品的特性选择合理的流通渠道。

✨ **教学重点及难点**

　　批发市场的交易方式越来越趋于多样化，批发市场的主体和客体之间的关系也越来越复杂，掌握批发市场的构成要素，了解批发市场的载体和流通渠道的变化发展，对于深入理解批发市场运行的内在机理具有重要意义。

　　批发是商品经济发展到一定程度之后出现的交易形式，是指一切将商品销售用于再销售或其他商业用途而进行购买的个人或组织的活动，其发育程度是衡量市场组织化程度的重要尺度之一。批发的主要特点：第一，大批量的交易。批发的交易批量无论在数量上还是在金额上都远远大于零售。第二，较为稳定的交易关系。批发市场客体的购买不仅在时间上和频率上相对稳定，而且在购买的品种上和数量上也是相对稳定的，所以批发市场的主体和客体之间容易达成协议，建立一种长期稳定的交易关系，降低交易双方的交易费用。第三，范围更广，商圈更大，交易更加理性。批发的销售对象是产业用户和再销售者，他们的活动能力、交易范围远大于家庭消费者，而且这些客户的购买一般都经过科学的决策程序，具有一定的规律性，所以具有更理性化的特征。

　　随着改革开放的日渐推进，我国的流通产业取得长足进步，交易规模不断扩大，基础设施明显改善，并且由于现代流通方式的加快发展，流通产业已经成为国民经济的基础性、先导性产业。批发业处于商品流通产业链的中间环节，是连接生产商和零售商的纽带，承担着市场机制下资源配置的重要任务，而批发市场是指专门经营批发业务的场所，而商品批发市场是流通产业的关键环节。

第一节 批发市场的主体

我国的批发市场是随着市场经济的出现而产生的，是由生产力状况和经济发展水平所决定的，它几乎涉及了各行各业，涵盖了生产资料、农副产品、服装纺织品、日用工业品等众多领域。而西方发达国家的批发市场则是指那些专门经营农副产品、鲜活产品、水产品的市场。批发市场是一个集商流、物流、信息流、资金流于一体的载体，具有集货、交易、信息、价格形成、结算等各方面功能，在部分工业消费品和生产资料流通中发挥着重要作用。20 世纪 90 年代，我国的批发市场发展迅速，出现了越来越多的正走向国际化的批发市场，如浙江义乌小商品市场、山东寿光蔬菜批发市场等。

一、广义的批发市场主体

从广义上来说，批发市场的主体可以分为投资开办主体、经营主体、管理主体等。

1. 投资开办主体

投资开办主体是指负责筹集批发市场建设资金并将所筹资金运用于批发市场建设的具有开办资格的个人或组织。我国内地的投资开办主体大体有五类：一是工商行政管理部门。由工商行政管理部门投资开办的批发市场占全国批发市场的绝大多数。二是国有公司。有由一家公司独办的，也有由几家公司联办的，如深圳布吉市场由若干家国有公司以股份制集资兴办。三是农村集体所有制单位。集体所有制单位如农村乡（镇）、村集体组织等筹资开办，如北京新发地市场。四是政府。既有中央政府，也有地方政府。五是国家有关部门，如原国家商业部门、国家农业部门等。

从总体来看，我国大部分批发市场建设现在处于初级阶段，不太规范。有的投资开办主体又是直接经营主体，批发市场企业没有相应的产权，造成政企不分；有的投资开办主体是执法部门，个别的还参与直接经营，造成混乱。

2. 经营主体

经营主体是指专门从事批发市场事业的主体（组织），而不是在批发市场上进行买卖业务的交易主体。批发市场经营主体自身一般不直接从事交易活动，其收入来源是收取场内成交管理费和物品出租费，以及自己举办的其他服务项目的收入，也有自身以第三者身份从事交易活动的。

3. 管理主体

管理主体是指管理、建设批发市场的市场组织者，与交易主体相对。管理行为的一般描述是，鼓励批发市场生存和发展日常和长期业务，并从管理服务中得到自身存在和发展的条件。其行为内容体现在批发市场制定的规章制度中。我国批发市场的主要管理主体，一是工商行政部门投资开办并进行管理，二是国营（有）公司投资开办并进行管理，三是农民组织起来以集体组织名义投资开办并进行管理，四是各级政府出面进行投资开办并进行管理，五是国有商业部门投资开办并进行管理。

目前在我国，大多数批发市场经营主体、管理主体与投资开办主体是一致的。然而在西方国家，批发市场的投资开办主体，绝大多数是中央和地方政府。对投资建成的批发市场实行委托经营和管理的制度。[①]

二、狭义的批发市场主体（批发商）

从狭义上来看，批发市场的主体主要是指批发商。

1. 批发商的概念与特征

批发商是指那些主要从事批发经营的组织或个人。批发商处于商品流通的起点或中间环节，其销售对象不是最终消费者，当商业交易职能结束时商品仍处于流通领域。与零售商相比，批发商特征包括：①处于企业之间。批发商连接的是制造商和零售商。②其交易在企业之间进行。它从制造商进货，与制造企业交易；向零售商或经销商供货，也是与企业进行交易。③其交易完成后产品一般不退出原来的分销渠道。批发商的主要销售对象是零售商，产品到了零售商手中，仍要进一步流通才能到达最终消费者手中。

一般认为，制造商生产产品，销售给批发商，批发商再转卖给零售商，然后，消费者从零售商那里买走商品。这看起来很简单，但是，在转卖的过程中所涉及的成员是非常多的，而且即使产品摆在零售商店中，也并不意味着流通过程的结束。例如，铜可能由金属生产商卖给金属批发商，然后转卖给铜线制造商，再卖给铜线批发商。接着，铜线可以再经过发动机制造商之手，成为马达的一部分卖给工业批发商。然后马达被卖给叉车制造商，制成叉车后，被卖给专营设备的分销商，最后由一家建筑公司买去等。

2. 批发商在分销渠道中的功能

批发商可以参与分销渠道的一部分或全部业务流程。如前所述，这些流程包括实物流、所有权流、促销流、洽谈流、融资流、风险流、订货流、支付流等。在产品（服务）分销系统中批发商承担功能的多少，取决于系统满足不同市场对产品、花色品种、编配和储运的需求等情况。就总体而言，由于产品品种层出不穷，中间消费者和最终消费者需求多变，更多地发挥批发商的作用能有利于企业为市场提供更多的选择机会，如规模、市场细分、融资、提供服务、选择运输模式等。

（1）组织货源。在市场调查与预测的基础上，合理进货。

（2）销售与促销功能。批发商通过销售人员的业务活动，可以使制造商有效地接触

---

① 刘大集．中国农产品批发市场发展模式研究［D］．湖北：华中农业大学硕士论文，2004．

众多的小客户，从而促进销售。

（3）采购与搭配货色功能。批发商代替顾客选购产品，并根据顾客需要，将各种货色进行有效的搭配，从而为顾客节约时间。

（4）检查质量。按商品质量标准进行严格检查，防止假冒伪劣商品流入市场，维护消费者权益。

（5）整买整卖功能。批发商整批地买进货物，再根据零售商的需要批发出去，从而降低零售商的进货成本。

（6）仓储服务功能。批发商可以将货物储存到出售为止，从而降低供应商的存货成本和风险。

（7）运输功能。由于批发商一般距零售商较近，可以很快地将货物送到顾客手中。

（8）融资功能。批发商一方面可以向客户提供信用条件和融资服务；另一方面，批发商能够提前订货或准时付款，也就等于是为供应商提供了融资服务。

（9）风险承担功能。批发商在分销过程中，由于拥有货物的所有权，可以承担商品失窃、损坏或过时等各种风险。

（10）提供信息功能。批发商可以向其供应商提供有关的市场信息，诸如竞争者的活动、新产品的出现、价格的剧烈变动情况等。

（11）管理咨询服务功能。批发商经常帮助零售商培训推销人员、布置商店，以及建立会计系统和存货控制系统，从而提高零售商的经营效益。

3. 批发商的服务范围

批发商的存在是由于他们执行了商品的"增值"功能。从经济上来看，批发商存在的理由是基于他们对其客户的服务，这些客户可能是零售商、机构（如医院、学校、饭店）、制造商或其他形式的商业企业。批发商接受实体产品，获取所有权，向潜在顾客提供促销产品，进行产品谈判、融资，承担资本风险，处理订单，进行支付。在信息流方面，批发商既要面向上游渠道供应商，又要面向下游渠道零售商及工商业用户。

（1）批发商为制造商提供的服务。

1）市场的信息收集者。批发商与客户的关系密切，能识别未来的客户和他们的需求。所以，在任何商品的销售中，他们都走在最前面。许多批发商，特别是那些工业品的批发商，越来越重视执行市场信息收集的分销职能。[①]

2）保有一定的库存。批发商投入大量资金持有货物，储存能力很强，从而使制造商从订货量少、无利可图的业务中解脱出来，降低了制造商储存大量产品所冒的风险。

3）订单处理。由批发商来完成订单处理功能可以大大降低渠道成本。因为批发商同时销售许多制造商的商品，其订单成本能够分摊到所有大量的批发商品中去。

4）顾客支持。顾客支持是分销商为制造商提供的最后一种分销任务。顾客经常需要

---

① 童一秋，王振华，刘芳. 批发商［M］. 北京：中国时代经济出版社，2004.

对商品进行配置、调整、维修等专业支持。对于制造商来说，如果想要直接向顾客提供这些服务和支持，成本是很高的。但如果由批发商来完成这些服务，就可以实现分销渠道的价值增值。

（2）批发商对零售商的服务。制造商希望零售商提高产品品牌的知名度以促进产品的销售；另外，批发商还要逐渐使零售商成为销售多种产品线上多种品牌产品的商人。这项工作直接与批发商的既得利益挂钩。因此，一个批发商很可能能够满足零售商对大部分货物的需求。批发商出于自己的利益考虑，不遗余力地培训、激励、帮助零售商成为更好的商人。

第一，批发商在价格、销售地点的促销材料及广告方面给予合作。

第二，批发商在商店布局、建筑设计和所需材料的规格上提供帮助。

第三，批发商为零售商在公共关系、企业内部管理和清算账目的方法、信息系统、管理程序等方面提供指导和建议。

第四，对销售及售后服务提供保障。比如货卖不出去，可全价退还；及时调换有缺陷的产品；延长赊欠货款的时间等。

总之，对于许多零售商来说，依靠批发商供货最主要的好处是从批发商那儿大批量买入，再按客户的要求，把买入的大批量货物转化为数量不等的小批量货物卖给客户，这样既便利了客户，又节省了成本费用和运输费用。与从制造商手中大批量买入，再加上从产地千里迢迢运回的运输成本相比，显然节省的费用是很可观的。另外，批发商想方设法保住其在大规模零售连锁业务中营销和实体分配的优势，同时又辅助当地的个体零售商获得成功。他们自筹资金，组成自愿连锁、特许系统，在采购、广告、存货、清理账目及其他业务职能上获得更高的效率。他们使自己成为零售业合作组织中的一分子。

（3）批发商对工商业用户提供的服务。一般工商业用户向批发商购买两类产品：一类是大型元器件制造商向批发商所购买的小组件；另一类是购买一些设备，比如保养设备、维修设备和操作设备。厂商业用户向批发商购买产品和服务的主要原因是批发商能够提供迅捷送货，给予工商业用户技术性的支持，能提供产品的质量保证，能够用批量购买价购进大批产品，再让利于用户（即给予客户数量折扣），而且考虑了所有因素之后，可以发现与批发商交易的最终成本少于直接与制造商交易的最终成本。

4. 批发商的分类

根据其特点和职能划分，批发商主要有三种类型：商人批发商、经纪人和代理商、制造商销售办事处。

（1）商人批发商。商人批发商是批发商的最主要类型。主要是指自己进货，取得产品所有权后再批发出售的商业企业，也就是人们通常所说的独立批发商。商人批发商按职能和提供的服务是否完全来分类，可分为两种类型：

1）完全服务批发商。这类批发商执行批发商业的全部职能，他们提供的服务，主要有保持存货、雇用固定的销售人员、提供信贷、送货和协助管理等。他们分为批发商人和工业分销商两种。批发商人主要是向零售商销售产品，并提供广泛的服务；工业分销商向制造商而不是向零售商销售产品。

2）有限服务批发商。这类批发商为了减少成本费用，降低批发价格，往往只执行一部分服务。有限服务批发商的主要类型：①现购自运批发商。既不赊销，也不送货，顾客要自备货车去批发商的仓库选购物品，当时付清货款，自己把物品运回来。现购自运批发商主要经营食品杂货，其顾客主要是小食品杂货商、饭馆等。②承销批发商。他们拿到顾客（包括其他批发商、零售商、用户等）的订货单，就向制造、厂商等生产者进货，并通知生产者将物品直运给顾客。所以，承销批发商不需要有仓库和产品库存，只要有一间办公室或营业所就行了，因而这种批发商又叫作"写字台批发商"。③卡车批发商。他们从生产者那里把物品装上卡车后，立即运送给各零售商店、饭馆、旅馆等顾客。所以，这种批发商不需要有仓库和产品库存。由于卡车批发商经营的产品是易腐和半易腐产品，他们接到顾客的订货通知就立即送货上门，每天送货几十次。卡车批发商主要执行推销员和送货员的职能。④托售批发商。他们在超级市场和其他食品杂货商店设置自己的货架，展销其经营的产品。产品卖出后，零售商才付给货款。这种批发商的经营费用较高，主要经营家用器皿、化妆品、玩具等产品。⑤邮购批发商。指那些借助邮购方式开展批发业务的批发商。他们经营食品杂货、小五金等产品，其顾客是边远地区的小零售商等。

（2）经纪人和代理商。经纪人和代理商是从事购买或销售或二者兼备的洽商工作，但不取得产品所有权的商业单位。与商人批发商不同的是，他们对其经营的产品没有所有权，所提供的服务比有限服务商人批发商还少，其主要职能在于促成产品的交易，借此赚取佣金作为报酬。与商人批发商相似的是，他们通常专注于某些产品种类或某些顾客群。经纪人和代理商主要分为以下几种：

1）产品经纪人。经纪人的主要作用是为买卖双方牵线搭桥，协助他们进行谈判，买卖达成后向雇用方收取费用。他们并不持有存货，也不参与融资或承担风险。

2）制造商代表。制造商代表比其他代理批发商人数更多。他们代表两个或若干个互补的产品线的制造商，分别和每个制造商签订有关定价政策、销售区域、订单处理程序、送货服务和各种保证以及佣金比例等方面的正式书面合同。他们了解每个制造商的产品线，并利用其广泛关系来销售制造商的产品。制造商代表常被用在服饰、家具和电气产品等产品线上。大多数制造商代表都是小型企业，雇用的销售人员虽少，但都极为干练。那些无力为自己雇用外勤销售人员的小公司往往雇用代理商。另外，某些大公司也利用代理商开拓新市场，或者在那些难以雇用专职销售人员的地区雇用代理商作为其代表。

3）销售代理商。销售代理商是在签订合同的基础上，为委托人销售某些特定产品或全部产品的代理商，对价格、条款及其他交易条件可全权处理。这种代理商在纺织、木材、某些金属产品、某些食品、服装等行业中常见，在这些行业中，竞争非常激烈，产品销路对企业的生存至关重要。

4）采购代理商。采购代理商一般与顾客有长期关系，代他们进行采购，往往负责为其收货、验货、储运，并将物品运交买主。例如服饰市场的常驻采购员，他们为小城市的零售商采购适销的服饰产品。他们消息灵通，可向客户提供有用的市场信息，而且还能以最低价格买到好的物品。

5）佣金商。佣金商又称佣金行，是指对产品实体具有控制力并参与产品销售协商的代理商。大多数佣金商从事农产品的代销业务。农场主将其生产的农产品委托佣金商代销，付给一定佣金。委托人和佣金商的业务一般只包括一个收获和销售季节。例如，菜农与设在某大城市中央批发市场的佣金行签订一个协议，当蔬菜收获和上市时，菜农就随时将蔬菜运送给佣金行委托全权代销。佣金行通常备有仓库，替委托人储存、保管物品。此外，佣金商还执行替委托人发现潜在买主、获得最好价格、分等、再打包、送货、给委托人和购买者以商业信用（即预付货款和赊销）、提供市场信息等职能。佣金商对农场主委托代销的物品通常有较大的经营权力：他收到农场主运来的物品以后，有权不经过委托人同意，以自己的名义，按照当时可能获得的最好价格出售物品。因为，这种佣金商经营的产品是蔬菜、水果等易腐产品，必须因时制宜，尽早脱手。佣金商卖出物品后，扣除佣金和其他费用，即将余款汇给委托人。

（3）制造商销售办事处。批发的第三种形式是由买方或卖方自行经营批发业务，而不通过独立的批发商进行。这种批发业务可分为两种类型：

1）销售分店和销售办事处。生产者往往设立自己的销售分店和销售办事处，以改进其存货控制、销售和促销业务。销售分店持有自己的存货，大多数经营木材和自动设备零件等。销售分店持有存货，在织物制品和针线杂货业中最为突出。

2）采购办事处。许多零售商在大城市设立采购办事处。这些办事处的作用与经纪人或代理商相似，但却是买方组织的一个组成部分。

展望 21 世纪，随着市场经济的发展，批发业将主要通过兼并、合并和地区扩张来实现持续发展。地区扩张要求分销商懂得如何在更广泛和更复杂的地区内有效地竞争。电脑系统的使用和日益推广，将有助于批发商在这方面开展业务。批发商在扩大其地区范围时，将越来越多地雇用外部公共或私人运输工具运送产品。外部公司在分销方面所起的作用将有所加强。最后，对批发业主管人员和管理人员进行培训的工作也将主要由行业协会来承担。[①]

第二节 批发市场的客体

发展批发市场要求寻找市场主体与市场客体最佳或合理的配合形式。从短期上看，市

---

① 郭国庆. 市场营销学通论［M］. 北京：中国人民大学出版社，2011.

场的供给能力和需求能力都是市场主体作用的结果，而不是市场客体自发产生的结果。但是从长期趋势上分析，市场客体的辐射距离和流通量就成为专业批发市场发展的主要制约因素。因此，选择市场主体和市场客体的最佳或合理的配合形式既是市场发展的要求，又是市场发展的条件。

一、供应商

选择合适的供应商不仅可以降低采购成本，而且也对销售计划有一定的影响。这里所说的供应商是指为批发市场的销售商提供所需货源的企业，可以是生产企业，也可以是上游销售商。

1. 供应商含义及特点

供应商的关系管理是指销售商利用先进的技术和方法对供应商的供货能力、历史交易、产品质量等指标进行跟踪分析，来选择合适的供应商，以实现降低销售成本、优化销售安排的管理方法。

在关系管理方面，由于销售商可以从买方市场直接获取利润，所以对客户关系的管理更为重视，通过客户关系管理开拓市场、提高客户忠诚度，业界也有许多关于客户关系管理的产品。而在与供应商的关系管理方面，由于销售商认为自己处于主导地位，所以一直没有对此引起足够的重视。随着经济的进一步发展，供应链上各方的业务越来越紧密地联系在一起，销售商与供应商之间的关系管理也越发重要。怎样选择供应商，在每个供应商订购多少产品才能实现在减少库存量的同时又能保证产品的销售，怎样在销售状况不断变化的情况下灵活应对，与供应商之间的关系问题等，都直接影响销售商的切身利益。所以，能否正确选择合适的供应商也是决定成败的关键因素之一。

2. 供应商的选择

在竞争激烈的市场经济中，选择合适的供应商将对销售商产生极大的积极影响。如果选择的供应商能够以合理的价格、准确的交货时间提供产品，并能够保证产品的质量和良好的售后服务，那么不仅能够降低销售商的销售成本，还可以为整个供应链创造价值。而如果选择了不合适的供应商，不但会打乱销售商的销售计划，还会造成销售商的金钱和名誉损失。

供应商选择的指标因产品类型、存储策略、销售方式等不同而有所区别，但是传统的选择指标一般包括以下一些因素。

（1）产品价格。产品价格直接决定了销售商的采购成本，但价格并不是越低越好，因为产品的价格往往和产品的质量联系在一起，只有合理的产品价格才会使供应商面对销售商的采购时更具有竞争力。

（2）产品质量。产品质量主要考察产品的合格率和退货率，并分析供应商的产品质量体系。

（3）交货时间。交货时间主要统计分析供应商的准时交货率和订单满足率，这些对于销售商都有重要影响。

（4）历史交易。销售商通过了解供应商的历史交易记录，能够全面地分析供应商的供货能力等各方面指标。随着全球化竞争的日益激烈和各种技术的发展，销售商在选择供应商时需要考虑的因素也越来越多，以下一些选择指标越来越受到重视：

1）供应商的能力。主要包括组织管理能力、质量保证能力、生产技术以及创新能力等。

2）供应商的服务。主要包括售后服务制度、服务态度、处理异常状况的速度。

3）供应商的管理。主要包括员工培训管理、劳资关系状况、作业管理制度。

4）供应商所处环境。主要包括地理位置、经济技术环境和法律政策环境等。[①]

二、零售商

零售商是相对于生产者和批发商而言的，即将商品直接销售给最终消费者的中间商，处于商品流通的最终阶段。

1. 零售商的含义及特点

零售商的基本任务是直接为最终消费者服务，方便消费者购买，它的职能包括购、销、调、存、加工、拆零、分包、传递信息、提供销售服务等。同时是联系生产者、批发商与消费者的桥梁，在商品的流通渠道中具有重要作用。相对于流通链条中的其他部分，零售商的主要特点如下：

（1）销售范围地域跨度较小。不同于批发商的销售，零售商的销售范围地域较小，其顾客主要是营业点附近的居民和流动人口，而在中国，零售商的最大优势就是店铺地理位置。所以，零售经营地点的选择是决定经营成败的一个关键因素。

（2）直接服务于消费者。零售商处于销售渠道的最终环节，所面对的最终消费者每次购买数量较小，要求商品的档次和品种丰富齐全，因此零售经营者通常要多品种、小批量地进货，以加快销售过程，提高资金的周转率。所以就形成了零售商进货数量少、次数多，库存较低和重视现场促销服务的经营特点。

（3）经营方式多样化。为解决顾客需求多样、快速变化与零售经营规模效益之间的矛盾，适应不同消费者群体需要，零售业的经营方式呈现多元化特点。如商店就有百货商店、超级市场、专业商店、连锁商店、折扣商店、便利店和杂货店等各具特色的多种业态，而且还在不断创新。

（4）竞争异常激烈。与其他行业相比，零售商之间的竞争显得更为直接、剧烈，营销手法也更加多样。如为了适应顾客的随意性购买及零售市场竞争，零售商千方百计营造

---

① 管卫国. 基于改进粒子群算法的供应商选择问题研究［D］. 上海：上海交通大学硕士论文，2010.

一个良好的购物环境，销售现场及周边环境，加强商店整体设计和形象宣传；为了吸引并留住顾客，零售商不断强化特色定位，纷纷对商店位置、营业时间、商品结构、服务项目、广告宣传、促销手段等各种因素，进行综合战略策划，实施差异化营销。

2. 未来的发展趋势

近年来，随着信息技术、电子支付手段和第三方物流的日趋成熟和广泛应用，我国电子商务得到了迅速的发展，正逐渐成为市场交易的重要组成形式。网上零售正成为现在和未来商业竞争的主要手段之一。对消费者而言，由于个人生活习惯、有限时间等因素表现出不同的购物爱好，随着我国经济的发展，无论是在线渠道还是线下渠道都表现出了强劲的市场需求。正是看到这一趋势，许多"电子零售商"应运而生，如亚马逊、当当网、阿里巴巴、淘宝网、京东商城等。

面对网络销售的迅猛发展，大型零售商沃尔玛、家乐福，家电巨头苏宁、国美等已经成功实施了在线渠道和原有单渠道构成零售商双渠道销售模式，且均获得了不错的销售业绩。在线渠道的开通一方面可以为零售商和制造商增加消费者需求；另一方面可以为消费者提供更多的产品消费信息，并且掌握大量的终端销售数据，其自身拥有的实体店也增强了在线渠道的可信度。此外，零售商在线渠道还能克服制造商电子渠道配送成本过高、配送渠道不完善等诸多问题，具有更广泛的应用前景。

三、消费者

中国作为一个人口大国，有着巨大的消费市场，其中城乡居民是消费的绝对主体。虽然一般情况下，消费者并不直接在批发市场购物，但消费者是流通的主体，也是商品流通环节的终端，批发市场存在的最根本的目的就是为了服务于消费者。消费者作为消费的主体，是引导市场需求、反馈市场信息、决定市场发展的决定力量，及时了解消费者的动向有助于批发市场的更好发展，因此，消费者也是批发市场的重要客体之一，了解消费者的需求和购买心理，才能更好地把握市场。

1. 消费者需求

消费者的购买动机是在需要的基础上产生的，在购买动机形成之后才发生购买行为。人的需要是多种多样的，根据美国心理学家马斯洛的需要层次理论，可以将人的需要按重要程度的不同分为五个层次：第一，生理的需要，即吃、穿、用等基本的生存需要；第二，安全的需要，即保护人身不受损伤、医疗保健和卫生的需要；第三，社会的需要，即希望被社会所接受及爱的需要；第四，尊重的需要，即希望得到别人的尊重和肯定的需要；第五，社会的需要，即为实现个人抱负和理想所产生的需要。正是因为这些需要促使消费者产生交易行为。

2. 消费者动机

消费者动机即引导人们购买某一商品或劳务的动力，促使消费者实现购买的想法。它反映消费者的需要，决定购买者的行为。因为购买力的限制，消费者的购买动机是有限的，而对商品和劳务的需求却是无限的，所以消费者只能在自己的货币支付能力的范围之内对相应的商品和劳务产生购买动机。

消费者所产生的购买动机根据其内容和特点的不同主要可以归结为以下几种原因：一是对特定品牌比较信赖；二是看中某商品的性能、质量和价格；三是受企业产品价格、促销决策的影响；四是受商店地理位置、服务方式等的影响。

3. 消费者行为的影响因素

（1）个人因素，主要包括消费者的性别、年龄、教育程度和职业、家庭生命周期、收入状况、生活方式、个性等。

（2）社会和文化因素。主要包括消费者的文化和亚文化群、社会阶层和相关团体。每一个社会和文化内部包括若干的亚文化群。亚文化群一般分为民族群、宗教群、种族群、地理区域群，不同的亚文化群之间的消费者有着不同的购买决策和购买行为。不同社会阶层的消费需求、购买动机也不相同。相关团体包括家庭、朋友、同事、民间社团和有相同爱好的团体。这些亚文化群、社会阶层、相关团体都会对消费者的购买行为产生影响[1]。

第三节　批发市场的载体和流通渠道

批发市场的载体是制造商与批发商、批发商与批发商、批发商与零售商之间非常重要的流通中介和交易地点，交易市场的数量、种类、分布及业务分工决定批发流通的格局。近年来，随着流通在社会再生产中的地位日益显现，供应链上的主导力量正逐步从生产环节转向流通环节，流通商借助渠道优势整合上下游资源并推动供应链整体优化的趋势不断加强。

一、批发市场的载体

批发市场的载体通常是指在批发交易中主体对客体进行交易行为的一切设施和场所，包含了价格、供求、竞争等关系的市场运行机制的总和。

1. 批发市场的载体

随着科技的发展，批发市场的载体不仅仅局限于原有的交易商之间的交易，还有着种种场外的交易，如展销会、推介会等。近年来，批发市场已成为推动地区发展、推动行业

① 丁俊发，赵娴. 流通经济学概论 [M]. 北京：中国人民大学出版社，2012.

发展、推动产业发展非常重要的平台和组织形式。拍卖和协商买卖是世界各国批发市场最常用的交易方式。除上述交易之外，批发市场还大胆采用了以电子商务为媒介的电子交易平台，其所形成的交易量虽然还不是很大，但发展势头与增长幅度非常快。批发业务组织形式还有一些新变化，那就是以佣金代理、总经销、地区代理、拍卖的形式所形成的一系列国际通行的现代批发方式，尽管就目前来说形成的交易量还很有限，但也不失为以后发展的方向之一。

2. 不断发展完善批发市场的载体

（1）批发市场基础设施建设及其科技含量。批发市场的基础设施（硬件），是指市场场所及其附属设施，包括现代化的配备电子计算机和电视监控设备的交易大厅、展览厅、会议厅、质量检测中心、综合商品经营服务大楼、铁路专用线、停车场、仓库、加工包装厂等基础设施，为客户提供金融、保险、储运、通信、食宿、信息咨询、娱乐旅游等经营性服务。其目的是为交易提供必要的场地和服务。完善的农产品批发市场，在硬件方面具有场所规模化、交易规范化、运输合理化、仓储自动化、包装标准化、装卸机械化、物质信息管理现代化、加工配送一体化"八化"特征。批发市场硬件是批发市场软件的前提和物质载体。硬件建设的质量，将直接影响交易费用的高低，从而影响批发市场的运行效率。

（2）批发市场软件建设。批发市场软件是指政府和市场自身必须制定一系列的市场法规。完善的管理规章制度以及交易法规是保证市场正常运行的先决条件，主要包括三个方面：①市场的进出规则。严格进出市场的企业和个人的资格审查、经营规模和范围、经营项目、进入退出市场的程序和手续。②市场交易规则。包括对市场交易原则、交易方式、交易品种、交易行为等方面的约束。③市场监督和仲裁规则。为了协调和解决交易中的矛盾，需要市场仲裁规则，并设立相应的仲裁机构进行监督和仲裁，同时发挥批发市场协会、社会舆论对市场的监督作用。除此之外，批发市场的软件还包括农产品质量、规格、包装和运输方式标准等农业标准化体系、管理规章制度、各种业务作业流程等方面。批发市场的软件是批发市场硬件得以发挥作用的保障。

（3）价格形成机制及信息服务体系。统一公开的批发市场和公平竞争的市场秩序，是定价主体正确行使价格决策权的前提，是价格合理形成与正常运行的关键。价格形成有不同的方式和机制。由市场的供给和需求相互作用，形成均衡价格，就能发挥市场在社会资源配置中的基础性作用。产品市场价格的形成是指市场上对价格形成起决定作用的各种直接因素及其间接因素影响市场价格形成的过程。产品在一定时间和空间的市场上所形成的价格是由多种因素决定的。这些决定因素"既有经济方面的，也有自然方面的，还有上层建筑方面的（其中包括政策、心理和政治因素）；既有现时的，也有历史的和对未来的预期因素；既有直接的，也有间接的；既有长期发生作用的，也有临时发生作用的。"同时，许多决定因素之间存在着复杂的联系，各种决定因素都处于不断的运动变化之中。

（4）管理服务与生活服务体系。批发市场的管理服务，是指批发市场通过自身的运营为交易者提供的各种方便客户交易的管理活动和服务活动。它包括交易者进入批发市场以后，需要提供交易场地、商品保管、通信、邮电、结算、信息、停车、装卸搬运、加工、分级、包装、冷库储藏、生鲜食品商店、加工食品商店、非食品商店、清洁卫生等各项服务。生活服务（即关联事业），是指在批发市场内所提供的与批发交易者有关的（日常生活方面的）劳务或服务。它包括食堂、茶室、医药等。批发市场能否提供全面、周到的服务，是批发市场能否兴旺发达的关键因素。

（5）市场网络。作为产地或集散地批发市场，存在着与作为销售地批发市场之间的比较紧密的经济联系。作为消费地批发市场，不仅与作为产地或集散地批发市场之间存在着比较紧密的经济联系，而且与货源基地之间也存在着比较紧密的经济联系。这种经济联系，是直接的生产和销售联系，其核心是"利益均沾、风险共担"的统一体。[1]

二、流通渠道

流通渠道是指商品从生产领域转移到消费领域所经过的通道或路径。

1. 流通渠道的含义及特点

流通渠道是商品从生产领域向消费领域转移的运动路径，也是商品由生产领域向消费领域转移的经济过程，即产品所有权转移过程中所经过的各个环节连接起来形成的通道。流通渠道的起点是生产者，终点是消费者，中间环节包括各种批发商、零售商、商业服务机构等。

流通渠道具有两重性。由于商品具有价值和使用价值的两重性，因而决定了流通过程是价值运动和使用价值运动的统一。一方面，作为商品实体运动的渠道，它在商品的使用价值形态上连接着生产和消费，规定着商品的流通路线和方向，起着分配实体的作用；另一方面，作为一定价值量运动的渠道，它又在商品价值形态的变换中连接着生产和消费，起着商品价值和转移商品所有权的作用。

流通渠道的存在有其客观必然性。这是因为，首先，中间商可以提高流通的效率，无论是厂商直接向零售商供货还是通过批发商供货，通过中间商集中交换的效率要远远高于分散交换的效率；其次，中间商可以消除商品品种的差异性并进行商品的归类，还可以通过提供时间、地点及现成商品的便利性使商品和服务的流动顺畅起来，一方面扮演商品分类的角色，另一方面调节消费者需求多样化与生产者生产大批量单一性之间的不一致性；最后，中间商可以使交易规范化，交易时买卖双方在数量、价格等方面达成一致意见，就不必每个环节都讨价还价，交易的效率就会提高。[2]

2. 流通渠道的分类及选择

按照有无中间环节和中间环节的多少可将流通渠道划分为直接渠道和间接渠道两大

① 刘大集. 中国农产品批发市场发展模式研究［D］. 湖北：华中农业大学硕士论文，2004.
② 赵娴. 流通经济学［M］. 北京：中国物资出版社，2008.

类。直接渠道也称"零层渠道"，即产品从生产者直接流向最终消费者的过程中不经过任何中间环节，工业市场多采用这种直接渠道；间接渠道则是在产品从生产者流向最终消费者的过程中经过一层或一层以上的中间环节，消费者市场多采用这种渠道。

（1）流通渠道的分类。

1）零级渠道是指产品从制造商流向最终消费者的过程中不经过任何中间环节的流通渠道。这种渠道一般多用于工业产品的流通，主要是由工业产品单价高、购买批量大、用户数量少、技术要求高、安装使用复杂等特性所决定的。不排除某些消费品也会采取直销的形式。

2）一级渠道是指一个渠道系统中只包含一级中间机构或一层中转环节。对消费品市场而言，这个中间机构就是指零售商；对产业产品而言，这个中间机构则是指销售代理商或经销商。

3）二级渠道是指一个渠道系统中包含两级中间机构，如批发商和零售商或代理商。

4）三级渠道是指一个渠道系统中包含三级中间机构，如批发商和零售商或代理商之间还有一层中间商。

渠道系统包含的层级越多，渠道的长度就越长，对渠道的控制就越困难，对于商品流通的效率和费用的影响就越大。因此，对渠道的层级结构要根据商品的特性进行合理的选择，进而实现综合性的渠道优势。

（2）影响流通渠道选择的一般因素。

1）商品的自然属性和经济属性。在选择流通渠道的时候要考虑这两方面的因素，自然属性即商品的自然生命周期，经济属性即商品在市场上出现直至被淘汰的过程，结合这二者的要求来选择不同的流通渠道。

2）商品消费需求的变化。消费需求的增长会促进生产的发展，使进入流通领域的商品的数量增加，从而要求有相应的商品流通渠道。所以，为了更好地满足消费的需求，适应商品流通的客观要求，就必须不断地调整流通渠道的结构和形式。

3）生产力发展水平。生产力的发展水平制约着流通渠道状况的变化和发展，生产力的布局决定商品运动的方向，从而决定了流通渠道的网络分布。

（3）影响流通渠道选择的具体因素。

1）产品特点。主要有产品的单位价格，一般来说产品单价越高，分销渠道应越长；产品的体积与重量，产品体积、重量越大，分销渠道应越短；产品的易腐性，如牛奶、蔬菜等，应采取较短的流通渠道。[①]

2）市场方面的因素。主要是用户数量的多少、消费者的购买习惯、市场竞争状况等。

3）企业自身的因素。如果企业缺乏市场营销的技巧和知识，就要选择有能力的中间

---

① 丁俊发，赵娴．流通经济学概论［M］．北京：中国人民大学出版社，2012.

商，增强对市场情况的了解与控制；反之，就可以把产品直接出售给消费者，或选择较短的分销渠道。

除此之外，企业对分销渠道的选择还受到国家政策、法律法规等方面的影响。所以在选择流通渠道的时候要综合考虑各方面的因素，避免一些不必要的失误。

📖 本章案例

农产品批发市场主体和客体的成本构成与利益分配①

大连双兴综合批发市场（以下简称大菜市）是1999年1月根据大连市人民政府决定成立的股份制大型商业批发企业，归属大连市商业委员会管理，是经国内贸易局审定的全国重点联合批发市场，现由大商集团参资控股，是辽南地区最大的综合性批发市场，市场日客流量约20万人次。市场占地约15万平方米，营业面积30万平方米，市场位于铁路、公路、海运、空运交通枢纽中心地域，面对大连火车站北广场，紧靠市中心商业区，地理位置十分优越。市场本着规模化经营、专业化管理、系列化发展的原则，以完善、扩大、发展现有批发市场为主，多种产业、多种行业、多种业态联动发展，向生产、销售两头延伸，实现生产、加工、配送、销售一体化经营、全方位发展。1999年，公司同大连港务局正式签订协议，租用大连港最好水域26号库，建成以经营配送进口香蕉为主的果菜商品配送基地，利用港区码头水陆交通优势，形成冷藏、加工、储藏、中转、集散、配送等功能齐全，面向东北地区、内蒙古自治区及环渤海区域的二级、三级批发业的批发配送中心。

大连市作为辽宁省第二大城市，2005年蔬菜播种面积36375公顷，蔬菜年产量240.60万吨，平均亩产4409.6公斤。大连市共有人口5653325人，人均蔬菜占有量425.6公斤，低于全省平均水平。由于大连市陆地属于辽东半岛低山陵的一部分，境内多山地丘陵，少平原洼地，有些蔬菜不适宜在此生长，造成本地蔬菜种植品种单一、生产规模小、生产水平较低等问题。从全年来看，大连市居民消费本地蔬菜比重约为40%，外地蔬菜为60%，本地蔬菜种植区主要分布在旅顺口区、金州区、瓦房店、普兰店、庄河等周边农村，外地蔬菜主要来源于山东省、省内其他城市、河北省、黑龙江省等地，南方省份（如海南省、福建省等）的蔬菜供应也占有一定比例，但是份额很小。夏季大连市居民消费的蔬菜80%由大连市周边农村供应，20%来自于外省；而秋季、冬季，特别是冬季大连市居民消费的蔬菜超过90%来自于外省供应，本地供应不足10%，其中山东省寿光市蔬菜占绝对比重。无论是数量还是质量，大连市本地蔬菜都无法与外地蔬菜竞争，

---

① 孙侠，张闯. 我国农产品流通的成本构成与利益分配——基于大连蔬菜流通的案例研究［J］. 农业经济问题，2008（2）.

因此受外省特别是山东蔬菜供应的影响很大。

（一）山东寿光蔬菜的生产成本及运输到大连的流通成本

1. 寿光农民生产环节的费用

通过电话访问了解了寿光农民生产环节的总成本和农民销售产品时可获得的利润。以茄子为例，寿光农民种植茄子平均每亩产量为10000公斤（最高亩产量可达14000公斤），每亩平均投入为8000元，生产成本为0.8元/公斤。农民进入寿光批发市场进行交易，市场管理者按照当日销售额向农民收取2%的市场管理费。此外，农民还要支付雇车费，搬运、装卸等人工费用。2006年11月，茄子在山东寿光蔬菜批发市场的平均价格是1.54元/公斤。除去各项费用，寿光农民销售茄子可获得的利润约为0.66元/公斤。

2. 农民经纪人采购蔬菜的费用

大连市的蔬菜批发商通常以电话方式将需要的蔬菜品种和数量告知寿光蔬菜代购站的农民经纪人，双方的委托代理关系相对固定。交易成本低且彼此信任度高。农民经纪人则根据当天寿光批发市场的茄子报价和批发商的订购数量与当地的农户协商价格。按照批发商的要求采购蔬菜后，农民经纪人还要对蔬菜进行质检、分等、整理、包装。由于蔬菜对温度、湿度的要求很高，因此在长途运输中包装的好坏对蔬菜质量的影响至关重要。特别是北方冬季恶劣的气候，要求在运输中必须使用保温措施。这个环节发生的费用主要有整理加工费、包装费、搬运费、封车费，其中加工费、搬运费、封车费全部计入工人工资。工人劳务费为每公斤0.02元，即每吨蔬菜20元，15吨位汽车通常雇用临时小工3人。由表2-1不难看出，以15吨位汽车为例，在蔬菜采购环节中包装材料费和小工费的比重最高，均占42.7%，原因在于装货前和卸货后的二次包装以及冬季对保温包装材料的要求较高，而雇用的小工需要完成搬运、分拣、包装、装车等一系列体力劳动。经纪人代理费所占比例较低，为14.2%。经过蔬菜采购环节后（雇车费计入运输环节费用），每吨蔬菜在生产价格的基础上加价140.67元，即每公斤费用加价为0.141元，则可以计算出1公斤茄子的采购成本为1.681元。

表2-1 蔬菜采购环节费用表

发生的费用	15吨位车	1吨的费用	比例（%）
经纪人代理费	300	20	14.2
包装材料费	900	60	42.7
小工费	900	60	42.7
电话费	10	0.67	0.4
合计	2110	140.67	100

注：农民经纪人的代理费和雇用每位小工的费用比较固定，通常都是每公斤0.02元。包装材料费的计算比较复杂：塑料袋0.3元1个，承受力20公斤，装货与卸货时各需包装一次；纸箱通常为回收的旧纸箱，每个1元，冬季保温用的棉被（规格为3米×4米）每条150元，15吨位的汽车需要6条棉被，平均使用年限为2年。

3. 蔬菜从寿光市到大连市的运输费用

蔬菜从山东省寿光市运往大连市有雇用车辆和使用自有车辆两种方式。批发商雇用车辆的，根据路程远近、季节、天气状况、油价等因素费用有所不同。一般而言，冬季雇车费用较其他季节略高，15吨位汽车为3300元，货到时由批发商一次性向车主付齐，运输途中发生的各项费用由车主承担。批发商自有车辆的，通常是雇用固定的司机，按月或按次向司机支付工资，途中发生的各项费用均由批发商承担。从山东寿光到大连整个路程可以分为两段：第一段是从寿光到烟台港口的公路运输，第二段是从烟台港口到大连港口的海上运输。此环节重点分析批发商使用自有车辆运输途中所发生的费用。

（1）公路运输环节费用。寿光市距离烟台市387公里，汽车运行约6小时，载重15吨位汽车每百公里耗油26~28升（取中间值27升），每升柴油价格5.2元，往返一次油费为1086.7元。汽车养路费每月1200元、维修费300元、保险费3000元/年，从寿光市到大连市往返一次平均时间为1.5天，折合每次的养路费60元、维修费15元、保险费12.5元。运输过程中的罚款主要是由于车辆超载所致，罚款的数额根据不同情况有所不同，平均每次为100元。这段路程中必须支出的费用：燃油费，过路（桥）费、道口费，司机的工资、食宿费，车辆养路费、维修费、保险费，车辆由于超载、超速等违章的罚款。

（2）海上运输环节费用。蔬菜到达烟台港口后，所有蔬菜包括汽车全部装入滚装船。载重15吨的汽车船运载费在1600~1800元（往返）（取中间值1700元），司机的船票为80元（三等舱）。到达大连港口后，再由汽车将蔬菜运往批发市场。通过上述分析可以看出，冬季从寿光市到大连市运输15吨蔬菜雇车费用为3300元，自带车辆往返的总费用约为3400元。在访问中，多数批发商表示，山东省距离大连市路途较远，使用自有车辆风险大、车辆损耗大、成本高，因此更愿意雇用汽车运输。但是那些经营规模大、品种多、周转速度快的批发商，为了避免雇车带来的不便则主要使用自有车辆运输。自带车辆各项费用支出中比重最大的一项是海上运输中的轮船运载费、人员船票费，比重超过50%，其次是公路运输过程中的燃油费占31.8%，仅这三项费用就达84%。经过该环节后每吨蔬菜的运费加价为227.6元，即每公斤茄子加价0.228元后达到1.909元。

表2-2　蔬菜从寿光市到大连市运输环节（往返）费用表　　　单位：元

发生的费用	15吨位车	1吨的费用	比例（%）
油费	1086.7	72.40	31.8
过路（桥）费	60	4	1.8
司机工资	200	13.30	5.8
食宿费	100	6.70	2.9
养路费	60	4	1.8
车辆维修费	15	1	0.4

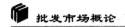

续表

发生的费用	15 吨位车	1 吨的费用	比例（%）
保险费	12.5	0.83	0.4
罚款	100	6.70	2.9
轮船运载费	1700	113.30	49.8
人员船票	80	5.30	2.3
合计	3414.2	227.60	100.0

4. 蔬菜在大连市批发环节的费用

山东省寿光市蔬菜通过海上运输到达大连市后，进入各个批发市场。其中大连双兴商品城蔬菜批发市场为大连市规模最大的蔬菜交易中心，蔬菜交易量占全市的80%。蔬菜运输到双兴商品城蔬菜批发市场后，一共发生四种费用：

（1）向市场缴纳的费用。按照进场蔬菜当天的平均批发价格乘以整车的重量，一次性缴纳6%的市场管理费和每天15元的固定摊费。采集大连双兴商品城蔬菜批发市场2006年11月7日、17日、27日茄子的批发价格，并计算出11月每公斤茄子的平均批发价格为2.5元，则批发商运进15吨茄子平均应缴纳的市场管理费为2250元。

（2）向工人支付的工资。蔬菜进场后，批发商要雇用工人整理、分拣、加工、卸货。工人的工资有两种支付方式：对于长期雇用的工人通常按月结算工资，每月1200～1500元不等，经验丰富的男工最高月工资可达1800元；短期雇用的工人则按件结算工资，每公斤费用0.02元（这种结算方法包括了包装费、加工费等费用）。为避免重复计算包装费，该环节工人工资选取按月结算的方式，一个蔬菜批发商长期雇用的工人通常为5名，则每日需要支付的工人工资为225元。

（3）蔬菜损耗费用。每吨细菜类蔬菜从寿光运输到大连，正常水分蒸发的损耗约为1%，加上不合理包装、运输、储存等原因造成细菜类蔬菜腐烂、变形的物流损失占5%左右，所以每吨细菜类蔬菜的损耗通常可达6%。

（4）批发商日常的生活费。由于大多数批发商是外地人，因此他们的日常生活费主要包括房租、饭费等，平均每日支出50元左右。

表2-3 外地蔬菜批发环节费用表
单位：元

发生的费用	15 吨费用	1 吨的费用	比例（%）
市场管理费	2250	150	46.9
占地费	15	1	0.3
工人工资	225	15	4.8
损耗费	2250	150	46.9
食宿费	50	3.3	1.1
合计	4790	319.3	100.0

通过表2-3数据我们可以发现，市场管理费和损耗费占据了批发市场环节费用的绝对比重，二者超过了90%，这是因为蔬菜属于易腐产品，经过长途运输，加之物流设施简陋，保温措施不当，导致蔬菜的损耗率较高。经过这一环节每公斤茄子加价后为2.228元，则每公斤茄子批发商的利润为0.272元。

　　5. 蔬菜零售环节的费用

　　零售商往往选择当天蔬菜最新鲜、价格最合理的批发商进行交易，然后通过固定的农贸市场销售。从事蔬菜零售的商贩90%以上自己都有车，通常是载重量为500～1000公斤农用大三轮。周末的销售情况要比平日好很多。常年从事蔬菜零售的菜商通常租有两个摊位，根据经验，他们表示平日的销售量平均在200～250公斤左右，周末的日销售量可以达到400～450公斤。笔者对大连市区3处主要的农贸市场、早市和夜市的蔬菜零售商贩调查了解到，蔬菜在农贸市场所发生的费用主要包括摊位费、损耗费、包装费、运输费、车辆养路费、维修费、保险费、工商管理费等。

　　通常一个摊位每月管理费为300元，早市、夜市各租占两个摊位则每月的管理费为1200元。由于商贩凭借经验每日购入适量蔬菜，多数能在当天销售完毕，且大连市批发市场与各农贸市场距离较近，因此由于运输、储存不当造成的损耗较小，约占1%。农贸市场的蔬菜包装相对简易，以塑料袋为主，每日的费用约10元。该环节的运输费主要是指菜商到批发市场或当地农村采购蔬菜的油费，平均每日15元。此外，使用农用大三轮每年必须支出的还包括养路费、维修费、营运、工商、保险费等。通过计算，可以得到每公斤茄子在零售环节加价为0.335元，则零售商贩每公斤茄子的总成本约为2.835元，2006年11月，调查的三处市场茄子的平均零售价为3.20元/公斤，零售商每销售1公斤茄子可获得利润0.365元。

　　6. 外地蔬菜流通成本与各环节利润分配分析

　　首先从费用的角度来看，在蔬菜从寿光市农户到大连市消费者手中共经历采购、运输、批发和零售四个环节。为了更具体地研究蔬菜流通成本，把蔬菜流通成本界定为这四个流通环节所发生的总费用。通过表2-4可以看出，蔬菜从寿光农户到大连市消费者手中，零售环节的费用占流通成本的比重最高，为32.7%；批发环节费用次之，占31.2%，这两个环节的费用占流通总成本的63.9%。从利润分配的角度进一步分析，农产品从产地农户到达销地消费者手中后，价格发生了相应变化，生产价格、批发价格与零售价格之比约为1:1.6:2.1。扣除各环节所发生的成本、费用，从绝对量上不难得出，在同一段时间内、销售单位数量的同种蔬菜——茄子，生产环节的农民可获得的利润最高为0.66元/公斤；批发商可获得的利润最低是0.272元/公斤；零售商可赚得的利润是0.365元/公斤。这一结果似乎与一些学者曾经提出的我国蔬菜流通中"两头叫、中间笑"的怪现象相悖。那么现实中，真实的状况究竟如何？为了使研究更加深入、可信，下面进一步对大连市地产蔬菜的生产、流通现状做同样分析。

表 2-4　茄子从寿光市到大连市流通环节费用分析表

流通环节	采购环节	运输环节	批发环节	零售环节	合计
平均费用（元/吨）	141	228	319	335	1023
比例（%）	13.8	22.3	31.2	32.7	100

（二）大连市地产蔬菜的生产及流通成本

大连市当地产蔬菜进入流通环节通常有两条渠道，一是农户自产自销，二是农户通过专业运销商与市场对接，且以后种方式为主。

1. 大连市地产蔬菜生产环节的费用

大连市农民种植蔬菜有露天和塑料大棚两种，塑料大棚主要用于冬季、早春，其余季节则以露天种植为主。根据种植的品种不同，从育苗、定植、浇水、施肥、打农药到收获的时间也不同，但整个生产过程发生的费用相对固定。具体而言，蔬菜生产成本包括人工费用和物质材料费，后者又分为直接物质费用和间接物质费用。2006 年 11 月中下旬，大连市地产茄子的地头收购价格为 1.2～1.4 元/公斤（取中间值 1.3 元/公斤），则本地农民经专业运销商销售 1 公斤茄子平均可获得的利润为 0.48 元。

表 2-5　当地产蔬菜采购、运输环节费用表　　　　　　　　　　单位：元

发生的费用	15 吨位车	1 吨的费用	比例（%）
经纪人代理费	300	20	12.1
包装材料费	900	60	36.3
小工费	900	60	36.3
燃油费	200	13.30	8.1
司机工资	100	6.67	4.0
其他	78	5.20	3.1
合计	2478	165.20	100.0

注：根据以上各项费用支出，可估算出大棚内种植茄子的费用总额约为 4900 元/亩。以大连当前的蔬菜大棚条件和种植技术，茄子平均亩产 6000 公斤，则每公斤生产成本约为 0.82 元。

2. 大连市当地产蔬菜流通环节的费用

当地产蔬菜与外地蔬菜相比，除了运输环节的费用大大降低，其余各流通环节所发生的费用几乎没有差异。以普兰店市为例，丰荣办事处管辖下的周边农村与大连市双兴商品城蔬菜批发市场平均距离 75 公里，汽车运行 1 小时，载重 15 吨位汽车往返燃油费约为 200 元。15 吨位汽车通常雇用 3 名临时小工负责装卸、搬运工作。经过采购、运输环节后，地产茄子每公斤费用加价为 0.165 元。采集大连双兴商品城蔬菜批发市场 2006 年 11

月 7 日、17 日、27 日地产茄子的批发价格，并计算出 11 月每公斤当地产茄子的平均批发价格为 2.0 元。则 15 吨茄子应缴纳的市场管理费为 1800 元。占地费、工人工资和批发商的食宿费与外地蔬菜发生的费用相同，损耗费仍然按 6% 的比例计算（见表 2 - 6）。在各项费用支出中，市场管理费与损耗费的比重仍然最高，这与外地蔬菜在批发环节的费用构成相同。经过该环节后，当地产茄子每公斤费用加价 0.259 元，则批发商每公斤可获得利润是 0.276 元。

表 2 - 6　当地产蔬菜批发环节费用表　　　　　　　单位：元

发生的费用	15 吨费用	1 吨的费用	比例（%）
市场管理费	1800	120	46.3
占地费	15	1	0.4
工人工资	225	15	5.7
损耗费	1800	120	46.3
食宿费	50	3.3	1.3
合计	3890	259.3	100.0

对蔬菜零售商而言，无论销售本地蔬菜还是外地蔬菜，该流通环节的费用支出项目及构成没有差异。2006 年 11 月大连市各农贸市场当地产茄子的平均零售价格为每公斤 2.7 元，零售商可获得的利润是 0.365 元/公斤。

3. 当地产蔬菜流通成本与各环节利润分配分析

首先从费用的角度来看，在当地产蔬菜的流通总成本中，零售环节的费用比例最高，占 44.1%；批发环节的费用次之，占 34.1%；运输路途的缩短使运输环节的费用大大下降，仅占流通总成本的 3.4%，同时采购环节的费用比重有所升高。

表 2 - 7　当地产茄子流通环节费用分析表

流通环节	采购环节	运输环节	批发环节	零售环节	合计
平均费用（元/吨）	140	25.20	259.30	335	759.50
比例（%）	18.40	3.40	34.10	44.10	100.00

再从利润分配的角度进行分析，2006 年 11 月中下旬，大连市当地产茄子的平均地头收购价格为 1.3 元/公斤，每公斤茄子的生产成本约为 0.82 元，则本地农民经专业运销商销售单位数量的茄子可获得纯利润 0.48 元/公斤；在大连双兴商品城蔬菜批发市场本地茄子的平均批发价格为 2.0 元/公斤，除去该环节费用批发商可获得的利润为 0.276 元；蔬菜农贸市场同一时期本地茄子的平均零售价格为 2.7 元/公斤，零售商可获得的利润是 0.365 元（见表 2 - 8）。从利润的绝对量上不难比较，同一段时间、销售单位数量的同种

本地蔬菜——茄子，农民的利润最高，而批发商最低。

表 2-8　大连市地产茄子各环节成本、利润表　　　　单位：元/公斤

流通环节	生产环节			批发环节			零售环节		
菜源	价格	成本	利润	价格	成本	利润	价格	成本	利润
当地产蔬菜	1.30	0.82	0.48	2.00	1.724	0.276	2.70	2.335	0.365

（三）蔬菜各流通主体间成本利润率的比较

通过对寿光市蔬菜和大连市蔬菜流通成本及利润分配的分析可以初步得出这样一种结论：在同一时期内销售同一种蔬菜，从绝对量上来看批发环节利润最低，生产环节利润最高。但是若把时间因素也考虑进来，就会发现对农民而言，整个生产过程周期较长，在产品产出之前需要不断地投入，只有当整个生产周期结束后才能将产品销售出去获得利润。在此过程中，农民不仅要承担生产风险、市场风险，还要承担时间风险。而对中间商而言，蔬菜新鲜、易腐的特性决定了其周转时间不能太长，几乎当天就可以实现销售利润。为了使各流通主体间的利润更具有可比性，本书选取了成本利润率这一指标从相对量上进行比较。生产环节成本利润率的计算较为简单，即每个月的平均利润与农民总投入的比值。批发环节成本利润率的计算则较为复杂，在批发商支出的各种费用中，一部分是按月支付的，另一部分是按次支付的，需要对其分别计算。本研究中假设批发商每日都采购15 吨茄子且当天全部售空，则批发商当月的总成本为 78272 元，当月利润为 122400 元，批发商每月的成本利润率是 156.4%。零售商的成本也分为按次支付和按月支付两部分，由于零售商凭借丰富的经验确定每日进货量，因此对他们而言按次支出的成本在夜市结束后即可转化为利润，也就是说零售商可以用同一笔资金反复周转。按月支出的费用主要包括市场摊位费、养路费、维修费等。通过计算可以得出，零售商每月需要支出的总成本是2235 元，总利润为 3087.9 元，则零售商的成本利润率为 138.2%。用同样的方法也可以计算出大连市当地产蔬菜各个流通主体的成本利润率，农民是 19.7%，批发商是192.9%，零售商是 147.5%。

通过比较成本利润率，可以明显看出目前在我国蔬菜流通中利润在各流通主体间分配不均衡的现象。与农民相比，批发商的成本利润率要高出 6~10 倍，零售商的成本利润率高出 5~7 倍，且农民的利润要受到季节、气候、供求、生产资料、生产技术等多种因素的影响，又最不稳定。批发环节和零售环节的价格波动很有限，利润空间相对稳定。只是由于二者的产业性质不同，虽然零售商销售单位产品的绝对利润要高于批发商，但批发商是薄利多销、以量取胜，因而从总体上看，零售商的成本利润率比批发商要低。

（四）不同产地蔬菜流通成本构成及利润比较

通过上述分析，我们发现本地蔬菜与外地蔬菜相比，生产、流通成本及其构成存在较

大差异，因此有必要对其原因进行简单分析。在生产环节，寿光市菜农的平均亩产高且单位农产品的成本低，山东省寿光市是全国著名的蔬菜生产基地，除了具有优越的自然环境和区位条件外，其农业产业规模化、专业化、生产技术的先进程度也比大连市高出很多。此外，两地菜农进入市场的方式不同，寿光市菜农多数是通过产地批发市场完成交易，在这里农民可以获得更多市场信息，有更多选择交易对象的机会。而大连市菜农多数是在家中等待运销商上门收购蔬菜，对运销商的"以质定价"只能被动接受，且很难获得市场信息。在利润的分配上，寿光市菜农无论是销售单位商品获得的绝对利润还是整个生产周期的成本利润率都要高于大连市菜农。在流通环节，外地蔬菜与当地产蔬菜的流通成本都由采购、运输、批发和零售四个环节的总费用构成。但无论蔬菜来源于本地还是外地，零售环节的费用在流通成本中的比例都是最高的，批发环节的费用次之。不同的是寿光市蔬菜运输环节的费用要大大高于当地产蔬菜，占流通成本比例较高，且经过长途运输后外地蔬菜的损耗比较严重。外地蔬菜的流通成本高于本地蔬菜，这也是两种产地蔬菜生产价格相差 0.24 元而批发价格相差 0.5 元的直接原因。在利润分配方面，批发商销售本地蔬菜比外地蔬菜的成本利润率高 36.5%，零售商的成本利润率高 9.3%。这一研究结果再次证实了流通费用过高会降低生产成本的优势，在一定条件下流通费用优势也可能有决定意义的观点。[1]

问题：

1. 该农产品批发市场的主体、客体分别是什么？

2. 该批发市场的流通渠道是否合理？是否可以改进？

3. 通过分析批发市场主体、客体之间的成本构成和利益分配，我们可以得到什么启示？

本章小结

本章主要讲述了批发市场的结构，包括批发市场的主体、客体和流通渠道。批发市场的主体广义上包括投资者、经营者和管理者，而狭义上的主体就是指批发商，并且批发商根据其职能和特点又可以分为三类：商人批发商、经纪人和代理商、制造商销售办事处。批发市场的客体有供应商（生产商）、零售商和消费者，批发商密切接触的主要是供应商和零售商，三者必须密切配合，才能提高批发市场的运行效率，更好地服务于消费者。一般来说，我们所认知的批发市场的载体仅仅只是交易的场所，但是批发市场的内在机制也属于它的载体；流通渠道的选择对于商品流通产业链上的任一方都至关重要。

---

[1] 孙侠，张闯. 我国农产品流通的成本构成与利益分配——基于大连蔬菜流通的案例研究［J］. 辽宁：农业经济问题，2008（2）.

关键术语

批发市场；批发商；零售商；消费者；流通渠道

分析与思考

1. 批发市场的结构是什么？各个参与者的作用和功能是什么？

2. 在生产流通过程中，你认为哪个环节最为重要？对于经营者来说如何实现成本优势？

第三章

批发市场的功能

教学目的及要求

希望通过本章学习，全面了解批发市场的功能，理解商流、物流、信息流、资金流的概念、运行过程、功能以及特点，重点把握电子商务新模式与市场功能结合及其运用。

教学重点及难点

准确把握商流、物流、信息流、资金流之间的关系与区别，以及在电子商务模式下市场功能如何合理调配与使用。

批发市场作为集生产、销售、物流、储存等多环节于一体的集中地，为市场中的各主体、客体提供相互作用平台，因此批发市场是具有多元化效应功能的专业市场。

第一节　批发市场的功能概述

截至2011年，中国规模以上商品交易市场达5075家，营业面积达26235万平方米，相当于每5个中国人就拥有1平方米规模以上市场面积的商铺。近几年来，国内批发市场建设速度稍有放缓，但转型升级和市场布局调整明显加快。早期的国内批发市场只有交易功能，而现在除交易功能外，许多市场还出现功能综合化的趋势。有些批发市场项目甚至承载起城市新的综合功能。

一、商流、物流、信息流、资金流的形成

社会再生产过程是生产过程和流通过程的统一。生产过程承担着社会物质财富的生产任务，通过人们的生产活动，创造出各种各样可以满足人们生产和生活需要的物质流通过

程则承担着社会物质财富的流通任务，通过人们的流通活动，将生产的产品从生产者手中转移到消费者手中。通过商流过程，即商品购销，消费者用与商品价值相等的等价物与生产者进行交换，取得商品的所有权；通过物流过程，即通过装卸、运输、储存、保管等过程，把成交的商品运到买方手中；在商流过程和物流过程运行的同时会伴随着流通信息活动，即流通信息的产生、加工、传递、储存等；而资金流，则是商品流通得以进行的必要媒介，其表现形式可以是纸币、硬币等现金货币，也可以是支票、汇票等非现金货币。

综上所述，"四流"互为存在，密不可分，相互作用，既是独立存在的单一系列，又是一个组合体。商流和物流都是商品流通的必要组成部分，是商品流通的两种不同的运动形式。商流通过买卖交易，克服生产者和消费者的社会距离。所谓社会距离就是商品所有权从生产者手中转移到消费者手中的过程中存在的空间、时间和心理上的距离。

物流通过运输和储存保管，克服生产者和消费者之间的空间距离和时间距离。空间距离是指生产者和消费者由于所处地理位置不同而造成的障碍，而运输可以使商品从生产者手中转移到消费者手中。流通的这种功能，通过运输克服了生产者与消费者之间的空间距离，创造了商品的空间效用。时间距离是指生产者对商品的生产和消费者对该商品的消费，在时间上存在一定的差距。可以通过储存、保管的方法来实现生产者和消费者之间的时间距离。储存、保管可以保持商品的使用价值不变，使此时生产的商品随时满足消费者的需要。由此可知，物流是指物质实体从供应者向需求者的物理移动，它是由一系列创造时间价值和空间价值的经济活动组成，包括运输、保管、配送、包装。

现代流通经济运行过程中的商、物分流，既是商品使用价值和价值对立统一的要求，也是流通经济发展的客观需要。事实上，商流和物流各自拥有不同的活动内容和规律，在现实经济生活中，进行商品交易活动的地点，往往不是商品实物流通的最佳路线的必经之处，商品一般要经过一定的经营环节来进行业务活动，而物流则受经营环节的限制，它可以根据商品的种类、数量、交货要求、运输条件等，使商品尽可能地由产地通过最少的环节，以最短的物流路线，按时保质地送到用户手中，以达到降低物流费用、提高经济效益的目的。正如马克思所言："商品的实际流通，在空间和时间上，都不是由货币来实现的。货币只是实现商品的价格，从而把商品的要求权转让给买主，转让给提供交换手段的人。货币使之流通的不是商品，而是商品所有权证书；在这一流通中，当与货币交换时，不管是买还是卖，所实现的也不是商品，而是商品的价格。"在这里，"商品的实际流通"，指的是物流，"货币使之流通的商品的所有权证书"指的是商流。

二、商流、物流、信息流、资金流的内涵

商流、物流、信息流、资金流是批发市场运作中重要的运动流通形式。

1. 商流

商流的概念仅限于流通过程，它是流通过程的一种运动形式。通过商流活动，把商流

的所有权由生产者转移给消费者，创造了商品的所有权效用。因此商流的定义：商品在由供给者向需求者转移时，商品社会实体的流动，表现为商品与其等价物（货币或其他等价物）的交换和商品所有权的转移运动。具体的商流活动包括购、销等商品交易活动以及商品信息活动。通过商流活动，可以克服生产者和消费者之间的社会距离，创造商品的所有权效用。

2. 物流

物流是指物质实体从供应者向需求者的物理移动，它由一系列创造时间价值和空间价值的经济活动组成，包括运输、保管、配送、包装。我们还会经常提及实时物流，实时物流是顺应新经济变革的当代物流理念，与现代物流的区别在于实时物流不仅关注物流系统成本，更关注整体商务系统的反应速度与价值；不仅简单地追求生产、采购、营销系统中的物流管理体制与执行的协同与一体化运作，更强调的是与企业商务系统的融合，形成以供应链为核心的商务大系统工程中的物流反应速度与执行速度，从而使商流、信息流、物流、资金流达到四流合一，真正实现企业追求"实时"的理想目标。[①]

3. 信息流

信息流有广义和狭义两种。广义的信息流是指信息的产生、加工、储存和传递等过程。在现代信息社会里，信息流有企业内部和企业外部的信息流，有商流、物流、生产、流通、消费、交通运输、科学技术等不同领域的信息流，以及纵向信息流和横向信息流。它们是纵横交错、包罗万象、相互交织的信息流的综合。狭义的信息流是指信息的传递运动，这种传递运动是在现代信息技术研究、发展、应用的条件中，信息按照一定要求通过一定渠道进行的。信息是自然界和人类社会的客观存在，它是事物存在方式和运动状态的反映。在生产领域、流通领域及经济生活各个领域中都存在信息和信息流，我们所研究的是流通领域的信息流。流通领域的信息流主要包括商品信息的提供、促销行销、技术支持、售后服务等内容，也包括询价单、报价单、付款通知、转账通知单等商业贸易单证，还包括交易方的支付能力、支付信用和中介信誉等。

4. 资金流

资金流是指在营销渠道成员间随着商品实物及其所有权的转移而发生的资金往来流程。这里的资金包括货币和可以用作交易媒介的准货币。资金流本质上指资金的转移过程，它包括付款、转账、结算、兑换等过程，对此，有银行人士指出："网络银行对电子商务有着重要的促进作用。如果说电子商务是一部机器，那么网络银行就是这部机器的助推器。没有资金流的电子化，电子商务就非真正意义上的电子商务。"[②]

综上所述，商流可以使商品的价值得以实现，经过商流，实现了商品的所有权效用；物流解决的是商品从其生产地域向其消费地域的转移，实现了商品的空间效用，但无法变

① 黄丽红. 解析物流、商流和信息流的关系［J］. 大家谈，2013（3）：158-159.
② 燕学博. 电子商务信息流、物流、资金流一体化整合［J］. 科技资讯，2006（21）：137-138.

更商品的所有权；信息流解决的则是流通主体之间的信息传递；资金流则解决了商品流通的媒介问题，是商品流通的重要内容，对商品流通的发展起促进作用。[①]

三、商流、物流、信息流、资金流的相互关系

商流是动机和目的，资金流是条件，信息流是手段，物流是终结和归宿。也就是说，由于需要或产生购买欲望，才决定购买，购买的原因和理由就是商流的动机和目的；因为想购买或决定购买某种商品，才考虑购买资金的来源或筹措资金问题。不付款商品的所有权就不归你，这就是条件；又因为决定购买，也有了资金，然后才付诸行动，这就是买主要向卖主传递一个信息，或去商店向售货员传递购买信息，或电话购物、网上购物，这些都是信息传递的过程，但这种过程只是一种手段。然而，商流、资金流和信息流产生后，必须有一个物流的过程，否则商流、资金流和信息流都没有意义。[②]

流通过程可以分为商流和物流两种运动形式。商流与物流之间的关系在商品交换发展不同阶段是有所区别的。在不发达的商品经济中，商流与物流是高度统一的，即两者的运动路线和经过的环节一般是一致的，如一手交钱、一手交货。随着生产力的发展，期货贸易的出现使得交易时间与实际交货时间出现了差异，但这时商流与物流还是统一的，交易经过几道转手，商品的物质实体仍然遵循商品所有权变化的路径做相应转移。然而，在现代发达和比较发达的商品经济中，商流和物流成为商品流通过程中既有联系又有区别的两大活动。

1. 商流和物流的联系

物流不是先于商流存在的，而是有了买卖行为之后，才有物流。物流虽然只是在商流确定之后实现买卖的具体行为，但如果没有物流，买卖行为也无法实现。从这一点来看，商流和物流是相辅相成、互相补充的。因此，在流通领域中，物流与商流应该同属主要功能。物流是基于交换即产品实体在空间位移中形成的经济活动，过程的结果是按一定时间要求完成社会再生产过程的物质补偿的实物替换。解决大生产引起的空间上、时间上的矛盾。与之相对应的是社会生产中的专业化分工。这也就决定了物流中包含大量的技术问题或技术经济学问题。商流是基于交换主体在经济利益原因上所形成的经济运动过程，过程和结果，是按一定方式在等价交换基础上完成交换客体在所有权上的转移。因此，商流中涉及大量社会经济问题和物质利益问题。商流与物流的具体联系表现如下：

（1）在商品流通的过程中，商流和物流都是商品流通的必要组成部分，是商品流通两种不同的运动形式。

---

① 赵娴. 流通经济学［M］. 北京：中国物资出版社，2008.
② 靳伟. 现代物流系列讲座第九讲：商流、物流、资金流、信息流的关系［J］. 中国物流与采购，2002（10）：42－43.

（2）在商品流通的过程中，商流和物流都是从供应者向需求者的运转，它们有相同的流向、相同的起点和终点。

（3）在商品流通的过程中，商流和物流在功能上是互相补充的，既分工又合作，共同完成流通的功能。

（4）在商品流通的过程中，通常先发生商流，在商流完成之后，才发生物流。

2. 商流和物流的区别

（1）物流是商品物质实体的运动。它能克服供需间的空间和时间距离，创造商品的空间和时间效用。而商流是商品社会实体的流动，它能克服供需间的社会距离，创造商品的所有权效用。

（2）从商品的性质上看，商品是使用价值和价值的对立统一体。在商品流通的同一过程中，一方面表现为物质实体的使用价值物的运动，另一方面表现为社会实体的价值的运动。前者体现为空间时间位置的相对改变，是物流；而后者体现为与货币等的等价交换和商品所有权的转移运动，是商流。

（3）商流和物流本身又是相互独立的，各自可以独立运行，流动的具体途径也可能不一致，流动的次序也没有固定的模式，在具体情况下，没有商流的物流和没有物流的商流都是可能的。

除此之外，虽然商流与物流是相辅相成、互为补充的关系，但是在经济意义上依然有差异。商流是一种以货币为媒介的买卖交易，其最终目的是实现商品的价值，与此相对照，物流是一种追加的生产过程，它通过时间和空间等非物质形态的服务来创造效用。

3. 商流、物流、信息流、资金流的关系

（1）信息流产生于商流和物流活动中，并为商流和物流活动服务。流通信息流包括商流信息流和物流信息流，商流信息流是在商流活动中产生，为商流活动服务的；物流信息流是在物流活动中产生，为物流活动服务的。

（2）信息流是商流和物流活动的描述性记录，反映商流和物流的运动过程。信息流对商流和物流活动起指导和控制作用，并为商流和物流活动提供决策依据。

（3）商品流通作为一种普遍的交换行为，包括商流、物流、信息流三个基本组成部分，其中商流完成商品所有权的转移，其实质就是资金所有权和商品所有权在买方与卖方之间的互换，商流中包含着资金从买方向卖方的运动过程，没有这一过程，商品流通就不可能发生。

四、商流、物流、信息流的分立与统一

随着工业文明的崛起，社会生产和消费的规模越来越大，生产和消费分离的趋势不断扩大，将两者以最有效的形式联结起来的难度越来越大。一方面，产需分离越来越突出；另一方面，人们要求流通时间越来越短。因此，在现代经济日益显现出供给与需求数量个

断增大的条件下，提高流通效率，要通过节约运行时间来完成。

在现实经济生活中，商流与物流的分离可概括为三种类型：一是商流在前、物流在后，如商品预购；二是物流在前、商流在后，如商品赊销；三是商流与物流在某些环节上的分离，如很多商品的实际流通过程都表现为所有权几易其手，商品实体则通过一次运动完成其转移过程。

信息流与商流、物流的分立体现在信息流一方面是伴随着商流、物流而产生的，另一方面又可以引导和控制商流、物流有规律地、合理地运动。因此，信息流是在流通过程中产生，为流通活动服务的，其存在不能脱离具体的流通活动。

"四流分立"有其必然性。作为商品经济发展的必然产物，货币的出现为"四流分立"提供了前提条件。同时，由于商品的使用价值和价值的分离，四流分立是商品内部矛盾发展的必然产物。此外，随着商品经济的发展和流通规模的扩大，从社会分工的角度来看，"四流分立"是流通内部分工的必然产物。

为了保证商流、物流的顺利进行，必须认真研究买卖交易之前的市场分析、商品计划等，从多个方面对市场做出科学的预测，以确保商品价值、使用价值的实现。这就形成了信息流。需要强调的是，只有把信息作为商品纳入流通过程时，才能形成真正的信息流。信息流既包括技术信息，也包括市场信息。技术信息，如产品的工艺流程、设计图纸、产品的成本、劳动生产率等；市场信息，包括市场供应量、需求量、供求变化的趋势、可替代产品的供求趋势、竞争对手的方法与策略等。信息流一方面是伴随着商流、物流而产生的，另一方面又可以引导和控制商流与物流有规律地、合理地运动。因此，信息流（这里指流通中的信息流）是在流通过程中产生的，为流通过程服务的，它不能脱离具体的流通活动。流通信息流主要由商流信息流和物流信息流组成，商流信息流和物流信息流分属于商流和物流。随着社会化大生产的发展和网络经济的兴起，信息在经济生活中所起到的作用越来越大，流通信息流也成为流通活动的重要组成部分。从这个角度来说，人们又将分属于商流和物流的商流信息流和物流信息流在形式上归纳起来，构成一个与商流和物流并行的信息流。这样，商流、物流、信息流完成了分立，成为商品流通过程的三大组成部分。

综上所述，商流、物流、信息流和资金流四者之间既互相区别又互相联系，它们合则形成统一的流通过程，分则具有彼此独立的运动形式和客观规律。在商流、物流、信息流和资金流中，信息流先行，商流是主体，物流是后勤，资金流是媒介。一方面，信息流既制约商流，又制约物流，并且将商流和物流联系起来，完成商品流通的全过程；另一方面，商流、物流、信息流、资金流四者相辅相成，互为促进，推动流通过程不断向前发展。在这个过程中，以资金流为媒介，以信息流为导向，通过商流实现商品的价值，通过物流实现商品的使用价值。由此可见，物流、商流、资金流和信息流错综复杂，相互交织。商流、物流、资金流、信息流，虽然各有独立存在的意义，并各有自身的运行规律，但是，"四流"是一个相互联系、互为伴随、共同支撑流通活动的整体。

第二节 批发市场的商流

商流是物流、资金流和信息流的起点，也可以说是后"三流"的前提，没有商流一般不可能发生物流、资金流和信息流。反之，没有物流、资金流和信息流的匹配和支撑，商流也不可能达到目的。

一、商流的概念

所谓商流，就是一种买卖或者说是一种交易活动过程，通过商流活动发生商品所有权的转移所进行的商业活动，包括销售、商业谈判、订货、交易等内容。通过商流活动，可以把商品的所有权由生产者转移给消费者，为最终实现商品的价值和使用价值创造条件。具体的商流包括购、销等商品交易活动以及商品信息活动。通过商流活动可以克服生产者和消费者之间的社会距离，创造商品的所有权效用。

在社会生产力水平较低、商品经济不发达的条件下，商品内部矛盾，即价值同使用价值、私人劳动同社会劳动、具体劳动同抽象劳动的矛盾并不十分突出，使用价值向价值的转化过程一般地说是比较顺利的。在现代经济中，不仅供大于求成为普遍的常态，而且商品的生产与销售、生产与消费、销售与销售之间的空间距离和时间距离随之扩大，商品的使用价值向价值的转化过程出现了一定的障碍。商流的分立，为价值的实现提供了方便，或者创造了条件，它不仅可以迅速地为商品生产者提供价值的补偿，而且还提供了价值增值的条件，从而使得扩大再生产成为可能。同时，通过商流活动，还为物流活动提供了前提条件和科学依据。

二、商流的过程

商品流通是商品内在矛盾运动的统一，商流的过程即是商品价值形态的转化过程，即商品价值的实现过程。我们可以来研究一下微观流通中 G—W（货币—商品）和 W—G（商品—货币）转化过程中的商流。在 G—W 这个环节中，企业通过预付资金购买生产资料，并支付劳动者的报酬。相对这个环节来说，企业是消费者，而生产资料的供给者是生产者，劳动力的供给者既是劳动者也是生产者。因此，在 G—W 转化的过程中，商流的过程表现为生产资料和劳动力的所有权由生产者转移给消费者（企业），使商品（指生产资料和劳动力）的价值得以实现。在 W—G 这个环节中，企业通过售卖商品，使商品转化为货币，进而可转化为再生产过程的各种现实要素。在这个环节中，企业是生产者，而购买商品者是消费者。此时商流过程表现为商品的所有权由生产者转移到消费者，实现商品的价值。

商流过程，即商品价值形态的转化过程，或者说是商品价值的实现过程，从微观经济过程来看，商流在 G—W 和 W—G 的转化过程中实现商品的价值；从宏观经济过程来看，商流过程主要是完成流通过程最核心的内容——买卖活动，也即供求关系的实现，进而与社会总需求和社会总供给之间从动态上和流量上发生相应的联系。商流表现为由生产者→批发者→零售者→消费者这样一种实现过程。

三、商流的运行

商流的活动内容包括交易前收集商品信息，进行市场调查，按照市场调查的结果，对商品生产计划、数量、质量、销售渠道等因素进行调整。最终买卖双方通过谈判达成交易，直到交易的履行过程完成。

1. 市场分析

市场分析是指通过有关市场信息的收集分析，对现存市场和潜在市场做出评价，寻找潜在的买方和卖方，为买卖交易提供决策的依据。市场分析是流通活动的出发点，是买卖交易不可忽视的前期环节。市场分析从宏观经济来看，是对国内市场和国际市场的分析和判断，它对于总体把握流通环境具有重要意义。从微观经济来看，是对特定商品的对象市场的分析，也就是市场营销当中的市场细分和目标市场的确定。在现代经济的商流运行中，市场分析为商品调整和买卖交易提供客观依据，按照市场分析结果进行商品调整后才能进行买卖交易。因而，市场分析是商流运行的出发点和基础。

2. 商品调整

商品调整是指按照市场分析提供的依据，对自己所提供的商品计划进行时间、空间、数量、质量调整，使之与消费者的需求一致的决策活动。主要包括产品设计开发、标准化、商标设定、价格决策、流通渠道、促销策略等，商品调整是克服社会经济分离，连接生产和消费，实现买卖交易的基础。

3. 买卖交易

买卖交易包括买卖双方的谈判、买卖合同的签订以及合同的履行。商流运行的最终阶段是买卖交易，即商品所有权让渡的买卖活动。市场分析、商品调整都处于买卖交易的准备阶段，是为买卖交易服务的，交易成立并履行，商流运行才算完成。经济学基本原理告诉我们，商品经济是以交换为目的的经济，追求价值是商品经济的基本属性，交换是通过买和卖的交易来实现的。因此，交易是商流运行的核心和本质，也是整个流通经济运行的核心和本质。[①]

---

① 赵娴. 流通经济学［M］. 北京：中国物资出版社，2008.

四、商流的特点

商流的特点主要表现在以下几个方面：

1. 灵活性

商流的形成是三流分立的必然结果，但是，三流分立并不否认三流运动的同一性。商流分立出来并单独形成其运动过程的主要特点之一：和物流过程相比，宜合则合，宜分则分。正是由于商流的灵活性，才决定了商流的分立是不可否认的客观存在，才使分立有意义，也才有可能较大幅度地节约商品流通时间，从而加速社会再生产的过程。在商品经济高度发达的条件下，商流和物流不仅是分立的，而且其运动过程一般也是不一致的。但是，由于商流的分立绝不等于其运动中时间、空间和物流的全部分立，所以，作为一个流通过程，商流是独立的，但作为一个运动过程，商流和物流却又是可以同时进行的。

2. 市场性

商流的主要任务是规划与结算，调节和实现供求的一致性。因此，规划是以市场为前提的，是市场性而非计划性的，这是由市场经济的特征和价值规律共同发挥作用的结果。市场较之计划的优势是由竞争的特性所决定的：第一，竞争具有信息优势。由计划（或政府）作出的配置资源决策对全局有影响，需要收集和处理大量的信息。由于信息不对称的存在和信息传递过程中难免会有信息的失真和丢失，即交易成本不等于零，因此政府不可能收集到充分的信息。即使政府收集到了较充分的信息，等到政府经过加工处理后把计划传达下去，信息也已经失去了其时效性。而只有通过市场竞争，企业才能了解如下信息优势：究竟是为了扩大自己的市场份额，还是为了加强和扩大自己的产业关联；是为了解决自己的原料保障问题，还是为了建立自己的营销网络等，这些是企业对市场前景和盈利预期而进行的自主选择，因此，交易和流通的信息充分，目的明确，方式选择得当。第二，竞争能够充分利用分散的创新能力和发展机会。政府在做计划决策时，利用的只是参与决策过程的少数人的知识和能力，看重的是已经存在的事态和机会，基本的思路是从已知的可能选择中择优而行。但是，引起结构变化和为经济增长不断提供新机会的，往往是那些具有创新性质的新事物，而不是现有机会的不断扩展。现代经济增长的历史表明，除了极少数特殊情况外，大量的创新活动都是创行者自主和分散进行的。市场体制较计划体制的优越之处就在于，它允许并且鼓励更多的人参与创新活动，并且通过市场，使那些符合社会需要的新事物不断取代旧事物。因此，商流的分立及其运动过程实质上是以市场为基础的。

3. 节约性

由于商流具有灵活性和市场性，必然可以相应地缩短商品流通时间，大幅度地降低商品流通费用。商流的节约性是商品经济的根本要求。但是，商流的节约性并不是通过商流自身的运动过程体现出来的，而是通过商流连带的物流过程，通过消费实现的程度体现出来的。在信息技术现代化条件下，商品价值的结算和监督过程并不需要大量的手工劳动；同时，由于商流并不涉及商品的实体运动，所以，即使商流自身是合理的、科学的，也不会带来社会劳动的大量节约（虽然也有一定的节约），商流所带来的社会劳动的节约，只能通过物流及其消费实现的过程才能充分体现出来。比如，商流的分立和自身的运动过程可以避免商品实体的迂回运输，可以及时、有效地满足消费的需要。由此可见，商流的节约性主要是以间接的方式存在。与此同时，不合理的、反科学的商流所造成的浪费也不是直接的，也是以间接的方式反映出来的。这是在组织商品的过程中必须注意的一个重要问题。①

五、电子商务下商流的特点

电子商务交易由于其形式特殊性，有自身商流的特点。

1. 不包括资金转移

商流仅反映商品所有权的转移，并不包括资金的支付、转移等过程。这是随着电子商务的发展和网络支付的特殊性，商流与资金流进一步分离而逐步形成的。在电子商务条件下，没有传统的面对面的交易方式，客户与商家之间的交易是通过网络进行的，各自面对的是电脑屏幕，通过移动鼠标来完成交易。在电子商务这种"鼠标＋水泥"的情形下资金支付安全问题已成为电子交易过程中的一个重要问题。因而，根据资金流的独特性将商流与其分离是很有必要的。

2. 商流方式单一

传统商品购销方式可以采取选购、订购、代购、代销、联营联销、自由购销等多种方式，在交易中客户一般都能看到交易商品的实体或样品。在电子商务条件下，由于网络的局限性，客户在网站上看到的只是商家或电子商务服务站提供的商品印象，而不是真实的商品。客户对该商品的购买看似直接选购，其实还是一种订购方式。只有在商家通过认证中心确认客户订单后才能够进一步响应客户要求，可能存在实物与网站上提供商品有差异的现象。因此，在电子商务条件下商流方式倾向单一化。

3. 以 EDI 为载体

传统商品所有权的转移过程是依据订立经济合同来完成的，按当事人之间达成协议形式不同分为口头形式和书面形式，其中口头形式要求"即时清结"的经济关系，即经济合同的订立、履行和中止几乎同时进行，其间没有间隙。而书面形式是由当事人文字记载方式体现合同内容的形式，需要双方当事人之间签字或通过签证形式予以确认，以纸质的形式在各经济主体之间进行传递。但是在电子商务条件下，经济合同的缔结是依赖于网络媒介，目前多采取电子数据交换（Electronic Date Interchange，EDI）技术将经济主体之间

---

① 徐从才. 流通经济学：过程组织政策［M］. 北京：中国人民大学出版社，2006.

按照一个公认的标准生成结构化的数据报表文件，在计算机上采用第三方服务或增值网（Value – added Network，VAN）进行电子传输和自动处理。[①]

第三节 批发市场的物流

物流是一个控制原材料、制成品、产成品和信息的系统，从供应开始经各种中间环节的完成及衔接而到达最终消费者手中的实物运动，以此实现组织的明确目标。

一、物流的概念

物流是指为了满足客户的需求，以最低的成本，通过运输、保管、配送等方式，实现原材料、半成品、成品或相关信息由商品的产地到商品的消费地的计划、实施和管理的全过程。它包括商品在由生产领域向消费领域转移过程中所发生的运输、配送、仓储、包装以及流通过程的再加工等经济活动。

物流活动，古已有之。现代物流概念的提出，并不是对原有概念的重复，而是在传统物流的基础上加入了包括信息技术、统筹观念等现代理念和高新技术在内的新内涵。现代物流是经济全球化的产物，也是推动经济全球化的重要服务业。世界现代物流业呈稳步增长态势，欧洲、美国、日本成为当前全球范围内的重要物流基地。

面对市场的严峻挑战及经济全球化的趋势，企业对自身的管理，特别是对物流管理提出了新的目标和要求。中国物流行业起步较晚，但是随着国民经济的飞速发展，中国物流行业保持较快增长速度，物流体系不断完善，行业运行日益成熟和规范。

物流业既是融合运输业、仓储业、货代业、信息业等的复合型服务产业，又是服务和支撑生产制造与流通消费等其他国民经济产业的基础性产业。物流业具有涉及社会经济领域广，吸纳就业能力强，促进生产、拉动消费作用大的产业特点，在调整产业结构、整合产业链、转变经济发展方式、增强国民经济竞争力等方面有着十分重要的基础作用。

二、物流的功能

随着市场经济的发展，市场竞争越来越激烈，物流的功能将越来越大。首先，物流在成本方面影响企业的竞争力，被称为"第三利润源泉"。其次，物流作为一种服务活动在企业占领和巩固市场的竞争中具有重要意义，是企业服务差异化的重要体现，如交货及时

性、准确性和可靠性就成为赢得竞争优势的重要因素。此外，物流作为商品流通的重要组成部分，它的运行状况对于实现产区与销区总量平衡，对于实现国家战略储备与市场调节储备，对于实现我国从粗放型经营到集约化经营的转变关系极大，物流的水平往往是一个国家综合国力的一部分。

1. 服务商流

除了非实物交割的期货交易外，一般的商流都必须伴随相应的物流过程。物流通过商品运输实现商品的空间效用，克服商品生产地点和消费地点在地理上的分离。在商品社会中，人们生产出来的商品不是用于自我消费，而是用于交换，通过交换获得货币收入，再用货币收入在市场上购回所需要的生产资料或生活消费品，商品运输就能解决许多商品的生产地点与消费地点往往不一致的问题。

物流还对流通中的商品具有包装和加工的作用。为了保护产品、方便储运、促进销售，会按一定技术方法而采用的容器、材料及辅助物等对产品进行包装处理。并且，物流活动可以根据用户的要求来改变或部分改变商品的形态或包装形式进行辅助性生产，以克服生产加工和用户对商品使用要求之间的差异，使产品更有效地满足用户需要。

2. 保障生产

物流通过商品储存实现商品的时间效用。即借助于各种场所和设备来储存或保管商品以满足商品供求周转上的需要，衔接商品在生产时间和消费时间上的背离。物流对生产的保障作用主要体现为对产品的储存功能。通过对储存物的保管保养，克服产品生产与消费在时间上的差异，以保证流通和生产的顺利进行。产品离开生产线后到最终消费之前，一般都要有一个储存、保养、维护和管理的过程，也是克服季节性、时间性间隔，创造时间效益的活动。虽然人们希望产品生产出来后能马上使用，使物流的时间距离缩短，即尽量缩短储存保管的时间。但即便从生产工厂到用户的直达运输，在用户那里也要有一段时间的暂存过程，因此说储存功能不仅不可缺少，而且很有必要。此外，为了防止自然灾害、战争等不可抗力事件的发生，还需要进行战略性储备。

三、物流的运行过程

物流的运行过程是指商品货物通过装卸搬运、运输、储存等物流活动创造货物的时间效用和地点效用的实物流通。按其活动范围划分，可分为微观物流过程和宏观物流过程。

1. 微观物流过程

微观物流过程是指在一个企业或一个经济实体内部的物流过程，如工厂或车间内部的物流过程，码头、港口、车站、仓库的物流过程。微观物流又称为企业物流，不同类型企业的物流过程会有所不同，按照企业从采购（如原材料、零部件、用于转卖的商品）到生产再到待售（如产成品、待销商品）的顺序，一般可将企业物流过程分为以下几个阶段：

（1）供应物流。供应物流是指企业把从供应商那里购买的原材料、零部件、用于转卖的商品等货物经过装卸搬运等物流作业环节运达企业，经过验收合格后，再进入企业的供应仓库的活动过程。企业供应物流状况对企业生产有直接的影响，供应物流的时间长短、速度快慢、质量好坏，在很大程度上决定企业的生产周期快慢和生产成本的高低，进而影响企业的经济效益。验收入库的原材料、零部件以及用于转卖的商品将按一定的周期进入企业的生产过程，于是便开始了生产物流阶段。

（2）生产物流。生产物流是指企业将库存的原材料、零部件及用于专卖的商品按需要用于生产过程，经过加工制作成半成品、成品后直接进入成品仓库的全部活动过程。具体包括根据企业生产进度计划将供应仓库中的货物按要求分类、装卸搬运、向各车间配送，各车间之间的半成品流转以及制成品流转，然后经过检验、分类包装、装卸搬运等作业环节，最后进入成品仓库储存的活动过程。对商贸企业，上述过程通常只有简单的分类、装卸搬运、配送过程；对机械加工企业则比较复杂，还包括半成品的储存和装配等过程；对化工企业则从原材料投入到产成品形成的过程往往是连续进行的。总之，生产物流主要取决于生产工艺流程，合理的生产工艺流程能缩短装卸搬运的路线并减少作业次数，从而降低生产成本。产成品经验收入库后，便转入销售阶段，对应的物流便是销售物流。

（3）销售物流。销售物流是指企业向购买者销售产成品发生的装卸搬运、包装、运输、分拣等活动过程。这一物流过程是产品实现其价值的阶段，此阶段物流作业的效率高低和质量好坏，关系到企业的商业信誉和在市场上的竞争能力。对于一些企业来说，在生产经营过程中还会产生包装物的回收问题，这就是回收物流。

（4）回收物流。回收物流是指企业对生产经营过程中形成的包装物、边角余料、报废物品或以旧换新物品等进行回收、分类、加工转化的活动过程。回收物流旨在通过一定的投入而实现废旧资源的再生利用，取得多于投入的增加价值，这有利于节约资源和保护环境。

企业生产经营过程中还会产生一些在一定条件下没有回收价值的物质，如某些包装物、废水、废气、废油、加工中的屑末或粉尘等，这些物质便是废弃物或垃圾，由此产生了废弃物流。

（5）废弃物流。废弃物流是指对生产过程中产生的废弃物进行分类、装卸搬运、处理等活动过程。对废弃物流的管理对环境保护具有重要意义。通常对废弃物的处理更多由专业化的环境卫生部门来承担，生产经营企业只是按要求将废弃物作简单的分类处理后将其运送到指定地点，然后由环境卫生部门运送到特定地点进行无害处理及进行部分回收活动。

从微观物流的运行过程可以概括出微观物流的特征：第一，微观物流具有相对稳定性。这是因为，微观物流是在企业内进行的，企业生产具有计划性、连续性、节奏性。第二，微观物流的合理性与生产工艺流程具有重要联系。当企业的生产工艺流程按工艺合理性原则布局时，不一定能保证物流实体的最佳流转路线；但如果按物流实体的最佳流转路线来规划生产布局时，有时不一定能满足生产工艺的要求（如生产安全、环境保护等）。第三，微观物流直接影响企业的经济效益。这表现在企业的生产速度在一定程度上取决于物流线路的合理性、物流设施的生产能力和工作效率。例如，在汽车零件制造企业，其加工装配时间仅占2%左右，而98%的时间用于原材料、零配件的储存、装卸和搬运。

2. 宏观物流过程

宏观物流过程是指在国民经济范围内、社会再生产各过程之间、国民经济各部门之间以及国与国之间的实物流通，也称社会物流。随着生产力的发展，生产专业化程度越来越高，这使商品货物在国民经济各部门、各企业之间的交换关系越来越复杂，社会物流的规模也越来越大。

宏观物流表现为企业与企业之间、企业与政府部门及其他社会组织之间的实物流转活动。对于每个企业来说，企业是社会物流的始发点，而社会物流的终止点则分布于企业、政府部门及其他社会组织。按社会再生产过程中从初级产品到最终产品的生产链顺序，可将社会物流分为以下几个阶段：

（1）初级产品物流。是指初级矿产品（如原油、原煤）、农产品（如谷物、原木），被采矿企业、农业企业生产出来并出售给生产中间产品的企业过程中形成的实物流转过程。这一流转过程包括多次装卸搬运、储存、运输、分拣等环节，可能经过流通企业转手，也可能是从初级产品的生产企业通过适当的运输手段，直接运达中间产品生产企业。初级产品作为中间产品生产企业的生产资料，经过企业内部物流过程之后，形成中间产品物流。

（2）中间产品物流。这是指中间产品在企业与企业、企业与政府部门及其他经济组织之间的实物物流过程。中间产品在流通过程中往往也需要经过类似于初级产品流通过程的多个流转环节。大部分中间产品通过流通环节而进入最终产品生产企业，少部分中间产品如钢材、石油及其制品、粮食、棉花等重要物资可能在流通中被政府作为储备收购。中间产品作为生产资料经过企业物流之后，成为最终产品物流。

（3）最终产品物流。这是指最终供人们消费的产品在企业之间、企业与政府部门及社会组织之间的实物流通过程。由于最终消费者的数量多而分散，因此，最终产品物流过程最复杂，与初级产品和中间产品物流相比，最终产品在装卸搬运、包装、运输、储存等物流环节重复次数多，而且作业质量要求高，尤其是一些电子设备、医药、食品、化工产品在物流方面有较苛刻的要求，如要求精细的包装，在限定范围的温度和湿度下储存和运输，运输和装卸要求非常平稳等。

宏观物流较之微观物流是一个更广泛、更复杂的物流系统，它具有与微观物流不同的特征：第一，社会生产力水平决定着宏观物流的深度和广度。社会生产力越发展，进入流通过程的产品品种和数量就越多，社会物流的规模就越大，从而也就要求社会物流能力随之增大；同时，社会物流能力又是社会生产力的组成部分，社会生产力的整体发展水平制约着物流能力的大小和物流技术水平的高低。第二，商品流通管理体制决定着物流的渠道和方式。在计划分配制度下，政府主管部门负责重要消费品和生产资料的平衡与分配，物流渠道绝大多数按行政序列和行政区划进行，此时容易发生供应机构重叠、物流重复现象严重、社会库存量增加、商品周转缓慢等弊端。在以国家宏观调控指导为条件的市场调节制度下，传统的封闭式、少渠道、多环节的商品流通体系逐步向开放式、多渠道、少环节的商品流通体系转变，有助于提高宏观物流的效率。第三，宏观物流直接影响国民经济的效益。这是因为宏观物流与产业结构的状况有关，与国民经济各部门、各企业的利益有密切联系，从而影响国民经济的效益。

3. 现代物流的发展趋势

由于经济全球化的趋势及其他因素的影响，商品与生产诸要素在全球范围内以空前的速度自由流动。新时期经济环境的发展变化，既使物流的发展面临着严峻的形势，也为物流的发展提供了良好的外部环境。从国内外物流的发展情况来看，现代物流发展的趋势表现为系统化、信息化、国际化、标准化、社会化和装备现代化六个方面。

（1）物流系统化。物流过程一般指产品出厂后的包装、运输、装卸、仓储。物流的系统化是使物流向两头延伸，使社会物流与企业物流有机地结合在一起，从采购物流开始，经过生产物流，再进入销售物流，经过包装、运输、仓储、装卸、加工配送到消费者手中，然后还有回收物流。现代物流包含了产品"从生到死"的整个物理性的流通全过程，即通过统筹协调、合理规划，控制整个商品的流动，以达到利益最大或成本最小，以满足用户需求不断变化的客观需求。物流的系统化是一个国家流通现代化的主要标志，是一个国家综合国力的体现。物流的系统化可以大大节约流通费用，提高流通的效率与效益，从而提高整个国民经济的质量与效益。

（2）物流信息化。运用条码系统及FID自动识别技术、货物跟踪系统、电子数据交换等网络技术，推进物流信息收集的数据化和代码化、物流信息处理的电子化和计算机化、物流信息传递的标准化和实时化、物流信息存储的数字化等。物流信息化在未来的物流发展中将发挥日益重要的作用。因为及时准确的信息有利于协调生产与销售，有利于优化供货程序，缩短交货周期，有利于降低库存，从而会极大地降低生产和物流的成本，提高服务水平。

随着信息网络的整合，可以实现在流通产业增值链上下游企业之间彼此的信息共享，特别是共享动态变化的最终消费信息，通过促进信息充分流动，消除不必要的商品转运、积压和倒运。基于精确和精细化的信息管理，大大降低供需之间的不确定性，实现"以信息替代库存"，减少在制品、半成品和制成品的库存，减少流动资金的占用，减少产品库存中可能发生的失效和损耗导致的经济损失。这里需要规范信息格式和编码，建立共享的信息网络，改进信息传递方式，提高企业之间的信息网络系统运行效率等。一旦实现信息共享，经济效益极为可观，将极大改善整个物流过程的应变能力和速度。

（3）物流国际化。由于全球采购、全球生产的形成，跨国生产企业在全球布点，加上国与国之间进出口贸易的增加，资源在全球实施优化配置，从而使物流的国际化趋势十分明显，跨国物流公司也随之产生并加速发展。

物流国际化，要求物流的发展必须突破一个国家（或地区）的地域限制，实现不同国家间的物流服务。国际化的物流通过分布在国际间的物流运送体系，以国际统一标准的技术、设施和服务流程，来完成货物在不同国家（或地区）之间的流动。20世纪80年代以后，全球经济一体化发展加快，国际间的经贸往来日益深化，贸易的全球化要求产品和服务在国际间合理流动，这就为物流业的国际化发展提供了条件，国际化开始成为物流业发展的一个重要趋势。

电子商务的产生和发展，对物流国际化提出了新的要求，进一步加快了物流国际化的进程。国际化的电子商务自然需要由国际化的物流来支撑，而且对物流服务的时间性、准确性都提出了更高的要求，物流国际化将向一个新的层次发展，并将在全球经济活动中占有越来越重要的地位。

（4）物流标准化。物流的运作主要目的在于节约成本、提高效率。物流运作中除了信息化以外，物流的标准化也格外重要，它可以使不同的物流环节无缝连接，可以实现信息共享、资源共享，从而实现共赢。物流标准化是物流系统同一性、一致性的保证，是各环节有机联系的必要前提，因而是物流系统设计的重要前提。实现物流标准化可以贯通全系统，可以实现"一贯到户"式的物流，加快速度，降低中间装卸、搬运、暂存的费用和中间损失，从而使物流成本大大降低，效益显著提高。物流标准化可以加快物流管理发展进程，加快物流系统建设，是迅速推行物流管理的捷径。物流系统不是孤立的，为了使物流外系统与物流系统更好地衔接，通过物流标准化和统一衔接点是非常重要的，因此，物流标准化为物流系统与物流外系统的衔接创造了条件。

（5）物流社会化。物流社会化趋势是网络化的进一步发展，主要是指物流园区、物流中心、配送中心的社会化。随着市场经济的发展，专业化分工越来越细，一个生产企业生产某种产品除了一些主要部件自己生产以外，大多外购。生产企业与零售商所需的原材料、中间产品、最终产品大部分由不同的物流中心或配送中心提供，以实现自身的少库存或零库存。目前国外由物流系统实行配送的产品范围已十分广泛，不仅有生产资料、日用品，连图书、光盘等也配送。这种物流中心或配送中心不仅可以进行集约化物流，在一定半径内实现物流合理化，还可以节约大量的社会流动资金，这也是目前国际上第三方物流业迅猛发展的原因。

（6）物流装备现代化。物流装备越来越智能化、柔性化，交通运输、仓储、物流节点（如港口、机场、物流园区等）、物流信息平台都将实现现代化。21世纪的技术发展日新月异，流通技术创新取得了很多成果，同时流通技术也呈现出一些发展趋势：其一，集成化物流系统技术的开发与应用加速。其二，物流设施和工具向可重组、可重用、可扩充的方向发展，例如托盘、包装箱设计的统一和标准化，柔性化拼盘管理等。其三，虚拟物流系统走向应用。在虚拟条件下对物流系统进行仿真，模拟物料运输、存储动态过程，并对相关技术数据和性能指标做出预测和评价。通过虚拟仿真，可以完善物流方案，从而提高物流效率、降低物流成本。其四，物流系统向环保化的绿色方向发展。物流发展不但应考虑技术先进性、经济合理性，还应考虑环境友善性。①

四、物流管理

1. 物流管理的概念

物流管理（Logistics Management）是指在社会再生产过程中，根据物质资料实体流动的规律，应用管理的基本原理和科学方法，对物流活动进行计划、组织、指挥、协调、控制和监督，使各项物流活动实现最佳的协调与配合，以降低物流成本，提高物流效率和经济效益。现代物流管理是建立在系统论、信息论和控制论上的专业学科。

物流管理科学是近年兴起的一门新学科，它是管理科学的新的重要分支。物流管理科学的诞生使原来在经济活动中处于潜隐状态的物流系统显现出来，揭示了物流活动的各个环节的内在联系。

2. 电子商务下物流管理存在的问题

电子商务是未来经济贸易发展的重要形式，现代电子商务技术对传统物流产生了巨大影响。现代物流在电子商务的促进之下，不断地向信息化、网络化、多功能化方向发展。企业应利用电子商务带来的便捷条件，加速物流组织结构转变与电子商务和物流管理人才培养，推动物流管理创新。我国电子商务下的物流管理还存在以下一些问题：

（1）物流企业规模较小。当前，我国的物流企业主要以中小型企业为主，企业规模较小，社会化物流需求不足与专业化物流供给能力不足问题同时存在，"大而全""小而全"的企业物流运作模式相当普遍。地方封锁与行业垄断对资源整合与一体化运作形成障碍，物流市场还不够规范。企业规模较小，只在某些方面实现了电子信息化，企业在利用网络及信息技术方面还不够成熟，信息化资金与人力等投入不足。近年来，我国成立了近80万家物流公司，在数量上已经具备了一定的规模，但中小企业仍占绝大部分，有实力、上规模的大型物流企业所占比例非常小。这些中小企业普遍存在经营规模较小、管理水平相对落后、功能单一、增值服务薄弱、缺乏先进技术支撑等一系列不足。

（2）物流管理专业人才短缺。随着世界经济的快速发展与现代科技水平的不断提高，物流产业被认为是推动国民经济发展的动力产业之一。然而，物流管理人才短缺成为我国物流业发展的障碍之一，是导致物流企业服务水平较低的重要原因。

电子商务时代，物流管理主要需要宏观管理层次的人才、企业物流管理人才以及物流企业管理人才。复合型物流人才，即通晓现代经济贸易、物流运作、运输、英语以及国际贸易等领域知识的物流人才，在现代物流发展中具有十分重要的作用。而国内物流产业的

---

① 丁俊发，赵娴. 流通经济学概论［M］. 北京：中国人民大学出版社，2012.

各个领域普遍缺乏复合型物流人才，特别是第三方物流精英人才。物流行业中掌握现代化物流所需要的专业性应用技术的物流人才也十分缺乏。

近年来，大中专院校培养的各层次物流人才无论从数量上还是从质量上看，都远远不能满足行业发展的需要。行业的发展急需既懂实际操作又懂管理的多层次实用型人才，因此加大物流人才培养是十分有必要的。

（3）电子商务物流配送体系不健全。我国大多数物流配送企业的技术装备及管理手段都相对比较落后，网络服务和信息系统不健全，许多物流企业尚未实现网上作业，仍在采用原始的信息传递与控制方法。信息流主要建立在书面基础上，无法为客户提供及时的物流信息，这不仅降低了物流服务的水平，也抑制了我国物流业的发展，影响到了电子商务的推广与应用，成为制约电子商务物流发展的"瓶颈"。再加上我国物流标准化程度较低，缺乏统一的标准，有些企业采用欧美标准，有些企业采用日本标准，给物流各环节的对接造成了不便，影响了物流作业的效率，在一定程度上制约了电子商务在我国的发展。随着包括物流业在内的服务贸易领域对外开放程度的不断扩大，国外先进的物流企业将陆续进入我国，我国的物流企业将面临更为严峻的考验。

（4）政府与企业对电子商务物流的重视程度不够。当前，电子商务物流市场的竞争机制与管理法规尚不健全，对市场的进入与退出以及竞争规则等尚无统一的法律规定。对社会性电子商务物流缺乏有效约束机制，导致不正当竞争严重。物流发展涉及基础设施、技术设备、产业政策、投融资等很多方面，这些方面分属不同的政府职能部门管理。由于相关职能部门对现代物流缺乏足够的认识，也缺乏统一协调的战略思想，物流市场与行业管理被人为地按照部门、地区和行业进行划分，导致了物流管理条块分割及重复建设等问题。一些地方政府为保护本地物流企业的利益，在交通、工商税务等方面对外地物流企业设置障碍，阻碍了电子商务物流业的发展。[①]

第四节　批发市场的信息流

在供应链管理中，信息被看成是与商品、资金一样可以传输和流动的企业要素。

一、信息流的概念

信息流是信息在供应链上各点流动的过程，以及为达到最优效率而对信息进行的控制过程。信息流有广义和狭义两种。广义指在空间和时间上向同一方向运动过程中的一组信

---

① 李德库. 电子商务环境下的物流管理创新［J］. 中国流通经济，2013（8）：39－43.

息，它们有共同的信息源和信息的接收者，即由一个信息源向另一个单位传递的全部信息的集合。狭义指信息的传递运动，这种传递运动是在现代信息技术研究、发展、应用的条件中，信息按照一定要求通过一定渠道进行的。

二、信息流的特点

从商品流通中信息流通的内容，我们可以看出它具有以下特点：

1. 事实性

事实是信息的核心价值，不真实的信息不仅没有价值，而且可能价值为负，害人害己。因此，信息流的信息要以事实为依据，强调信息的准确性和客观性。流通中的信息流是直接以需求为中心展开的，并通过该过程把需求信息反馈给其他部门，因此，在满足社会需求的信息流通中，流通中的信息流最为需要。

2. 时效性

信息的时效是指从信息源发送信息，经过接收、加工、传递、利用的时间间隔及其效率。时间间隔越短，使用信息越及时，使用程度越高，时效性就越强。

3. 不完全性

由于人们认识事物的程度有限，关于客观事实的信息是不可能全部得到的。因此，数据收集或信息转换要有主观思路，要运用已有的知识，进行分析和判断，只有正确地舍弃无用和次要的信息，才能正确地使用信息。

4. 等级性

流通管理系统是分等级的。处在不同级别的管理者有不同的职责，处理的决策类型不同，需要的信息也不同，因此，信息是分等级的。通常把流通管理信息分为三级：战略级、战术级和作业级。

5. 变换性

信息是可变换的，它可以由不同的方法和不同的载体来载荷。这一特性在多媒体时代尤为重要。同时，管理信息是经过加工并对生产经营活动产生影响的数据，是劳动创造的，是一种资源，因而是有价值的。信息的使用价值必须经过转换才能得到。因此，流通管理者要善于转换信息，以实现信息的价值。[①]

三、信息流的功能

信息流可以说是流通体系的神经，它是流通体系存在和运动的内在机制，在商品流通过程中具有十分重要的作用，其功能的发挥越来越被人们所关注。

---

① 徐从才．流通经济学：过程、组织、政策（第一版）[M]．北京：中国人民大学出版社，2006．

1. 沟通联接功能

流通过程是作为一个整体的运动,即体系的运动来实现的。流通体系又是各种要素的集合,不同的要素靠信息形成集合。社会再生产过程,是由许多个行业、部门以及众多流通企业群体构成的经济大系统。系统内部正是通过流通信息流的沟通和联系功能,才使社会再生产过程正常、协调地运行。如各种指令、计划、数据、报表、凭证、广告、商情等信息流,在社会再生产运动过程中,广泛地沟通其纵向和横向联系,调整其运行,如果没有流通信息流的沟通和联系功能,经济系统就会处于混乱或瘫痪状态,产销联系中断。因此,流通信息流是沟通社会再生产过程各环节之间联系的桥梁。

信息流不仅具有连接流通体系的功能,而且具有沟通流通体系与外部系统和环境的功能。流通体系不是孤立的系统,它处在社会经济的大系统之中,是大系统的组成部分。其他系统构成流通体系的外部系统和外部环境,影响着流通体系的运动。流通体系反之也影响其他系统的运动。不同系统之间的相互影响和联系,同样是靠信息来联接的。

2. 引导和协调功能

市场经济依靠价格机制、竞争机制、金融政策、财政政策来进行调节,而这些调节机制本身就是信息,是通过信息的传递调节经济活动的。流通信息流随着商品、货币及流通当事人的行为等信息载体进入流通领域,同时信息的反馈也随着信息载体反馈给生产者和需求者。具体而言,信息把市场状况传递和反馈给生产者和消费者,以及政府管理部门,从而引导着产业结构的变动和生产力布局的优化,调节着生产规模和资源配置,调整着商品结构,促使供求平衡。流通对生产的作用,很大程度上就是通过信息的反馈功能得以实现的。

3. 流通信息流的决策功能

流通信息是制定决策方案的重要基础和关键依据,决策过程实际上就是信息的收集、传递、分析、处理、判断的过程。有关商品流通的决策与计划必须以能够全面、正确地反映客观经济活动过程的信息流为依据,只有这样才能适应商品流通环境的变化,不失时机地调整决策,指导和促进商品流通的协调发展。

四、供应链中信息风险及信息分享

供应链中的信息流跨越不同的部门和企业。它来源广泛,伴随着物流活动以及商品交易活动展开而大量发生。各种作业活动频繁发生,使得供应链中信息流量大,且更新快,容易引发供应链企业之间信息不对称、不完全,从而给决策带来风险。

1. 信息风险

信息风险是指在共享信息的过程中,由于信息的不对称、严重的信息污染现象,加之并购前未能制订周密、翔实、合理的调查计划,尽职调查不力以及调查工作本身存在的各种局限性及信息渠道受阻等原因导致的信息不准确性、滞后性和其他一些不良后果,如导致管理人员的决策失误或导致对目标企业资产价值和盈利能力判断失误，致使并购难以达到预期效益，甚至陷入沼泽。

"牛鞭效应"（Bullwhip Effect）是市场营销活动中普遍存在的高风险现象，它是指供应链上的信息流从最终客户向原始供应商端传递时，由于无法有效地实现信息的共享，使信息扭曲而逐渐放大，导致了需求信息出现越来越大的波动。"牛鞭效应"会造成低质量的客户服务、低效运输、货物短缺或积压以及错误的需求预测等现象，并且会随着供应链运作的企业增多而愈加明显。

2. 信息分享

信息共享（Information Sharing）是指为了减少信息不完全所带来的风险，提高整条供应链的竞争优势，要求供应链上各个企业对自己所拥有的信息在一定范围内，一定程度上实现共享。信息共享是提高信息资源利用率，避免在信息采集、存储和管理上重复浪费的一个重要手段。信息共享的效率依赖于信息系统的技术发展和传输技术的提高，必须严格在信息安全和保密的条件下实现。目前西方国家的信息共享程度比我国要大得多。

第五节 批发市场的资金流

资金流是指在生产流通过程中各部门间随着业务活动而发生的资金往来。

一、资金流的概念

资金流是指在营销渠道成员间随着商品实物及其所有权的转移而发生的资金往来流程。作为电子商务的三个构成要素之一，资金流是实现电子商务交易活动不可或缺的手段。

1. 物流方面

资金流是指用户确认购买商品后，将自己的资金转移到商家账户上的过程。作为电子商务三流中最特殊的一种，资金流扮演着重要的角色。在电子商务中，顾客通过浏览网页的方式选购商品或服务，在选购完成后支付。顾客支付的款项能否安全、及时、方便地到达商家，关系到交易的最后成败。因此，在线支付不论是对于顾客，还是对于商家，都具有非常重要的意义。而在线支付的关键就是资金流平台的建设。

2. 电子商务

作为电子商务中连接生产企业、商业企业和消费者的纽带，银行是否能有效地实现电子支付已成为电子商务成败的关键。在常见的 B2C 交易中，持卡顾客向商家发出购物请求，商家将持卡人的支付指令通过支付网关发给银行的电子支付系统；银行接着通过银行卡网络从发卡行获得批准，并将确认信息再从支付网关返回商家；商家取得支付确认后，向持卡人发出购物完成信息。剩下的工作就是银行系统内部的资金拨付和行间结算。

从以上过程不难看出，任何网上交易的资金流都可分为交易环节和支付结算环节两大部分。其中支付结算环节是由包括支付网关、银行和发卡行在内的金融专用网络完成的。因此，银行可以说是任何电子商务资金流的核心机构。在电子商务中，银行是连接生产企业、商业企业和消费者的纽带，起着至关重要的作用。银行是否能有效地实现电子支付已成为电子商务成败的关键。以一个简单的网上交易流程为例，首先持卡人向商家发出购物请求；商家将持卡人的支付指令通过支付网关送往银行；银行通过银行卡网络从发卡行获得批准，并将确认信息再通过支付网关送回商家；商家取得确认后，向持卡人发出购物完成信息。银行与银行之间通过支付系统完成最后的行间结算。从上述交易流程中不难发现，网上交易可以分为交易环节和支付结算环节两大部分，其中支付结算环节是由包括支付网关、银行和发卡行在内的金融专业网络完成的。因此，离开了银行，便无法完成网上交易的支付，从而也谈不上真正的电子商务。①

二、供应链管理中资金流问题

信息技术革命和互联网的应用导致信息供应链的跨越式进步。然而，却很少有人改进财务供应链。每个企业依然根据固定的规则运营，如标准的支付和折扣条款，没有人注意到资产和负债对每个贸易伙伴的相对价值。每个贸易伙伴只实施内部优化，没有考虑贸易伙伴之间资金流的优化。

1. 供应链中冻结了大量的运营资本

当供应链企业间的信息进行实时交换、货物在订货 24 小时内送达的同时，人们仍然要花 30 ~ 45 天完成财务交易，因此，在结算周期中冻结了大量的运营资本。据估计，运营资本成本超过 500 强企业收入的 1%。运营资本优化传统上属于企业财务功能的范围，导致人们仅关注现金的利用率和提高现金收益率。应收账款和应付账款的功能受交易过程的有效性驱动，而不是以改进财务供应链为目标。

2. 供应链中中小企业资金流严重短缺

对于供应链中的中小企业而言，资金流问题更加严重，面临着严重的资金短缺困境。中小企业由于实力弱小，在供应链中面临着大型企业的压迫。供应链金融电子平台提供商黛米卡（Demica）公司发布的一份研究报告指出：73% 的欧洲大型企业一方面不断向供应商施加降价压力，另一方面又不断延长向这些供应商付款账期，导致供应链中中小企业应收账款不断增加，资金短缺问题日益严重，供应链也面临资金链断裂的风险。

① 王学东. 电子商务信息流、物流、资金流互动分析 [J]. 科技进步与对策，2002（4）：136 – 138.

3. 供应链伙伴的融资成本较高

研究调查服务供应商阿伯丁集团（Aberdeen – Group）的研究表明，供应商在融资上受到更多的限制，并且比核心企业支付更高的利率，这导致了供应商的高成本和更高的销售成本。在寻求供应链成本最优化时，融资是一个常被忽略的因素。他们发现，融资成本占成品的4%，而且几乎没有公司从战略的角度看待融资成本，然而它们确实能带来更多利润。关注主要贸易伙伴的金融优势和劣势的企业产生了不断增加的利润。①

📖 本章案例

青岛红领集团的跨境贸易电子商务 C2M + O2O 直销模式②

青岛红领集团创造了跨境 C2M 平台化电子商务直销模式，支持全球消费者和制造商的直接交互，信息数据实时共享。创造了一个平台化商业模式，即人人是设计师，人人是消费者，人人是经营者、人人是创业者的全新商业文明。由于全球用户需求差异化非常明显，个性化需求成为势不可当的趋势和潮流，在消费者主权时代，追求"极致、简单、便宜、快"的消费方式成为主流。于是用工业化的效率制造个性化产品，用数字化、信息化、智能化技术搭建 C2M 交互环境，可以支持让消费者以最简单、最方便、最合理、最愉悦的方式实现定制梦想。C2M + O2O 模式完全"以消费者为中心"，支持两点一线交互，彻底消除中间环节，真正为 C 端消费者创造价值，彻底颠覆不合时宜的陈旧商业规则。C2M + O2O 模式建立了直线交互的商业逻辑和电商时代的终极商业业态。该模式倡导价值互换，合作共赢，整合社会成熟资源，实现 C 与 M 价值最大化，创造全新的商业文明。

（一）个性化与规模化是 C2M 的两个要素

自 2005 年开始，青岛红领集团经营战略转向高端男正装量身定制 MTM 业务。为达成到 2015 年成为世界男正装 MTM 领域第一的战略目标，青岛红领集团围绕高端量身定制运营模式，确定了以工业化和信息化为两翼，通过对业务流程和管理流程的全面改造，建立柔性和快速响应机制实现"产品多样化和定制化"的大规模定制生产模式，满足了市场的个性化需求和快速反应、迅速交货的要求；保证既能满足客户个性化需求，又不牺牲企业效益的批量定制生产方式，实现了个性化手工制作与现代化工业大生产协同的战略转变，从而实现了时尚化、差异化竞争的"蓝海战略"，大幅度地提升了经济效

---

① 王婷睿. 供应链金融与供应链资金流优化的国外研究综述［J］. 商业时代，2013（6）.
② 案例来源：http://qingdao.mofcom.gov.cn/article/dongtai/201406/20140600639936.shtml.

益，两化融合是实现企业这一战略的重要支撑和基本保障，并成为企业持续提升核心竞争力的根本路径。

通过两化融合，青岛红领集团实现了纺织服装行业从传统劳动密集型企业向高绩效、高科技型企业转变，由纯生产型向创意服务型转化，从而大大提高了产品附加值。两化融合推动了企业经营模式、价值观的转变，提升了效益水平，提高了核心竞争力。

（二）大数据技术是重要支撑

红领用 10 多年时间积累了海量数据，款式数据和工艺数据囊括了设计的流行元素，能满足超过万亿种设计组合，99.9% 覆盖个性化设计需求。版型数据库、款式数据库，包括各类领型数据、袖型数据、扣型数据、口袋数据等，衣片组合超过万亿种以上款式组合。整个企业就是一台数字化大工业 3D 打印机，全程数据驱动。所有信息、指令、语言、流程等最终都转换成计算机语言。一组客户量体数据完成所有的定制、服务全过程，无须人工转换、纸制传递、数据完全打通、实时共享传输。

问题：

1. 互联网的应用如何改变了青岛红领集团的经营模式？
2. 谈谈你对"互联网＋"的认识。

海尔电子商务模式的介绍①

新经济就是以数字技术和网络技术为基础，以创新为核心，由新科技所驱动的可持续发展的经济。新经济就是信息时代的经济，或者说是信息技术影响下的经济，其核心就是学习和创新。传统经济学理论认为，要提高产品的功能和性能，就会相应提高产品的价格；而在新经济中，通过不断地创新和学习，就能在保证产品越来越好的同时，价格越来越低，从而使需求量随着供应量的增加而增长。在新技术的帮助下，整个社会的学习速度都在加快，因此，企业要想在竞争中保持优势，就必须能够比竞争对手拥有更快的学习速度，能更好地利用新技术来为企业服务。

（一）海尔电子商务的形成

从海尔自身的实践来看，其电子商务理论的形成应该是从适应"新经济"开始的，适应新经济的企业至少要符合三个标准：其一，具备应变能力的管理体制。这需要实现三个转移，即管理方向的转移——从直线职能型组织结构向四个业务流程再造的市场链转

① 唐麒. 传统品牌企业电子商务模式分析——以海尔为例 [J]. 电子商务，2014 (12).

移，从国内市场向国外市场的转移，从制造业向服务业的转移。其二，要开发出全球知名品牌。其三，要有网上销售的战略，即电子商务。由此可见，海尔发展电子商务是其适应新经济必不可少的要求之一。

海尔认为，电子商务的核心是"商务"，做电子商务并不是建"空中楼阁"，许多传统资源经过改造可以应用到电子商务之中。海尔的优势可以概括为"一名两网"："一名"即知名品牌，据权威部门评估，海尔品牌价值已达786亿元；"两网"即配送网络和支付网，前者拥有全国电话服务中心30多个，营销网点10000多个；后者通过与建设银行全面合作，基本解决了海尔B2B电子商务的支付问题。

不管是企业的上下游还是企业的内部业务，来自市场的压力是最直接、有效的。海尔与世界经济体系的"链接"会越来越紧密，所以海尔就必须发展电子商务，并与原来运营模式相结合，开发新的运营模式来提高自己的可持续发展能力。

(二) 海尔电子商务的发展

1999年初，在确定企业发展思路时，张瑞敏总裁明确地提出了将1999年作为"海尔的国际化年"，全面实施国家化战略，使海尔成为国际知名品牌。为了实现这一目标，海尔集团制定了重建企业内部构架、提高企业竞争力等一系列整合方案，以确保"海尔国际化"目标的实现。这些都为海尔开展电子商务奠定了必要的基础。

为了实施电子商务，海尔对整个集团进行了重组。2000年3月10日，在业务流程重组的基础上，海尔投资成立了电子商务有限公司，正式启动电子商务工程，包括B2B电子商务和B2C电子商务两部分。B2C电子商务主要是为搭建应用因特网技术而开发的，以现代网络经济为核心，以直接消费者为对象的产品分销系统，从而促进海尔零售业务在线交易额的快速增长，并满足个人用户的个性化要求。B2B电子商务主要是完成同供销商的商务活动。

2005年前后大批网民逐步接受了网络购物的生活方式，而且规模还在高速扩张，海尔也从电子商务中获得了更多的订单和销售机会。海尔电子商务基础环境不断成熟，物流、支付、诚信"瓶颈"也得到了基本解决，在B2B、B2C、C2C领域里，海尔都在迅速地成长，积累了大量的电子商务运营管理经验和资金。

2008年是我国物流业和电子商务快速发展的一年。海尔电子商务呈专业化、规模化、国际化、主流化态势。海尔电子商务在经历了多年来由定性模式向创新模式的艰难探索中找到了适合自己的发展之路，而且已经迈向跨国电子商务大市场。2008年，大批国外资源的进入也迫使海尔的电子商务呈现多样化快速发展态势。

(三) 海尔电子商务的运营模式及特点

1 海尔的电子商务运营模式

海尔是我国企业全面应用电子商务的典型，网络技术不仅应用于客户服务，而且也充分应用于企业内部管理及海尔与其供销商之间的商务合作。海尔开展电子商务的基本策略如下：一是建立一个有鲜明个性的垂直网站，以通过电子商务手段更进一步增强海尔在家电领域的竞争优势。海尔不依靠价格而依靠服务与创新来竞争，目前海尔提供服务的主要内容就是通过网站为客户提供更多的便利与个性化服务方面的创新。二是通过电子商务技术优化供应链，外包本公司的部分制造业务，变推动销售的模式为拉动销售的模式，提高新经济企业的核心竞争力。

海尔开展电子商务的主要模式为：一是 B2C 的电子商务，实现了企业与消费者的零距离交流，这种交流全方位提升了企业的品牌价值；二是 B2B 的电子商务，完成了与供销商的高效合作，同时实现了销售商定制服务。

（1）对消费者的电子商务（B2C）。B2C 电子商务是海尔服务消费者的一个重要工具。海尔充分利用网络及电子化手段收集、整理、分析用户需求信息，并利用网络良好的互动优势与顾客直接沟通，为此海尔设立了网上服务中心。用户可以通过网上服务中心或热线电话进行各种咨询、建议或是登记甚至投诉，而所有的信息都被录入服务中心的信息库中。由于纳入计算机系统管理，大大提高了海尔服务人员的工作效率，同时为用户提供了极大的便利。

（2）对企业的电子商务（B2B）。海尔通过开展 B2B 电子商务促使外部供应链取代自己的部分制造业务，B2B 电子商务不但实现了与供货商的高效合作，而且实现了订货商定制等服务。

2. 海尔电子商务的运营特点

海尔集团以优质的服务闻名，所以在网站建设上也突出了这一点：时刻把客户的需要与利益放在第一位。在其网上商店中，除了常规的推荐产品外，还有产品定制，"您的难题就是我们的开发课题！"海尔是这么说的，也是这么做的，海尔以服务为本。企业的生命在于创新，海尔集团将以更新、更高、更好的产品满足广大顾客的要求。"只要是您能想到的，我们都能做到"，这是海尔的承诺。海尔透彻地理解互联网运作与成功的真谛：一切有为之举，均在融合之中。所以，海尔会拿出专门的页面设置友情链接，这样的营销策略既显得主家超凡大度，也为这些网站做了标志广告，并可以方便访问者。

问题：

试分析海尔集团发展自身模式的必要性和战略途径。

戴尔公司电子商务物流模式选择及构建案例分析[①]

戴尔计算机公司于 1984 年由企业家迈克尔·戴尔创立，在全球 34 个国家中拥有大约

---

① 李娜. 戴尔公司电子商务物流模式选择及构建案例分析［J］. 中国集体经济月刊，2007（8）.

35800 名员工。其理念非常简单：按照客户要求制造计算机，并向客户直接发货，使戴尔公司能够更有效和明确地了解客户需求，继而迅速地做出回应。戴尔公司设计、开发、生产、营销、维修和支持一系列从笔记本电脑到工作站的个人计算机系统。每一个系统都是根据客户的个别要求量身定制的。这种革命性的举措已经使其成为全球领先的计算机系统直销商，跻身业内主要制造商之列。

（一）电子商务物流模式简介

最终消费者直接通过电子商务网站订货，公司按照消费者的需求，个性化地量身定制产品及服务，并通过第三方物流直接送货上门，这就是电子商务物流模式。通过该模式，戴尔公司将供应商和最终消费者整合成一条优化的供应链，通过互联网媒介以及第三方物流的介入，大大提高了产品的竞争力。

1. 大型的、专业化的第三方物流

一方面，一个覆盖面广、反应迅速、成本有效的物流系统是戴尔直销模式成功的重要支柱。另一方面，戴尔的物流完全外包给第三方物流公司，主要由 DHL、BAX、FedEX 等跨国性物流企业承担。这些第三方物流公司具有健全的网络、专业化的运营和现代化的管理。通过采用第三方物流的门到门服务，戴尔大大降低了物流成本，提高了物流效率，改善了客户服务水平。

2. 与供应商结成战略联盟

戴尔将供应商视作公司体系中的一环，以维系紧密的供应关系。戴尔采取严格的资格评审，要求供应商不仅在效率上保持先进，在产品质量管理上，也要采取量化评估方式，从而确保供应商生产的零部件可以直接进入公司的生产线而无须进行来料抽样检验。通过互联网，戴尔公司与供应商间建立了紧密的虚拟整合关系。从而保证能够按照戴尔本身的标准衡量零部件的品质，迅速有效地管理订货流通和紧急补货所需的存货。同时，戴尔也将最新需求信息和预测信息等实时地传递给供应商。开放地在供应链上共享计划和资源，帮助他们权衡市场，把库存量降到最低。带动供应商共同发展直销模式，实现公司与供应商"双赢"的合作关系。

（二）戴尔公司电子商务物流模式构建原因及过程

创始人迈克尔·戴尔（Michael S. Dell）将经营理念定位于，按照客户需求制造计算机，并向客户直接发货，从而使戴尔公司能够有效和明确地了解客户需求，继而迅速做出回应。凭借其直销模式，戴尔迅速成长为世界顶级的计算机跨国集团。1996 年，戴尔在其网站上嵌入了电子商务功能，从而使其直销模式从传统商务向电子商务进军。进一步提高了戴尔公司的服务水平，增强了竞争能力。

戴尔的物流从确认订货开始，确认订货以收到货款为标志，在收到货款之后需要两天时间进行生产准备、生产、测试、包装、发运准备等。而将物流系统运作委托给第三方物流公司，并承诺在款到后 2 ~ 5 天送货上门，对某些偏远地区的用户每台计算机要加收 200 ~ 300 元的运费。戴尔通过供应链的管理与重组，有效降低了库存、缩短了生产周期，大大地提高了竞争力。

一方面，戴尔通过电话、网络以及面对面的接触，和顾客建立了良好的沟通和服务支持渠道。另一方面，戴尔也通过网络，利用电子数据交换连接，使上游的零件供应商能够及时、准确地知道公司所需零件的数量、时间，从而大大降低了存货，这就是戴尔所称的"以信息代替存货"，这样，戴尔和供应商也建立起一个"虚拟"的企业。

(三) 构建系统的功能

1. 物流供应链的流程及功能

戴尔对待任何消费者都采用定制的方式销售，其物流服务也配合这一销售政策而实施。具有以下八个功能：

(1) 订单处理。戴尔接收消费者的订单，首先要检查项目是否填写齐全。然后检查订单的付款条件，只有确认支付完款项的订单才会立即自动发出零部件的订货并转入生产数据库中，订单也才会立即转到生产部门进行下一步作业。用户订货后，可以对产品的生产过程、发货日期甚至运输公司的发货状况等进行跟踪。

(2) 预生产。从接收订单到正式开始生产之前，有一段等待零部件到货的时间，这段时间叫作预生产。预生产的时间因消费者所订的系统不同而不同，主要取决于供应商的仓库中是否有现成的零部件。订货确认一般通过两种方式，即电话或电子邮件。

(3) 配件准备。当订单转到生产部门时，所需的零部件清单也就自动产生，相关人员将零部件备齐传送到装配线上。

(4) 配置。组装人员将装配线上传来的零部件组装成计算机，然后进入测试过程。

(5) 测试。检测部门对组装好的计算机用特制的测试软件进行测试，通过测试的机器被送到包装间。

(6) 装箱。测试完后的计算机被放到包装箱中，同时要将鼠标、键盘、电源线、说明书及其他文档一同装入相应的卡车运送给顾客。

(7) 配送准备。一般在生产过程结束的次日完成送货准备，但大订单及需要特殊装运作业的订单可能花的时间要长些。

(8) 发运。将顾客所订货物发出，并按订单上的日期送到指定的地点。戴尔设计了几种不同的送货方式，供顾客订货时选择。一般情况下，订货将在 2 ~ 5 个工作日送到订单上的指定地点，即送货上门，同时提供免费安装和测试服务。

戴尔所建立起来的供应链中没有分销商、批发商和零售商。而是直接由生产厂商 (戴尔公司) 把产品卖给顾客。这就是戴尔所引以为豪的"把电脑直接销售到使用者手上，去除零售商的利润剥削，把这些省下的钱回馈给消费者。"

2."代理服务商"环节

代理服务商并不向顾客提供产品，也不向戴尔公司购买产品。他们只向顾客提供服务和支持。采取直销的模式，就意味着再偏远的区域都会有客户，任何一个订单都要满足。而戴尔（中国）公司是一家新建的公司，不是由原来的制造企业转型而来，没有现成的分销网络物流系统可以利用。自建一个覆盖面较大、反应迅速、成本有效的物流网络和系统物流对戴尔来讲是一件耗时、耗力的庞大工程，而且戴尔在物流管理方面又不具备核心专长，因送货不经济导致的运作及其他相关成本上升而增加的费用是无法弥补的。面对全球化激烈竞争的趋势，企业的战略对策之一是专注于自己所擅长的经营领域，力争在核心技术方面领先，而将本企业不擅长的业务分离出去，委托给在该领域有特长的、可信赖的合作伙伴，所以戴尔把物流外包。首先通过多种方式对备选的运输代理企业的资信、网络、业务能力等进行周密的调查，并给初选的企业少量业务试运行，以实际考察这些企业服务的能力与质量，对不合格者取消代理资格，并对获得运输代理资格的企业进行严格的月度作业考评。

问题：

1. 电子商务化物流对戴尔公司的好处有哪些？
2. 电子物流化存在哪些隐患？

日本宅急便物流模式[①]

宅急便是日本大和运输所建立的宅配服务品牌，借由各种交通工具的小区域经营及转运系统，经营户对户小包裹的收取与配送。由于其市场占有率大，因此也成为宅配的代名词。与邮局寄送最大的差别，是邮局仅能在平日上班时间亲自到邮局或是邮政代办所付费寄送，宅急便是可以寄送到包括便利商店等代收通路，或是打电话请宅急便直接到家里收取包裹的物流模式。

（一）历史由来

日本的大和运输株式会社（Yamato Transportation）成立于 1919 年，是日本第二古老的货车运输公司。1973 年日本陷入第一次石油危机的大混乱中，企业委托的货物非常少，这对完全仰赖于运送大宗货物的大和运输来说，无疑是一大打击。对此，当时大和运输的社长小仓昌男（Masao Ogura）提出了"小宗化"的经营方向，认为这是提高收益的关键。

---

① 田宇，傅慧. 日本"宅急便"模式刘中国旅游物流实践困惑之解析［J］广西民族大学学报（哲学社会科学版），2006（28）.

1976 年 2 月，大和运输开办了"宅急便"业务。当时有人提出用大和、包裹、服务（Ya-mato－Parcel－Service）这一名词，简称 YPS，但是未能决定是使用英文好，还是使用日文好。对宅急便这个名词，起初也有人反对使用，认为当时已有了"急便"和"宅配"的用语。但最后小仓社长还是决定使用"宅急便"这个名词。他认为，以前有人说过"桌球这个名词比乒乓球更能被人接受"，后来事实证明，"乒乓球"反而较为人们所接受，"宅急便"这个名词，只要大家熟悉了，就应该不会有什么问题。1976 年，宅急便共受理了 170 万件货物，同年日本国铁受理包裹 6740 万件，邮局受理小包则达 17880 万件。到 1988 年，宅急便已达 34877 万件，超过了邮局小包的 23500 万件。该年，在宅配便的业界中，宅急便的市场占有率已达 40%，位居日本运输第一位的日本通运的"信天翁便"只占 28%。到 1995 年，宅急便的受理件数多达 57000 万，营业额为 6000 亿日元。宅急便的员工人数由原先的 300 人增加到 57797 人，拥有车辆由 2000 辆增加到 25000 辆。在日本，大和运输的宅急便已是无人不知、无人不晓，在马路上到处可见宅急便在来回穿梭。

（二）商标介绍

大和运输的象征商标，是一个黑猫叼着小猫的图案。1957 年大和运输受理美国军人、军队的杂物运送，开始与美国的亚莱德·莱斯运输公司一起合作输送。这家美国公司以"Careful handling"为宣传口号，象征这个标语意义的，是以母猫叼着小猫小心运送的图案作为标志。大和运输认为，图案中那种小心翼翼，不伤及小猫，轻衔住脖子运送的态度，仿佛是谨慎搬运顾客托运的货物，这种印象正和公司的宗旨相符合。于是经过亚莱德公司的同意，并对图案做了进一步的造型设计，改成为现在的黑猫标志，使这个图案给人更具象征的印象。大和运输又将 Careful handling 意译为"我做事，你放心"，并以此作为宣传标语。因此，人们又把大和运输称为"黑猫大队"。

（三）服务模式

宅急便类似目前的快递业务，但其服务的内容更广。在运送货物时，讲究三个"S"，即速度（Speed）、安全（Safety）、服务（Service）。大和运输在这三者之中，最优先考虑的是速度。因为有了速度，才能抢先顺应时代的需求，在激烈的竞争中取胜。而在速度中，宅急便又特别重视"发货"的速度。宅急便的配送，除去夜间配送以外，基本是一天 2 回，也即 2 次循环。凡时间距离在 15 小时以内的货物，保证在翌日送达。1989 年开始一部分配送有了一日 3 次循环，可以做到时间距离在 18 小时以内的货物翌日送达。也就是说，可以将截止接收货物的时间延长到下午 3 点，从而使翌日送达的达成率达到 95%，展现了大和运输更周到的服务。

宅急便的受理店多达 20 多万家（包括大和运输本身的近 2000 家分店），是以米店、杂货店等地方上分布面广的重要的零售店设立的。1989 年后，由于与 7－Eleven 和罗森等大型便利店的合作，已调整为 24 小时全天候受理货物。大和运输对这些受理店，每受理一件货物，支付 100 日元的受理手续费。如果顾客亲自将货物送到受理店，这位顾客就可以从所应付的运费当中扣除 100 日元。

黑猫大队有一个保证翌日送达的输送系统。在受理店截止接收货物的时间之后，大和运输分区派出小型货车到区内各处将货集中运往称为"集货中心"的营业所，并迅速转送到称为"基地"的地点，进行寄往全国各地的货物分拣工作。然后，将经过分拣的货物，以发往的地区和货物种类为单元，装入统一的长 110 公分、高 185 公分的货箱内，1个货箱中大抵可以放进 70 ~ 80 件货物。从基地往基地移动时使用 10 吨级的大型货车，可装载 16 个货箱；从集货中心往基地或从基地往集货中心移动时（称为平行运输），常使用可装 8 个货箱的 4 吨车；而专门用来收集以及递送的 2 吨车，则可零堆约 1 个货箱容量的货物。宅急便由于采用了统一规格的小型货箱和不同吨级的货车，从而大大提高了运送效率，降低了物流成本。

利用夜间进行从出发地到目的地的运输，是宅急便在速度上取得优势的重要措施，从而做到了当日下午进行集货，夜间进行异地运输，翌日上午即可送货上门，得以保证在15 ~ 18 个小时内完成整个服务过程。宅急便还采取了车辆分离的办法，采用拖车运输。牵引车把拖车甲运到 B 以后，把车摘下来放在 B，再挂上 B 点的拖车乙开向 A。这样，车辆的周转率是最高的。

此外，宅急便又采取了设立中转站的办法。这种中转方法不是货车和货物的中转，而是司机进行交换的开车方式。如从东京到大阪的长途运输，距离为 600 公里，需要司机 2个人，再从大阪返回时还需要这么长的时间，司机也非常累，这样一来一往就需要 6 个人。如果在中间设置一个中转站，东京和大阪同时发车，从东京来的，在中转站开上大阪的车返回就不要 2 个人，只要 1 个人就可以了，总共只需要 4 个人，从而减少了 2 个人的费用。

（四）服务特色

宅急便受理货物的内容种类繁多，包括地方特产、企业文件、各种零件、划拨商品等，凡是各式各样的小货物，都可通过宅急便来运送。旅客乘飞机可以委托将行李在登机前运送到机场；居住在乡下的长者，可以寄送昆虫、金鱼等小动物给住在城市的儿孙辈。有一回长崎发生大水灾，严重影响水源问题，住在远地的亲朋好友就寄送饮用水给生活受困的受灾者。宅急便对礼品市场的扩展，也有相当的贡献。单是每年的情人节、母亲节，宅急便的需求量就呈巅峰状态，即使一盒巧克力，也可以利用宅急便来寄送。特别是在情人节，没有勇气将巧克力亲手交给心中的女孩子时，宅急便就成为可爱的"恋爱之神"。宅急便也给企业活动带来了方便，有许多企业利用宅急便来传递紧急的文件，连百货公司也利用宅急便作为"送货到家"的运送管道。当今非常流行的邮购等通信销售，若不是宅急便的普及，也就没有如此的快速发展。从利用宅急便运送货的客户来分析，法人占60%，个人占 40%，法人利用的比率很高，由此可见宅急便在企业界的魅力。

日本人现在去打高尔夫球时，已经很少有人亲自背着高尔夫球杆去球场。大多数是利用高尔夫宅急便，将球具送到高尔夫球场，自己则空手前往。在打完球回程时，也是由宅急便送回自己家中，做到能够身轻如燕地去游玩。1983 年 12 月，滑雪宅急便开始登场，日本长野是这一季节的滑雪胜地，每年都从其他外县涌入 1100 万名滑雪顾客。运送滑雪橇和随身货物，平均每人如果 2 件，往返就会有 4400 万件的货源。滑雪宅急便保证做到在滑雪的前一天将货物送达，一开始就得到顾客的好评，特别是深受体力单薄的女性顾客们的喜爱。1987 年 8 月，大和运输又推出了冷藏宅急便。温度分为 5 度（冷藏）、零度（冰温）和零下 18 度（冷冻）3 种，货物以蔬菜、水果、鱼、肉等生鲜食品为主。在全体宅急便之中，生鲜食品占 40%。冷藏便开发后，这一比例又急速升高，说明在日本生鲜食品的输送需求极其旺盛。此外，大和运输又开拓了书籍服务，读者直接向书籍服务公司订购后，可以利用宅急便的配送网络，尽早地把书籍送到读者手中。

宅急便还利用航空来运送货物，由于下午 3 点以前接收的货物若要翌日送达，飞机必须夜间飞行，困难较多，货运量不大，约占总运量的 1%。同时，宅急便对运距在 600 公里以上的日本的"宅急便"是指速递服务。歌曲有"豆腐宅急便"，电影有"魔女宅急便"，满大街跑的日本快递公司的名字就叫"宅急便"。

问题：

1. 宅急便采用了哪些市场开发与营销策略？
2. 针对消费者定位宅急便体现了哪些特点？

本章小结

商品从生产领域转移到消费领域的商品流通过程包含商品价值和使用价值的双重实现。一方面，消费者通过购销（交换）取得商品所有权，完成商流过程，形成资金流；另一方面，在商流过程之后，发生的是商品实物流转的过程，即从包装开始，通过装卸、运输、储存、保管等过程，将商品运送到消费者手中，这个过程是物流过程；与商流过程和物流过程相伴发生的还有相关的信息流过程。商流、物流、信息流、资金流就构成了商品流通的主要功能要素。现代流通经济运行的客观要求是商流、物流、信息流和资金流的分立与统一，这样可以有效地克服流通运行过程中的时空矛盾，充分发挥商品流通的功能，加速商品交换的过程并提高交换的灵活性。供应链的出现进一步拓展和丰富了流通的功能。

关键术语

"三流分立与统一"；商流；资金流；电子商务；交易费用；物流；运输仓储；装卸搬运；配送；流通加工；微观物流；宏观物流；供应物流；生产物流；销售物流；回收物流；废弃物流；信息流；供应链；供应链管理；供应链管理目标；供应链整合

分析与思考

1. 商流的主要功能是什么？
2. 物流的功能和要素是什么？
3. 如何理解物流的发展趋势？
4. 如何看待电子商务对流通功能的影响？
5. 物流活动的功能包括哪些内容？
6. 试述流通信息流的功能。
7. 资金流的作用及运行过程是怎样的？

第四章
批发市场的分类

★ 教学目的及要求

掌握专业批发市场的分类和运行机制，理解影响专业批发市场内外布局的因素，了解专业批发市场的发展前景；掌握综合批发市场的基本特征，理解影响综合批发市场中消费资料批发市场和生产资料批发市场的因素，了解我国综合批发市场在转型中存在的问题及解决途径。

★ 教学重点及难点

理解专业批发市场布局的重要性；认识现阶段我国在发展生产资料批发市场中存在的挑战和机遇。

商品经济的发展使得以货币为媒介的商品交换量逐渐增多，流通范围逐渐扩大，导致生产者与生产者之间以及生产者与零售商之间的商品交换过程难以完成。在这种背景之下，批发商的产生缓和了商品的生产和消费之间在时间、空间和集散上的矛盾。在国外，批发市场出现于中世纪，在产业革命之后大量涌现。我国批发市场萌芽较早，依据史书资料，隋唐时期已有对"邸"的记载，"货栈""牙行"都是早期批发市场的一种形式。这种商业部门内部的新的分工合作，从本质而言即通过买卖，把商品从生产者手中收购进来，然后再将其转卖给其他生产者或零售商。

市场体系是指从商品经济运行的客观实际出发而建立的普遍联系的市场系统，因此从不同角度可以对批发市场进行不同的分类。从市场的外围上看，按照市场的组成范围大小可以将批发市场分为地方批发市场、国内批发市场和国际批发市场；按照市场参与者的人数多少可以将批发市场分为有限批发市场与无限批发市场；按照市场的竞争程度高低可以将批发市场分为完全竞争的批发市场、垄断竞争的批发市场、寡头垄断的批发市场和完全垄断的批发市场；按照市场交换商品的种类可以将批发市场分为商品批发市场和生产要素批发市场，其中商品批发市场又可以分为消费品批发市场和生产资料批发市场；按照市场经营商品的范围可以将批发市场分为综合批发市场和专业批发市场，其中在专业批发市场中，大致又可分为农产品批发市场、工业品批发市场和小商品批发市场。鉴于数据的来源和实践性，本章将对专业批发市场和综合批发市场进行分析。

第一节　专业批发市场

专业批发市场从农场兴起，是传统集贸市场向专业化方向发展的结果，但不同于集贸市场、百货商店、零售商店和综合市场，专业批发市场更偏向于专门性商品的批发市场。

一、专业批发市场概论

传统意义上的专业批发市场（Professional Wholesale Market）是一种以现货批发为主，集中交易某一类商品或者若干类具有较强互补性或替代性商品的场所，是一种大规模集中交易的坐商式的市场制度安排。

专业批发市场的主要经济功能是通过可共享规模巨大的交易平台和销售网络，节约中小企业和批发商的交易费用，形成具有强大竞争力的批发价格。其优势在于，在基于交易方式专业化和交易网络设施共享化上形成了交易领域的信息规模经济，外部规模经济和范围经济，从而确立了商品的低交易费用优势。

1. 专业批发市场的主要特点

专业批发市场与其他类型市场主要的区别如下：

（1）市场经营商品的专业性。一般而言，专业批发市场中的产品之间具有替代或是互补关系，集中交易商品的离散性较小，其商品的专业性体现在围绕某一主要功能具有众多相关邻近产品或衍生产品。例如，作为中国科技五金城的浙江省永康市是国内最大的五金专业批发市场，其经营以五金机械、电动工具、保温杯、防盗门、滑板车、化工、建材等为主导产品下的近万种五金产品和相关产品。

（2）以批发为主的市场交易。不同于百货商店和专业店，专业批发市场的市场交易主要以批发为主，凭借交易领域的信息规模经济和生产、洽谈以及配送过程中的规模经济效应支撑的低交易费用来获得利润和销售量的快速增长。例如，位于河北省高碑店市白沟镇的白沟箱包交易城，以其价格低廉、品种齐全和款式新颖为特点，日平均客流量可达25万人次，并于2009年创下市场销售金额45亿元的纪录。

（3）交易双方的开放性。我国专业批发市场交易双方的开放性体现在主办者、经营者和供应对象的三者的多样性。专业批发市场除了各级政府开办、国有和集体企业开办、社会各类资本开办外，近年来私人资本开办的趋势明显增大。针对经营者和供应对象而言，一方面，对于在城乡集市贸易基础上发展起来的专业批发市场，其市场经营者多为小制造业者、私营和个体批发商，以中小批发商和零售商为主要供应对象；另一方面，对于政府有关部门参照国外经验进行规范设计而建立起来的专业批发市场，其市场经营者和供应对象受到严格的限制，只有取得会员资格的单位才可进场交易。

2. 专业批发市场的分类

对专业批发市场进行分类可以使我们从错综复杂的类别形式中，把握专业批发市场的本质，从而有利于进行宏观管理和调控。

按照专业批发市场的类别形式分类，我国有农产品批发市场、服装批发市场、电子批发市场、电器批发市场、家电批发市场、家具批发市场等。如果细分，可以将各个大类继续下分，如在农产品批发市场下可以分为粮食市场、蔬菜市场、生鲜市场，等等。我国专业批发市场在经营类别上存在多种形式，并且其经营规模也大小不一。为了对专业批发市场发展的客观规律进行探索，需要对批发市场从本质上进行研究，再确定一个划分标准。

对于所有的专业批发市场，参与专业批发市场的主体和进入专业批发市场的产品是两个基本的要素，因此根据专业批发市场的参与主体和产品的来源进行分类，可以将专业批发市场分为以下四类：

（1）供给和需求都在本地的专业批发市场。供给和需求都在本地的专业市场的存在，主要是受到气候、地理条件、地理位置、运输情况、仓储保管、收入水平、自然条件、生活习惯等因素的影响。维度决定气候，气候又影响生产环境和生产力；地理条件决定资源储备；地理位置则决定运输成本，当运输工具和运输差的时候，固然大多数生活必需品都需由当地生产，以直接满足当地人的需求。随着交通的不断发达，虽然使物质流通的方位在不断扩大和流通的时间在不断缩短，但是地理位置所产生的距离影响仍然存在，尤其是在能源价格不断上涨的情况下，远距离的运输成本依然是居高不下。这样一来，低值品和易耗的生活必需品仍旧以本地的供给和需求为依靠对象，例如，建筑用砖只能在本地进行交易，大多数人还不可能舍近求远去生产和购买。仓储保管与收入水平的不断提高，虽然可使人们对某些消费品趋同，但是，由于某些自然条件和文化的存在和影响，使人们的某些生活习惯根深蒂固，致使供给和需求都集中在本地的专业市场。又如，民族服装及食品。在食品方面，我国北方人喜爱面食，南方人则偏爱米饭；甚至有些地方的人嗜好异味食品，如臭豆腐、泡茶、酸辣食品，甚至有不怕辣、辣不怕、怕不辣之说。人们的这些偏好与嗜好的产生与其居住区的自然环境有着密不可分的影响。习惯成自然，某些生活必需品就会使人们依赖于当地的产品，某些产品又确实只有当地人才习惯用和有市场。有需求就有市场，而且需要有经营成本低和与当地自产自销相结合的专业市场。

（2）转运外地产品至当地销售的专业批发市场。某些产品的生产会受到气候条件的限制，如热带水果或是寒带水果的生产大多要受到气候条件等的限制。某些产品的生产又会受到资源状况等条件的限制，如矿产品和劳动密集型产品大多数会受到资源状况等条件的限制。在社会分工乃至国际分工不断细化的时代，为了使利益最大化，人们不仅会按照自身利益的比较优势或是绝对优势进行生产，而且会不断扩大能够产生规模经济效益的这种生产。这样一来，就会使某些产品的生产集中在某一特定区域。当在某一特定区域内某些产品生产的集中和规模程度大到本区域内都无法消化时，就势必要开拓外地市场，将其产品进行外销至全国乃至世界各地，以实现产品的价值。如果这些产品又恰好能够满足当地的需求状况，而且可以形成巨大的需求量，自然而然就会形成一定规模的转运外地产品至当地销售的专业市场。随着社会分工和生活水平的不断提高，转运外地产品至当地销售的品种将会越来越多，需求量也会越来越大。而在城市化进程也将有利于促进转运外地产品至当地销售的专业市场的发展，因为无论经济发展到什么程度，在城市消费市场中总是存在着大量分布相对集中、数量众多、以家庭或个人为消费单位的商品需求者。

（3）转运当地产品至外地销售的专业批发市场。转运当地产品至外地销售的专业批发市场又称产地专业市场，如义乌的小商品专业批发市场，东莞的 IT 产品专业市场，这类专业市场是以当地商品生产基地为依托，并主要是把当地及邻近地区数量众多、分布广泛的小规模商品生产者所生产的产品集聚起来，在当地进行交易，并远销外地的专业市场。20 世纪 80 年代以来，在某些地区的商品经济发展过程中出现了这样一种现象：某类产品的单位企业生产规模小而区域生产规模巨大。巨大的区域生产规模，决定了这类商品的销售市场不可能局限于当地及邻近地区，必须扩大流通半径，把商品销售到更广泛、更遥远的市场，同时获取来自遥远市场的各种信息。但因各个生产单位的规模很小，又决定了由各个生产单位把自己产品推销到遥远的市场并获取相关信息是不经济甚至是不可能的。这就需要有一个相对稳定的销售渠道，把当地的商品生产者与远地的商品消费者连接起来。与其他流通渠道相比，组建这样的专业市场能够更好地满足这些要求，并且随着当地同类商品区域生产规模的不断扩大而迅速发展。一般地说，在此基础上产生、发展起来的产地专业市场具有如下特点：①市场定位于当地，处于商品批发流通的起点，商品尚需要经过多道流转环节才能进入消费领域。②市场辐射范围大，商品绝大部分销往外地市场。③市场主体主要由生产者和批发商构成。进入市场交易的商品主要是当地及邻近地区的小规模生产者的产品，商品价值相对较低，同时适合于长途运输。④交易形式以批发贸易、批量交易为主，兼有少量零售交易。

这种专业市场由于受当地产业结构、产业规模、技术力量、产品特性、传统观念等因素影响，容易在当地形成富有特色的专业市场。

（4）转售外地产品至另一个地区销售的专业市场。这类市场即所谓的中转专业市场。它主要是为当地及邻近地区的消费者和零售商提供商品，在流通中主要起向分散的小规模购买者扩散商品的作用。这类专业市场产生、存在的基础有两个原因：一是在当地及邻近地区存在大批分布相对集中、数量众多的商品需求者，但是他们的消费单位规模很小；二是专业市场在与其他流通渠道的竞争中具有相对优势。目前，专业市场在竞争中具有两大优势：其一，由于所处地段相对偏远而租金便宜、流通环节较少而管理费用较低和税收政策优惠等带来的商品价格低廉；其二，市场所经营的同类商品的品种、规格齐全，产品组合的深度很深，便于零售商和消费者在更大的范围内选购商品。这类专业市场一般具有以下特点：①市场位于对某类商品需求量较大的大中城市；②商品的供应范围相对较小，主要是满足当地及邻近地区消费者的需求；③市场主体比较复杂，既有生产者和消费者，又有批发商和零售商；④进入市场交易的商品除当地生产的外，还有大量来自外地的产品，除价值较低的便利品外，还有价值较高的商品；⑤交易形式为批零结合，在价值较低的便利品专业市场上，批发交易所占比重较大，而在价值较高差价较大的商品的专业市场上，零售比重较大。

虽然理论上可以把专业批发市场分为以上几类，但现实生活中并非是非此即彼的，实际上大多数专业批发市场都兼具上述几种类型专业市场的特点，只不过是在某一方面表现得更为典型而已。①

二、专业批发市场的运行机制

在市场经济活动中，价格、竞争、供求等各种市场因素交织在一起，其间既相互制约又相互联系，既相互作用又互为因果，从而构成了市场的运行机制。市场运行机制包括了价格运行机制、信贷利率运行机制和工资运行机制。专业批发市场作为市场的有机组成部分，在遵守普遍的市场运行机制下有其特点。由于专业批发市场大多进行大规模的交易活动，因此还需要有健全的组织机构来规范专业批发市场的运行机制，提高交易效率，使购销者的行为自律和防止行业垄断。

1. 专业批发市场是场所与组织的统一体

任何类型的市场都必须有场所才能进行商品交易，而专业批发市场不仅仅是一个交易场所，还是一种流通服务组织。对于专业批发市场大规模交易的特点，一方面要充分发挥交易在空间集中的规模经营优势，另一方面为了避免大规模交易所产生的风险，要限制专业批发市场的过度和无序竞争，因而要想使专业批发市场和其他市场共生共荣，有必要使专业批发市场朝着规范化管理的经济组织演进。

专业批发市场作为一种经济组织，它自身不从事商品买卖，只是为买卖双方及其代理人提供商品批量交易的场地、设施、服务和管理，从而保证组织管理者的中立性，制定出公正的交易原则，以约束自身和规范入场交易者的经营行为。

2. 专业批发市场的组织结构

专业批发市场的组织结构可分为组织管理者、进场交易者和市场服务者。这一分工既反映了社会分工又反映了社会协作，通过社会的分工协作使专业批发市场组织结构有机结合，从而提高效率、创造出更多的财富。

（1）组织管理者。专业批发市场的组织管理者有些是由开办主体组成的，有些则是由经营主体组成的。其主要职能是制定并负责执行本专业批发市场运行的规章制度，监督商品交易价格，制订本市场改造和发展计划，以维护正常经营和稳定物价。

（2）进场交易者。进场交易者包括商品生产企业、商品批发企业、商品销售企业以

① 陈志平，余国杨. 专业市场经济学［M］. 北京：中国经济出版社，2006.

及购买原材料进行加工的企业。为保证专业批发市场的适度竞争，既要保证一定数量的进场销售者与购买者进行交易活动，又要严格限制进场的交易者数量，尤其是批发商的数量，销售者一旦取得进场资格后不得随意停业。

（3）市场服务者。市场服务者是专门为专业批发市场交易活动和交易人员提供辅助服务的企业或机构。该类型下主要有商品结算中心、商品检测中心、信息中心、仲裁委员会等。

3. 专业批发市场交易的原则和方式

为了谋求专业批发市场的长期发展，必须制定相关的交易原则和方法来抑制他人的不良行为，以维护市场内部的声誉和秩序。相关的原则和方法有进场销售者的资格评定制度、保证金制度、定期开市制度、限定价格幅度制度、交易合同标准化制度以及公开叫价制度。

三、专业批发市场布局

布局是指对事物整体结构进行科学的规划和安排。专业批发市场的布局在前期要考虑外部因素来扬长避短，而在后期主要是进行专业批发市场内部的布局，提高合理配置内部资源来降低运营成本和获得基础设施的最大效益。

1. 专业批发市场外部布局的因素

（1）政治因素。政策的制定与专业批发市场的利益密切相关。由于政府从长期考虑总体利益最优化，而地方企业从自身利润最大化为出发点做出行为，两者衡量利益角度的不同会导致政策对专业批发市场既存在促进又存在抑制的作用。例如，我国商务部在2009年下发了《关于印发"双百市场工程"农贸市场建设标准和验收规范的通知》，对农贸市场的基础设施、经营设施及管理设施等方面建设做出了详细的规定，以促进农贸市场的发展。而地处鲁东南的临沂市与许多城市相比并不具有交通上的优势，但是受20世纪80年代初市政府明确的专业批发市场发展指导思想的影响和一系列相关政策的支持，临沂市商品批发城现已成为山东省第一、全国第三的商业批发中心。

（2）经济因素。社会经济发展对专业批发市场的影响一方面通过基础设施建设、产业结构等物质因素直接体现出来，另一方面通过城市开放程度、科技生产力等因素间接作用。以大规模交易活动为主的专业批发市场对交通设施、金融服务设施等要求较高，尤其是作为连接专业批发市场供需纽带的运输系统更是保证其正常运转的重要环节。随着地区经济发展程度的提高，人们对需求的增加将刺激专业批发市场的进一步发展。有相关研究表明，城市越是发达、开发程度越高，其能够辐射到更广泛的地区，扩大影响力。

（3）环境因素。自然环境和自然资源为专业批发市场的布局选择提供了可能性。自然环境规定了人们从事经济活动的可能，例如水稻的生产对降水和气温的要求很高，而棉花的生产对日照的要求很高。以依赖自然资源为主导产品的专业批发市场的布局要考虑资源分布情况，例如我国 20 世纪初的大部分钢铁企业选择布局在煤炭产地。但随着科技进步，知识和技术在生产力发展中的作用越来越大，自然资源对第二产业经济发展的限制作用越来越小，例如交通运输业的发展使运输速度极大提高、运输成本下降，使澳大利亚产的铁矿石可以运到中国进行钢铁生产。

（4）人口与人力资源因素。人口的数量对专业批发市场的发展具有重要的作用。从生产的角度来看，充足的劳动力可以用来发展生产，扩大生产规模，生产更多的产品，有利于专业批发市场规模的扩大。从消费的角度来看，人口越多对消费资料的需求越大，从而刺激消费品生产的增长，有助于专业批发市场的谋利。此外，人力资源提升在当今信息时代也发挥着越来越大的作用，随着科学技术的进步，市场对劳动者的素质和劳动技能的要求越来越高，尤其是互联网的应用对交易人员提出了更高的素质要求，因此人力资源不足将对产业的发展起到限制性作用。

（5）交通因素。交通是联系地理空间中社会经济活动的纽带，是社会化分工成立的基本保证。专业市场传统的交易方式是"现时、现场、现货"，其运行会带来巨大的人流和物流。因而专业市场必须选择交通条件好的地点布局，否则会影响市场的运行，更会加重城市的交通负担。因此，交通是影响专业市场区位决策的关键因素，表现为空间距离、交通运输方式、交通基础设施三大方面。①

2. 专业批发市场外部布局的特性

影响专业批发市场的外部布局的因素较多，要具体问题具体分析，透过现象看清专业批发市场外部布局的本质所在，从而进行统筹规划，合理布局。

（1）地域性。专业批发市场既是一个在地域中相对局部的经济概念，又是一个与地域经济紧密结合的经济实体。其经济交换活动与地域的自然、社会、历史、经济和文化结合在一起，如经济结构的调整、生产要素的互补、文化传统的影响等。

（2）开放性。专业批发市场是一个与外界不断发生物质和能量交换的单位。其良好的循环运转必须依赖于和外部环境发生的信息、物质和能量的交换，因此较高的对外开放程度有利于专业批发市场的长期发展。在确定其外部布局时，需要建立一个四通八达的开发系统，加强本地市场对外的联系。

（3）差异性。自然禀赋的差异和历史发展的影响都使专业批发市场各具特色。尽管各生产要素的专业批发市场各具特色，但其经济结构特征由所处的发展时期的生产力水平所决定。各专业批发市场都可以用自己的生产技术特点、产业结构差异进行互相补充、互相促进，以求共同发展。

（4）可变性。专业批发市场范围的变化是根据经济的需要和其辐射能力而变化的。而专业化生产的深度和广度可以用一系列指标来反映，如产业结构特征、社会生产分工地位和协作程度、贸易密集水平等。

① 王施益. 专业市场区位研究——以杭州市专业市场群为例［D］. 杭州：浙江大学硕士论文，2010.

（5）共享性。除了满足专业批发市场自身的利益需求外，在确定外部布局时还需要考虑可以与该市场结合的相关地区的利益，以求经济发展机会和成果共享。

3. 专业批发市场物质资源要素的内部布局

（1）人力资源的布局。人力资源是专业市场系统内部实物经济因素中主要物质承担者，具体包括组织管理者、参与商和辅助人员。人是专业市场诸因素的有机结合、协调运行的组织者和驾驭者。专业市场系统其他因素均是客体性因素，只有通过工作人员才能实现质态组合、量态组合、空间组合、时间组合，才能从潜在的专业市场因素变为现实的专业市场系统因素，并经过工作人员启动后，才能有序、有目的、协调地运行。[①]

在专业批发市场的内部布局中，要不断提高工作人员的综合素质，除了相关知识和技能外，团队精神的培养尤为重要，因为随着社会的发展，对人才的要求越发全面，很多事情并不是孤立无援的工作人员可以单独解决的，这就需要整个团队的互助精神。

（2）生产资料的布局。生产资源介于工作人员和劳动对象之间，可以传导和扩大专业批发市场工作人员的劳动，并在一定程度上决定着专业批发市场劳动的对象、数量和深度。正如马克思所说："各种经济时代的区别，不在于生产什么，而在于怎样生产，用什么劳动资料生产。"此外，专业批发市场生产资料的核心部分生产工具可以逐步取代曾经的脑力劳动并且极大提高生产效率，因此要重视对生产资料的不断更新换代。

4. 专业批发市场非物质资源要素的内部布局

（1）科学技术。科学技术是专业市场内部布局的加强性因素。作为专业批发市场的科学技术首先是有内在联系的科学，其次指参与专业批发市场物质创造的科学技术。科学技术可以增强专业批发市场内部其他因素的功能，如当科学技术与教育结合起来时，劳动力素质的改善能够提高劳动效率，当科学技术与管理设施结合起来时，经营活动范围和深度的拓宽也将促进专业批发市场的进一步发展。

（2）管理水平。在信息化时代，以现代管理理论为指导，基于系统论、信息论、控制论的以电子计算机为主要管理手段的现代科学管理体系逐步形成。在专业批发市场内部布局中，管理技术通过将各个要素整合在一起来获得"$1+1>2$"的效果。例如，通过分工协作将原本孤立的工作人员结合为一个相互配合的团队来提高整体竞争力。另外，管理活动还保障了市场运作各个环节的衔接，从而保证了专业批发市场再生产的顺利进行。

（3）信息。专业批发市场的信息作为黏合剂将原本独立存在的要素结合在一起，从而实现其间的最佳比例，提高专业化运作的效率。并且，信息为专业批发市场进行决策、布局和管理提供了重要的依据，提高了决策的科学性和准确性。一个有效的专业批发市场信息系统需要提供价格、存货量、流通量和产量的相关信息，不断完善信息服务类型、提高市场分析服务和市场咨询服务。

---

① 陈志平，余国杨. 专业市场经济学 [M]. 北京：中国经济出版社，2006.

5. 专业批发市场内外布局的完善

事物总是不断向前发展变化的，唯一不变的只是变化。因此，无论是专业批发市场的外部布局还是内部布局，都应该随着实际情况的变化而改变，通过不断完善专业的内外布局来促进专业批发市场的发展。

（1）内部空间结构的完善。为了便于不断完善空间结构，在专业批发市场的建设过程中要使被建筑物框定的场所空间开阔以便于解决交通和停车场扩大的问题，同时在市场内部划分各种功能区域，如交易区和服务区。市场建设要选择具有良好地形地貌、工程水文地质条件的用地，这既可降低市场初建的难度和投资，又能为市场今后的发展留下充分的余地。[①] 总之，专业批发市场内部的空间结构要外形美观，服务周全，人流物流畅通无阻，向着有利于成交额的日益扩大不断完善。

（2）配套系统的完善。在专业批发市场中，完善的配套系统包括物流系统、网络系统、信息管理系统和金融服务系统。发达的物流系统是专业批发市场发展的前提保证，例如我国小商品城义乌之所以可以做到国际化，是因为依托了南北方两大货物托运市场，以及拥有的一个集装箱中转站和铁路货运站。此外，在信息化浪潮的推动下，专业批发市场要继续发展需要不断完善自身网站建设，以此来持续搜集和发布各类消息。互联网时代也推动了交易方式的转变，因此金融服务需要不断完善为交易双方提供交易便利，减小交易风险。

（3）相关法规的完善。市场法律法规的不断完善对于专业批发市场的有序进行和发展有着重要意义。目前我国处于经济转型期，市场经济建设的法规还不健全，专业批发市场的运作不可避免地存在不规则的状况，尤其是在信用体系尚未健全的情况下出现的假冒伪劣产品现象和坑蒙诈骗行为依旧屡禁不止。因此，要完善各类专业批发市场来保证并促进其健康发展。

四、专业批发市场的市场聚集效应

专业批发市场通过市场聚集、产业聚集推动地区经济发展。

1. 市场聚集效应的概念及经济学意义

（1）市场聚集效应。产业聚集（Industry Agglomeration）现象是指在特定领域中，一系列存在相互联系的企业和机构在地理上的集聚。该概念包含了两个核心要素：

第一，产业关联性。集群中的企业必须在某些方面存在相互联系，包括纵向、横向以及能使集群中企业获利的社会关系或者网络，如行业协会、专业化培训机构、大学等。

第二，空间集聚性。集群中的企业在地理上必须是相互接近的，这有利于企业间相互作用的网络的形成，有利于企业间进行信息、技术等方面的交流，提升企业创造价值的

---

① 文娟. 中国南方专业批发市场选址及建筑空间形态研究［D］. 长沙：湖南大学硕士论文，2004.

能力。

（2）市场聚集效应的经济学意义。市场聚集效应具有如下经济学意义：

其一，依靠市场导向产业结构调整。在市场经济起决定性作用下，市场生产者和资源占有者自动将生产、投资活动建立在市场需要的前提下，加速全社会生产结构的调整，减少生产的盲目性和资源的浪费。

其二，带动相关产业的发展。批发市场的发展必然带动与之相关的产业发展，生产、技术、储藏、再加工、物流等产业应运而生，产业配套更加齐全，专业化分工更加明确，有效地改变单一的生产结构。[1]

其三，促进基础设施和配套服务体系改善。随着市场的发展，市场规模的扩大对基础设施的要求不断提高，对应的服务体系的需求更加全面。为了促进市场的进一步发展，政府需要加大对基础设施的建设力度，从而推进当地社会服务体系的投资。

2. 市场聚集效应的应用——"义乌商圈"模式

市场不仅是带动产业转型升级的重要推动力，更是带动区域经济发展的内生动力，"义乌商圈"的成功经验将引领全国区域经济发展新模式。义乌市场与产业集群的良性互动以及形成的专业分工网络——"义乌商圈"，是义乌市场发展的核心竞争力之一，是保证义乌市场可持续发展的重要条件，同时将为我国区域经济发展提供全新思路和可复制的模式。一方面，专业市场与产业集群相互助力、转型升级，是专业市场保持竞争力的关键。专业市场与产业集群嵌入式的分工网络结构，包括以专业市场为核心的市场交易网络、以产业集群为核心的生产分工网络以及相关的支撑和创新系统，是这些专业市场在激烈竞争中得以保持竞争力，并不断突破"瓶颈"实现升级的原因。另一方面，在市场与产业良性互动的基础上，从单体专业市场发展向区域分工协作网络——"义乌商圈"的转变，成为带动区域经济发展的内生动力。这种区域分工网络在专业化分工中不断降低交易费用，扩大市场影响范围和带动能力，获取市场集群、产业集群、区域经济的规模经济和范围经济的统一，使义乌市场能跨越专业市场发展的历史发展"陷阱"，创造独具特色的义乌市场发展模式。[2]

五、专业批发市场的发展前景

在国家转型和互联网等多重复杂发展环境下，专业批发市场的发展和升级面临诸多挑战，需要在确定其定位和发展方向的前提下提出各种解决对策来促进批发市场的发展。

1. 专业批发市场的发展定位

（1）专业批发市场是区域商圈产业结构升级的助推器。专业批发市场的主体经营者

[1]　翟志宏. 中国市场热点问题研究 ［M］. 北京：中国工商出版社，2004.
[2]　国务院研究室义乌报告课题组. 义乌报告——中国改革开放进程中的市场典范 ［M］. 北京：中国经济出版社，2014.

通过所掌握的经营产品的大量且详细的信息，如产品的供求情况、发展趋势等来自己兴办企业，实现市场里的商业资本向产业资本的转移。这种模式的发展方式会引发企业生产从产品贴牌生产向制造生产发展，最后走向创新生产的发展方式。由于此类企业拥有大量的第一手市场数据，其生产往往更加符合市场发展趋势，有助于本区域产业结构的升级。

（2）专业批发市场是人民生活切身利益的服务器。种类繁多、琳琅满目的专业批发商品可以满足不同层面消费者的需求，并且专业批发市场将向着与人们生活紧密联系的方向发展，以人们需求为导向进行生产，从而切实提高消费者的满足程度。

（3）专业批发市场是城市拓宽发展的发酵剂。城市的发展离不开商贸业的繁荣，而商贸业的发达为城市的拓展提供了更大的空间。现代浙江省的义乌市，改革开放前是一座贫穷落后的农业小县城，但今天发展到了全国百强县市排名第 12 位的国际商贸城市。义乌市的繁荣发展主要依赖于批发市场的发展，因此，专业批发市场的发展可以反哺城市的繁荣。

2. 专业批发市场的转型升级对策

（1）合理规划市场建设。专业批发市场进行搬迁升级就要遵循市场规律，就要和当地的经济发展水平相适应，全面综合考虑，最大限度降低不利因素带来的影响，避免出现专业批发市场搬迁"一搬就死"的情况。具体要做到：专业批发市场要先建后搬，做好商户的安置工作；做好搬迁规划，分块搬迁。

（2）引进多种交易模式。未来的专业批发市场应该是经营主体组织化、交易模式现代化、交易商品标准化，具有多种功能的规范化专业批发市场。专业批发市场应该积极应用网络资源建设完善的电子信息系统，扩大电子信息的使用范围提升商品交易额；进一步完善电子信息管理制度，降低信息发布和获取成本拓展专业批发市场的生存空间；提高市场经营者使用电子商务进行商品交易的意识，培养经营者利用网络进行交易的习惯，增加电子商务的使用量。

（3）完善管理制度。管理制度的健全是专业批发市场升级的保障。管理制度建设主要包括以下几方面：①要完善市场准入制度，对进场个体经营者实行档案登记和资质审查。②建立商品售后服务系统和消费者投诉机制，保护好消费者的合法权益。③健全市场运作规则，用规章制度来规范管理，通过电子网络监控经营运作状况。④专业批发市场引进专业经营管理人才提升管理档次。今后市场管理部门要改变坐收租金只管安全卫生交通的职能，大力挖掘自身的服务功能，以现代化的管理手段和管理方式升级专业批发市场。①

① 王娇. 关于我国专业批发市场转型升级的分析 [J]. 前沿探索商业论坛，2014（8）.

六、我国示范专业批发市场介绍

我国有许多专业性批发市场，种类各异，规模不一。

1. 杭州四季青服装批发市场

（1）杭州四季青服装批发市场介绍。杭州四季青服装批发市场是中国最具影响力的服装一级批发与流通市场之一，创办于1989年10月，市场毗邻杭州市火车站，地处杭州市中心区域，清泰立交桥东侧，庆春东路和解放路穿越而过，周边交通路线发达，十分便捷。市场建筑面积50000平方米，拥有营业用房3000间，配套有物流中心、大型电子屏幕信息发布中心、银行等商务机构及餐厅、医疗站、图书室等服务机构。场内宽敞明亮、中央空调、现代通信等设施先进，精品区全部接入互联网光纤专线，为商户开展电子商务提供高品质的IT服务。烟感、自动水喷淋灭火系统、消控中心、防火防盗电子监控系统等的建成，确保全市场人身财产的安全。

（2）杭州四季青服装批发市场的特色及配套管理。杭州四季青服装批发市场在服装销售和信息方面有明显优势，营销网络遍布全国各地，渗透东南亚、欧洲、美洲市场。市场以批发为主（占80%以上），汇聚了1100余家服装生产企业，900多个品牌商标的服装，种类涵盖服装成衣的各个类型，产品细分十分完善。其中，市场一楼、二楼档口区销售大众流行服装，三楼精品区为中档、高档品牌服装加盟代理。该市场是国内首批通过ISO9002国际质量体系认证的专业市场，开创性地在行业市场内引入现代企业管理方法，并结合丰富的市场运营经验，使"四季青"在全国的同行业和商户中享有很高的品牌吸引力和影响力。市场健全的制度与不断提升的服务内涵，全心全意为广大经营户着想；多方位的商品质量管理，不断提高上市服装品质，维护消费者的利益；市场商户及物业管理全部采用高效的计算机网络管理体系。

杭州四季青服装批发市场自2006年7月以来，致力于创新触摸屏技术，不断更新和完善市场经营户全方位资料查询系统，创新电子化"市场信用监管"方式，自己开发了一套"市场信用建设"电子数据系统。该电子数据系统收集市场经营户们的详细资料，更通过点击触摸屏，根据品牌名、摊位号及经营风格等，能方便快捷地查询到相关经营户的店名、地址、联系人等全面有效的信息，并且每一个摊位都配备详细的电子地图指示方位，让采购商方便地找上门。杭州四季青服装市场对经营户及其相关信息资料进行跟踪搜索，并进行及时分类、分析评估和加工整合。引导采购商准确把握市场动态信息和相关经营户资讯，实现了服装行业资源的合理配置，提高了市场的行业影响力和号召力，进一步为市场的经营户带来更多的商机与财富。

杭州四季青服装批发市场还获得"全国百强纺织品服装市场""全国乡（镇）企业供销系统先进集体""中国消费者满意服务单位""中华优秀企业""浙江省规范化市场""浙江省文明市场""杭州市文明单位"等诸多荣誉。以杭州四季青服装市场为龙头的杭海路，被市政府命名为"四季青服装特色街"。2009年，"四季青"荣膺中国驰名商标。

（3）杭州四季青服装批发市场的发展

随着杭州城市东扩战略一步步实施，市区众多大规模企业和园区迁移已成必然。于是杭州市政府和四季青集团开始共同商讨将四季青东迁，决定在九堡建立九堡四季青服装交易中心。2007年，由四季青服装集团独家投资近10亿元，建设杭州四季青服装大市场（中国四季青服装交易中心）。2008年10月，一期正式运营正式营业，二期工程方案正在设计中，三期工程还在规划之中。九堡杭州四季青服装大市场坐落在杭州市江干区九堡镇东侧，南接德胜路，北至稼北路，西邻久福路，东为胜东路。与新建的杭州长途客运中心一路之隔，距武林广场约14千米，距绕城高速公路约4千米，规划地铁1号线沿九沙大道北侧的绿化带由西往东穿过，并与客运中心站衔接，地理位置优越，交通便利。

新市场总占地面积2万平方米，建筑面积约12万平方米，一期工程约4000家商铺，广场上有500余个停车位，加上地下车库的500多个停车位，停车位总数多达1000多个，一楼、二楼是面积为9平方米的小商铺，三楼至五楼是专门为大规模经营的商家设置的面积至少为30平方米的大商铺，在五楼还有可以做品牌卖场的超大型商铺。市场周围配备集仓储、物流、客运于一体的配套设施等。

2. 淄博淄川建材城

（1）背景。淄川建材城位于山东省淄博市淄川区，紧靠309国道、济青高速、滨博高速和胶济铁路，803省道从建材城穿过，地理位置优越。它是全国最大的建材专业批发市场之一，辐射全国20多个省（市），获得"中国名牌市场""全国文明诚信市场""中国建材市场十大最具影响力品牌""中国（首选）十佳建材批发市场""中国五星级商品交易市场""中国文明诚信商品市场""山东省十大专业批发市场""山东省规范化文明诚信市场""山东省三十强市场"等荣誉称号。

（2）淄川建材城介绍。淄川建材城最初以张博路两侧的经营门店为主，1993年正式拆迁建设，1996年正式定名为淄川建材城。淄川建材城总规划面积3600亩，总投资6.5亿元，开发建设建材城一期、二期、三期工程，先后建起财富陶瓷城、皇冠精品市场、兴辉市场、联发市场等高档市场。现拥有经营户2700户，经营面积48万平方米，从业人员2万多人，经营产品涉及建筑陶瓷、日用陶瓷、卫生洁具、陶瓷机械等30多个系列、3000多个品种，2009年交易金额达125亿元，成为江北最大的瓷砖卫浴集散地。自2007年以来，圆满承办四届"中国（淄川）建陶卫浴洽洽交会"，自2005年以来，连续成功举办了六届"中国（淄博）陶瓷代理经销商峰会"。

（3）淄川建材城的特色。淄川建材城作为全国最大的建材卫浴产品集散地之一，最大特点就是"买全国，卖全国"，没有买不到的产品，没有卖不出去的产品，经营产品涉及建筑陶瓷、日用陶瓷、卫生洁具和陶瓷机械等30多个系列、3000多个品种，辐射全国20多个省（市）。

淄川建材城配套设施齐全，建有信息服务中心，实现信息全球联网。内部装修多个精品样板间，以建材行业为基础，涉及家具、卫浴、灯饰、板材、五金、化工涂料、家纺布艺等广泛家具行业，为客户提供快捷、全面、权威、专业的行业资讯、展会信息、招商代理、信息发布等立体化服务，成为全国团购联盟淄博站。建材城内有照明、电子监控、广播系统，建有停车场，主要路口设立大门，实行封闭式管理。

淄川建材城自建立以来，始终大力推崇"文明做服务、诚信做产品"和"让顾客满意，与商家共赢"的经营模式，营造文明、诚信、和谐的市场氛围。

淄川建材城积极举办交易会，自2007年开始，由中国（淄川）建筑卫生陶瓷协会、淄川区人民政府主办，淄川建材城管委会承办的第一届、第二届、第三届中国（淄川）建陶卫浴洽交会，在淄川建材城连续成功举办，成果丰硕，吸引来自全国各地的陶瓷协会和建陶市场负责人，全国各地名牌厂家主要负责人或销售代表、各地市场分销商以及各地房地产开发商、建筑商、装饰商代表参会，真正做到"足不出户商自来"，并且通过交易会建立淄川建材城良好的品牌形象。

（4）淄川建材城管理机构。淄川建材城管委会对淄川建材城开展日常管理工作。淄川建材城管委会以抓好市场管理为重点，规范市场各项服务工作。加强市场城管队伍建设与劳务工管理，全力抓好保洁工作，树立市场的整洁形象。对乱设广告和占道经营进行清理，抓好消防安全、市场规划、水电管理服务，搞好财富城协调和市场税费征收工作，提升市场服务水平。淄川建材城管委会组建专业的城管队伍和物业管理公司，对市场进行"一口收费，扎口管理"，并且按照"超前规划、统一管理"的思路，抓规划、促发展，抓管理、促规范。先后投资9000余万元，开发建设皇冠精品市场、月庄市场、联发市场、展销中心、兴辉市场、信息中心等项目，进行水电、道路、绿化等基础设施配套建设。

第二节　综合批发市场

综合批发市场是指经营不同种类商品和服务的交易市场。

一、综合批发市场概述

我国综合批发市场随着市场的形成也在不断发展和转型。

1. 综合批发市场的历史发展

我国的批发市场自20世纪80年代开始兴起，在90年代得以快速发展，并逐渐成为我国经济发展的一个快速增长点。例如，西北最大的综合性集贸批发市场康复路批发市场始建于1984年，位于西安城东长乐西路，初建时并非专业服装批发市场，而是以经营日用小百货、瓜果、蔬菜等品种为主。在90年代逐步发展为以中档、低档服饰为主的批发市场。1997年前后，服装批发市场已经形成较大规模，鞋类批发市场开始兴起。2002年后，以康复路市场的规模和影响力为基础，逐渐形成了多个以品牌为核心的批发市场。2003年，康复路市场接受大规模改造，市场的硬件设施大幅度得以完善，朝着"西北第一市"的定位发展。由此可见，直至今日我国的批发市场已基本完成发展期而进入调整期，当前应该主要以整体业态提升、扶优扶强、功能扩充、管理升级为突破口，同时又要积极应对市场新业态连锁超市、现代物流、企业直销等多方面的冲击，在此形势下合理规划综合批发市场，以确立其在中小城市中的市场地位。

2. 综合批发市场的概念

综合批发市场（Integrated Wholesale Market）是指面向再销售者、产业和事业用户销售多种商品和服务的商业批发型市场。其经营领域包括了生产资料批发市场和消费资料批发市场，是一种专门从事批发贸易而插在生产者和生产者之间、生产者和零售商之间的中间商业，通过批发和零售等交易方式把商品从生产者手中收购进来，然后再将其转卖给其他生产者或零售商。

3. 综合批发市场的基本特征

和专业批发市场相比，综合批发市场具有以下几点特征：

（1）商品门类繁多。综合批发市场由于涵盖了生产资料批发市场和消费资料批发市场，因此其所经营的产品在功能上比专业批发市场的产品更加具有纵向的拓展。而大规模的生产者和经营者的聚集使综合批发市场产品种类繁多，可以满足消费者、批发商和零售商的多层次需求。例如，聊城香江光彩大市场主要经营服装、鞋帽、大针织、小百货、电动车、建材、五金、机电、装饰材料、家具、土杂、糖酒副食等13个行业，20大门类10万多个花色品种。

（2）交易方式批零兼营。在交易方式上，综合批发市场除了以走量的向下级批发商的销售以外，还有面向零售商和单个消费者的销售途径，从而扩大了供给对象的范围，将批发市场的功能进一步延伸到生产者和消费者环节，在经营方式上也产生了总经销和总代理等新类型。

（3）覆盖面广泛。综合批发市场的"综合"一方面反映在该市场交易种类的多样性，包括了产品的生产者、批发商、零售商和消费者，另一方面体现在对所经营产品功能上横向的增加和纵向的延伸。

（4）整合生产资料市场和消费资料市场。专业批发市场多以对某类生产性资料或消费性资料的专业经营为主，例如广州白马服装市场以服装的现货销售为主，对于生产性资料如纽扣、布料等则不提供专业销售。而综合性批发市场整合了生产资料市场和消费资料市场，从产业结构上进一步完善了产业链，极大地缩短了原材料的运输时间和成本，使生产部门可以基于消费部门对消费者信息掌握的基础上进行准确生产，提高了生产效率和满足了客户需求的多样性。

4. 综合批发市场在城市中的地位与作用

回顾历史发展，现代社会文明的成果都是建立在城市的发展之上，因此有了"无市则无城，市兴则城兴"的说法。例如，义乌、温州等城市都是依靠我国有名的批发市场义乌商贸城和温州商贸城的支撑建立起来的。探讨综合批发市场在城市中的作用和地位十分有必要。

（1）综合批发市场在城市中的重要地位。经济建设是我国城市建设的中心要务。可以从社会结构、政体和文化三个部分划分社会的层面，而经济作为社会主要层面——社会结构的主要组成部分对一个城市的发展有着关键性的作用。此外，城市依赖综合批发市场来进行物质的补偿。由于城市不进行农作物的生产，其生存所必需的食品依赖于市场的交换，这也反映在综合批发市场所经营的产品大多为和百姓生活息息相关的日常用品和农作物。

（2）综合批发市场在城市发展中发挥重要作用。

其一，聚集效应。综合批发市场作为城市布局中一个点与其周边地区形成的面可以通过交通、物流、金融和通信彼此相连，从而降低运输成本和交易成本。由于大量生产性资料批发市场的存在，综合批发市场可以建立内部各个市场之间的联系，彼此互为市场，互相提供原材料、半成品、成品和服务。通过厂与商之间的互补性来有效利用资源，扩大市场规模，提高周边地区的生产力。

其二，扩散效应。综合批发市场对其他地区的扩散包括有形的扩散和无形的扩散。有形扩散指通过各地区的分工交换，综合批发市场将各产品重新分配，将相关技术和商品供给扩散出去。而无形扩散则指在综合批发市场的不断交易中将产品的价格信息、市场服务和产品的供求状态及时扩散到周边地区。综合批发市场的扩散效应使各个区（县）和城市之间可以形成一个稳定的商业网络系统。

其三，协调效应。综合批发市场对城市的协调作用体现在对消费需求的协调、对投资需求的协调和对生产要素的协调上。综合批发市场作为交易的媒介，将消费从潜在需求逐步转化为现实的购买力，从而刺激消费需求和促进城市的发展；在我国区域经济发展失衡的情况下，投资不足和投资过热的产业并存，在这种状态下，综合批发市场通过市场的物流状况了解各地区的经济形势从而引导社会投资流入回报率较高的行业和地区，实现资源的最优配置；综合批发市场凭借对生产性资源和消费性资源的整合来增强生产要素的流动，尤其是用资金的流动来取代土地、技术等流动性较差的生产要素的区域优化。

二、综合批发市场消费资料市场发展分析

改革开放以来，我国经济保持快速稳定发展，市场流通规模不断提高，这种变化给我国综合批发市场的发展带来了深刻的影响。

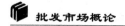

1. 需求结构变化的影响

随着我国城市化进程的加速，大量农村剩余劳动力涌入城市，将社会购买力在空间上从农村向城市聚集，集聚经济效应较为显著。2005年我国城镇人口数为5.6亿人，乡村人口数为7.45亿人，进过十年城市化的推动，到2015年，我国城镇人口比例明显提高，从2005年的42.9%增加到52.6%。这一变化使消费方式以及需求结构发生了质的变化，并由此聚集了大量的商业变革动力，促使现代综合批发市场的快速发展。

近年来网络设施的普及极大缩短了生产者、批发商、零售商和消费者之间的距离，刺激了消费者的需求。在物流配送系统的支持下，商品可以快速且便捷地从生产领域进入零售和消费领域，导致原有批发市场的份额被挤占。目前高涨的商品需求规模提高了消费者整体的经济地位和议价能力。对于综合批发市场而言，只有尽量减少流通环节、降低流通成本才能在经营中处于有利的地位。因此，很多综合批发市场通过不断选址布局、运输系统的改善以及物流配送系统的改善持续提高产品竞争力。例如，创建于1992年的南京金桥市场择南京三大商业圈之一的中央门商圈而栖，与南京长途汽车站隔街相望，东邻南京火车站，西连长江航运下关码头，紧依南京长江大桥，位置绝佳，为沿海向内地辐射的桥头堡，南北相互融通的交汇处。

2. 商业经营者的分化

随着商品经济由不发达走向发达，社会分工、生产技术和赊销技术日益完善，商业经营者也在进一步分化。传统的批发经营是集运输、仓储、信用等职能于一体的，而在现代则演化成许多新行业。[①] 比如物流业承担了仓储运输职能，银行业承担了商业结算职能，信息管理系统则完全替代了流通环节间的信息传递工作。因此，新兴行业的发展使得综合批发市场的职能层层剥离，传统批发业要转换发展思路，采用与经济形势相适应的经营形式来扩大企业规模和减少批发环节，利用先进的管理系统提高管理水平，提升自身的综合竞争力。

3. 新型产销关系的出现

随着商品交换的不断深入，经济组织形式也在不断演化中，产生了"以销导产、产销结合"的新型产销关系。这一关系既包括以产为起点的后向一体化，也包括以销为起点的前向一体化。这也是随着生产技术的提高和降低生产成本的要求，生产企业由以前的初级制成品加工逐渐转向深加工，延长了产业链，使很多生产资料的转卖分销变为内部化的必然结果。

在新型产销关系下，原有产品的生产者对批发商的渠道策略和推广策略提出了更高的要求，如产品在流通中的特殊配送和销售服务，从而导致生产者可能采取自设销售机构进入流通领域。针对这一情况，综合批发市场由于建立了生产资料批发市场和消费资料批发市场的连接，因此在提高物流配送服务时有着更大的规模经济效益。

---

① 宋华，胡左浩. 现代物流与供应链管理［M］. 北京：经济管理出版社，2000.

4. 内外贸易一体化的影响

我国经济已进入持续增长阶段，2004 年我国 GDP 总量为世界第六，而从 2010 年持续至 2015 年一直保持全球 GDP 总量第二的排名。2014 年进出口总额为 26.4 万亿元人民币，同比 2000 年进出口总额增加了 576%。随着全球化进程的推进和我国对外开放程度的深入，我国国内市场和国际市场的融合程度将日益提高，我国生产资料批发市场和消费资源批发市场将逐步融入世界市场之中。经济全球化的发展，生产企业意识到来自国际竞争的压力，纷纷将目光瞄准国际市场，批发企业局限于国内市场的竞争与发展。[①] 早在 20 世纪 90 年代初期，日本的批发商业企业为弥补国内市场的冷淡，大力开拓海外市场。如总部设在北海道的大型日杂批发企业"妆连"公司，从 1993 年起已向远东地区大量销售产品。许多化妆品批发企业则把未来几年的销售希望寄托在中国市场。而我国的批发企业却迟迟没有变革，仍将自己的业务范围定位在国内消费品批发上已经不能够适应内外贸一体化发展的趋势。[②] 在新的环境下，我国综合批发市场部分企业应该迅速认清局势进而做出调整和应变，否则将处于被动的状态甚至被淘汰。

5. 物流与信息技术的发展

不同于传统批发企业，现代物流技术和供应链管理的发展将物流独立出来，形成自己的运输网络，缓解了产销之间在空间和时间上的矛盾。而信息通信技术的发展通过构筑实时信息传播方式彻底消除了产销双方在时间和空间上的时滞，极大提高了商流、物流和信息流之间的整合程度。在这个整合过程中，很多参与综合批发市场的企业需要快速进驻物流中心运作，通过依托现代物流和信息平台为商户提供商品服务，从事商品批发业务，成为为生产集团提供内部服务的服务性企业或组织。若综合批发市场企业行动迟缓，迟迟不对传统流通方式做出改进，必将面临被淘汰的命运。

6. 现代金融业和保险业的发展

现代金融业的发展便利了投融资的实现和资金的灵活转换，为筹资者提供了多样化的融资渠道，为投资者创造了兼顾安全性、流通性、收益性的投资工具。现代保险业的发展，则进一步消除了经济主体的信用体制的顾虑，发挥了高效衔接经济交往以外的职能，确保了商品流通畅通无阻。现代金融业与保险业的发展，为商品流通提供了更专业、更强大的资金支持和风险保障，从而弱化了批发流通在资金融通与风险分担方面的价值。[③]

三、综合批发市场生产资料市场发展分析

当前我国综合批发市场普遍存在消费资料市场发展快于生产资料市场的发展速度，为

① 綮秀梅. 面对国际竞争中的中国商品批发业 [J]. 宏观经济管理，2001.
② 宋衍萍. 我国批发业发展变化及原因分析 [D]. 北京：北京化工大学硕士论文，2006.
③ 胡浩. 流通·金融·制度创新 [M]. 北京：人民出版社，2001.

了寻找新的市场增长点，发展生产资料市场是综合批发市场建设的可行选择。

1. 发展生产资料市场的有利条件

（1）日益扩大的国际市场。伴随着全球经济一体化进程的推进，综合批发市场国际化程度不断提高，积极参与国际产业分工，能够实现集中生产与全球流通的对接，形成带动能力高、竞争能力强的优势产业和主导产业。借助全球贸易分工，为了发展生产资料批发市场需要贯彻和推进生产资料全球化战略，吸引全球要素的流动和聚集。

（2）不断扩大的内需市场。随着我国经济发展水平的逐步提高，城镇化和工业化进程的加快，我国不断扩大的内需为生产资料批发市场的发展提供了广大的市场。我国经济内生的发展潜力不断迸发，产业集群效应和城市群的发展为区域综合批发市场中生产资料批发市场的发展提供了引致需求，为建设生产资料批发市场提供了良好的发展契机。

（3）初具规模的生产资料市场。我国部分大型综合批发市场已经建立初具规模的生产资料市场。例如，近年来，义乌市各类生产资料市场快速发展，成绩斐然，产业竞争力和影响力不断增强，对区域经济的带动能力和配套能力不断提升，并表现出良好的发展势头，成为建设综合性、集聚型专业生产资料交易市场的稳固基础。[①] 具体体现在以下三方面：

其一，行业发展初具规模。经过多年发展，义乌市在原材料、装饰材料、机械装备及配件、工量具、灯具、低压电器、建材等生产资料行业形成了一定规模。

其二，形成了优势明显的生产资料展会品牌。义乌市利用展会的形式不断提高本地生产资料产业知名度，打造了一批义乌生产资料展会品牌，工博会、挖机展、五金博览会等成为国内外较有影响力的行业展会。

其三，形成了一批专业生产资料交易市场。经过多年的市场积累和集聚，义乌市已形成数量较多的两类交易市场：一是有形专业生产资料交易大市场，如义乌装饰城；二是义乌生产资料专业街。

（4）一定规模的消费资料市场。大部分消费资料批发市场周边散布着众多的消费品产业集群，基于生产资料产品技术复杂性和量大频低的特点，邻近产地或销地将极大缩短物流的成本投入。此外，这些产业集群对生产资料批发市场也产生了巨大的需求拉动力。例如，浙江省高端设备制造业、新材料产业等九大战略性新兴产业的培育及省内的东西部协调发展，都为建设和繁荣生产资料批发市场提供了迫切的市场需求和广阔的市场空间。

（5）逐步完善的现代服务体系。逐步完善的现代服务体系是生产资料批发市场发展的重要保障。目前，我国生产资料批发市场正处于从商户、产品集成向服务、信息集成转变的关键阶段，市场呈现出信息化、标准化、专业化的发展趋势。综合批发市场要快速发展现代服务业，包括初步形成的现代化国际物流中心和现代物流体系、区域性金融高地和

---

① 国务院研究室义乌报告课题组. 义乌报告——中国改革开放进程中的市场典范［M］. 北京：中国经济出版社，2014.

较为完善的金融服务体系，以及围绕消费资料批发市场和生产资料批发市场的大量管理、信息、技术、设计、会展、知识产权等一系列专业服务机构。此外，为了支持生产资料批发市场的发展，需要引进一批专业人才进行管理，以充分发挥现代服务设施的效益。

2. 发展生产资料市场面临的挑战

（1）总体严峻的国际经济形势。自 2008 年下半年爆发美国次贷危机后，世界经济形势持续低迷，主要发达经济体增速放缓甚至衰退。生产资料作为我国重要的外贸出口产业受国际市场经济形式波动较大，其上游产业制造业的发展状况对其发展前景有着重要的影响，因此在短期内，低迷的国际经济走势将不利于加大我国发展综合批发市场中生产资料批发市场。

（2）周边生产资料市场的竞争。生产资料行业是国民经济重要的基础性行业，对整体经济发展具有重要的引领和带动作用。目前，我国各地区都较为重视生产资料行业的发展，特别是生产资料流通业在我国呈快速发展趋势。分析我国生产资料行业分布情况发现，以江浙为主的区域生产资料批发市场的发展程度大大超过全国其他地区的水平，以机械行业为例，在全国已形成众多成熟的大型机械专业市场后，义乌周边县市举措频繁，积极争夺市场资源。

（3）薄弱的制造业基础。我国综合批发市场以消费资料批发市场为主导，经营的产品多属低附加值的制造业，因此附于综合批发市场的生产资料批发的制造业基础薄弱，支撑发展条件不足等。现阶段我国大部分综合批发市场的制造业基础很大程度上属于技术性较低、横向分工为主的轻加工企业集群，中小企业和中低档的劳动密集型产品比重较高。因此，在推进生产资料批发市场的发展中薄弱的制造业基础限制了综合批发市场企业的市场竞争能力。

3. 消费资料市场和生产资料市场的整合

我国大部分综合批发市场存在消费资料批发市场较生产资料批发市场更为发达的情况，因此在发展生产资料批发市场的过程中要注意实现其与消费资料批发市场的良性互动，形成消费资料批发市场拉动生产资料批发市场、生产资料批发市场推动消费资料批发市场的局面，通过合理分配资源，推动综合批发市场结构向消费资料和生产资料并行驱动发展。

四、综合批发市场的转型升级

我国专业批发市场经过多年的发展，为我国经济发展做出了巨大贡献。随着改革开放的深入，传统的专业批发市场出现了一系列的发展困境，专业批发市场进行转型升级已成为必然。

1. 综合批发市场发展中存在的问题

（1）缺乏统一布局规划。在 20 世纪 80 年代初期，综合批发市场这一新兴形式进入我国商贸体系，并随着我国经济的发展得到了快速发展，然而在快速发展的过程中存在着盲目地扩大和重复建设现象，同时也缺乏在宏观上调控和规范批发市场的法规和规范，对全国批发市场建设缺乏统一规划和布局。

随着综合批发市场不断发展和规模的不断扩大，其在用地方面产生了新的需求，城市的快速发展造成市场用地与城市功能用地矛盾日益尖锐，城市人口增加使土地资源日益紧缺。欧美国家在解决以上矛盾时基于其完善的交通设施和每家私家车配置比例较高的情况，采用了使位于城市内圈的综合批发市场向外搬迁的做法，随着我国城市化进程的不断推进和人均收入水平的不断提高，这一做法也将成为今后发展的趋势。一方面，综合批发市场外迁既可以对市场进行转型升级，另一方面，也可以缓解城内用地矛盾。但是，在我国综合批发市场外迁过程中市场规划尚存在一些不合理的因素，例如新旧市场承接不及时导致的商户安置工作不到位，以及综合批发市场出现"一搬就死"的现象。

（2）产业链不完善。我国综合批发市场现阶段存在产业链不完善，市场缺乏特色的问题。综合批发市场行业的发展不仅与餐饮、旅游、交通等服务行业密切相关，而且也需要法律、中介和咨询行业的支持。目前，在东部批发市场发展的带动下，餐饮行业有发展趋势，但旅游、交通等行业发展较为缺乏，法律、中介、咨询行业的发展明显表现出不足，产业链不完善，这在一定程度上制约了东部综合批发市场的发展。例如，兰州东部综合批发市场在市场特色方面主要经营服装、鞋帽、百货、小五金、针纺织品、床上用品、丝绸用品、化妆品、皮革制品、玩具、文具等20大类2万多个品种。这些商品的同类商品大多千篇一律，交易方式简单、功能单一、管理和服务不到位。这在一定程度上也阻碍了产业链的完善，使其大大落后于市场经济发展的要求。[①]

（3）管理制度不健全。我国综合批发市场的相关市场交易制度不健全，政府对此的宏观管理不到位。目前大多数综合批发市场主要采用摊位式经营，组织形态比较落后，在交易方式方面也不符合现代化流通的要求。市场内部分经营者的经营规模已相当大，但仍以个体或家族式经营为主，经营机制和经营理念相对陈旧保守，没有建立规范企业的意识，阻碍了企业制度的创新以及市场水平、档次的进一步提高。

从宏观管理层面上看，综合批发市场在我国的发展主要是依靠粗放式的拓张而实现的，没有一个完善的市场管理发展协调推进机制，行业管理也极不统一，存在工商、卫生、物价、经贸、商务等部门多头管理现象，更没能形成一些先进的管理模式和发展思路，一味地求大、求多，最后只能造成市场的饱和度过大反而制约其发展。

（4）市场经营主体整体素质不高。从总体上看，我国综合批发市场主体的发育还处于较低层次，存在相当一部分还属于从自给半自给经济过渡而来的小生产经营者。这一部分市场经营者文化素质偏低，经营水平不高，交易方式和交易手段也较落后，组织化程度低，大多以家庭式经营组织方式为主，缺乏现代商业信用意识、WTO规则意识和外贸知

---

① 张丽娜. 批发市场发展面临的问题及对策——以兰州东部综合批发市场为例［J］. 企业导报，2012.

识、技能，从而导致其抗市场风险能力弱，很难适应现代交易手段和交易环境的发展。

此外，综合批发市场内部的管理人员总体素质偏低，在市场的功能拓展和制度创新方面没有发挥作用，只是负责一些消防、交通、治安等方面的工作。市场宏观管理的不到位也导致了无序竞争、市场混乱、假冒伪劣产品层出不穷、市场信息失真等现象的发生，制约了市场机制的正常作用。市场内社会化发展方式水平较低，发展组织方式粗放，市场经营管理体制和运营机制不完善。

（5）硬件配套设施简陋，市场环境较差。由于市场内经营者多数属于"自立门户"，因而大多数经营者过分看中自身的经营利润，导致集体观念淡薄，经营设施简陋。同时批发市场内人流、车流和物流较大，市场的主办单位缺乏环境卫生意识，部分保洁人员的工作不到位，致使保洁管理跟不上，造成了批发市场的环境污染严重、卫生状况比较差。此外批发市场内生活娱乐配套设施不完备，餐饮设施简陋，经营者的就餐主要靠小吃摊和流动餐车，这也使得市场内卫生条件进一步恶化。

2. 提升综合批发市场竞争力的对策

（1）建立现代化的经营管理机制。作为综合批发市场仅仅沿用传统的集贸市场的管理理念和运营体系显然已经不能顺应市场发展需要，必须制定相应的综合批发市场管理方法，营造良好的政策环境。加强对批发市场的宏观管理，建立健全各项管理法规制度，以法规形式来规范批发市场的建设与管理。加强批发市场管理的基础工作，提高引导和调控的有效性。特别是要完善批发市场基础信息的统计工作和信息管理系统的开发，建立批发市场信息发布平台，为批发市场的提升转型奠定基础。规范市场秩序，培育良好的市场经营环境，通过工商、卫生防疫、税务、技术监督以及环保等执法主体和行业协会等中介组织，对批发市场进行全方位的监督管理。

（2）加大服务设施投资。为了提高我国综合批发市场硬件配套设施和改善市场环境，需要加大服务设施投资，提高批发市场的技术装备水平。在逐步完善经营设施的同时，应加强综合批发市场服务设施的建设，建立专门的废弃物回收处理站。服务设施的完善对于改善市场的交易环境具有非常重要的作用，而市场交易环境的改善对于批发市场竞争力的提高具有显著的作用。技术装备包括计算机管理系统、物流配送、运输设备和检测设备。技术装备水平的提高，不仅有利于通过现代化流通提高效率，而且通过计算机商品查询市场内部交易网络等现代化交易手段，能够提高服务质量，满足客户多方面的不同需求，从而提高市场的竞争能力。因此要加大技术设备的投入，优化服务环境。

（3）扩大批发方式和交易手段。目前的综合批发市场主要以批零交易手段为主，大多呈现为现场看货，即期交货，钱货两清的交易手段。对于综合批发市场而言，要想改变小摊小贩的角色，提高市场竞争力，必然要利用代理制取得产品销售权，从而实现由小规模、分散化经营向规模化、集约化经营的转变。通过建立稳定的契约关系替代有形市场偶然的、无计划的交易活动，建立起信赖、互惠、稳固的业务关系。作为国际化经营的交易方式，其交易范围、区间、交易对象、运输方式、金融结算方法都发生了变化，特别是交易的时空被无限放大。因此，需要向国际上跨时空交易使用较多的方式（如拍卖、电子商务、期货、订单交易等）转变。如在圣诞礼品的交易中，欧美客商一般在每年 3 月就来义乌市下订单、定价格、付货款，至 11 月拿货包销。需要发现和培育与国际接轨的新的交易方式（如网上拍卖、电子商务等），推进交易方式由低级到高级和多元化发展，从而取代传统且单一的交易方式。①

（4）实施品牌战略。在批发市场内打造一批"主力店"，通过他们上乘的商品与服务品牌及信誉等，扩大市场的影响，培植市场特色，为市场带来商流、客流、物流、资金流、信息流等。并加大"主力店"的培育和扶持，使其成为市场的核心部分乃至特色，通过特色商品的带动和品牌效应，带动综合批发市场其他商品的流通销售，进而带动地区经济的快速发展，从而使传统商品批发市场焕发生机，加速转型升级。

（5）建立现代采配中心和展览中心。考虑到综合批发市场的规模经济优势能集中来自全国各地买卖方和商品入场交易，节约了交易费用并且能够提供有关商品全面的、完整的、真实的信息，我国批发市场的转型方向可着重考虑现代采购中心和展贸中心这两种形式。

现代采购中心为集商品展示、洽谈、接单和电子商务、物流配送为一体的现代批发经营形态，能提供以物流配送服务为核心的综合化的商业服务，除了传统批发市场所具有的商品集散、信息发布、价格形成、融资等功能外，还具有现代会展、电子商务、娱乐休闲等功能。

现代展贸中心是以展为主，以贸为辅，以展带贸的综合批发市场。现代展贸中心只保留了现代采购中心的商品展示、洽谈、接单和电子商务的功能，将批发市场的规模缩小为商务写字楼形式，突出发挥批发市场信息发布的功能。

生产资料批发市场是我国特有的批发市场形式，主要经营金属材料、建材、木材、汽车、农业机械、石油、化工、纺织原材料等商品。随着生产资料市场逐渐萎缩或淡出批发市场，以总经销、总代理等新方式经营的生产资料批发市场就可向展贸中心方向发展。此外，部分综合批发市场也可在转型为采购中心的基础上，规划出局部区域作为展贸中心，采取现代采购中心和展贸中心并行发展的模式。

（6）积极探索电子商务批发交易。电子商务的兴起给我国包括生产资料与生活资料商品在内的大宗商品批发交易提供了一种崭新的思路和模式。凡是适宜进行大批量批发的商品，通过电子商务，可以有效延伸交易半径，扩大交易商圈，加速交易过程，降低交易成本。因此要积极拓展电子商务，使之成为提升传统批发市场效益的有效手段。利用批发市场已有的品牌声誉，开展网上交易，将原来单一的、有形的批发市场变成有形商品市场和无形信息市场相结合的新型现代化批发市场，使其在网站上能够在较短时间内，形成较高的知名度。

---

① 林伟. 义乌小商品市场的成功发展给批发业的启示［D］. 成都：西南财经大学硕士论文，2005.

此外，建立现代化的市场信息平台，基于信息平台整合物流资源，提供专业化的第三方物流服务，为网络批发的发展壮大提供坚强的后盾。近年来，随着信息技术的飞速发展，出现了网络交易方式，使以网络商店为代表的电子商务对传统商务形式产生巨大的冲击，并且也对未来的商业发展带来巨大的变革。对于我国综合批发市场来说，应该抓住电子商务时代的契机，利用现代信息技术手段所带来的便利，完成自身技术上的创新，从而更好地适应未来商业模式的变革。

五、我国示范综合批发市场介绍

我国各地有多种综合批发市场。

1. 霍尔果斯口岸中央商务区

（1）背景。霍尔果斯口岸是位于中国新疆维吾尔自治区伊犁哈萨克自治州霍城县的陆路口岸，与哈萨克斯坦隔霍尔果斯河相望，距伊宁市 90 千米，距乌鲁木齐市 70 千米，是中国西部历史最长、综合运量最大、自然环境最好、功能最齐全的国家一类陆路公路口岸。霍尔果斯历史悠久，文化独特。霍尔果斯口岸面向哈萨克斯坦等中亚国家，是独联体各国重要的消费品进口市场，也是我国在上海合作组织框架下高度重视的国际市场。早在隋唐时期，霍尔果斯口岸就是古"丝绸之路"新北道上的重要驿站，1881 年，霍尔果斯正式成为中俄两国之间的通商口岸，新中国成立后，霍尔果斯口岸以其优越的地理位置，成为中苏贸易的西部最大口岸。近年来，通过霍尔果斯口岸进出口的商品种类和数量急剧增加，口岸年进出境人数、过货量逐年上升。特别是 2005 年以来，随着霍尔果斯国际边境合作中心的启动，霍尔果斯工业园区、霍尔果斯中央商务区国际商贸中心的建设，一批国内外知名企业相继投资霍尔果斯，组织加工生产等支柱产业，使霍尔果斯口岸呈现经济快速进步的全新发展局面。

（2）霍尔果斯口岸中央商务区介绍。由伊犁欣德置业有限责任公司投资开发的霍尔果斯中央商务区，得到伊犁州政府、口岸管委会的高度重视和大力支持，政府出台一系列鼓励投资的优惠政策，不断优化软环境建设，营造"亲商、安商、富商"的氛围，让投资商感到省心、顺心、安心。霍尔果斯口岸中央商务区建成后，是霍尔果斯口岸打造的一个中亚乃至国际市场最具影响力、最具辐射力、最具投资价值的商业航母，为口岸优越的旅游环境资源再添浓墨重彩的一笔。霍尔果斯口岸中央商务区运用先进的市场开发理念，彻底改变以地摊式为主的市场格局，市场总占地面积 152.07 亩，总投资 3.55 亿元，建筑面积 18 万多平方米，将市场打造成集旅游、商贸、休闲、购物、酒店、娱乐、会展、国际贸易、国际客运联运等于一体的国际化"一站式"综合配套服务中心。主要区域划分为以下三部分：

1）国际商贸中心。投资 8000 万元，建筑面积 25000 平方米，现有铺面 401 个，铺面平均面积 45 平方米，市场结构属于场街结合式，完全根据中亚市场需要配置商品，品种覆盖新疆外贸领域所有轻工业产品，重点经营服装、鞋帽、针织、百货、家电、玩具、建材等中亚市场热销产品，商品定位中高档次，质量品牌全面升级，引领口岸贸易的整体提档升级。

2）国际商务会所。建筑面积 3000 平方米，投资 800 万元，集车辆展示、足浴、美容、中餐厅、咖啡厅等功能于一体，已全面投入使用。

3）欣德文化广场。投资 800 万元，综合水幕电影、音乐喷泉、瀑布、风水球、娱乐健身、大型停车场、商务展示、产品展示等功能。

（3）霍尔果斯口岸中央商务区配套设施。伊犁欣德置业有限责任公司充分发挥口岸边境地理环境优势和周边旅游资源优势，与口岸管委会一起，以人性化服务的城市经营战略，通过对周边市场进行整合，划行规市，加强旅游业配套设施的建设，进行市场规模升级、供货网络升级、国际贸易升级、外商通路升级、商品品种升级、功能配套升级。全面推进口岸城市化进程，市场秩序更加规范化，人流、物流、经济流、信息流高度聚合，把口岸建设成为新疆维吾尔自治区对外开放，对哈经贸合作的重要基地，投资创业的"聚宝盆"，购物旅游的欢乐园，把霍尔果斯口岸中央商务区建设成为体现国家级口岸形象的标志性建筑，搭建一个"东联西去，西去东来"的平台。

2. 南昌洪城大市场

（1）背景。南昌市地处江西省中部偏北，赣江、抚河下游，濒临鄱阳湖，是江西省政治、经济、文化和交通中心，既是国家级历史文化名城，又是革命英雄城市，总面积 7402 平方千米，总人口 497 万人（2009 年）。南昌市位于东经 115°27′～116°35′，北纬 28°09′～29°1′，属于亚热带季风气候，年平均气温为 17.1℃～17.8℃，雨水十分充沛，年平均降雨量 1567.7～1654.7 毫米。南昌市属于新兴中等工业城市，有电子、钢铁、汽车、化工、纺织、造纸等门类。虽然地处内陆，却为我国南方重要的交通枢纽，为京九铁路、湘赣铁路交会点，水路以赣江、鄱阳湖为纽带，通达长江各口岸。

随着大京九铁路南北贯穿，横贯东西的浙赣铁路复线改造完毕，南昌市处于京九与浙赣两条铁路的十字交叉口，加上 320、316、105 三条国道在南昌市交会，经济区域优势迅速跃升。这种特殊的交通优势给南昌市发展带来千载难逢的发展机遇，尤其为南昌市创造了成为中南部市场流通中心和资源集散地的机遇，也为南昌市洪城大市场的建立提供了近水楼台先得月的良好条件。

（2）市场介绍。洪城大市场是大型日用工业消费品批发市场。始建于 1994 年 7 月，总体规划面积 1700 亩，首期开发 420 亩，总投资 2.1 亿元，建筑面积 12 万平方米。建有店面 5000 余间，室内摊位 2500 余个。市场分四大交易区，经营小百货、鞋帽、布匹、服装、针织品、床上用品、副食品七大类商品。市场自 1995 年 9 月 1 日建成开业，经营户 3 万余人，日平均客流量 6 万～7 万人次，高峰时达 10 万人次。被国内贸易部确认为国家级中心批发市场，又被国家经贸委确定为全国重点联系市场，进入全国九大日用工业品市场行列。

（3）市场配套设施。市场内配套建设餐饮、住宿、邮政、通信、金融、保险、交通售票、货运客运、代办托运、医疗保健等服务设施。市场内大型停车场可集中停放各类车近1000辆。公交车、客运车由市场始发，开往省内外各市、县及市区主要车站、码头、商业街，形成多方位交通网络。

（4）社会效益。洪城大市场建设并成功运作，一跃成为南昌地区乃至全省经济发展新的增长点，带来巨大的社会效益和经济效益：①不仅带动南昌城西经济的繁荣，安置大量下岗人员就业，缓解南昌市就业压力，并为国家培植税源。②拉动南昌市及江西省第二产业、第三产业的发展，扩大地方产品在市场的占有份额。由于减少了商品中间周转环节，降低了商品成本，从而使同类商品增强了市场竞争力，使江西省的地方产品迅速扩散到全国各地，有力拉动内需。③市场巨大的吸纳和吞吐能力，刺激当地运输业、仓储业快速发展，形成以洪城大市场为中心的公路客货运输、货物配载、货运信息、托运中转、仓储等配套服务网络。④市场强大的辐射力，吸引国内大批名、优、特、新商品进入市场，不仅优化商品结构，提高商品档次，促进供需之间的商品信息交流，在更广范围、更高层次上扩大洪城大市场的知名度，同时吸引大量外地资金、技术、人才，反之又推动江西省地方工业、乡镇企业及周边地区经济的发展。

📖 本 章 案 例

大连水产交易市场

大连水产品交易市场地处辽宁省大连市中心，距大连火车站1千米，与大连双兴果蔬、粮油、小商品批发市场相邻。市场由过去以渔船靠泊供货、岸边交易为主，现转变发展成以海陆流通中转交易为主，2005年的交易量有60%属于南北水产物流贸易。在大连水产品市场发展过程中，受到来自各方面因素的影响和制约。例如，油价的提升，使水产品价格上涨，影响市场的交易量；旅游、餐饮业的兴衰也直接关系到水产品市场的发展；政府的支持以及与同类市场的竞争，同样都是制约水产市场发展中的关键因素。在激烈的市场竞争环境下，大连水产品市场本着"做出特色，做出品牌"的宗旨，立足自身合理定位，不断改善市场经营环境，力求把一个老牌水产市场发展成为一个具有多项功能的大连名优水产品展示交易中心，以吸引更多的业户，提升市场的竞争力。

问题：

1. 大连水产品批发市场的外部布局受哪些因素的影响？

2. 你认为"把一个老牌水产市场发展成为一个具有多项功能的大连名优水产品展示

交易中心"需要具备哪些"多项功能"?

常德桥南市场

常德桥南综合批发市场地处湖南省常德市武陵镇沅水大桥南端319国道和207国道交会处，1985年，市场由南站轮渡河坡地摊市场发展而来，并逐渐形成以桥南工贸市场为主体，以桥南副食城、桥南商贸城、桥南家电城等专业市场为骨干的市场群。桥南市场是桥南商业航母的龙头，家电、轻纺、副食、建材、水产等十多个专业市场拱卫四周，形成气势磅礴的十里商城，吸纳19个省90多个县（市）近3万名客商在此经营，商品辐射湘、鄂、川、黔、渝等10多个省（市），辐射人口约8000万人，年成交金额逾100亿元，成为中西部地区重要的物流、信息流集散中心。该市场建有专门的汽车站，方便客货进出，大大改善了市场交通拥堵的状况。常德桥南综合批发市场经营产品多样化，包括桥南工贸市场、桥南副食城、桥南家电城、桥南商贸城、轻纺市场、朝阳路农贸市场等。

问题：

1. 分析桥南综合批发市场在常德市发展中的作用。
2. 针对桥南综合批发市场现状提出提高其竞争力的对策。

📖 本章小结

专业批发市场的主要特点有市场经营商品的专业性、以批发为主的市场交易和交易双方的开放性。根据专业批发市场的参与主体和产品的来源进行分类，可以将专业批发市场分为四类。专业批发市场是场所与组织的统一体，其组织结构包括组织管理者、进场交易者和市场服务者。专业批发市场布局受外部因素和内部因素影响，外部因素以政治因素、经济因素、环境因素、人口与人力资源因素和交通因素为主，内部因素主要考虑以人力资源和生产资料为主的物质资源要素和以科学技术和管理水平为主的非物质资源要素。专业批发市场的产业聚集效应将引导产业进行结构调整和带动相关产业的发展。专业批发市场在转型升级中要做到合理规划市场建设、引进多种交易模式以及完善管理制度。

综合批发市场是指面向再销售者、产业和事业用户销售多种商品和服务的商业批发型市场，与专业批发市场相比，有商品门类繁多、交易方式批零兼营、覆盖面广泛和整合生产资料市场和消费资料市场的特点。对综合批发市场发展分析时，要考虑需求结构、商业经营者、新型产销关系、内外贸一体化、物流与信息技术和现代金融业、保险业的发展带来的影响。发展综合批发市场的生产资料批发市场既有机遇又存在一定挑战，在权衡利弊时要注意和消费资料批发市场的整合。针对综合批发市场转型中出现的问题，可以从现代化的经营管理机制、服务设施投资、批发方式和交易手段、品牌战略、现代采配中心和展览中心功能和电子商务批发交易等方面提出解决途径。

关键术语

专业批发市场；运行机制；专业批发市场内外布局；市场聚集效应；发展前景；综合批发市场；消费资料批发市场；生产资料批发市场；转型升级

分析与思考

1. 批发市场的分类依据有哪些？

2. 专业批发市场可以分为哪几类？

3. 分析影响专业批发市场内外部布局的相关因素。

4. 如何应用市场的聚集效应？

5. 综合批发市场和专业批发市场的定义及区别。

6. 哪些因素会影响综合消费资料批发市场发展？

7. 我国批发市场应该如何应对入世后所面临的机遇与挑战？

第五章

批发市场的供求与规律

★ 教学目的及要求

学习批发市场需求定律和供给定律，掌握需求与供给对价格的作用规律；了解批发市场的运行机制以及运行规律。

★ 教学重点及难点

掌握供求定律以及两者作用下对均衡价格的影响，了解市场的运行机制和运行规律。

批发市场是社会分工的产物，这个市场的形成必须具备一定的条件：可供批发的产品、提供商品的一级批发商、具备购买能力的二级批发商或零售商、买卖双方协商一致的商品价格。其运行的基本要素是商品的供给与需求，只有需求和供给相适应（均衡），批发市场才能发挥其实现商品交换、调节资源配置的功能和作用。

第一节　批发市场的需求与供给

供给和需求是批发市场概论中的基本概念，它帮助我们理解市场价格变动的原因和方式，以及政府干预某个市场可能产生的结果。准确掌握理解供求模型对学习批发市场的运行与规律非常重要。

一、市场需求

1. 需求的概念

需求（Demand）是指在一定时间内、一定市场上、每一价格水平上消费者愿意并有能力购买某种商品的数量。这里包含两个方面含义：一是消费者愿意购买；二是具有相应的货币支付能力，也就是说，消费者同时具备了购买的欲望和能力，才称得上需求。例如，人们想购买一套别墅，但是并非每个人都能支付得起，当人们想购买却无能为力时，那不过只是一种欲望而已，不能构成对此商品的需求。此外，需求是一种瞬时的概念，可以是同一时刻存在的对多种商品的购买的可能性。

其中某个消费者在一定时间内、一定市场上、每一价格水平上愿意并有能力购买某种商品的数量称为个人需求。同种商品的所有消费者在一定时间内、一定市场上、每一价格水平上愿意并有能力购买的数量称为市场需求。

2. 需求的影响因素

影响商品需求的因素主要有以下几种：

（1）商品价格。在市场经济条件下，商品需求受需求价格的影响，在分析时假定其他因素不变。商品的价格越高，需求量越小；商品的价格越低，需求量越大。二者呈反方向变化。

（2）消费者偏好。消费者偏好是消费者对商品的喜好程度，它表示在不考虑预算约束的条件下消费者对各种商品和劳务喜欢和愿意消费的程度。当消费者对某种商品的偏好程度增加时，对该商品的需求数量就会增加。相反，当偏好程度减弱时，对该商品的需求数量就会减少。人们的偏好一般与所处的社会环境及当时当地的社会风俗习惯等因素有关。

（3）消费者收入。对于不同的商品而言，消费者的收入水平对商品需求量产生不同的影响。对于大多数商品来说，当消费者的收入水平提高时，就会增加对商品的需求量，这类商品是正常品；而对另外一些商品而言，当消费者收入提高时，则会使需求量减少。

（4）相关商品的价格。相关商品是指替代品和互补品，某商品的替代品价格和互补品价格的变化，会影响该商品的需求数量。替代品（substitutes），是指使用价值相近、可以相互替代来满足消费者同一需求的商品，如牛肉和猪肉、苹果和梨。由于他们在消费中可以相互替代来满足消费者的某种需要，因而一种商品的需求数量与它的替代品的价格呈同方向变化，即替代品价格上升会引起该商品需求数量的增加。互补品（complement），是指使用价值上必须相互补充，缺少任何一种都难以达到消费目的和满足人们某些需要的商品，如汽车与汽油。由于他们必须相互配合才能满足消费者的某种需要，故一种商品的需求量与它的互补品的价格呈反方向变化，即互补品价格的提高将引起该商品需求数量的降低，互补品价格的下降将引起该商品需求数量的增加。

（5）对未来价格的预期。如果消费者预期价格要上涨，就会刺激人们提前购买；如果预期价格将下跌，许多消费者就会推迟购买。

（6）其他因素。如商品的品种、质量、广告宣传、地理位置、季节、气候、国家政策等都会影响消费者需求。但是某商品的市场需求量及其变化是诸多因素综合作用的结果。

3. 需求定律

需求定律就是在其他因素不变的情况下，商品价格上涨，需求量减少；价格下降，需求量增加；商品需求量与其价格呈反方向变动关系。

在一般情况下，商品价格与其需求量呈反方向变化，需求曲线是从左上方向右下方倾斜的，但并不是所有商品都遵循这一规律，也有许多例外。

（1）吉芬商品。1845 年爱尔兰大灾荒时，经济学家吉芬发现马铃薯价格上升，需求量也增加，这是因为灾荒特殊时期人们收入减少，消费不起面粉和肉类，只能用廉价的马铃薯代替。这种价格上升需求量增加的现象被称为"吉芬之谜"，具有这种特征的商品被称为吉芬商品。

（2）炫耀性商品。如珠宝首饰、古董字画等，这种商品往往具有收藏价值，人们拥有这种商品来显示自己的财富和社会地位。价格越高，越有人买，价格下降反而会促使需求量减少。

在投机性市场（如证券和期货市场）中，人们有一种"买涨不买跌"的心理，这与人们对未来价格的预期和投机的需要有关，往往是不符合需求定律的。

4. 需求函数和需求曲线

表 5 - 1　需求表

商品	价格（元）	需求量（件）
A	10	500
B	11	420
C	10.5	480
D	9	660

需求函数涉及两个变量：商品的价格和该价格下对应的消费者愿意购买且有能力购买的商品数量。对于每一给定的价格水平和消费者的需求量之间的关系，我们可以用数学式（5 - 1）表达：

$$Q_D = Q_D(P) \qquad\qquad (5-1)$$

这是比较特殊简单的需求函数，此时我们只考虑市场的核心问题价格对需求量的影响，假定其他影响因素不变。

需求曲线（demand curve）通常是一条从左上方向右下方倾斜的线，可呈曲线，也可呈"直线"。如果价格变化和需求量变化是成比例的，那么需求曲线就会成为"直线"，如图 5 - 1 所示。

图 5 - 1 中，需求曲线 D 说明消费者对商品的需求量取决于该商品的价格。需求曲线向右下方倾斜，在保持其他量不变的情况下，需求量与价格呈反方向运动，即价格越低，需求量越多。对于大部分商品，消费者收入上升会增加商品需求量，收入水平的提高使得

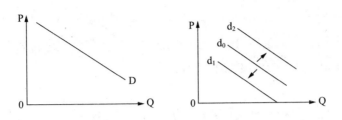

图 5-1　比例型需求曲线

需求曲线向右移动（$d_0 \to d_2$）；反之则向左移动（$d_0 \to d_1$）。

这里有两个概念需要特别指出：需求量的变动（change in the quantity demand）是指只考虑价格因素对需求量的变化影响，即价格上升或下降引起需求量的减少或者增加，体现在坐标轴上是一条需求曲线上点的移动；需求的变动（change in the supply）是因为上述其他影响因素中的一个或几个发生变化，使消费者在原本价格的水平需求量也随之变化，体现在坐标轴上是整条需求曲线的位置移动。

5. 个人需求和市场需求

市场需求是个人需求的总和，表示在某一时间内该市场上，所有单个消费者在各种价格水平上对某种商品需求的加总。

需求曲线也有个人需求曲线和市场需求曲线之分。每个消费者都有一条需求曲线。因为每个人的收入水平不同、购买偏好不同，个人需求曲线也各不相同。把在一个特定市场上的所有消费者的需求曲线以水平方向相加，就可以得到市场需求曲线。

假设我们在一个牛奶市场上只有三位消费者（A、B 和 C）。根据表 5-2 中 A、B、C 三位消费者对于某商品的需求量，我们可以确定每一价格上的市场总需求量。然后画出市场需求曲线。

表 5-2　确定市场需求曲线

价格（美元）	个人 A（单位）	个人 B（单位）	个人 C（单位）	市场（单位）
1	6	10	16	32
2	4	8	13	25
3	2	6	10	18
4	0	4	7	11
5	0	2	4	6

在分析时要注意两点：一是当有更多的消费者进入市场时，市场需求曲线将会向右移动；二是影响大多数消费者需求的因素也会影响市场需求。例如，牛奶市场中绝大多数的消费者的收入提高，他们对牛奶的需求也增加，个人需求曲线向右移动，那么市场需求曲线也会向右移动。

市场需求曲线加总并不仅仅是简单的理论，可能要考虑不同人口组别或不同地区消费者的不同情况。比如在讨论家用汽车需求的信息时，可以将数据进行如下分组，然后分别加总：有孩子的家庭、无孩子的家庭和单身。

6. 需求的弹性

弹性，是指反应性或相对量变化的敏感度，在经济学分析中，需求弹性是指需求量对价格或者收入变动的相对影响的反应，一般有需求的价格弹性、需求的收入弹性、需求的交叉价格弹性。

（1）需求的价格弹性。需求的价格弹性（price elasticity of demand）是指商品需求随着价格的变动而变动的反应程度，用式（5-2）表示：

$$E_d = \frac{\Delta Q}{Q} \Big/ \frac{\Delta P}{P} = \frac{\Delta Q}{\Delta P} \cdot \frac{P}{Q} \qquad (5-2)$$

式中，Δ 意味着"变化值"，所以 $\frac{\Delta Q}{Q}$ 为 Q 变化的百分比。

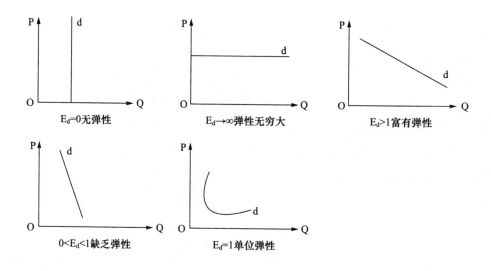

图 5-2　商品的需求弹性

1）需求完全无弹性，即 $E_d = 0$。此时，不论价格如何变化，商品需求量都不会变动。这时需求曲线是一条垂直于横轴的线。

2）需求弹性无穷大，即 $E_d \to \infty$。此时，当在既定价格下，需求量是无限的。这时的需求曲线是一条与横轴平行的线。

3）需求富有弹性，即 $E_d > 1$。此时，需求量的变动比率大于价格变动比率。这时的需求曲线是一条比较平坦的线。

4）需求缺乏弹性，即 $0 < E_d < 1$。此时，需求变动的比率小于价格变动的比率。这时的需求曲线是一条比较陡峭的线。

5）单位需求弹性，即 $E_d = 1$。此时，需求变动比率与价格变动比率相等。这时的需求曲线是一条正的双曲线。这是需求价格的弹性为常数的一种特殊情况。

（2）需求的收入弹性。在商品价格和影响需求量的其他因素给定不变的条件下，消费者收入水平 Y 的变动会引起需求量 Q 的变动，因此，需求的收入弹性（income elasticity of demand）可以用式（5 – 3）来表示。

$$E_Y = \frac{\Delta Q}{Q} \Big/ \frac{\Delta Y}{Y} \tag{5 – 3}$$

在价格不变的条件下，收入的提高一般会引起需求的增加，因而 E_Y 为正数。

1）$E_Y = 1$，表明收入的变动与需求量变动成比例。

2）$E_Y > 1$，表明收入弹性高，需求量的相应增加大于收入的增加，该商品是奢侈品。

3）$0 < E_Y < 1$，表明收入弹性低，需求量的相应增加小于收入的增加，该商品是必需品。

4）$E_Y = 0$，表明不管收入如何变动，需求量不变。

5）$E_Y < 0$，表明收入高时买得少，收入低时买得多。

通俗地讲，当人们收入增加，对粮食、食盐、牙膏等生活用品的增加是有限的；对旧货、低档面料的服装非但不会增加，反而会减少；但是收入的增加使人们对住房、汽车、化妆品、名牌服饰等商品的需求也增加。近年来，我们的收入不断增加低档品从我们生活中逐渐消失，而高档品的消费越来越多，这种变化符合恩格尔定律。

19 世纪中期，德国统计学家和经济学家恩格尔对比利时不同收入家庭的消费情况进行了调查，研究了收入增加对消费需求支出构成的影响，提出了带有规律性的原理，由此被命名为恩格尔定律。其主要内容是指一个家庭或个人收入越少，用于购买生存性食物的支出在家庭或个人收入中所占的比重就越大。对一个国家而言，一个国家越穷，每个国民的平均支出中用来购买食物的费用所占比例就越大。恩格尔系数是根据恩格尔定律得出的比例数，由食物支出金额在总支出金额中所占的比重来最后决定。

联合国粮农组织提出了一个划分贫困与富裕之间的标准：恩格尔系数达 59% 以上为贫困；0% ~ 59% 为温饱；40% ~ 50% 为小康；30% ~ 40% 为富裕；低于 30% 为最富裕。

我国城镇居民 1978 年城市恩格尔系数是 57.5%，农村是 67.7%；我国居民恩格尔系数从 2013 年的 31.2% 下降到 2014 年的 31%，2015 年进一步下降到 30.6%，正在逐步实现全面小康社会的建设目标。

恩格尔系数的降低表明消费结构的变化，消费结构的变化表明生活质量的提高，而在生活质量提高的背后，无疑是经济的发展，人民收入水平的提高。所以了解收入弹性的原理，不论是对个人消费、企业决策还是国家制定政策都有一定的意义。如果人们的即期收入很高而预期收入稳定且有提高的趋势，那消费者就敢追求高质量的生活消费；企业决策者应该随着居民收入的不断增加，选择生产高品质商品来满足消费者的需求；作为国家决策者，应该适时调整产业布局，对于需求收入弹性大的部门较快发展，需求收入弹性小的部门稍微放慢发展速度。另外根据收入弹性，还可以分析各部门人员的收入现状等。

（3）需求交叉弹性。相关商品的价格也是影响一种商品需求量的因素，当需要研究一种商品的价格变化对其相关商品的需求量变化的影响程度时，就要用到需求的交叉价格弹性（cross – price elasticity of demand）的概念。

需求交叉价格弹性一般简称为需求交叉弹性，表示在一定时期内一种商品需求量变动对于它的相关商品价格变动的反应程度，或者说表示在一定时期内，当一种商品价格变化1%时所引起的另一种商品需求量变化的百分比。需求的交叉弹性是一种商品需求量的变动率与其相关商品价格变动率的比值：

$$E_{XY} = \frac{\Delta Q_X / Q_X}{\Delta P_Y / P_Y} = \frac{\Delta Q_X}{\Delta P_Y} \cdot \frac{P_Y}{Q_X} \tag{5-4}$$

商品之间的相关关系可以分为替代关系和互补关系两种。如果两种商品之间存在着替代关系，则一种商品需求量会随着它的替代品价格变动呈同方向变动，相应的需求交叉弹性系数就为正值；如果两种商品之间存在着互补关系，则一种商品需求量会随着它的替代品价格变动呈反方向变动，相应的需求交叉弹性系数就为负值；如果两种商品之间不存在相关关系，则其中任何一种商品需求量都不会对另一种商品价格变动做出反应，相应的需求交叉弹性系数就为零。

因此，可以根据需求交叉弹性系数的正值、负值来判断两种商品之间的关系：①两种商品的需求交叉弹性系数为正值，则表示两种商品之间为替代关系；②若为负值，则表示两种商品之间为互补关系；③若为零，则表示两种商品之间无相关关系。

影响需求交叉弹性的主要决定因素是两种商品间替代的密切性或互补的密切性。密切程度越高，替代品或互补品的价格变化对第一种商品的影响越大，因此，交叉价格弹性（无论是正数还是负数）就越大。

企业在考虑竞争性产品或互补性产品的价格变化对它们的产品需求时，希望知道它们的产品需求价格弹性。企业在制订生产计划时，这是至关重要的信息。需求交叉弹性概念的有用性还体现在国际贸易和国际收支中，政府希望知道本国商品价格变化会对进口需求产生怎样的影响，如果进口的需求交叉弹性很高，本国的商品价格因通货膨胀而上升，那么，进口需求将大大增加，从而会恶化国际收支。

（4）需求弹性的影响因素。不同的商品具有不同的需求弹性，它的影响因素主要有以下几种：

1）消费者的需求程度。在一般情况下，消费者对生活必需品的需求程度较大且稳定，多以生活必需品的需求弹性较小。如大米、食用油的价格发生较大变化时消费者的需求不会有巨大变化；相反，对于奢侈品的需求弹性是比较大的。

2）商品的可替代性。如果一种商品有许多替代品，那么该商品就富有弹性。因为当价格上升时，消费者可以减少购买此种商品反而更多地购买其他替代品；当价格下降时，消费者可以增加购买该商品来取代其他商品。如果一种商品的替代品较少，那它就缺乏弹性。

3）商品价格在家庭支出中所占比例。往往该比例越大，那它的价格变化对需求的影响越大，如果比例较小则其需求弹性也较小。

4）商品的使用时限。一般来说，商品的使用时限越长，它的需求弹性越大，如果使用时限越短则需求弹性越小。

5）商品本身的用途广泛性。如果一种商品的用途越广泛，那它的需求弹性就越大，而用途越少，那它的需求弹性也就越小。

某种商品的需求弹性是由多种因素综合决定的，除了上述因素外，还会因为时间、地域等差别而有差异。

二、市场供给

供给和需求是相对应的两个概念，需求是对消费者而言的，供给是对生产者而言的。

1. 供给的概念

供给（Supply）是指生产者在一定时期内、各种价格水平上，能够并愿意出售某种商品的数量。这里包含两方面含义：一是生产者愿意出售；二是具有供应商品的能力，也就是说生产者同时具备了供应的欲望和能力，才称得上供给。例如，菜场商贩有供应蔬菜的能力，但是不愿意以某一价格出售，那么就不能构成供给。此外，供给也是一个瞬时概念，是一个表列概念，它是指某个时刻可能供给的某种商品数量的整个表，而不是表上的某一点。

其中某个生产者在一定时期内、各种价格水平上，能够并愿意供给市场某种商品的数量称为个人供给。同种商品的所有生产者，在一定时期内、各种价格水平上，能够并愿意供给市场的数量称为市场供给。

2. 供给的影响因素

影响商品供给的因素主要有以下几种：

（1）商品供给价格。在市场经济条件下，商品供给受价格的影响，在分析时假定其他因素不变。某种商品的价格上涨，生产者获利增加，供给数量就会增加；相反，则供给数量减少。商品供给与商品数量呈正方向变化。

（2）生产要素的价格。生产要素的价格直接影响生产成本的变化，在商品自身价格不变的条件下，生产成本上升会减少利润，从而生产者会减少生产，导致商品的供给数量减少。相反，生产成本下降会增加厂商利润，从而促使生产者增加生产，导致商品供给数量增加。生产要素价格的高低与商品供给量呈反方向变化。

（3）相关商品的价格。某一商品价格不变，而相关商品价格发生了变化，该商品的供给量就会发生变化。比如，一个制冷企业，既生产空调又生产冰箱，如果冰箱价格下跌，空调价格不变，那该生产者就会增加空调的产量，减少冰箱的产量。

（4）生产力因素。社会生产力发展水平决定了商品的供给能力，如供给的产品和服务、供给的数量、供给的结构等，都是由生产力因素所决定的，生产是供给的基础。

（5）科技水平因素。科学技术促进生产技术的提高，即效率提高，意味着生产一定产量所需的成本下降，或者在给定成本下产量会增加。这样，在相同的价格水平下，厂商会增加供给数量。科技的发展促进供给量的增加，科技的发展促进新产品和服务的出现，科技的创新促使新渠道形成，科技的创新会改变供给的所有方面。

（6）生产者对未来的预期。如果未来行情看好，生产者会增加生产，提高供给数量；如果未来行情看坏，生产者则会减少供给数量。

（7）自然条件因素。许多农产品受自然条件的影响，在生产周期、生产区域、生产量等方面会发生变化，这些也会影响到农产品的纵向加工环节等供应链。

（8）政策措施因素。政府对某些部门采用鼓励投资或者刺激生产政策，就可以刺激这些部门商品的生产，增加供给数量；政府对某些部门采用限制投资或者生产政策，就可以抑制这些部门产品的生产，减少供给数量。政府的产业政策、财政政策和货币宏观调控政策也会对供给产生影响，如政策性倾斜，会促使某些产品和服务数量增加，否则，会减少某些产品和服务数量。

在开放经济条件下，国内供给还受其他一些因素的影响，如进口物资数量、废旧物资再利用和社会储备等。

3. 供给定律

供给定律就是在其他因素不变的情况下，商品价格上涨，供给数量增加；商品价格下降，供给数量减少，商品供给数量与其价格呈正方向变动关系，说明生产者的生产目的是为了追求利润最大化。

在一般情况下，商品价格与其供给数量呈同方向变化，供给曲线是从左下方向右上方倾斜的，但并不是所有商品都遵循这一规律，也有以下一些例外：

（1）稀缺珍贵的商品。如珠宝首饰、古董字画等，价格越高，越具收藏价值，供给量越小；价格越低，人们觉得无保存价值，供给数量反而会增加。

（2）劳动力。劳动力作为商品也具有价格。当工资开始提高时，劳动供给数量增加；当工资达到一定水平后，一般生活要求得到满足后，人们追求更多的娱乐休闲，此时提高工资，劳动力的供给数量反而会减少。

（3）证券、黄金。当这些商品价格小幅度升降时，供求规律得以实现，但当其价格大幅度上升时，人们则会采取观望态度，供给量会出现不规律的变动。

4. 供给函数和供给曲线

类似需求函数，我们只考虑市场的核心问题价格对供给量的影响，假定其他因素不变。对于每一给定的价格水平和生产者的供给量之间的关系，我们可以用数学式（5-5）表达。

$$Q_s = Q_s(P) \tag{5-5}$$

供给曲线（supply curve）通常是一条由左下方向右上方倾斜的线，其斜率为正，表示商品的价格和供给数量呈同方向变动。供给曲线可呈曲线，也可呈"直线"。如果价格变化和供给量变化是成比例的，那么供给曲线就会成为"直线"，如图 5-3 所示。

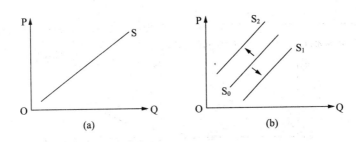

图 5-3 比例型供给曲线

供给曲线 S 说明生产者对商品的供给量取决于该商品的价格。供给曲线向右上方倾斜，在保持其他量不变的情况下，供给量与价格同方向运动，即价格越高，供给量越多。对于大部分商品，当其他因素不变，生产成本下降，生产者可以在某个更低的价格上提供同样的商品量，或者在同样的价格下生产者可以提供更多的商品，这时候供给曲线向右移动（$S_0 \rightarrow S_1$）；反之则向左移动（$S_0 \rightarrow S_2$）。

这里有两个概念需要特别指出：供给量的变化（change in the quantity supply）是指只考虑价格因素对供给量的变化影响，即价格的上升或下降引起的供给量的增加或者减少，体现在坐标轴上是一条供给曲线上点的移动；供给的变动（change in supply）是因为上述其他影响因素中的一个或几个发生变化，使生产者在原本价格水平的供给量也随之变化，体现在坐标轴上是整条供给曲线的位置移动。

供给曲线是倾斜向上的，因为某商品价格越高，有能力生产或者有意愿生产该商品的生产者通常会越多。例如，现有商品较高价格会使生产者通过延长现有工人工作时间或者雇用更多工人，从而在短期扩大生产；而在长期，生产者可以通过扩大工厂的规模达到增加商品供给量。但是较高价格的商品也可能吸引新的生产者进入市场，这些新生产者由于没有经验而面临更高的成本，他们在价格较低时进入市场是不经济的。

5. 供给弹性

（1）供给弹性。供给弹性也称供给的价格弹性（price elasticity of supply），是指供给量对价格变动的相对影响的反映，可以用式（5-6）表示。

$$E_S = \frac{\Delta Q}{Q} \Big/ \frac{\Delta P}{P} = \frac{\Delta Q}{\Delta P} \cdot \frac{P}{Q} \tag{5-6}$$

式中，Δ 意味着"变化值"，所以 $\frac{\Delta Q}{Q}$ 为 Q 变化的百分比。

1）供给完全无弹性，即 $E_S = 0$。此时，不论价格如何变化，商品供求量都不会变动。

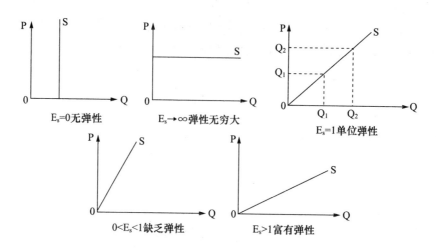

图 5-4　商品的供给弹性

这时供给曲线是一条垂直于横轴的线。

2）供给弹性无穷大，即 $E_s \to \infty$。此时，当在既定价格下，供给量是无限的。这时的供给曲线是一条与横轴平行的线。

3）单位供求弹性，即 $E_s = 1$。此时，需求变动比率与价格变动比率相等。这时的需求曲线是一条斜率为 1 的线。这是供给的价格弹性为常数的一种特殊情况。

4）供给缺乏弹性，即 $0 < E_s < 1$。此时，供给变动的比率小于价格变动的比率。这时的供给曲线是一条比较陡峭的线。

5）供给富有弹性，即 $E_s > 1$。此时，供给量的变动比率大于价格变动比率。这时的供给曲线是一条比较平坦的线。

（2）供给弹性的影响因素。供给价格弹性的大小取决于卖者改变他们生产的商品产量的伸缩性。因此决定供给价格弹性的因素主要有以下几个方面：

1）产量变化引起的成本变化的程度。当某种产品的价格提高以后，其生产成本的上升幅度对产品的供给影响很大，如果成本上涨比价格上涨得快，其供给价格弹性就小；反之，则供给价格弹性就大。

2）商品的特性。这是商品能否被提供的问题，如一些特定的物品（古董）、一些特定区域的土地（供给是无法增加的），这些商品的供给弹性就小；而像许多工业制成品，如电器、汽车等，其弹性就大得多。

3）时间因素。在影响供给价格弹性的众多因素中，时间因素是一个很重要的因素。当商品价格发生变化时，厂商对产量的调整需要一定的时间。时间越长，回旋的余地越大，生产规模的扩大和缩小，甚至转产，都是可以实现的，商品被提供出来（减少）的可能性就越大，供给量可以对价格变动做出较充分的反应，供给的价格弹性也就比较大，供给就富有弹性。如果时间紧迫，厂商若要根据商品的涨价及时增加产量，或者根据商品的降价及时缩小产量，都存在不同程度的困难，供给弹性就比较小。

4）生产规模和规模变化的难易程度。一般来说，生产规模大的资本密集型产业，生产规模较难变动，调整周期长，其产品的供给弹性小；而规模较小的劳动密集型产业，则应变能力强，其产品的供给弹性大。

5）行业中增加生产的难易程度。如果所有的投入品很容易在现行市场价格下购得，如纺织行业的情况，则价格的微小上升就会导致产出大幅度增加，这就表明供给弹性相对较大。如果生产能力受到严格限制，如南非金矿开采，即使黄金价格急剧上升，南非的黄金产量也只能增加少许，这就是供给缺乏弹性。

此外，生产周期的长短、厂商的生产能力、对未来价格的预期等因素都会影响供给的价格弹性。

轻工业产品，尤其是食品、服装类，一般采用劳动密集型技术，生产技术要求较低，并且生产周期短，所以一般供给弹性较大。

三、市场均衡

在市场中价格是由需求与供给两种力量决定的，下面分析需求与供给如何决定价格。

1. 均衡价格

均衡（Equilibrium）的一般的含义是指经济事物中有关变量在一定条件的相互作用所达到的一种相对静止的状态。经济事物之所以能达到这样一种状态，是由于有关该经济事物的各参与者的力量能够相互制约和相互抵消，各方行为者的愿望都能得到满足。

均衡价格（Equilibrium Price）指是需求曲线与供给曲线交点上的价格，此时商品的市场需求价格和市场供给价格相等，需求量和供给量相等。在均衡价格水平下相等的供求数量被称为均衡数量。

在微观经济分析中，市场均衡可以分为局部均衡（Partial equilibrium）和一般均衡（General Equilibrium）。局部均衡是对单个市场或部分市场的供求与价格之间关系和均衡状态进行分析；一般均衡是对一个经济社会中所有市场的供求与价格之间的关系和均衡状态进行分析。

在图 5 - 5 中，均衡价格就是需求曲线 D 和供给直线 S 直接决定的，它们交点 E 对应的价格就是均衡价格，记为 OP_0，该价格下的数量就是均衡数量，记为 OQ_0。如果某商品的市场需求曲线和市场供给曲线相交于 E 点，就达到市场均衡；如果有外力作用，市场价格背离了均衡价格，那么在供给、需求和价格的相互作用下，市场价格会恢复到均衡点，并且继续保持均衡的趋势。

2. 需求和供给变动对均衡的影响

排除价格因素，还有很多因素会影响供给和需求，当这些因素中的一个或者几个发生变化时，需求和供给也随之会发生变化，供给和需求曲线就会发生移动，市场均衡需要重

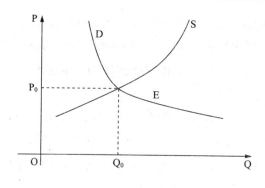

图 5-5 均衡价格

新定位。供给曲线和需求曲线移动的方式主要有以下四种形式：

（1）供给不变，需求变化。供给不变时，需求如果增加，需求曲线向右移动，均衡价格上升，均衡数量增加；需求如果减少，需求曲线向左移动，均衡价格下降，均衡数量减少。

如图 5-6 所示，供给曲线 S 和需求曲线 D_1 相交于 E_1，此时均衡价格是 OP_1，均衡数量是 OQ_1。假设当消费者偏好发生变化，对该商品的需求增加，需求曲线向右移到 D_2，此时与供给曲线的交点是 E_2，均衡价格是 OP_2，均衡数量是 OQ_2，且 $OP_2 > OP_1$，$OQ_2 > OQ_1$，表明由于需求的增加，均衡价格上升了，均衡数量增加了。类似地，当消费者偏好变化，对该商品的需求减少，需求曲线向左移到 D_3，此时与供给曲线的交点是 E_3，均衡价格是 OP_3，均衡数量是 OQ_3，且 $OP_3 < OP_1$，$OQ_3 < OQ_1$，表明由于需求的减少，均衡价格下降了，均衡数量减少了。

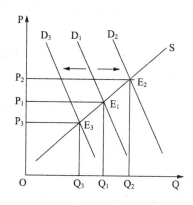

图 5-6 供给不变、需求变动下的均衡价格

所以，我们可以得出，当供给不变的情况下，需求的变动（增加或者减少）会引起均衡价格和均衡数量呈同方向变动。

（2）需求不变，供给变化。需求不变时，供给如果增加，供给曲线向右移动，均衡价格下降，均衡数量增加；供给如果减少，供给曲线向左移动，均衡价格上升，均衡数量减少。

　　如图 5-7 所示，供给曲线 S_0 和需求曲线 D_0 相交于 E_0，此时均衡价格是 OP_0，均衡数量是 OQ_0。假设生产技术改进，现有供给量大于需求量，出现供给剩余，导致价格下降，直到出现新的均衡点。需求不变，供给的增加将会使供给曲线向右下方移动至 S_1，此时均衡价格是 OP_1，均衡数量是 OQ_1，且 $OP_1 < OP_0$，$OQ_1 > OQ_0$。表明由于供给的增加，均衡价格下降了，均衡数量增加了。类似地，如果生产要素的价格上升，引起了供给的减少，供不应求，导致价格上升，直到到达新的均衡。供给曲线向左移到 S_2，均衡价格 OP_2，均衡数量是 OQ_2，且 $OP_2 > OP_0$，$OQ_2 < OQ_0$，表明由于供给的减少，均衡价格上升了，均衡数量减少了。

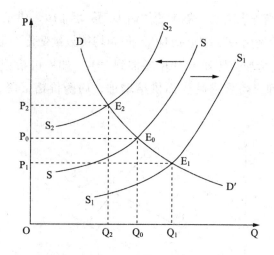

图 5-7　需求不变、供给变动的均衡价格

　　所以，我们可以得出，当需求不变的情况下，供给的变动（增加或者减少）会引起均衡价格和均衡数量呈反方向变动。

　　（3）当需求、供给同时增加（减少）。当需求、供给同时增加（减少）时，均衡数量增加（减少），但均衡价格的变化取决于供给和需求变动的相对量，可能增加，也可能减少。

　　如图 5-8 所示，需求曲线 D_1 和供给曲线 S_1 同时因为增加向右移动到 D_2 和 S_2，均衡数量由 OQ_1 增加到 OQ_4，但是均衡价格变化不确定，如果供给相对变化较小，那么均衡价格会上升；如果供给相对变化较大，那么均衡价格会下降。同理，当需求曲线和供给曲线都因为减少向左移动时，均衡数量减少，但均衡价格变化不一定。

　　（4）当需求、供给反向变化。当需求、供给一方增加另一方减少时，均衡价格总是按照需求变动的情况而同向变化，但均衡数量的变化取决于供给和需求变动的相对量，可能增加，也可能减少。

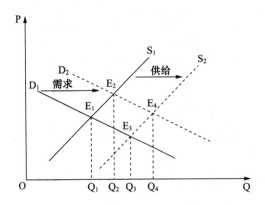

图 5 - 8　需求、供给同向变化下的均衡

如图 5 - 9 所示，当需求增加，需求曲线由 D_1 移动到 D_2，供给减少，则供给曲线 S_2 移动到 S_1，此时均衡价格由 OP_1 增加到 OP_2，但是均衡数量变化不定，如果供给相对变化较小，那么均衡数量会增加，比如由 OQ_1 增加到 OQ_2；如果供给相对变化较大，那么均衡数量小于 OQ_1。同理，当需求减少而供给增加，均衡价格下降，但均衡数量变化不一定。①

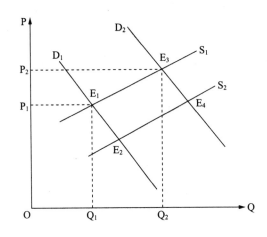

图 5 - 9　需求、供给反向变化下的均衡

第二节　批发市场的运行机制

市场机制是指经济现象之间发生的各因素相互组合、相互影响、相互制约的作用系

---

①　张淑云 . 市场经济概论［M］. 北京：化学工业出版社，2010.

统。在市场经济中，各种市场要素是引起经济现象发生及变化的基本内容，因此，市场机制是指各种市场要素相互组合、相互影响、相互制约的作用系统。批发市场既是商品交换的场所，也是商品交换关系实现的枢纽，商品交换活动在这里得到了充分的展开。在商品交换活动中，各种市场要素如价格、竞争、供求等总是相互联系、相互制约、相互作用，它们在支配着市场主体的行为，从而支配着市场的运行。

一、批发市场运行中的价格机制

价格机制是市场机制中最重要的机制。

1. 价格机制的定义

价格机制是商品价格同供给与需求之间相互联系、相互影响的作用过程。价格信号引导资源配置，配置的结果又反馈到供求的循环作用过程，包括价格形成机制和价格对生产、消费经济活动的调节机制两个方面。供求变动引发价格的变动，而价格变动作为一个重要的信号，可以引导生产和消费使供求发生变化，从而调节社会资源的配置。

2. 价格机制的作用

在市场运行中，价格机制的作用是多方面的。在生产方面，价格机制对企业而言是竞争助力工具。作为调整生产或经营方向和规模的信号，企业根据价格机制，可以调节产品结构、投资方向，从而影响企业的技术升级、产品开发和经营管理，能够优化配置资源在社会各生产部门和企业之间的分配。在供给方面，价格的变动会影响供求变化。当某种商品价格上升，生产扩大以增加供给，同时消费者对这种商品的需求减小；当某种商品价格下降，生产缩减以减少供给，同时消费者对这种商品的需求增加。供大于求使价格下降促使供求平衡；供不应求使价格上升促使供求平衡。在国民收入方面，当价格低于价值的商品和高于价值的商品交换时，部分国民收入从价格低的生产者手中转移到价格高的生产者手中，也引起社会不同成员之间的收入和支出变化，从而使社会各阶层经济利益再分配。在消费者的消费数量和结构上，一般而言，如果商品价格上升就会减少购买数量；如果商品价格普遍降低，那么消费者会增加高档消费品的支出，消费结构向高层次发展；反之则向低层次发展。

3. 价格机制有效发挥作用的条件

（1）价格的真实性。所谓"真实"的价格，是指一种能反映实际供求关系的价格，它能够正确引导生产和消费，从而起到合理调节供求关系，有效配置社会资源的作用。价格是市场供求关系的产物，是供求双方利益均衡的结果。真实的价格来自市场，要使价格机制有效发挥作用，就要放开价格，让价格回到交换中去，在市场里形成。价格与价值的背离是价格机制的作用形式，但这并不是说价格机制通过价格的一次变动，就能实现自己的作用。价格的某一次涨跌，都会引起一些商品的生产和流通的扩大或缩小，但是与这次价格涨跌相联系的商品生产量和流通量的增减，并不意味着社会资源已经得到合理配置实现了供需平衡。价格机制的作用是不可能在价格的一次变动中就可以实现的，而是在价格反复波动的过程中实现的。

（2）市场主体能够主动接受价格信号。价格既是供求关系的指示器，又是市场主体利益的源泉。价格对供求关系的调节是通过市场主体之间的利益竞争得以实现的。当某种商品的价格长期高于价值时，生产者就会主动扩大生产，增加商品供应量，实现利润增长，经营者就会积极组织货源，扩大经营规模，充分抢占市场利益；消费者就会自动缩减需求，降低需求量，并寻求替代消费品。因此，价格机制发挥作用的最关键条件是市场主体能够主动接受市场价格信号，对市场变动做出积极的反应。

我国批发市场经营的商品，其价格全面放开，这为供求决定价格创造了条件。同时，批发市场作为某类商品的集散地，集中了一定流通区域内的供求关系。例如，作为全国最大的纽扣集散地，永嘉桥头纽扣市场的价格在全国纽扣市场中有举足轻重的作用。反映实际供求关系的真实价格的形成，为价格发挥调节供求关系的作用创造了前提条件。

（3）市场主体具有很强的能动性。在批发市场中，市场主体的任何活动完全依赖于市场，它们的信息从市场中采集，它们的产品要通过市场销售，它们的利益从市场中获取。因此，它们的眼睛紧盯着市场，市场信号的任何变化都会使各种市场主体做出积极的反映。在日用品批发市场中我们可以清楚地看到，新产品、新花色、新款式层出不穷，而当新产品、新花色、新款式上市时，立即就会吸引许多生产者和经营者去生产和经营，市场竞争异常激烈。

在分析批发市场运行中价格对供求关系的调节作用时也应当看到，价格也会产生一些负效应作用。价格对生产的调节意味着"时滞"，即本期价格只对下一期的产量起调节作用，价格高低与产量增减存在一种时间差。例如，今年市场上西瓜价格的高低，并不影响今年西瓜的上市量，但它会影响明年的种植面积，从而影响明年的西瓜产量。价格调节的"时滞"因不同产品生产周期和投资周期的长短而异，生产周期和投资周期越长，价格调节时滞越大。由于市场价格是经常变动的，生产者如果随意接受某种产品的市场价格信号，就有可能形成错误的判断。

二、批发市场运行中的供求机制

市场是由商品的供给和需求组成的，且双方总是力求彼此相互适应。

1. 供求机制的定义

供求机制是指供给与需求之间所具有的内在联系和动态平衡机制，它最终会使价格趋于均衡。一般认为，市场需求引导并决定着市场供给，而供给则被动地适应需求变化，但事实并非完全如此。当一种新产品被生产出来时，如果产量增大，价格合理，就会创造自身的需求；而当某种商品因某些原因供给量减少时，需求也会相应地萎缩。具体来说，调节供求关系的方式有两种：数量调节和价格调节，这两种调节机制促使厂商向社会提供适用、适量的各类产品，并使供求关系最终趋于平衡，这就是供求机制的作用。

2. 供求机制的作用

第一，数量调节也称供给调节，即当商品供过于求时，厂商会主动调减产量，关停一部分生产线，甚至退出这一生产领域，即通过关停并转，减少对这一产品的社会供给量；而当商品供不应求时，厂商会主动扩大生产量，通过满负荷工作扩大投资，吸引其他企业进入来增加这一产品的总供给量，最终使供求关系趋于平衡。

第二，价格调节也称需求调节，由于供求关系的变化往往体现为价格的变化，在供过于求时，生产者为销售产品展开激烈竞争，价格就会下跌，导致市场需求增加；在供不应求时，购买者在市场上竞相购买商品，从而使价格上涨，导致市场需求减少，最终使供求关系趋于平衡。但是，由于受到多种因素变化的影响，这种平衡只是暂时的、总体上的平衡。平衡是相对的，而不平衡才是绝对的。

市场运行离不开供求机制的作用，供求机制是价格机制和竞争机制作用的条件。价格机制是通过价格与价值的背离及其趋于一致的过程来发挥作用的，而价格与价值的背离即价格与价位的差额，以及价格与价值的趋于一致，都是由供求决定的。没有供求机制，价格机制就不能发挥它的作用。竞争也是在一定的供求规律下进行的，如果没有供给略大于需求这个条件，竞争机制也就很难发挥促进企业改善经常管理和提高劳动生产率的作用。

3. 批发市场供求机制发挥作用条件

（1）市场价格必须反映市场供求关系的变化。我国批发市场的形成与计划体制和价格体制的改革是紧密相关的。20 世纪 80 年代初，我国开始改革计划体制和价格体制，将一部分商品的生产、经营以及价格放开，允许不同的单位和个人根据市场情况组织生产和经营活动。其中最早的是日用工业品中的小商品和农副产品中的三类土特产品，与此相适应，首先形成了以经营这些商品为主的专业批发市场。随后，国家又逐步开放了服装、鞋帽等其他日用工业品，以及水果、水产品等一部分农副产品。1985 年，除粮、棉、油等几种主要产品外，农副产品都放开经营；同时，工业生产资料实行双轨制，从而使批发市场经营的商品范围随之逐步扩展。批发市场的发展始终与计划体制和价格体制改革的进程相伴随。如今，进入批发市场的商品，除极个别外，都是价格放开的商品。我国批发市场中占比例最大的是日用小商品批发市场和服装、鞋类批发市场，因为这些商品开放时间最早，市场发育程度最高。价格的放开，使供求机制发挥作用具备了调节条件。

（2）市场供求必须对市场价格的变化做出反应。供求关系是一定的商品供应量与一定的商品需求量的对应关系，其中的商品供应量是在一定的价格、收益条件下的供应量，商品需求量则是在一定的货币收入条件下的需求量。供求关系才能通过人的自主性形成，而必然在现实的市场中产生。也就是说，市场主体即商品买卖双方对商品的买或卖都应具有完全的自主权。买方买什么、买多少、什么时候买、以什么价格买，卖方卖什么、卖多少、什么时候卖、以什么价格卖，都应由他们自主决定。这是市场供求关系的真正含义，也是供求机制有效发挥作用的必要条件。在批发市场中，不存在任何行政分配机制，所有市场主体都可以自行做出买卖的决定。市场主体买卖行为的自主性，使批发市场中买卖行为真正体现了买卖双方的意志，从而使供求信号具有真实性和可靠性。

三、批发市场运行中的竞争机制

竞争是市场经济的内在属性和固有规律，是市场实现资源优化配置和合理使用的重要方式。

1. 竞争机制的定义

竞争机制是指在市场经济条件下，竞争作为客观必然性表现出来的运行机制。竞争机制反映竞争间供求关系，它同价格机制、供求机制等市场机制紧密结合并共同发生作用，推动着市场运行。竞争机制的功能一方面是保证价格机制等市场机制的充分展开，并充分发挥其功能；另一方面是保证市场机制对市场主体活动的充分调节。

2. 竞争机制的作用

（1）动力作用。竞争机制可以激发企业的积极性、主动性和创造性，推广改进技术和提高经营者管理水平，推动生产力的发展。因为竞争机制可以实现优胜劣汰，使企业和劳动者有危机感，从而推进企业的发展壮大。

（2）调节作用。竞争机制可以平衡供求关系，通过卖方的竞争使价格下降，通过买方的竞争使价格回升，从而趋使供求平衡。竞争机制可以调整市场价格，价格变动又引起竞争者改变竞争策略，使生产资源的流向发生变化，实现资源的优化配置。

（3）优化作用。质量竞争是市场竞争的重要手段之一，竞争机制可以优化产品质量，优化服务质量，提高消费者的福利水平。

（4）创新作用。竞争机制促使企业和劳动力素质优化的过程也是企业创新的过程，创新既包括技术创新，也包括组织和管理创新。

3. 竞争机制有效发挥作用的一般条件

（1）获取最大利益是根本目标。任何竞争都是利益竞争，竞争的目的就是竞争主体为了获取自身最大的利益。因此，利益是竞争主体参与市场竞争的第一推动力，而竞争主体的盈利活动并不是一次性活动，而是无休止的活动，这是竞争机制发挥作用的最基本的条件。竞争主体的盈利行为是一种自发的行为，它不需要一个超越自身力量的主体去组织。离开了争夺最大利益这个根本目的，竞争就失去了内在动力。

（2）生产要素能够自由流动。竞争是以物质利益为动因的，生产要素能够自由流动，竞争主体才能对利润率的变动做出灵敏的反应。当某种产品的生产和经营有利可图并有较高利润率时，竞争主体能够迅速将生产要素流向这些产品的生产和经营上。

（3）充分的价格自由。市场自由是竞争机制发挥作用的必要条件，而市场自由的核心是价格自由。

第三节　批发市场的规律

市场运行的调节者就是价值规律，了解和掌握价值规律，有利于优化资源配置、提高经济效益、发展市场经济、实现社会公正与诚信。

一、价值规律的内涵

价值规律就是价值决定和价值实现的规律，它存在的前提是商品经济，只要有商品生产和商品交换的地方，就有价值规律的存在并发生作用。价值规律在商品经济规律体系中占主导地位，是商品经济的基本规律。

商品的价值量由生产商品的社会必要劳动时间决定，商品交换必须以价值量为基础，实行等价交换。这是价值规律的基本内容和客观要求，其中前者是价值规律的内在要求，后者是价值规律的外化形式。

其中，需要注意的是，社会必要劳动时间的确定有两种含义：第一种含义是指生产同类单位商品所耗费的社会必要劳动时间，这是价值规律的微观规定性；第二种含义是指社会总劳动中按一定比例用来生产某种商品所耗费的社会必要劳动时间，这是价值规律中的宏观规定性。第一种含义的社会必要劳动时间，决定单位商品的价值量；第二种含义的社会必要劳动时间，决定商品价值的实现程度。各类商品的价值，在社会的商品交换中究竟能实现多少，决定于社会总劳动量按比例分配给这类商品的份额。如果生产某种商品实际耗费的社会劳动量超过按比例应分配的份额，则意味着这种商品的总量超过了社会的需求。那么，超过的部分尽管单位商品的社会劳动耗费符合第一种含义的社会必要劳动时间，但也不为社会所承认，其价值也就无法实现。这是日常生活中出现的供大于求，价格下跌。相反如果少于社会总劳动量按比例应分配的份额，则意味着这种商品的供给总量少于社会需求。那么，这种商品在市场上所代表的社会劳动量，就大于实际包含的劳动量，即供不应求，价格上升。因此，第二种含义的社会必要劳动，决定商品价值实现的数量界限。

商品价值的实现途径是市场交换。商品交换以价值为基础，实行等价交换。这是因为不同的商品相交换，实际上是商品生产者之间的劳动交换，它包括作为生产资料的物化劳动和作为劳动支出的活劳动的交换。商品只有等价交换，才能使交换双方生产商品所耗费的劳动得到公平补偿，使交换成为平等互利的事情而持久进行下去。不然，交换的一方占便宜，另一方自然吃亏。吃亏一方的劳动耗费得不到补偿，其再生产就不能继续进行，从而使整个社会再生产也不能顺利地继续下去。所以，实行等价交换，是商品经济条件下社会再生产的客观要求。

二、价值规律的主要作用

价值规律实现其客观要求的过程，就是该规律起作用的过程。它对商品经济发展所起的作用如下：

1. 调节生产要素分配

社会生产的各个部门之间都是有着密切联系的，可持续生产的社会生产过程要求把生产资料和劳动力等各种生产要素按比例分配到各个生产部门，价值规律具有调节社会总劳动在生产和流通各部门之间按比例分配的作用。

价值规律对社会生产的调解，主要是通过市场价格的上下波动和竞争的力量来实现的。供不应求的商品，其价格会高于价值，生产者就可以获得更多的利益，也会吸引更多生产要素投入到获利丰厚的生产部门，从而这个部门规模扩大，供给增加；相反，供过于求的商品，其价格会低于价值，生产者的获利较少，甚至是亏损的，于是就有一部分生产要素退出这种无利可图的部分，导致这种部门生产缩小，从而供给减少。价值规律正是通过这种手段起着调节社会生产资料和劳动力在各个部门按比例分配的作用。另外，竞争直接关系到消费者和生产者的经济利益，从而也直接影响到价格和供求。比如，生产者之间的竞争会导致供给增加，导致价格下降；消费者之间的竞争会导致需求增加，引起价格上升。国家可以利用价值规律的这种调节作用，合理确定商品价格，利用与价值有关的经济杠杆，如税率、利率、汇率等，使市场调节与计划调节结合起来。

2. 调节社会商品流通

社会对各种该商品的需求也是存在一定比例的，要求商品的供给与需求保持平衡，否则商品流通就会发生困难。商品流通要达到供求平衡就需要价值规律的调节作用。

价值规律对商品流通的调节作用，也是通过价格波动和竞争来实现的。一般来说，价格高于价值时，供给会增加，抑制需求；价格低于价值时，需求会增加，抑制供给。国家可以以此来实现商品的正常流通。比如，当货源缺乏、供不应求时，价格可以稍微高一些，从而刺激生产并抑制消费；当货源充足、供过于求时，价格可以提降低一些，从而刺激消费并抑制生产；当需求旺盛时，价格可以高一些；当市场疲软时，价格可以降低一些。通过调整商品价格影响各方面的经济利益，通过竞争，商品随行就市，就可以达到市场供求基本平衡。

3. 促进社会生产力发展

价值规律通过刺激生产企业不断改进技术，提高劳动生产率，改善经营管理，从而促进社会生产力的发展。价值规律的这个作用是通过竞争和个别劳动时间与社会必要劳动时间的矛盾运动实现的。

商品的价值量由社会必要劳动时间决定，而劳动生产率与商品价值量成反比，因此劳动生产率高的商品生产者，其商品的个别价值低于社会价值，当他按照社会价值出售商品时，就能获得更多的利益；而劳动生产率低的商品生产者，其商品的个别价值高于社会价值，但他只能按照社会价值出售自己的商品，导致获利减少，甚至出现亏损。劳动生产率的高低，既然决定着商品生产者的损益和成败，所以每一个商品生产者都争先采用高技术、新工艺，或者改善管理，优化劳动组合，从而提高劳动生产率。此时，价值规律作为内在动力，推动着生产力的发展，也要求生产者进步，甚至推动着整个社会文明的发展。

4. 提高企业经济效益

在价值规律的作用下，商品个别价值与社会价值的不同，给商品生产者的经济效益造成的影响不同。如果商品个别价值低于社会价值，商品生产者就可以获得更多的经济利益；反之，则亏损。各个商品的生产者，为了战胜对方实现更多的收益，都要力求降低商品的个别价值。而商品个别价值的降低，需要生产者做出努力。除了提高劳动生产率，还必须搞好经济核算，改善经营管理，从而提高生产要素的使用效率，降低物化劳动和活劳动的耗费，从而降低产品成本，提高效益，获得更多盈利。①

总之，商品经济产生了价值规律，价值规律又反作用于商品经济的发展。掌握和灵活应用价值规律，有利于市场更好地运行。

📖 本章案例

公园门票降价或涨价的启示

2001 年夏，苏州乐园门票从 60 元降到 10 元。一时间，趋之者众，10 天该园日均接待游客量创下历史之最，累计实现营业收入 400 万元以上。10 元门票引来 25 万人。盛夏的苏州乐园，十分过瘾地火了一把。

"火"，是自 7 月 20 日傍晚 5 时点起来的。这是该园举办"2001 年仲夏狂欢夜"的首日，门票从 60 元降至 10 元。是夜，到此一乐的游客竟达 7 万人之多，大大出乎主办者"顶多 3 万人"的预测，这个数字，更是平时该园日均游客数的 15～20 倍，创下开园 4 年以来的历史之最。

到 7 月 29 日，为期 10 天的"狂欢夜"活动落下了帷幕。园方坐下来一算，喜不自禁：这 10 天累计接待游客 25 万人，实现营业收入 400 万元以上，净利润 250 万余元。这些指标，均明显超过白天正常营业时间所得。

---

① 王毅武，康星华. 现代市场经济学［M］. 北京：经济管理出版社，2009.

正常情况下，苏州乐园的门票每人每张60元，每天的游客总数在3000~4000人，营业时间从上午9时到下午5时。而"狂欢夜"是在"业余"时间进行，即从每天下午5时到晚上10时，门票却降到10元。也就是说，"狂欢夜"这10天，这家乐园在不影响白天正常营业的情况下，每天延长了5小时的营业时间，营业额和利润翻了一番以上。

"狂欢夜"与该园举办的"第四届啤酒节"是同时进行的。42个相关厂家到乐园助兴——其实，厂家是乘机宣传和推销自己的产品。据园方介绍，以往举办啤酒节，乐园是要收取厂家一定的"机会"费用，但是，这次却基本不收或少收些许，而厂家须向游客免费提供一些"小恩小惠"——企业的广告宣传品等。减免了货币的支付，厂家岂不乐乎？园方也承认，众厂家的参与，带来大笔场地费，降低了乐园搞"狂欢夜"活动的风险，不过，它并非是这次活动最后成功的决定性因素。

"火"一把的关键，是原先60元一张的门票陡降到10元。非但如此，每位到乐园过"狂欢夜"的，凭门票，还可以领到与10元门票同等价值的啤酒、饮料和广告衫等。

需要说明的是，白天购60元门票入园后，园内的多数活动项目就不再收费；而购10元门票入园后，高科技项目和水上娱乐项目等仍要适当收取一点费用。这样算下来，园方至少可以保证自己不赔钱，何况还有那么多厂家的支撑。消费者算算，也比60元一张门票值，因为，有些游客只是参与部分娱乐项目的消费，甚至只是乘晚间出来纳凉、吹风，尤其是三口之家，更是觉得这样划算，总共花30元就能享受凉爽的空气、新鲜的啤酒、精彩的演出、美丽的焰火、免赠的礼品，太实惠了！厂家更精——做了广告，推销了产品，还培育了潜在的消费群体。总之，大家都赚了。

好事能否成为常态？

苏州乐园这次大大降低门票价格以后，社会效益和经济效益不降反升，特别是前者，上升的幅度极大。可惜，10天一晃就过去了，闻讯而来的许多游客感到很遗憾：园方为什么见好就收呢？

园方市场促销部的人员表示，这样的好事，他们也希望能够持续下去，进而成为一种常态，但还是缺乏信心。如果长期实行低票价入园，可能会带来一时繁华，可企业的可持续发展会受到影响，因为，潜在的消费被提前实现。另外，这次活动成功了，不等于说以后类似的活动就一定也会成功。还有，乐园的娱乐项目，几乎都是参与性的，游客太多，势必影响游乐的质量，进而影响到乐园的声誉。但是，没有人气就没有市场。眼下一些主题公园经营不景气，一个很重要的原因，就是动辄好几十元甚至过百元的门票把普通消费群体吓走了。从这个角度讲，如何不断地吸引更多的消费者到主题公园来，是个值得研究的课题。降低门槛以后，来的人肯定就多了，这应该不成问题。会不会把门挤破？未必。低价位门票成为常态后，游人也会根据自己的需要和乐园方面的有关信息，来调整游乐的时间。至于潜在消费提前实现的问题，也未必。据园方介绍，到这里来的，有40%是回头客。那么，如果实行10元门票制，怎么就肯定没有更多的回头客呢？乐园活动的形式可以经常变化，游乐的项目可以经常出新，促销的地域范围也可以扩大。能否换着花样持续制造新卖点、有效地吸引新老游客，体现着一个娱乐企业经营能力的高低。此前，苏州乐园曾对三口之家推出390元一张的家庭年卡，销售1万多张，50元一张的学生双月卡也很抢手，说明合理的让利会得到市场回报。

专家指出，苏州乐园是一个以高科技为主、以参与性为特征的现代化乐园，投资5亿多元，运行成本也比较高。这样的景点尚且有降低门槛的成功实践，那些众多以简单的观赏为主、投资和运行成本都十分有限而门票价格又居高不下的主题公园，恐怕有更大的降价空间。别忘了，降低入园门槛的高度，受益的既是消费者，也是娱乐企业自身。

无独有偶，在北京，北京故宫等世界遗产景点将调高票价也遭专家质疑。北京现有世界文化遗产7处，分别是故宫、长城、天坛、周口店北京人遗址、颐和园、十三陵和大运河。据介绍，这些大多是闻名世界的旅游景点，但与外地的一些文化遗产地和北京其他热门旅游景点相比，票价总体偏低。如八达岭长城淡季票价为40元，旺季票价也仅是45元。门票价格不高，既不利于提高景点旅游接待水平，也不能有效利用价格杠杆控制超负荷的客流量，对文物保护十分不利。以故宫为例，黄金周期间日接待客流量曾达到12.5万人次，远远超过了接待的极限。

1. 公园管理方赞成调高

天坛公园负责人介绍说，天坛公园的门票虽有小幅上调，这在一定程度上控制了游人量，有利于文物的保护和公园的管理，但是仍未能达到预期中的水平。适当上调门票价格很有必要。

2. 专家认为调高票价无益

对于世遗景点票价调整，北京大学环境学院教授、著名的区域旅游规划专家吴必虎表示，调高票价不一定有益。他认为，价高不一定能限制客流量。因为长城和故宫是外地人来京游览的首选，人家坐飞机、坐火车已经花了几百元甚至上千元了，门票就是涨到100元他们还是会去。如从需要经费来维护这方面讲，也不必提高票价，因为这几大景点基本不缺经费，国家文物保护部门会拨款。再有，提高票价就能提高旅游接待水平的说法也不科学。因为世界文化遗产单位的门票收入将重点用于文化遗产的继续维护和保护，而非旅游接待水平。

他还建议，北京应该像世界其他发达国家那样，实行免费观看制度，为迎接奥运国际游客做一个好的尝试。

问题：

1. 这个案例中，为什么苏州公园通过降价就获取了巨大的经济效益？

2. 为什么后来苏州公园不降价了？假如继续降价苏州公园还能盈利吗？

3. 你对目前北京的许多公园的高票价现状持什么意见？为什么这些票价降不下来？

4. 对于像公园这样的准公共用品，其价格应该由什么来决定？政府在其中起什么作用？

燃油税幕后利益博弈：中国逼近 10 元 1 升油价时代①

（一）油荒袭来

几年前的某个夏天，留给国人一个心慌的集体记忆。这不，电荒、水荒刚刚有所缓解，油荒就来了。

王女士是北京一家媒体的工作人员。8 月 12 日下班前，她接到在中央国家机关工作的丈夫打来的电话，让她马上把车加满油，因为他听说第二天汽油又要涨价了，而且那消息还说得有鼻子有眼，说 93 号无铅汽油每升涨 4 毛钱。王女士开始还有点将信将疑，因为距上一次汽油涨价才过了仅仅半个多月，心想不会在这么短的时间内又一次涨价吧。不过，她随即想起了各地正在闹油荒的新闻和所谓国内外汽油价格"倒挂"的报道，也就确信无疑了，并随即将这一消息转发给几个要好的朋友。第二天并没有等来汽油涨价的消息，不过王女士并不认为这是一则谣言，因为她确信目前的油价还远远没涨到头，再一次的涨价只是时间早晚的问题。身在北京的王女士对油价的忧心忡忡，在另外一些人看来也许根本不值一提。自 7 月底以来席卷南中国的大面积油荒，使很多加油站前挤满了怒气冲天的人们，他们唯一的渴望就是甭管花多少钱、排多长时间的队，能加上油就成。在广州市，为了加油，一些司机半夜不睡觉排队到天亮，各加油站前都排起了蜿蜒数百米的车辆队伍，被治安搞得筋疲力尽的警察们被紧急派往加油站维持秩序。而深圳的一位副市长在当地电视台发表直播讲话，宣布采取紧急措施保证油品供应。上海市政府也紧急从外地调油，以缓解排队现象。与此同时，浙江省、江苏省、福建省和江西省等也都发生了供应短缺现象。甚至在大庆油田所在的黑龙江省，也破天荒地发生了油品短缺的情况。油荒就是这样在中国人毫无准备的情况下，走进了人们的生活。一切都源于不久前的成品油调价，而火上浇油的则是国际市场石油价格的持续上涨。7 月 23 日，国家发改委宣布，从当天起，调整汽油、柴油的出厂价。这是在一个月内，发改委第二次上调油价，也是一年内油价的第五次调整。与此同时，世界石油市场价格持续上涨，每天的油价都创新高。在纽约原油期货价格继 8 月 29 日创下每桶 70.80 美元纪录之后，第二天又提高至每桶 70.85 美元。于是，眼看着"年底可能达到 70 美元"的预测已经提前"达标"，人们越来越相信油价"突破 100 美元"的说法不再是天方夜谭了。原来那些并不关心什么纽约石油期货价格、北海布伦特原油的人们，也开始关心起每天的国际油价了。

频繁的油价调整，使人们产生了很强的心理预期：油价还会上涨。在北京一家律师事务所工作的孟女士是一年多前买的车，当时 93 号汽油的价格是每升 3.2 元，目前价格已

---

① http：//msyy.qzwb.com/msyy/gb/content/2005－10/08/content_1822592.htm.

升至4.26元，整整涨了1元多，这样她每月的用油支出就多出来近200元。"照这样的幅度涨下去，真是有点吃不消了。"孟女士对本刊记者说，"有专家说价格还要与国际接轨，还说香港的油价是12港元。你说这心里能不慌吗？"

而就在国内油荒蔓延的同时，一则石油出口大幅增加的消息则让人们更加群情激愤，舆论的焦点直指国内石油巨头中石油和中石化，甚至有评论称两个石油寡头人为制造或者放纵油荒，以此要挟国家发改委大幅提高成品油价格，甚至争夺"定价权"。"很显然，这是一场博弈。"中国矿业大学一位能源安全专家在接受本刊记者采访时说，"目前的焦点已集中在油品价格形成机制上。"

据专家介绍，我国成品油价格形成机制是在1998年和2001年两次改革方案的基础上形成的，国家发改委参照新加坡、鹿特丹和纽约三地市场前一个月成交价格（简称三地率），当"三地率"波动超过8%时，就相应调整国内零售基准价。这种单一而僵硬的定价方式有很多缺点，石油巨头正是利用这种定价机制赚取了超额利润，并借机强化了自己的垄断地位，而"价格倒挂"、油荒和投机现象也都与这种定价机制有关。据本刊记者查阅到的中石油营运资料显示，2004年度该公司营业收入为3886亿元人民币，净利润竟达到1029亿元人民币，堪称暴利。这一盈利水平一举将香港股市老牌利润冠军汇丰银行拉下马。而2005年8月24日的一则消息更是给人们愤怒的情绪火上浇油，当天中石油宣布上半年净利润为616.24亿元人民币，增长达36.1%。海外股东们得到的那些真金白银可都是国内消费者忍受垄断之苦换来的。中石油、中石化两大巨头垄断了从石油开采、加工到成品油销售的上游、中游和下游产业。正是这样的体制造就了石油巨无霸"唯我独尊"。所以面对油荒以及两大巨头所说的"用油高峰""台风影响"等原因，人们的心态无法再保持平衡了。既然国家赋予你控制经营的特权，享有垄断利润的甜头，就应该在油价出现波动的情况下保持平稳并确保持续供给，起到维持经济稳定、确保国家安全的作用，而不是孩子气地来个什么油荒让大家恐慌心惊。

据了解，2015年8月13日，一个由国家发改委、商务部、国务院发展研究中心召集，相关部门和企业官员以及专家学者出席的高规格会议在北京召开，中心议题就是制定石油市场改革的方案。人们期望看到一些改革措施的出台。

（二）燃油税十年难磨一剑

在油荒肆虐的同时，一则燃油税的税率"最终达到100%"的消息更是让人们绷紧了神经。

人们很容易算出来，在油价冲破每升5元已指日可待的情况下，100%的税率意味着几年前专家所预测的中国将进入"十元一升"高油价时代的预言并不是那么离谱。国人对于燃油税可以说并不陌生，每年媒体都会炒作一番的"燃油税将择机出台"的消息让大家甚至有些麻木了。

据一位专家介绍，开征燃油税的动议，早在1994年就正式提出来了。1991年，全国人大通过《中华人民共和国公路法》（以下简称《公路法》），首次提出以"燃油附加费"替代养路费等。燃油税是当时新一届政府作为税费改革的突破口提出来的，1998年10月，在国务院提请全国人大审议的《公路法》修正案草案里，将"燃油附加费"改为"燃油税"。由于各界意见分歧较大，全国人大曾经两次否决了这个议案。经过多方协调，当1999年10月31日，《公路法》修正案终获通过时，又恰逢国际油价大涨，从当初的20美元以下涨到30美元以上。燃油税的实施就以"择机出台"的方式搁置下来。没想到这油价一路上行就没再回头过，择机出台的"时机"一择就是五六年。"其实不仅仅是油价的问题，围绕燃油税展开的是各方的利益博弈。燃油税涉及的部门包括交通部、税务局，地方和中央如何分配燃油税收入，也是个很大的问题。"这位专家介绍说，2000年前后燃油税推出功亏一篑的最大阻力来自交通部门。除了养路费的收益外，人员安置是最大的问题。"在此之前，税务部门提出要接收路桥收费人员12万人，没料到一下子多出了15万人，需要安置的达27万人之多。而且现在已经远远不止这个数了。"除了交通部门外，另一个阻力来自地方政府。现在的养路费属于地方政府收入，改为燃油税后就会中央占大头；现有的路桥收费也是由公路监管部门来收取，其中相当一部分也会进入地方政府，而改成燃油税后，这笔钱将上缴国家财政。据中国矿业大学富桂教授介绍，今天所说的燃油税的概念与10年前已经完全不同了。当初推出燃油税时，主要着眼点是当时的"费改税"，是国家财政体制改革的一部分，即增加国家税收，减少偷漏税。现在人们发现了开征燃油税的更多好处。目前中国已成为全球第二大石油进口国，能源供需矛盾越来越突出，"节约能源"已被提升到基本国策的战略高度。现在几乎所有人都承认，实行燃油税改革，总体而言利大于弊，它体现了公平原则，可以抑制公路乱收费，也可以动用价格杠杆，利用税收手段推进节能。可这样一个势在必行的好政策，从最早提出到现在，已经10年了，燃油税一直难产。这也算是一个中国特色吧。"其实，燃油税何时出台，当初国际市场高油价的因素已经不重要了，甚至高油价还使得燃油税改革增加了紧迫性。在价高时出台燃油税政策，更可以促进节油，抑制消费。"

富桂教授说，目前出台燃油税遇到的主要难点包括：税率应该定多高，征收应该在生产环节还是销售环节，农用车、出租车及船舶用油的燃油税如何确定，燃油税是部分还是全部取代路桥收费，形成的税收收入在中央与地方之间如何分配等。对于燃油税最新的政策支持来自国务院。在日前发布的《国务院关于做好建设节约型社会近期重点工作的通知》中提出，要"适时开征燃油税"。将开征燃油税提高到建设节约型社会这样的战略高度，燃油税的出台也就呼之欲出了。

（三）生活在能源危机阴影下

接踵而来的电荒、水荒、油荒，鲜明地折射出中国这个发展中的巨人所面临的成长的苦恼。有专家预言，中国的发展将伴随着世界第四次石油危机的脚步共舞。

20世纪70年代以来，西方国家经历的三次石油危机，令人至今回想起来仍不寒而采、在那个可怕的年代，经济停滞、物价飞涨、股市下跌。中国的经济能否度过能源危机这个发展"瓶颈"，避免重蹈覆辙，无疑考验着这个国家政府和人民的智慧。作为能源专家，富桂教授对能源的现状的认识无疑是十分清醒的。他介绍说，在替代化石能源的新能源广泛应用之前，世界性的危机随时可能爆发。因为全世界已有30年没有发现大型油田，现有储量只够开采20年，天然气大概只能再开采30年，而可替代能源的研究仍进展缓慢。可以说低油价时代是一去不复返了，我们中国人应该学会适应生活在一个石油紧缺时代，对超出我们预期的高油价应该有一个心理准备。我们应该重新考虑我们的发展战略。那种高投入、高能耗、高增长的发展模式已经难以为继。"富桂教授说，"能源瓶颈正成为制约中国经济增长的最主要因素。2004年以来，'煤电油运'全面告急，全国近九成省份曾经拉闸限电。在经过一轮狂风暴雨式的宏观调控后，进入2005年，我们发现能源紧缺的局面并未缓解。应该说，我们目前经济的快速增长在很大程度上是依赖资源的高消耗，例如我们万元GDP能耗水平超过发达国家3～11倍，我们的建筑能耗超过发达国家2～3倍，而高消耗的发展模式使中国本来紧张的资源形势日趋严峻，资源和环境的承载力已近极限。如果我们不能切实改变现行的生产模式和消费方式，势必进一步加剧资源短缺的压力，甚至有可能丧失发展机遇。"富桂教授特别提及了目前热炒的"节约型社会"的运动："思路是十分正确的，这也是我们的必由之路。例如石油，如果我们按美国现在的标准消费，每年需50亿吨以上，全世界生产的石油都给中国用也不够。"

前任国务院总理温家宝在召开的全国做好建设节约型社会近期重点工作电视电话会议上强调，加快建设节约型社会，事关现代化建设进程和国家安全，事关人民群众福祉和根本利益，事关中华民族生存和长远发展。要从全局和战略的高度，充分认识加快建设节约型社会的极端重要性和紧迫性，在全国范围内大张旗鼓、深入持久地开展资源节约活动，加快推进节约型社会建设，促进我国经济社会全面协调可持续发展。

但富桂教授也提到，虽然我们能源供应形势严峻，但能源浪费、低效使用情况也很严重，一些政策也有彼此矛盾的地方。我们可以借鉴发达国家节约资源的成功经验，而法制是一个重要手段。

20世纪70年代的能源危机，导致了美国经济的大衰退，美国国会为此通过了能源政策的立法，其中包括建筑和设备节能的激励政策，能源部发布了新建建筑使用的国家强制性节能标准和非强制性的国家建筑节能示范性标准。1976年，《固体废弃物处置法》出台，目前已有半数以上的州制定了不同形式的再生循环法规。而日本在经历了20世纪70年代的能源危机后，于1979年颁布实施了《节约能源法》，并根据情况进行了若干次修改，成为日本厉行节约并取得重大成就的根本保证。目前，日本的燃油税税率是120%，德国是260%，法国是300%，高燃油税政策促进了节能小型车的发展。除此之外，积极推进技术创新，加快设备革新，也是他们建立低能少耗、无污染生产体系的关键。

富桂教授特意提到了有关"全国有22个省份84个城市都存在对小排量汽车的歧视政策"的报道。他说，我们要实现建设节约型社会的目标，就是要通过相关法律、法规的实施，改变我们的发展思路和政策价值取向，扭转经济粗放型增长，消费盲目追求奢华的现象。例如，对焦炭、电解铝等破坏生态、高耗能产品，就可以考虑开征能源税。另外，大力倡导循环经济，把降能降耗列入政府工作的考核指标也是重要的手段。不过，富桂教授对中国能源的未来倒并不悲观。他说，高油价将成为一种常态，这是人类的宿命。但事情总还是祸福相依。国际原油价格的攀升与国内的石油乱象的逐渐显现，终究会促使以前被忽视了的问题浮上水面。20世纪的能源危机促使西方国家加快了对新能源、新材料的研究，并日益得到广泛应用。生物柴油、燃料电池等一大批新技术产品开始涌现，核能、太阳能、风能、地热等替代能源被广泛接受和使用，大大减少了对石油的依赖。"像石油、煤炭这样的化石能源早晚有枯竭的一天，聪明的人类完全可以在此之前开发出经济、适用的新的替代能源。"富桂教授说，"不是有国外的科学家预测说，50年后，人类目前因为争夺能源的战争都不存在了，因为那些能源都没有了。相反，像中国的新疆、非洲的撒哈拉大沙漠倒成了世界的能源中心，因为那里建设的超大规模的太阳能电站完全能满足全世界的能源需求。到那时，目前的西部大开发也就水到渠成了。"

没有想到，像能源危机这样沉重的话题，在能源专家的眼里，竟还那样轻松。

问题：

1. 目前决定我国油价的供求的因素有哪些？其中哪些是主要的因素？

2. 根据你掌握的情况，分析我国燃油油价的价格走势。能够近10元1升油价吗？要有理有据地回答。

3. 油价的变动会对我国国民经济有什么影响？积极的和消极的影响有哪些？

4. 我国政府今后如何对油价进行管理？

本章小结

本章主要讲述了供求理论以及市场的运行机制和价值规律。某种商品需求与价格呈反方向变动，供给与价格呈同方向变动。需求量（供给量）变动与需求（供给）的变动不是一回事。需求弹性是指一种物品需求量对其价格变动反应程度的衡量，有需求无弹性、无线弹性、单位弹性、富有弹性和缺乏弹性，其中最常见的是需求富有弹性和需求缺乏弹性。均衡价格是某一种商品需求量与供给量相等的价格，它是市场供求自发调节形成的，相对应的是均衡数量。需求或供给的变动会引起均衡价格与均衡数量的变动，经济学家称为供求定理。在市场经济中，价格机制调节经济运行，它是一只"看不见的手"，没有价格的自发调节作用就没有市场经济，但价格又不是万能的。

📖 关键术语

需求；供给；需求弹性；收入弹性；交叉弹性；均衡价格；市场机制；价值规律

📖 分析与思考

1. 什么是商品的供给？商品的供给受哪些因素的影响？

2. 简述商品需求及其两个基本条件。

3. 请结合弹性理论简要分析，如果汽油价格上涨幅度较大，将对汽车的需求产生什么影响？

4. 运用弹性理论简要评论"薄利多销"这一传统的经商理念。

5. 有人说气候不好，农民的收入减少，对农民不利；但也有人说，气候不好，农产品价格会上涨，可以增加农民收入，反而对农民有利。试结合本章内容对这两种说法给予评价。

第六章
批发市场模式

教学目的及要求

本章节旨在通过批发市场模式的教学，拓宽学生知识面，提高学生对流通企业模式的了解，深入理解批发市场企业体系与模式；通过批发市场企业业态、布局的教学，使学生能够根据不同类型，分析总结各类批发市场企业模式。

教学重点及难点

了解市场体系及模式；熟悉并掌握批发市场体系；了解批发市场业态；了解批发市场布局；熟悉并掌握批发市场模式。

在信息技术与交通运输行业的快速发展以及国家经济结构和居民消费习惯变化的背景下，当前我国批发市场面临着同质化竞争加剧、电子商务的冲击、现代流通模式的挤压等一系列亟待解决的问题，批发市场面临转型升级的巨大压力。

第一节 批发市场的体系

在经济改革过程中，我国逐步形成了各种类型的专业批发市场。如今，专业批发市场作为一种新的商品流通组织形式，在我国新型商品流通体系中发挥着越来越重要的作用。专业批发市场有其独特的运行方式和运行机制，下面将运用实证分析方法，对我国专业批发市场的运行机制进行描述和分析。

一、市场体系概述

市场体系是在社会化大生产充分发展的基础上，由各类市场组成的有机联系的整体。

它包括生活资本市场、生产资料市场、劳动力市场、金融市场、技术市场、信息市场、产权市场、房地产市场等，它们相互联系、相互制约，推动整个社会经济的发展。培育和发展统一、开放、竞争、有序的市场体系，是建立社会主义市场经济体制的必要条件。简言之，市场体系就是相互联系的各类市场的有机统一体。

1. 体系框架

与简单商品生产阶段相适应的市场，主要是商品市场。随着商品经济的不断发展，进入市场交换的生产要素越来越多，在市场经济中，由于生产要素已经商品化，在商品市场中又派生出各种特殊的市场，如技术市场、信息市场、房地产市场、产权市场等，形成了市场体系。所以，现代意义上的市场，不应仅仅指商品市场，而应理解为市场体系。所谓市场体系是指以商品市场为主体，包括各类市场在内的有机统一体，即以商品市场和生产要素市场组成的相互影响、相互作用的各类型市场的总和。

2. 基本特征

（1）统一性。市场体系的统一性是指市场体系无论是从构成上，还是空间上均是完整统一的。从构成上看，它不仅包括一般商品市场，而且包括生产要素市场；不仅包括现货市场，而且包括期货市场；不仅包括批发市场，而且包括零售市场；不仅包括城市市场，而且包括农村市场等。从空间上看，各种类型的市场在国内地域间是一个整体，不应存在行政分割与封闭状态。部门或地区对市场的分割，会缩小市场的规模，限制资源自由流动，从而大大降低市场的效率。

（2）开放性。市场体系的开放性是指各类市场不仅要对国内开放，而且要对国外开放，把国内市场与国外市场联系起来，尽可能地参与国际分工和国际竞争，并按国际市场提供的价格信号来配置资源，决定资本流动的方向，以达到更合理地配置国内资源和利用国际资源的目的。反之，封闭的市场体系不仅会限制市场的发育，还会影响对外开放和对国际资源的利用。

（3）竞争性。市场体系的竞争性是指它鼓励和保护各种经济主体的平等竞争。公平竞争创造一个良好的市场环境，以促进生产要素的合理流动和优化配置，提高经济效率。而一切行政封闭、行业垄断、不正当竞争都有损市场效率。

（4）有序性。市场体系的有序性是指市场经济作为发达的商品经济，其市场必须形成健全的网络、合理的结构，各类市场都必须在国家法令和政策规范要求下有序、规范地运行。市场无序、规则紊乱是市场经济正常运行的严重障碍，它会损害整个社会经济运行的效率，容易导致社会经济发展的无政府状态。

3. 体系组成

发挥市场机制在资源配置中的基础性作用，必须培育和发展市场体系。市场体系包括商品市场和要素市场。商品市场包括消费品市场和生产资料市场。要素市场包括资本市场、劳动力市场、房地产市场、技术市场、信息市场等。

（1）消费品市场。消费品市场是交换用于满足消费者个人生活消费需要以及社会消费需要的消费品的商品市场，如食品、服装、日用品等。消费品市场是整个市场体系的基础，所有其他的市场都是由它派生出来的。所以，消费品市场是社会再生产中最后的市场实现过程，它体现了社会最终供给与最终需求之间的对立统一关系。

消费品市场的特点：①消费品市场涉及千家万户和社会的所有成员，全社会中的每一个人都是消费者；②消费品市场因社会需求结构、形式的多样性、多变性而呈现出多样性和多变性的特点；③市场交易量不一定很大，但交易次数可能很多。

消费品市场与人们的日常生活息息相关，它体现了社会再生产过程最终的市场实现，反映了消费者最终需求的变化。作为最终产品市场，消费品市场与其他商品市场密切相关，集中反映着整个国民经济的发展状况等。

消费品市场的作用：①资金市场的发展始终受消费品市场的制约，当消费品市场景气时，供给和需求会拉动社会投资增加，进而活跃资金市场；②消费需求增加和市场交易对象扩大，进一步刺激供给增加，生产规模扩大，这也将导致劳动力市场上对劳动力需求的增加。而消费品供给的满足程度，又直接决定了劳动力的质量。

（2）生产资料市场。生产资料市场是交换人们在物质资料生产过程中所需要使用的劳动工具、劳动对象等商品的市场。例如生产所需的原材料、机械设备、仪表仪器等，都是生产资料市场的客体。

与消费品市场相比，生产资料市场的特点：①在生产资料市场上所交换的商品大部分是初级产品和中间产品，而不是最终产品。这些商品主要用于生产过程，交换主要是在生产企业之间进行，其流通广度比消费品要小。②市场交易的参与者是单纯的生产部门，属生产性消费，购买数量大，交易方式多是大宗交易或订货交易，供销关系比较固定。③生产资料市场需求属于派生性、引发性需求。由于生产资料不是最终产品，而只是为消费品生产提供条件，因此对生产资料需求的规模、种类和数量，取决于社会对于消费品需求的状况，因而它是一种从消费品需求派生、引发的需求。

从生产资料市场的作用看，它集中反映了中间产品和初级产品的供求关系，为各企业生产过程提供物质条件，在社会再生产过程中起着中介作用。它的供求状况集中代表了社会物质资源配置的效率和比例情况。因此，生产资料市场运作得越有效率，社会再生产的运行便越通畅。它作为联结生产资料生产过程和生产资料消费过程的桥梁，其发展意味着社会再生产的扩大。

（3）要素市场。金融市场是资金的供应者与需求者进行资金融通和有价证券买卖的场所，是货币资金借贷和融通等关系的总和。在现实中，金融市场既可以有固定地点和相应的工作措施，也可以没有固定场所，由参加交易者利用电信等手段进行联系洽谈来完成交易。按交易期限划分，通常把经营一年期以内货币融通业务的金融市场称为货币市场，把经营一年期以上中长期资金的借贷和证券业务的金融市场称为资本市场。

金融市场作为价值形态与各要素市场构成相互依存、相互制约的有机整体。它的作用主要有以下几方面：一是通过各种金融资产的买卖交易，为资金供给方和资金需求方提供双方直接接触和多种选择的机会，因而能对资金进行高效率的筹集和分配；二是通过金融市场可以提高金融证券的流动性，使社会融资规模和范围更大，并降低融资成本；三是金融市场的发展，为中央银行运用存款准备金率、再贴现率、公开市场业务等手段进行宏观调控创造了作用空间和操作条件。中央银行可根据金融市场上灵敏反映市场资金供求的经济金融信息，制定正确的货币政策，确定货币供应量和信贷规模，保证重点建设资金需要，促进经济结构的调整。

劳动力市场是交换劳动力的场所，即具有劳动能力的劳动者与生产经营中使用劳动力的经济主体之间进行交换的场所，是通过市场配置劳动力的经济关系的总和。劳动力市场交换关系表现为劳动力和货币的交换。

劳动力市场与一般商品市场相比具有以下特点：一是以区域性市场为主。劳动力市场和其他商品市场一样，也应是全国统一的市场。但是，由于社会生产力在各地区发展水平不平衡，原始手工业、传统的大机器和现代技术产业并存，劳动力的素质相差悬殊，职业偏见的存在，再加上地区分割等，阻碍了劳动力在全国范围流动，大多数只能在区域内运转，只有少数高科技人才可在全国范围内流通，从而形成的主要是区域性市场。二是进入劳动力市场的劳动力范围是广泛的，一切具有劳动能力并愿意就业的人都可以进入劳动力市场。我国由于劳动力资源丰富，随着科技进步、劳动生产率不断提高以及经济体制改革的进行，农村出现剩余劳动力，加上国有企业和国家机关的富余人员，因而在一个相当长的时间里，我国劳动力供大于求，形成买方市场。三是劳动力的合理配置主要是通过市场流动和交换实现的，市场供求关系调节着社会劳动力在各地区、各部门和各企业之间的流动；劳动报酬受劳动力市场供求和竞争的影响，劳动力在供求双方自愿的基础上实现就业。劳动力的市场配置行为，不可避免地会出现劳动者由于原有的劳动技能不能适应新的经济结构变化而产生结构性失业现象。

建立劳动力市场是市场经济条件下实现人力资源优化配置的有效手段。劳动力市场的作用是调节劳动力的供求关系，使劳动力与生产资料的比例相适应，实现劳动力合理配置，使企业提高劳动生产率，提高经济效益，保证社会再生产的正常进行。

技术市场所交换的商品是以知识形态出现的。它是一种特殊的商品，有多种表现形态：有软件形式（程序、工艺、配方、设计图等）；咨询、培训等服务形式；买方需要的某种战略思想、预测分析、规划意见、知识传授等都可构成技术商品。

技术市场的特点：①技术商品是知识商品，它以图纸、数据、技术资料、工艺流程、操作技巧、配方等形式出现；②技术商品交易实质是使用权的转让；③技术商品转让形式特殊，往往通过转让、咨询、交流、鉴定等形式，直到买方掌握了这项技术，交换过程才完成；④技术商品价格确定比较困难，价格往往由买卖双方协商规定。技术市场在我国经济发展中具有重要作用。它同科技经济发展之间存在着良性循环的关系；它能促进科技成果迅速转化为现实的生产力；它有利于科研与生产的密切结合；它能促进科技人员合理流动，优化科技人才的合理配置，有利于减少人才资源的浪费。

二、批发市场体系

中国有 13 亿多人口，661 个地县级市，41636 个乡镇，5000 多万家中小企业（其中纺织服装企业近 30 万家）和 960 万平方公里国土面积。庞大的人口数量和复杂广阔的城乡区域，加之尚未成熟的商品流程体系，造就了"批发市场"这一特殊的、具有典型中国特色的商品流通平台。批发市场就是指向再销售者，专门从事批发贸易而插在生产者和代理商之间、生产者和零售商之间的中间商贸流通市场，同时也向企业和个人销售商品服务。在我国，批发业显示出持续、强劲的发展势头，以批发市场为代表的批发空间是城市中最为常见的一种商业空间形态，批发业也是各城市普遍重视并竞相发展的一项产业。

1. 供求体系

供求机制反映供求关系对市场价格的内在联系。在现实经济运行中，供求机制是通过供求关系的不断变化得以实现的。正是由于供求关系的不断变动，才使得供求机制作为供求双方矛盾运动的平衡机制，通过供求关系变化，最终调节经济的运行。我国的专业批发市场具备供求机制发挥作用的两个基本条件：

（1）价格放开。我国专业批发市场的形成与计划体制和价格体制的改革是紧密相关的。20 世纪 80 年代初，我国开始改革计划体制和价格体制，将一部分商品的生产、经营以及价格放开，允许不同的单位和个人根据市场情况组织生产和经营活动。如今，进入专业批发市场的商品，除极个别商品外，都是价格放开的商品。价格放开，使供求机制发挥作用具备了制度条件。

（2）市场主体买卖行为的自主性。真实的供求关系不能通过人为模拟形成，而必须在现实的市场中产生。也就是说，市场主体即商品买卖双方对商品的买或卖都应具有完全的自主权。这是市场供求关系的真正含义，也是供求机制有效发挥作用的必要条件。在专业批发市场中，不存在任何行政分配机制，所有市场主体都可以自行作出买或卖的决定。市场主体买卖行为的自主性，使专业批发市场中买卖行为真正体现了买卖双方的意志，从而使供求信号具有真实性和可靠性。

在专业批发市场中，由于不存在国家直接定价，除极个别情况外，也不存在国家对市场所经营商品的差率和利润率的控制，所有商品价格均由生产者或经营者自主决定，又由于我国专业批发市场基本上属于一种完全竞争的市场，在参与竞争的众多生产者和经营者中，每个个体的行为都不足以影响市场价格，它们仅仅是市场价格的接受者，因此，生产者或经营者并不能仅仅依据自身所生产或经营商品的成本和预期利润来定价，而必须主要依据市场供求关系决定价格的高低。可以说，专业批发市场中商品价格的高低完全取决于特定条件下的市场供求关系。在供求机制的作用下，在专业批发市场中，往往可以形成某种商品极高的利润率和价格，同时也可能形成某种商品极低的价格。然而，由于竞争机制的作用，某些商品的高价和另一些商品的低价都不可能维持很长时间，它们都会通过生产者之间和经营者之间的利益竞争，改变商品供求关系，从而使价格处于不断变动之中。供求机制、价格机制和竞争机制的共同作用，使专业批发市场中不可能形成长时期的紧俏商品，也不可能形成长时期的滞销商品，商品供求关系始终处于"不平衡—平衡—不平衡"的循环运动之中。

为了进一步分析专业批发市场运行中的供求机制，下面我们再从宏观上来考察专业批发市场运行中商品流通各环节实际价格之间的相互关系。

首先必须肯定，商品流通各环节的实际价格都是在各环节的商品供求关系直接作用下形成和变动的。同一商品在商品流通各环节都存在一定的供求关系，但是，一种产品，各产地都会把它们的供求信息传递到全国或全流通区域的中心市场上来，而所有各销地的需求又会通过其进货渠道和进货环节集中反映于全国或全流通区域的中心市场。这就是说，一种商品在各地市场上的供求关系都会集中地反映于全国或全流通区域的中心市场，全国或全流通区域的中心市场是全国或全流通区域的供求集中点。

因此，可以看到，一种商品在其中心市场上的批发价格实际上是由全国或全流通区域集中起来的供求关系所决定的。中心市场所集中反映的供求关系及其所确定的价格，调节着各分散产地和分散销地市场的供求关系和价格。这说明，一种商品中心市场的价格在商品流通各环节的价格中起着核心价格的作用，中心市场商品价格的这种地位，来自中心市场供求关系的地位，它是由供求机制的作用来决定的。

在专业批发市场中，由于以价格自发形成和充分市场竞争为条件，各种商品，无论是农产品还是工业品，它们在流通中，都是在全国或全流通区域供求集中的市场（如郑州粮食批发市场、义乌批发市场、绍兴轻纺市场等）形成一个价格，这个价格对其他产地、销地市场的价格往往起到主导作用。各分散产地的产品在到达中心市场前的各环节的价格，实际上都是按中心市场上的价格倒扣必要的商业差价来形成的；中心市场到各分散销地的各环节的价格，则是按中心市场上的价格顺加必要的商业差价来形成的。这就是专业批发市场中商品流通各环节实际价格之间的相互关系，也是商品供求关系对商品流通各环节实际价格的形成所产生的具体作用。

2. 价格体系

价格机制实质上是价值规律的作用机制，是价值规律作用的表现形式。作为价值规律的表现，价格机制是商品价格对商品供求关系的作用机制，它反映价格对供求关系的内在联系。价格机制有效发挥作用的条件如下：

（1）价格具有真实性。所谓"真实"的价格，是指一种能反映实际供求关系的价格，它能够正确引导生产和消费，从而起到合理调节供求关系，有效配置社会资源的作用。真实的价格来自市场，因而，要使价格机制有效发挥作用，就要放开价格，让价格回到交换中去，在市场里形成。

（2）市场主体能够主动接受价格信号。价格既是供求关系的指示器，又是市场主体利益的源泉。价格对供求关系的调节是通过市场主体之间的利益竞争得以实现的。因此，价格机制能否发挥作用的最关键条件，是市场主体能够主动接受价格信号，对市场变动作出积极的反应。这就要使市场主体具有能动性，即市场主体一方面要对市场信号的变动具有灵敏的反应能力，这种反应能力，来源于其自身利益的追求，另一方面要对市场信号的变动具有良好的应变能力。

我国专业批发市场经营的商品，其价格全面放开，这为供求决定价格创造了制度条件。同时，专业批发市场作为某类商品的集散地，集中了一定流通区域内的供求关系：一些辐射全国的专业批发市场，集中了全国范围内该类商品的供求关系；一些区域性的专业批发市场，则集中了一定区域内该类商品的供求关系。因此，在专业批发市场中形成的价格，具有较大的真实性，它能基本上反映出实际供求关系。例如，郑州粮食批发市场作为中央批发市场，目前除青海省、西藏自治区外的全国各省、自治区和直辖市都进场参与了交易活动，它基本上集中了全国粮食的供求关系。该市场每旬通过中央和省、市的广播、电视、报纸等新闻媒介和市场编印的《粮食交易信息》向社会发布交易价格等信息，对全国的粮食交易活动发挥指导作用，开始改变过去价格失真、信号混乱的现象。作为全国纺织品主要集散地的绍兴轻纺市场，其价格对全国纺织品市场价格具有一定的影响。而作为全国最大的纽扣集散地，永嘉桥头纽扣市场的价格在全国纽扣市场中更有举足轻重的作用。专业市场价格全面放开，有利于反映实际供求关系的真实价格的形成，为价格发挥调节供求关系的作用提供了前提条件。

更重要的是，我国专业批发市场中市场主体具有很强的能动性。在专业批发市场中，市场主体的任何活动完全依赖于市场，它们的信息要从市场中采集，它们的产品要通过市场销售，它们的利益要从市场中获取。因此，它们的眼睛紧盯着市场，市场信号的任何变化都会使各种市场主体做出积极的反应。在日用工业品专业批发市场中我们可以清楚地看到，新产品、新花色、新款式层出不穷，而当新产品、新花色、新款式上市时，立即就会吸引许多生产者和经营者去生产和经营，市场竞争异常激烈。专业批发市场中价格对供求关系的调节作用发挥的关键在于专业批发市场运行中的动力机制。由于专业批发市场的主体以个体经营者为主，他们的经济利益直接与经营挂钩，为了实现收入最大化，他们要密切注视市场动向，只要有利可图，他们可以连续作战，甚至几天几夜不休息。有时为了迅速组织货源，抢占市场，他们日夜兼程。由于专业批发市场所联结的主要是乡镇工业和家庭工业，市场价格的变动也很快就会被生产者所接受，并及时作出反应。当生产者获取某些产品的市场信息后，他们会立即组织生产，并在几天之内就可将产品投入市场。价格的变动对供求关系的变动实现了正常的感应关系。

3. 竞争体系

竞争机制反映竞争同供求关系、价格变动之间的有机联系。竞争机制作为一种机制力量，其作用不是独立的，它同价格机制、供求机制等市场机制紧密结合并共同发生作用，推动着市场的运行。

竞争机制有效发挥作用的一般条件如下：

（1）商品生产者和经营者把获取最大利益作为其一切活动的根本目标。任何竞争都是利益竞争，竞争的目的就是竞争主体为了获取自身最大的利益。因此，"利益"是竞争主体参与竞争活动的第一推动力，而竞争主体的盈利活动并不是一次性活动，而是无休止的活动，这是竞争机制发挥作用的最基本的条件。

（2）生产要素能够自由组合和流动。竞争是以物质利益为诱因的，生产要素能够自由组合和流动，竞争主体才能对利润率的变动作出灵敏的反应。

（3）充分的价格自由。市场自由是竞争机制发挥作用的必要条件，而市场自由的核心是价格自由。自由价格制度的含义是，不存在任何人为的价格垄断和价格管制，无论这种垄断和管制是来自某一组织，还是来自政府的力量。在专业批发市场中，竞争机制有效发挥作用的一般条件已较充分地得到了满足。作为市场主体的经营者，无论是个体经营者，还是国有、集体企业，都是平等的一员。经营者们的经营活动不受行政干预，都可以凭借自己的实力和优势及其偏好参与市场角逐，谋取尽可能大的经济利益。

我国专业批发市场的主要竞争内容及其特点如下：

（1）价格竞争。在我国现行的专业批发市场中，价格竞争居主导地位，其主要原因：首先，我国目前所形成的专业批发市场，其绝大多数仍然是一种初级市场，与之相适应，竞争手段也必然是较低层次的；其次，我国专业批发市场所经营的商品主要是日用小商品和其他一些档次较低的商品，商品销售对象主要是农村消费者，价格低廉适应了我国广大农村居民提高生活水平的要求，但购买力则显示有限的需求特征；再次，专业批发市场以经营批发业务为主，销售批量较大，同时其交易双方主要是个体经营者，因此，薄利多销就成了一项重要的销售策略；最后，我国专业批发市场经营的商品，价格正全面放开，完全由市场调节，这又为价格作为竞争的主要手段提供了必要的条件。

（2）非价格竞争。我国专业批发市场中的非价格竞争主要表现在以下几个方面：

1）产品质量竞争。我国专业批发市场发展初期普遍存在产品质量低劣现象，但随着市场的发展，买方市场逐渐形成，竞争日趋激烈，消费者对产品质量的要求越来越高。在这种压力下，许多经营者已逐渐意识到产品质量竞争的重要性，提高产品质量和档次已成为今后经营业务发展的关键，产品质量竞争作为一种竞争手段已越来越重要。

2）信用竞争。商业信用是经营者业务长期发展所必不可少的条件，但信用问题在我国专业批发市场发展初期并没有得到足够的重视。我国个体和私营经济的信用制度长期不健全，民间市场交易中时常出现欺诈行为。目前，在一些专业批发市场中，例如，在规范化程度较高的一些粮食批发市场和工业生产资料批发市场等，正逐步建立了信用制度，在一些民间专业批发市场中，也已逐步开始重视建立信用制度；义乌批发市场内的经营者普遍备有信誉卡，如果商品品种、规格、质量等不符合要求，都允许顾客退货或变通处理。由于信誉较好，市场交易活动除了直接现金交易外，还逐渐扩大到预付货款、代购赊销、函电委购、代购代运、组织加工等各种形式的业务活动，从而扩大了经营业务。

3）品种、款式竞争。服装、鞋帽、日用小百货等日用工业品的一个重要特点是品种、款式更新快，需求变化复杂。因此，在这类专业批发市场中，品种、款式竞争也就必然成为一项重要竞争内容。在我国许多专业批发市场，除了有一批设摊经营者外，还有一支全年奔波在全国各地的庞大的贩运队伍，各地什么产品畅销、什么产品滞销，往往由他们通过电报、电话及时反馈到市场上来。市场竞争带来了竞争效应，其中最显著的是市场提供了廉价商品。在河北省白沟小工业品批发市场，开始时，经营者的利润约为 20%~30%，后来生产经营的人多了，平均利润降到 5%~10%，有些商品仅为 1%~2%。在这里，无论是箱包、小百货，还是小针织品，价格都比城市国有商店低 30%~50% 以上。在温州，农村消费品专业市场或当地生产的生产资料市场的商品价格也比国有商店同类产品价格要低 20%~50%。桥头纽扣市场中每颗纽扣的价格只有国有商店的 1/8~1/4，所得利润以毫厘相计。"货多招远客，多攘利自厚。"我国专业批发市场中的许多经营者正是在商品的大批量快速流动中获取了可观的收入。

第二节　批发市场业态的发展

自改革开放以来，特别是在近年中，小商品批发市场这一商业业态在中国取得了迅速发展。这一业态不但发展到各大中小城市和广大乡村中，而且在许多重要的日用商品类别上成为了重要的乃至最主要的流通渠道。在大型百货商店这一原有的主要商业业态效益普遍大幅下滑的今天，小商品批发市场却一直在取得可观的经济效益，显示了旺盛的生命力。小商品批发市场业态的发展，对国民经济的稳定发展、增加财政税收收入和推进就业等都发挥了积极作用。因此，对这一业态的研究应该成为商业经济研究中的重要课题。

一、批发市场的业态

经济体制改革，一方面使商品极大丰富，市场由供不应求转变为供过于求；另一方面，非公有制经济成分多种形式并存从无到有，迅速发展，充满了活力，而国有经济发展则较为缓慢。

1. 批发市场业态兴起

改革开放后，非公有制商业经济是从无到有发展起来的，规模小、底子薄、管理能力不强，决定了它不可能在高层次上领导商业流通，而只能进行较低层次的流通。这样就出现了小生产者和小商人合作的流通模式。于是大量的日用品就由个体、私营小商人进行经营。为了实现规模经济效益，这些小商人（也包括自产自销的小生产者）聚合起来，就构成了小商品批发市场这一业态。由此可见，这种业态是我国经济体制改革的产物，有其存在的必然性。

许多大型商场停业并在转向小商品批发市场后扭亏为盈的现象出现时，许多学者认为小商品批发市场将成为未来商业发展的一个新趋势，代表了未来商业的一个主要方向。这种观点是片面的，因为尽管经营灵活，但却在低水平上运作，它本身所固有的局限性决定了它在商业发展中的过渡性质。小商品批发市场松散，简单的管理方式是无法适应发达的市场经济对商业流通的要求的。随着市场经济的深入发展，商业企业必须不断提高其经营管理水平，加强信息管理、物流管理，提高服务质量。一旦大型商业体制理顺、企业搞活，或者某些小商业者不断积累，实力壮大并获取了足够的经验，它们必将谋求更大规模、更高层次的商品流通。小商品批发市场必将被其他业态所取代而具有过渡性质，这是市场经济发展的必然要求，也是商业企业发展的历史趋势。

从西方国家市场经济和商业的发展实践中，我们发现其中并未出现小商品批发市场这一业态形式，我国的市场经济与西方国家相比落后了许多，在落后经济中的商业业态是无法代表发达经济中的业态发展趋势的，因此，小商品批发市场具有过渡性质。

既然小商品批发市场业态无法代表商业发展趋势，并且在某种意义上来讲是落后的业态形式，那么为什么在中国经济迅速发展的这些年中，它能取得迅速发展并获得普遍认同呢？这是因为它符合中国现阶段的特定国情，适应了目前我国大多数居民的收入水平，并能沿用中国传统商业的许多经验，更重要的是，从本质上看，它是中国由计划经济向市场经济过渡、经济体制改革进程这一大背景下必然的和特定的产物。

2. 批发市场业态

从以上的分析可以看出，小商品批发市场将被其他业态所取代。

发达国家完整的业态体系在这方面对我们具有重要的借鉴意义。因为完整的业态结构，反映了发达市场经济内在的客观要求，对流通过程有着更强、更完整、更流畅的组织能力。我国市场经济虽然处在初级阶段，但随着其不断发展，对商业也必将提出相应的要求，因此可以断言，发达国家完整的业态结构反映了业态发展的必然趋势。

发达国家的商业业态可以简单地划分为百货商店、专业店、小型超市、便利店、大型综合超市、仓储商店和现代批发商业。这些业态各自有其优势和局限，有其最佳的商品结构。对于小商品批发市场来说，根据其以服装、日用百货为主的商品结构特点和所担负的批发兼营零售的流通职能，我们可以判定，它必将被大型综合超市、现代批发业和仓储商店这三种业态所取代，这三种业态分别针对了小商品批发市场的零售功能、批发功能以及批零结合的功能，因此能够从更高层次上实现小商品批发市场的流通职能。

我们说这三种业态是比小商品批发市场更高级的业态形式，是因为它们具有更大的组织流通能力。它们的优势：商业资本更雄厚，技术更先进；管理更科学和集约化；产品品质、商业信誉更有保证；商业布局不重叠，分布更合理；对消费者服务能力更强；对生产厂商的侃价能力更强，进货成本更低；具有横向联合和垂直整合的战略优势。

从经营实践中，我们也可以对这个趋势进行验证。许多大城市中小商品批发市场与大型百货商店常常共处一个商业中心，而在大型综合超市、大型仓储商店周围却看不到小商品批发市场的存在。这可以从上面的分析来解释，大型商场与小商品批发市场并不冲突，而综合超市、仓储商店与小商品批发市场却是相互替代的，由于前者的经营能力更强，使后者在这一区域内没有生存的可能。小商品批发市场业态被大型综合超市、仓储商店、现代批发业所取代需要一定的条件。这些条件是随着市场经济的发展而出现的。这些条件的发展需要一个过程，会遇到一些障碍，比如资本积累和管理经验的学习都需要时间，因而并不是短期内就能实现的。所以，尽管小商品批发市场这一业态将被更高层次的业态所取代，但在很长的一段时期内，这一业态仍然会有一定的生存空间和发展潜力。

二、批发市场业态的创新

目前我国传统批发业态受到的冲击主要来自两个方面：一是电子商务对传统批发市场的冲击；二是新型业态正在改变着传统流通结构。

1. 批发市场业态创新目标

（1）批发商业须重新定位。从社会再生产过程来看，批发商业在国民经济发展的地位与桥梁作用毋庸置疑，然而随着国民经济的高速发展，以及外部环境的变化，客观上要求我国批发商业须在不断地变革中谋求发展；从市场需求变化出发，国有批发商业亟待树立批发商业全新的经营理念，以市场需求及相关产业发展的外部环境为依据，调整经营定位；从技术经济的角度考虑，运用现代科学技术手段，运用现代营销方式，提高其盈利能力与抵御市场竞争中的风险能力，提高其经济增长方式的科技含量，须进行科学的市场定位和经营定位。

（2）批发商业经营业态创新的目标。鉴于国民经济发展的要求，以及消费品市场发展的趋势，制定批发商业复兴与发展战略。重现往日风采。推陈进取，勇于探索，在理论与实践上真正实现批发商业在国民经济发展中的媒介与桥梁作用，盘活存量资产，建立现代企业制度，合理配置经营资源，参与市场竞争。在交易方式与组织形态的革新中，大胆培育新型业态，促进业态结构的合理化，引入国外先进的批发商业运作思想与技术手段，形成一个各经营业态优势互补、共同促进，创造一个批发商业发展的崭新格局。

（3）我国批发商业经营业态创新的方向。应针对我国国情，业态创新必须建立在农业产业化、零售商业经营连锁化的基础上，确立批发商业经营业态发展的方向。首先，应注重技术现代化、管理科学化和增长方式集约化，加大科技投入与产出的力度，运用现代经济理论和计算机科学管理技术，实现交易科学化、规范化，朝着多功能、立体化的方向发展；其次，开展不同形式的批发业务，构建多元化的批发格局，向全方位、多元化的方向迈进；再次，批发商业还应立足于扩充职能，开展多种经营（配送、流通加工、代理等），实现向生产和零售两头的延伸，集采购、加工、仓储、运输、经销等环节于一体的功能多样化方向努力；最后，在功能多元化的基础上，建立与形成多种形式批发组织，如工批一体化、批零一体化、农批一体化，乃至集商流、物流、信息流于一体的物流中心或配送中心。总之，我国批发商业经营业态创新，不但有利于批发商业理顺经营关系、调整经营定位、发挥批发商业在商品流通领域的特殊作用，而且有利于批发商业复兴乃至升级。

2. 批发市场业态创新的具体思路

随着改革开放的进一步深入，近年来我国批发商业打破了计划经济体制下批发单一、流转环节固定的状况，出现了批发主体多元化、批发形式多样化的新局面，然而批发商业仍存在着机制不灵活、包袱沉重，未能完全成为市场竞争的主体，因此批发商业要加快转制、转型、转业的改革步伐，而经营业态的创新则是其经济增长方式转变的重要途径，尤其对其在交易方式与组织形态方面的创新，则是我国批发商业改革的本质和关键所在。

我国批发商业交易方式的创新，就是针对流通领域市场变化的特点及趋势，在传统批发交易方式的基础上，使交易过程中商品实体进入消费领域的运动过程的外部形式多样化，并赋予更多的其他流通功能。交易方式具体包括对贸易形式、经营方式和购销方式三个方面的创新。批发贸易形式的创新，主要是指贸易途径、贸易形态、贸易手段和结算方法的创新；购销形式的创新，主要是采用多种购销形式，既能保证国家针对商品流通实行的购销政策、制度适当干预、调控经济运行得到保障，又确保批发商业依照市场需求，采用多元化的购销形式，以适应市场竞争的需要；经营方式的创新，主要指批发商业从流通领域到销售领域转移的途径和方法进行革新。总之，批发商业交易方式的创新有利于促进市场发育；亦有利于建立批发商业运作秩序正常化和规范化；更有利于提高商品运行效率和企业经济效益。

批发商业组织形态的创新，就是在交易创新的基础上，呈现出的多元化批发商业组织形态，换言之，交易方式决定了批发商业主体的组织形式、经营目标、经营方式、经营范围与经营规模。混合经营的组织形态已成为主流，如批发—零售、批发—零售—工业、工业—批发—零售、批发—工业等形式，批发企业向生产与零售乃至流通的其他如仓储、运输等领域延伸。从本质上看，就是营造多种组织形态并存，分工明确的批发商业组织群体，使市场的所有者和经营者可获得完整的、独立的经营权和决策权，从而促进批发商业资本的合理流动与有效积累。

综上所述，我国批发商业经营业态创新，我们从理论上解释了它是建立在商品流通的演进和发展的客观环境基础上，其本质是对交易方式与组织形态不断革新的产物；而在实践上，由于批发萎缩引出"批发无用论"与社会分工理论是背道而驰的，综观国内外批发商业发展的趋势及美国、日本等发达市场经济国家的成功经验，说明了批发商业的升级是经营业态创新的结果，因此客观现实要求我国批发商业有必要且必须走业态创新之路。具体有如下设想：

（1）尽快组织集商流、物流、信息流为一体的批发商业企业集团。长期以来，国有批发商业在流通领域中享有信誉与营销网络诸方面整体形象优势，采取与铁路、交通、外贸等系统的储运部门或企业实行跨行业联盟、联合，甚至兼并，发挥各自经营资源方面的优势，实现在各自优势上的强强联合，组建批发商业企业集团，提高商品流通的组织化程度，建立起从采购进货、商品分拣、加工、分割、组配、运送、收集信息、开发产品、商品维修系列化、多功能的批发流通中心，引入现代管理系统及会计电子化系统，加大科学技术管理与经营的力度。同时，调整批发网络，加强区域一体化乃至国际化经营，提高组织内部各环节的协作化程度，降低流通费用，提高库存周转率。该思路从强化批发商业的功能多元化上及规模经营优势上走内涵式和外延式并举的发展道路，使其交易方式与组织形态日趋完善与合理，以适应目前的社会经济发展环境。

（2）积极发展销售代理批发组织。代理制是一个企业按照约定为另一个企业销售商品，并按一定比例取得佣金的交易方式。在此大类中，除了代理商，还有佣金批发商、推销代理商、经纪人、经销批发商及采购代理商等多种形式，它们大多是基于不同的社会产品的代理批发而形成的差异，但在总体特征上有相似之处。销售代理批发组织具有为制造商迅速掌握市场信息、回避交易与投资风险、市场试销、降低销售成本、减少交易次数、提供销售促进及售后服务等方面优势。总之，代理批发组织集中了生产商与销售商的共同优势，根据规范的契约关系维护双方共同利益，因此建立多种形式的代理批发组织不但有利于构建新的工商（工商与批发商）产销合作关系，而且有利于优化与完善批发商业经营业态结构。

（3）大力发展连锁化经营的批发组织。针对我国当前中小型批发企业举步维艰的经营现状，实施在中小批发企业之间的联合与连锁化经营。在我国农业产业化发展进程中，大量的中小型批发企业未来将仍然是社会经济发展的重要力量，其生存与发展的市场空间依然很大，此外从西方发达国家的经验来看，中小批发企业凭借自身经营灵活的优势，以及政府在产业政策的扶持，是其得以生存与发展的前提条件。在我国政府经济与产业政策中，"抓大放小"采取租赁、拍卖、转让并非是唯一途径，联合、兼并乃至股份合作等形式是中小批发企业走连锁化经营的较为理想的途径，加之我国具有一个潜力巨大的农村市场，在农业产业化进程中，中小批发企业将发挥大型企业以至于批发企业集团所不能发挥的作用，尤其是在地处偏僻、交通不便、经济欠发达的地区更容易发挥它们的作用。因此，中小批发企业在连锁经营、统一销售的前提下，实现其"大进大出"快周转、低成本的竞争优势，实行跨部门、跨行业、跨所有制的连锁经营，以规模化、标准化、低成本、快节奏的组织经营为核心，在激烈的竞争中寻找市场空缺，步入良性循环的发展阶段。

（4）生产企业的自销组织系统构建。科学技术的进步，扩大了企业生产规模，生产性企业过去主要靠批发商和零售商的力量推销自己的产品，现在借助现代市场营销手段，直接控制产品的流通与销售，自建销售分支机构，经营批发业务，针对我国已步入工业化国家的具体国情，工业自销机构应主要集中在产品单一、批量大、售后服务要求高的消费领域，从而体现其专业批发的特点与优势，而那些不适合工业自销的产品，则由商业批发企业承担，更能显示它综合扩销能力。作为此种批发经营业态所占比重尽管不大，但在市场经济条件下，在激活流通领域优化市场结构方面，无疑起着积极的作用。因为生产企业的自销组织系统在垂直统合战略实施中，有利于流通领域的技术革新，促进了流通渠道变革。此外，产销一体化经营是近年来现代生产企业与批发商联合的一种新型批发组织形式，从交易方式到组织形态，更为科学合理，有利于构建良好的新型产销合作关系。

综上所述，我国批发商业经营业态的创新，其本质是批发商业在交易方式与组织形态的大胆革新，以适应瞬息万变的市场需求。上述的几种思路相互之间并非截然分开的业态类型，从现代批发商业发展的趋势来看，管理科学化、技术现代化、功能多样化、服务综合化、经营集约化、大型化、集团化及国际化等趋向，我国批发商业必须以此作为其产业升级的目标，充分认识其经营业态创新的必要性，总结现代批发商业演变发展的规律，把握机遇，探索出我国批发商业经济增长方式转变的正确路径。总之，批发商业经营业态的创新，它是在流通领域巨变的进程中寻求其可持续发展的手段，并以此推动我国批发商业在新的形势下高速、健康、稳定的发展，真正成为国民经济增长的支柱产业。[1]

第三节 批发市场的布局

近年我国大中型商品交易市场由沿海省市向中西部地区辐射的速度加快。在加速辐射中西部的同时，批发市场整合也在加快。中国专业市场环境目前面临经济放缓、投资过剩、利润卜滑等因素困扰，包括北京市、广州市、郑州市、成都市等多个一线、二线城市纷纷将城区内批发市场外迁。北京市近两年共疏解了 121 个商品交易市场，承接地主要在津冀地区，成都市、郑州市等城市批发市场外迁承接地多数选址为城市郊区，少有市场迁至其他城市。

一、布局理论

1. 圈层理论

圈层理论的创始人德国经济学家约翰·杜能（Johann Heinrich von Thünen）在研究工业生产布局理论时，以城市为中心，根据农业耕作序列，从近到远将产业布局分为六个圈层：自由农作、林业、轮栽作物制、轮作休闲制、三区农作制、畜牧。杜能从静态的视角考察农产品的生产布局和流动路径，但他没有将生产的主体——农民及其社会关系纳入分析框架。圈层理论总结了城市扩张和发展的一般规律，对发展城市经济、推动区域经济发展具有重大指导意义。圈层结构理论已被广泛地应用于不同类型、不同性质、不同层次的

---

① 黄子璎，李慧敏. 小商品批发市场业态的发展趋势 [J]. 学术交流，2000（1）：59－60.

空间规划实践。我国大城市比较重视该理论的应用，注重研究城市发展和边缘区的关系，提出了城市经济圈的许多构想。南京市、上海市、石家庄市、武汉市、广州市、北京市等地对城市经济圈的模式都曾进行了深入的研究，并以该理论为指导对城市经济的发展进行了规划。

2. 扇形模式理论

1939 年，美国土地经济学家霍默·霍伊特（Homer Hoyt）通过对 142 个北美城市房租的研究和城市地价分布的考察得出，高地价地区位于城市一侧的一个或两个以上的扇形范围内，成楔状发展；低地价地区也在某一侧或一定扇面内从中心部向外延伸，扇形内部的地价不随离市中心的远近而变动。城市的发展总是从市中心向外沿主要交通干线或沿阻碍最小的路线向外延伸。也就是说，城市地域的某一扇形方向的性质一旦决定，随着城市成长扇形向外扩大以后也不会发生很大变化。

按照霍伊特的扇形理论，城市地域结构被描述如下：中央商务区位居中心区；批发和轻工业区沿交通线从市中心向外呈楔形延伸；由于中心区批发和轻工业对居住环境的影响，居住区呈现为由低租金向中租金的过渡，高房租却沿一条或几条城市交通干道从低租金区开始向郊区成楔形延伸。

3. 集聚理论

集聚理论认为，产业的生存、发展、提升需要一种客观条件，即主体产业和与之相关的配套产业应在地缘分布上满足集聚临界值。当产业集聚超过临界数量时，就会有马太效应式集聚效应出现。产业群之间出现自组织现象，与之相关的研发、核心产品创新、大规模产业化、相关配套服务等活动就会出现良性循环。这种相互竞争与合作的过程，产生相互激励，临近的产业群出现良性聚合效应。产业集聚的原因至少有以下三个方面：分工的专业化、劳动力汇聚、知识外溢。

4. 空间相互作用理论

赖利（W. J. Reilly）提出了零售引力模型，把人口视为市场吸引力的象征。在此基础上康弗斯（P. D. Converse）提出了描述两个商业中心影响力完全相等的地点的断裂点公式。然后威尔逊（Wilson）创立了最大熵模型，他从熵最大原理出发推导出一种具有理论意义的融合了引力模式和潜能模式的"一般空间互动模式"。

二、批发市场布局

批发市场布局按其分布特点有多种类型：

1. 沿街式

批发市场由集贸市场转变而来，在发展的初期，批发市场往往同时还兼有零售功能，因此在区位的选择上便呈现出和一般零售业类似的特点，在空间布局模式上就表现为沿街而建，即市场大多沿交通干道和过境公路生长，被称为"马路经济"，且市场多为室外露天空间。沿街型布局模式一次性投入少，临街铺面商业利润高；多为自然形成，客户有一定基础的认同心理；市场容易启动。但存在配套服务设施缺乏；规模不易扩大，档次不易提升；商业活动增加沿路的交通压力，影响通行能力；发展的后续力不足等不利因素。

2. 棋盘式

在批发市场的发展阶段，由于批发业功能的多样化而分离出更多类型的批发市场，对用地的需求大大增强，原来"沿街型"模式的已经无法满足集聚经济效应，内在的发展要求需要其空间布局由原来的沿街的线性向其他方向延展，市场由室外向半室内空间延展，从而转化布局规整的棋盘式的面状布局。这种布局模式的优点是建设资金投入相对较少，铺面容易扩张，规模效益得以凸显。但市场大多存在功能分区混杂、管理服务设施不齐备、空间单调等，今后将会向更合理的方向发展。

3. 集中式

在批发市场发展的成熟阶段，随着城市用地紧张和消费者对购物环境要求的不断增加，许多批发市场已经走出了传统摊棚式经营模式，商家集中在一栋或以一栋为主体的建筑内部经营，形成室内的商业购物环境，称这种布局模式为集中式批发市场。批发市场集中式布局模式易形成集聚效应，有一定广告优势；组织管理和服务设施相对完善；人车流线明确；购物环境较好，且不受天气影响，但项目一次性投入较大，不利于分期建设，市场启动缓慢；且经营效益随楼层的可达性渐差而递减。

4. 园区式

在批发市场发展的分化阶段，正如前面的分析，由于其功能的复合化，经营模式出现与现代物流的结合，交易方式受到电子商务的影响，传统的点、线、面布局模式已经不能完全满足技术革命所带来的新发展要求，市场加速出现园区化、规模化、中高级化发展趋势。由于批发市场向城市外围发展和市场需求拉动，加上政府的有力引导，一批大型的批发市场园区将会崛起，批发市场规模将会进一步扩大。同时，批发市场向中高级方向发展，提升市场功能、注重品牌效应、加强规范管理，将大大改变传统批发市场的面貌。

需要指出的是，尽管在批发市场的不同发展阶段，其空间布局呈现出不同的特征，但并不意味着每个发展阶段只存在一个布局模式，尤其是随着批发市场的发展，很可能出现多个布局模式同时存在的现象，这主要是由于不同类型的批发市场受到交通区位、地租、产业结构等诸多因素共同影响的结果。但无论哪种具体的布局形态，圈层化分布则是专业化批发市场空间布局的主要趋势。

三、布局影响机制研究

批发市场布局受到来自生产、流通、需求等多方面因素的影响。

1. 市场因素

根据经典经济学理论，任何市场活动都受到"供需杠杆"的调节作用，因此生产者和消费者的空间布局在很大程度上决定了批发市场的空间布局选择。

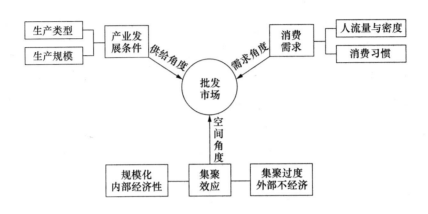

图6-1　批发市场布局影响机制

（1）产业发展条件。批发市场的布局与城市产业发展条件紧密关联，体现在市场类型随着产业发展日益丰富。不同生产类型和生产规模的产业发展对批发市场空间布局有不同的要求，一般来说，生产资料型的批发市场要求其接近生产地；生产规模较大的批发市场，对于用地的需求相对也较大，一般位于城市边缘地带。

（2）消费需求。消费需求对于批发市场的影响主要通过地区的人流量、人口密度以及本地居民的消费习惯来实现。特别是日用工业品等类型的批发市场，由于其商品类型与城市居民生活息息相关，客观上要求其尽可能地接近消费地。

（3）集聚效应。早期在自由市场的引导下，批发市场趋向于选择集聚度较高的地区。这是因为专业市场作为一种低交易成本的共享式交易平台，追求信息获取的快捷、资源的共享、交易的便利、业务的互补等。同时还便于与批发市场相关联产业的集聚，形成有综合性市场功能的市场群，从而大大增强其竞争力。

但从另一方面来讲，批发市场的过度集聚也会带来外部的不经济性，诸如交通拥挤、环境污染和噪声污染等。因此，在批发市场发展的后期，批发市场应该根据自身不同的类型呈现圈层布局方式，一般来讲，具有更多商流性质的批发市场会在城市中心地区继续保存下来，而具有更多物流性质的批发市场则趋向于向城市边缘地区的转移。

2. 区位因素

区位因素对批发市场空间布局的影响主要通过交通条件和基础服务成本两方面。

（1）交通条件。由于批发市场产生大量的物流、人流，大多批发市场通常将交通条件是否便利作为最重要的选址原则，专业市场面对的一般交易量较大的生产企业、批发商或零售商，接近交通枢纽和节点等设施，有利于服务对象的接近和业务洽谈、货物运输，可以节省它们的成本。因此城市干道两侧、对外交通的主要出入口附近、城市轨道交通站点附近以及火车站、机场、港口码头等交通枢纽成为批发市场布局的主要场所，见表6-1。

表6-1 交通导向的专业市场类型

类型		交易的商品
交通枢纽导向型	客运中心、火车站、地铁枢纽站等	工业日用品批发市场
	港口码头	大宗物质、水产品等
交通干线依附型	城市内部主干线	生活消费品为主
	城市外围快速公路	农副产品、家具、建材等

资料来源：王施益. 专业市场区位研究——以杭州市专业市场群为例［D］. 浙江大学硕士论文，2010.

（2）基础服务成本。批发市场作为一种商业行为，必须要考虑运营成本的问题，其中，受地租的高低和地区公共配套设施的完善度的影响最大。随着市场交易成本的日益增长，基础服务的低成本成为批发市场选址的重要原则之一，基础服务的低成本要求地区公共配套设施要齐备、租金要相对较低。随着城市空间的拓展，中心地区的土地租金越来越昂贵，除了对消费市场依赖度大的批发市场（如生活消费品类的或是兼营零售的批发市场），大量的批发市场逐渐外迁。另外，完善的地区公共配套设施有利于减少批发企业自身的成本，集中公共配套设施有利于许多批发市场共享，这也是近年来批发市场向园区集中的一个重要原因。

3. 科技因素

科技因素对批发市场的影响主要是由于电子商务和现代物流等新兴产业崛起而显得越来越突出，但这种影响比起市场因素和区位因素而言是间接式的，它需要通过依赖相应的产业、组织、机构或基础设施，最终作用于批发市场的空间布局。具体而言，电子商务的发展，改变了原有的时空观，批发市场中部分原来必须面对面交易的形式逐渐被网上交易所取代；同时随着现代物流业的发展，特别是第三方、第四方物流业的兴起，批发市场的仓储功能可以由现代物流运作，自身逐渐向纯粹的交易所转型，这样从空间布局来讲，批发市场的交易、会展功能在城市中心保留下来，而且呈现更加集聚的趋势，而物流功能则选择向城市边缘接近交通干线的、租金相对低廉的地区转移。

4. 政策文化因素

政策文化因素主要是政府通过编制城市规划以及制定相关政策，来引导批发市场的空间布局。具体来说，城市规划决定着城市土地的利用结构及其空间布局，因而也就决定了专业市场的空间区位，其中商业网点规划是城市政府引导专业市场合理布局的有力手段，政府通过规划中确定的土地属性，决定是否向企业发放建设批发市场的"两证一书"，从而达到控制批发市场尤其是新建批发市场空间分布的目的。另外，政策还通过税收优惠等经济手段，合理引导批发市场的空间选择。

第四节　批发市场的发展模式

批发市场要走出目前所面临的困境必须实现转型，研究批发市场的发展模式对探讨我国批发市场的长远发展以及合理配置社会资源具有前瞻性意义。

一、批发市场发展模式的一般理论分析

批发市场发展模式是指在一定时期内批发市场的发展战略及其驱动要素增长机制、运行形态的特殊类型，它包括专业市场发展的功能、形态、驱动因素、参与主体等，它们是定义批发市场发展模式的基本落脚点，其中批发市场的功能和驱动因素是关键。

1. 批发市场功能的理论探究

（1）批发市场功能的宏观视角。

1）供给视角。市场是实现生产资源优化配置的基础。古典经济学时代，亚当·斯密（Adam Smith）在《国富论》里说道："分工的程度……要受市场广狭的限制"，"他追求自己的利益，往往使他能比在真正出于本意的情况下更有效地促进社会的利益"。没有市场就不可能实现分工带来的自利以及非出于本意的社会利益，就不能增加国家财富，这就是市场存在的合法性基础。市场的这种自发性使得斯密十分推崇放任自由的市场经济。本质上来说，这是从供给的角度阐释市场产生的原因。后来以阿尔弗雷德·马歇尔（Alfred Marshall）为代表的新古典经济学派为这种"自由放任秩序"建立了形式上"完美"的数学模型———一般均衡。在这个模型中，价格是最重要的自变量，这一模型也可以叫价格机制。达到一般均衡的过程，也是一个社会资源对价格的指引流动的过程，所以，价格机制调节社会资源的配置，再一次从供给角度，把包含价格机制的市场推到了实现生产资源优化配置的重要地位。

2）需求视角。有效需求是支撑市场存续的不可缺要素。依照价格机制来调节的市场虽具有及时性和灵敏性，但是当企业不断追逐市场上的高价产品生产导致产能过剩、供给大大超过有效需求时，则市场会衰减。这就是所谓市场的"盲目性"和"滞后性"。1929～1933年西方经济大萧条产生的原因，依据凯恩斯学派的观点，是有效需求不足；依据经典马克思主义经济学的观点，则是劳动者相对贫困导致的相对需求不足、进一步导致商品价值无法在市场上实现。国际经济学领域的林德学说，则从国际市场的角度说明了有效需求对形成市场的重要性。林德（S. B. Linder）认为，两国间之所以能够形成贸易市

场，是因为两国的收入相近导致的需求相近，若两国收入差距大则需求相去甚远，两国之间的贸易市场范围就非常有限。

供需匹配是形成市场的必要条件。考虑极端的情况，没有供给的市场和没有需求的市场都是不存在的。考虑更为现实的情况，若某市场所提供的供给质量已不能满足当前和未来的市场需求，则该市场将趋于衰竭，如英国曾经出现过的曼彻斯特专业市场的消亡主要是此类原因；或者是，若某市场的供给水平超过当前的市场需求，则该专业市场规模不足、尚需培育。

（2）批发市场功能的中观视角。影响某一产业供给水平的主要因素有生产要素丰裕程度和高级化程度、技术水平、产业组织水平。我们可以利用产品的"资本—劳动比"来判断某产品的供给水平，这一比例高则说明产品为资本密集型产品，这一比例低则说明产品为劳动密集型产品。也可以用"科研资本—劳动比"来判断某产品的供给水平，这一比例高则说明该产品为技术密集型产品。在全球产品内分工的背景下，我们往往可以从一国某产业参与产业链环节的高低端来判断一国某产业的实际供给水平。按照微笑曲线理论，产业从事研发、设计环节和品牌、渠道、物流、金融环节的附加值较高，而从事生产环节的附加值较低。

影响某一产业需求水平的主要是收入水平。按照马斯洛需求层次理论，随着人们收入水平的提高，需求由生理需求向安全需求、爱和归属感、尊重和自我实现进化。按照迈克尔·波特的钻石模型，企业对最接近的顾客的需求反应最敏感，国内需求水平对塑造本国产品品质和特色，产生技术革命和提高品质的压力起着非常重要的作用。因此，反映国内需求水平的收入水平除了可以决定本国需求水平外，也是反映本国某产业产品有针对性的消费需求人群，反映了所能满足的人群的需求水平，是反映某产业产品能够满足的需求水平的重要指标。

以保罗·克鲁格曼为代表的外部规模经济理论认为，当某一产业的大量企业集中在某一地区时会出现较大的产业规模，使产业内单个企业的生产效率提高、平均成本降低、收入增加。这从利用产业组织效率方面为形成市场提供了基础条件。将这一理论应用到具体市场的形成中去，当销售某种商品的大量企业和购买这种商品的大量需求者集中成为某个市场时，市场内单个企业的销售成本会降低，而单个需求者的采购成本也会降低。这与科斯的交易费用理论异曲同工。

（3）批发市场功能的微观视角。以罗纳德·科斯（Ronald Harry Coase，1937）为代表的交易费用理论认为，企业和市场是两种可以相互替代的资源配置机制，有限理性、机会主义、不确定性与小数目条件的存在使市场交易费用高昂，为节约交易费用，企业作为代替市场的新型交易形式应运而生。反过来思考，如果某种市场的存在使企业利用市场的交易费用低于不利用市场的交易费用，则会出现市场对企业的反替代。以义乌中国小商品城为例，它作为一种交易形式，可以把若干个产品所有者组成一个单位参加市场交易，从而减少了交易者的数目和交易中的摩擦，因而降低了交易成本。

而如果义乌中国小商品城未来不能持续降低交易费用，甚至反而使企业的交易费用上升，则会面临衰竭的威胁。

在科斯之后，奥利弗·伊顿·威廉姆森（Oliver Eaton Williamson，1977）进一步研究了影响市场交易费用的因素。可分为两组：第一组为"交易因素"，尤其指市场的不确定性和潜在交易对手的数量及交易的技术结构（指交易物品的技术特性，包括资产专用性程度、交易频率等）；第二组为"人的因素"（有限理性和机会主义）。市场的不确定性包括价格涨跌的不确定性、涨跌方式的不确定性、涨跌速度的不确定性、涨跌规模的不确定性、涨跌时间的不确定性、影响市场的关键因素的不确定性、突发政策的不确定性等。潜在交易对手的数量包括世界范围内的同类市场的发展情况以及本市场内企业数量情况。资产专用性是指用于特定用途后被锁后很难再移作他用性质的资产，若改作他用则价值会降低，甚至可能变成毫无价值的资产。威廉姆森将资产专用性（asset specificity）划分为五类：地理区位的专用性（site specificity）、人力资产的专用性（human asset specificity）、物理资产专用性（physical asset specificity）、完全为特定协约服务的资产（devoted assets specificity）以及名牌商标资产的专用性（brand asset specificity）。企业的资产专用性程度越强，则运用市场的交易成本越大，则专业市场趋向衰竭；反之，若专业市场的资产专用性程度越强，则专业市场越趋向繁荣发展。考虑义乌批发市场本身和市场内企业的情况，资产专用性的前三项内容没有太大可比性，因此可以用完全为特定协约服务的资产以及名牌商标资产的专用性来对比市场本身和市场内企业的情况，以判断专业市场是逐渐趋向衰竭还是趋向繁荣。交易效率特指一定时间内一个区域经济体中交易活动（与商业活动相联系）或业务活动（与行政活动相联系）进行的速度快慢或效率高低。若通过市场进行交易的效率高于通过企业依靠自身进行交易的效率，则未来市场继续替代企业进行交易；反之，市场的交易效率可通过每分钟成交笔数反映。有限理性和机会主义则可通过贸易纠纷情况衡量。

（4）批发市场功能的小结。通过供需集聚和节约交易成本扩散供需范围实现资源的优化配置。

综上所述，批发市场的功能归结于通过供需集聚和节约交易成本扩散供需范围，实现资源的优化配置，促进经济发展。

在图6-2中，AG轴和AH轴分别表示小商品的需求和供给水平，越远离A点代表水平越高，射线AN表示供需匹配点，只有在AN射线上的点才具备批发市场存在的基础。因此，批发市场的功能之一是聚集小商品的供给和需求，一旦供需集聚后，如果能够节约供需交易成本，则供需范围持续扩散直至交易成本不经济；A点表示某类产业企业平均节约交易成本能力，由A点向上表示批发市场节约交易成本能力高于该产业企业平均节约交易成本能力。反之，以此为基础，批发市场节约交易成本的能力越向上远离A点，则批发市场趋于扩张；批发市场节约交易成本的能力越向下远离A点，则批发市场趋于衰竭。如图6-2所示，由四边形ABIM到四边形ACJN表示批发市场趋于扩张，由四边形

ABIM 到四边形 ADKN 表示批发市场衰竭。因此，批发市场功能之二在于节约交易成本后使供需范围扩散。而供需集聚和节约交易成本扩散供需范围最终实现资源的优化配置促使经济高效发展。

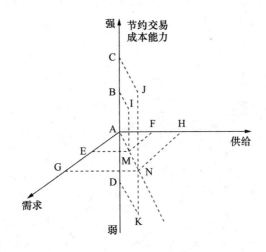

图6-2 批发市场功能的理论模型

2. 批发市场发展驱动因素的理论探究

罗晓芳（2008）提出运用发展动力机制模型分析批发市场发展的驱动因素。该模型运用系统论的方法，揭示影响和决定市场发展路径、发展模式和发展成效的主要动力因素及其相互作用的机理。系统动力学理论认为，存在复杂系统内的众多变量在它们相互作用的反馈环里有因果联系。反馈环之间有系统的相互联系，构成了该系统的结构，而正是这个结构成为系统行为的根本性决定因素，决定了批发市场发展的动力，其模型主要由内在动力、外在动力和时空条件因素构成。

所谓内在动力是指市场在发展过程中，市场自身所拥有的、区别于外部因素、客观存在的条件总和。主要有市场结构、交易成本、创新精神、服务效用、经商素质、经营秩序、交易方式、商品质量等，它反映了一个市场的发展基础条件和现实水平。内在动力子系统是市场可持续发展和综合竞争力的基础，也是市场发挥集聚和扩散功能的前提。

将促进批发市场发展的外来要素统称为外在动力因素，它们主要有商业习俗、历史契机、体制供给、政策法规、产业依托、市场需求、社会网络、销售网络等。

二、批发市场的发展模式

按照以上对批发市场发展模式一般理论的分析，尤其是功能和驱动因素的分析，批发市场的发展模式可分为以下几种：

1. 按功能划分

（1）积聚供需的批发市场。积聚供需的批发市场主要起到为小商品供需双方提供交易场所和平台的作用。因此，为满足此功能的批发市场，初期往往以扩大市场场所的建设投资、市场规模和容量为主，通过市场的扩大为供给方吸引更多的需求或汇聚大量的需求以吸引更多的供给方。

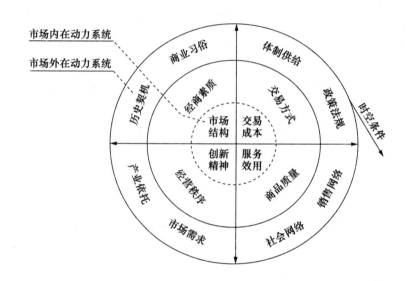

图6-3　批发市场发展动力模型

（2）节约交易成本的批发市场。随着供需双方数量的扩大，外部经济效应开始显现，为供需双方的交易降低了成本。但随着供需双方规模的进一步扩大，搜寻成本也随之提高。因此，如何通过结合管理机制和市场机制进一步降低交易成本是批发市场持续发展需具备的一个重要功能。

2. 按驱动因素划分

（1）内在动力驱动型批发市场。所谓内生动力是指在市场在发展过程中，市场自身所拥有的、区别于外部因素、客观存在的条件总和。内在动力驱动型批发市场的发展模式主要依靠市场结构、交易成本、创新精神、服务效用、经商素质、经营秩序、交易方式、商品质量等内在动力因素发展，它反映了一个市场的发展基础条件和现实水平。内部动力子系统是市场可持续发展和综合竞争力的基础，也是市场发挥集聚和扩散功能的前提。

（2）外在动力驱动型批发市场。商业习俗、历史契机、体制供给、政策法规、产业依托、市场需求、社会网络、销售网络等促进批发市场发展的外来要素统称为外在动力因素。外在动力驱动型批发市场主要依靠这些外在动力因素来发展。

3. 按市场扩张方式划分

（1）向外扩张型。向外扩张型批发市场，即批发市场以原市场为基础，不断向周边或某一方向扩展市场规模，新旧市场融为一体。

（2）滋生裂变型。滋生裂变型批发市场，即当旧的批发市场发展到饱和程度时，另辟新地培养滋生新的市场体，新旧市场共同存在，相互关联却具有相对的独立性。

三、批发市场发展模式的演变规律

虽然西方国家的批发市场最后走向了衰亡，但是中国的批发市场仍然在区域和国家经济发展中起到重要作用。这说明批发市场的发展存在一定的演化规律，某一批发市场若能遵循这些演化规律，则会持续繁荣；反之则会走向衰败，因此，研究批发市场发展模式的演化规律具有重要的现实意义。

1. 批发市场的功能由积聚低端供需向积聚高端供需转变

积聚供需是批发市场最基础的功能。既然是积聚供给和需求，则必定需要市场的发展符合供给和需求的发展方向。从供给方向上看，生产的科技含量逐渐提高，包括产品品牌在内的软实力在供给中所起的作用越来越关键，生产的环境和社会约束正逐渐影响供给方，互联网对传统供给的改造影响深远，无形产品的供给发展迅速。从需求方向上看，随着人们收入的提高，对产品的档次需求逐步提高，消费需求也出现多样化，消费诉求除了使用产品本身之外对情感、社会、环境友好等因素的需求逐渐增加。随着社会分工越来越专业化和细化，以及人们工作和生活方式的变化，信息产品和服务产品的需求也有较大发展空间。因此，批发市场的积聚功能要积聚符合供给和需求发展方向的供给和需求。否则不可能持续维持和扩大市场规模。

2. 批发市场由主要发挥积聚供需功能向降低交易成本功能转换

在批发市场完成了一定规模的积聚供需功能后，供需双方的搜寻成本会随之上升，如果市场无法提供比自建品牌和销售网络更低的交易成本，则批发市场会趋于衰竭。因此，批发市场只有从积聚供需功能转向进一步降低交易成本功能才能进一步积聚更大的供需规模。

3. 批发市场由外在动力驱动转向由内在动力驱动

虽然包括商业习俗、历史契机、体制供给、政策法规、产业依托、市场需求、社会网络、销售网络等在内的外在动力给批发市场的形成提供了历史前提，但批发市场作为一种市场，其存续和壮大之本在于市场特有的功能，包括市场结构、交易成本、创新精神、服务效用、经商素质、经营秩序、交易方式、商品质量等。外在动力驱使批发市场形成后，如果能进一步发挥市场的内在驱动机制则可反过来促使外在动力发挥更大作用，从而形成市场发展的良性循环。

4. 批发市场由向外扩张型向滋生裂变型转变

受资源、地理、市场规模及其扩张后的交易成本上升等因素限制，实体批发市场不可能实现持续向外扩张，而是由实体批发市场向虚拟批发市场转变，或由向外扩张型向滋生裂变型转变。这种滋生裂变型的市场有可能是同一种属内的垂直分化，也有可能是由原来的市场带来的管理经验、品牌效用引致的不同种属产品的水平扩展。

向外扩张型

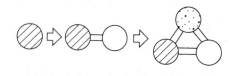

滋生裂变型

图 6 - 4　批发市场由向外扩张型向滋生裂变型转变

四、当前的中国批发市场发展模式总结——以义乌小商品城为例

表 6 - 1 中从市场功能、形态、驱动因素、参与主体四个主要方面总结了义乌小商品城的发展模式。当前义乌小商品城发展模式正由第三代市场的前期，即以实体市场交易为主的展贸市场，向第三代市场的后期，即以虚拟市场交易为主的展贸市场发展。

表 6 - 1　义乌小商品城发展模式演变

市场	功能			形态	驱动因素	参与主体
	交易标的	交易范围	交易关系			
第一代集贸市场	中低档次的、以生活为目的的最终消费品	附近县市	流通领域零售，交易关系不稳定；需求引导	现场、现金、现货交易	历史契机、商业习俗	农村居民、个体消费者
第二代批发市场	前期：集散型批发市场	档次不断提高，商品门类日趋齐全，物流服务交易	辐射至外地乃至全国	批发，稳固的购销关系，银行结算，流通领域；需求引导	总经销或总代理	体制供给、政策法规、市场需求、时空条件	以批发商为主体；生产企业逐渐参与；本地、外地经商主体；政府规范
	后期：集散型和产地型结合批发市场	档次不断提高，商品门类日趋齐全，物流服务交易，生产资料交易	全国	批发，稳固的购销关系，银行结算，生产领域；需求引导	厂家直销、前厂后店与中间销售商并存	产业依托、市场需求、体制供给	本地生产企业对市场支撑作用越来越大；政府引导
第三代展贸市场	前期：实体市场交易为主	质量不断提高、获得国际质量体系认证；生产资料交易；物流、展览、设计创意、信息等服务交易	全球	实地展示、洽谈、订单；需求引导	生产企业根据订单约定的要求来安排生产，按合同的约定时间交货；电子商务	商品质量、经商素质、经营秩序、交易成本、服务效用	有形商品生产供货商为主体，其次是代理商和批发商；服务供应商出现；政府引导

市场	功能			形态	驱动因素	参与主体
	交易标的	交易范围	交易关系			
第三代展贸市场	后期：虚拟市场交易为主	品牌产品、获得国际质量体系认证、满足个性化需求；生产资料交易；物流、展览、设计创意、信息等服务交易	全球	网络展示、洽谈、订单，线下体验；需求引导	生产企业为销售企业提供产品建议或根据订单约定的要求来安排生产，按合同的约定时间交货；电子商务	创新精神、获取信息能力、研发投入、经商素质、交易效率、体制供给	有形商品生产供货商为主体；服务商品供应商加速发展；政府引导

如果说过去义乌批发市场主要依靠由产业依托、市场需求、体制供给、历史契机、商业习俗、社会网络等因素构成的市场外在动力系统驱动，则 2004～2013 年义乌批发市场发展的实证结果表明，目前它的发展正转向由创新精神、高级生产要素投入、交易成本、服务效用、商品质量、经商素质、新型交易方式等因素构成的内在动力系统驱动，并且外在动力系统驱动动力空间受限，而内在动力系统仍需完善；市场功能由主要是积聚供需的功能向主要利用节约交易成本能力扩散供需的功能演变，由单纯的集聚有形商品功能向集聚有形商品、无形商品功能演变，但有形商品档次化、差异化、附加值不足，集聚无形商品能力仍有待提高；市场形态由单纯的实体市场向实体市场和虚拟市场兼具演变，但虚拟市场利用水平仍有较大发展空间；市场参与主体规模不断提高，但企业高级生产要素投入能力不足、投入仍然有限。

五、新形势下我国批发市场发展模式的局限

1. 中国批发市场发展面临的新形势

（1）制造业智能化发展趋势将弱化比较成本优势，对中小企业技术、资金实力形成考验。2013 年，一位美国专家指出："当我们将人工智能、机器人和数字制造技术相结合，将会发生一场制造业的革命。它使得美国企业家在本地建厂开工，生产出各种各样的产品。这样，中国还如何能与我们竞争？美国注定要重新获得制造业的领导权，而很快就该轮到中国去担忧了。"美国学者提出的向中国制造业宣战的三大技术相结合产生的制造模式，可以称为制造智能化，即智能制造。这将弱化义乌小商品的低价优势。

大数据是制造业智能化的基础，其在制造业大规模定制中的应用包括数据采集、数据管理、订单管理、智能化制造、定制平台等，核心是定制平台。定制数据达到一定的数量级，就可以实现大数据应用。通过对大数据的挖掘，实现流行预测、精准匹配、时尚管

理、社交应用、营销推送等更多的应用。同时，大数据能够帮助制造业企业提升营销的针对性，降低物流和库存的成本，减少生产资源投入的风险。利用这些大数据进行分析，将带来仓储、配送、销售效率的大幅提升和成本的大幅下降，并将极大地减少库存，优化供应链。同时，利用销售数据、产品的传感器数据和供应商数据库的数据等大数据，制造业企业可以准确地预测全球不同市场区域的商品需求。消费者与这些制造业企业之间的交互和交易行为也将产生大量数据，挖掘和分析这些消费者动态数据，能够帮助消费者参与到产品的需求分析和产品设计等创新活动中，为产品创新作出贡献。由于可以跟踪库存和销售价格，所以制造业企业便可节约大量的成本。

（2）服务要素成为制造业越来越重要的生产要素，弱化传统制造优势。制造业服务化就是制造企业为了获取竞争优势，将价值链由以制造为中心向以服务为中心转变。制造业服务化具有两层含义：一是内部服务的效率对制造业企业竞争力来说日益重要，已超过了传统的决定因素，诸如企业技术质量、人力资源质量、运作效率、资产数量。这些内部服务不仅包括产品和过程开发、设计、后勤、扩展训练、岗前培训以及价值链管理，还包括组织开发和协调、人力资源管理、会计、法律及金融服务。简单地说，竞争力不仅来源于传统制造活动的效率，也来源于内部服务的有效组织和提供，并且其重要性和复杂性逐渐提高。二是与物品相关的外部服务对顾客来说复杂性和重要性日益提高。物品—服务包不仅包括维护和修理，还包括购买融资、运输、安装、系统集成和技术支持，作为产出无形成分的服务，提高了物品的价值和销量。

（3）个性化消费需求的发展趋势倾向于使企业自建品牌、脱离专业市场。随着人们收入水平的提高，需求层次逐步提高，表现在对产品质量的要求提高和个性化消费需求的增加，企业往往要依据个性化需求扩大生产规模，否则个性化产品的价格高昂十分影响销售规模。因此，规模化地生产个性化的产品是迎合消费趋势的生产方式。但是，这也将使企业倾向于脱离专业市场建立自有品牌。如果专业市场不能提供给企业比自建品牌更有利于其生产或销售的帮助，则可能会退出专业市场，专业市场则会面临衰竭。例如，18世纪，英国斯托布里吉集市和德国莱比锡定期集市的规模都很大。当时的英国还形成许多地方性工业产品专业市场，著名的有威克菲尔德的圆帽市场、布雷德福的匹头市场、哈利法克斯的制造商市场、利滋的混合呢绒市场和白色呢绒市场，等等。但是，随着生产规模的扩大和消费需求层次的提高，企业大多很快都脱离专业市场进入了自有品牌和营销网络时期，专业市场就开始衰退乃至消亡了。

（4）以扩大市场规模来提高市场效用的空间受限。义乌小商品城采用划行归市的市场管理方法，同一类产品集聚在同一区域。动则以数以千计的摊位、店面的规模开展经营活动，采购商在这里货比千家，在产品高度同质的情况下，摊主之间为了争夺顾客资源，竞相压价。市场规模就像摊大饼，随着饼越摊越大，商品的利润就变得越来越薄。作为个别经商户，潜在地具有一种在整体中抢夺有利于个体的因素而不惜牺牲其他个体利益的动机。此外，不以差异化为基础的盲目扩大市场规模会扩大采购商的搜索成本，对提高市效用反而起负面作用。2004～2013年的数据显示，摊位数的增长对增加义乌小商品城成交额影响趋微。

（5）产业依托优势减弱、低价竞争弊端暴露。义乌的产业是集群式的块状经济，是中国的袜业城、衬衫之乡、拉链生产基地、饰品商标品牌基地、中国制笔工贸基地、最大的香水及彩妆生产基地，这些块状经济的主要载体都以日用小商品为主，大多依托义乌市场进行销售。这种集群经济在发展过程中出现过优势，但弱点也不断地暴露出来。产生集群的原因是由于产品生产技术要求不高，进入门槛低，造成了进入企业过多。多必争，竞争的最终结果是，低价成了产业集群与国内外市场竞争中的唯一竞争手段。据有关部门的调查发现，浙江产业集群内的企业普遍日子不好过，而集群外的企业反而比较好过。在这样的产业集群里，同质的企业相互竞争，同质的配套企业之间也相互竞争，在这样的产业链构成及不断延伸过程中，同类企业的恶性竞争在所难免，相互压价、低价竞争愈演愈烈。

（6）产业创新后劲不足。依据2004～2013年的实证结果，企业R&D投入经费的增长与义乌小商品城成交额的增长有密切关联。但是目前，义乌市场上销售的产品仍以中低档次为主，企业的R&D投入不足、对研究与开发不够重视是义乌工业发展的制约因素。陆立军等学者2009年的调查问卷表明，义乌企业R&D经费严重不足，有39.1%的企业R&D投入在1%以下，而达3%以上的企业仅占17.5%。而国际经验表明，一个企业的研究开发费用若只占销售收入的1%，这个企业肯定要失败；若占到3%，可以勉强维持；若占到5%，可以进行竞争；若占到8%，才能有所发展。

（7）外部需求的疲弱和来自国内外市场的竞争已形成双重威胁。义乌小商品城的外向度达到了60%以上，2004～2013年的实证结果表明，对外贸易的发展在影响义乌小商品城成交额的因素中排名第二。国际金融危机后各国采取的重返制造业战略使贸易保护主义重新抬头，并且采取的贸易壁垒越来越"合法化"。例如，以保护消费者安全为目的的技术贸易壁垒、以保护环境为目的的绿色贸易壁垒、以保护劳工利益为由的劳工标准贸易壁垒等。

从供给方面看，与义乌对接的国际小商品集散地已扩大至世界各国，有巴拿马的科隆、阿联酋的迪拜、智利等地，与义乌对接的境外批发市场有柬埔寨的中国商城、俄罗斯的海宁楼、巴西的中华商城、意大利的中国城、中东阿联酋的中国产品交易中心、南非中华门等10多个。义乌市场除了在品种上要胜于别人，且在价格也要保持优势，若价格优势没有，靠这"二腿支撑"的市场就体现不出全球第一的美誉。据《财富》杂志2003年的资料显示，中国出口到美国市场的产品和日本在美国产品处于完全直接竞争状态的只有16%，而和马来西亚产品处于直接竞争的达到50%，和印度尼西亚产品处于直接竞争的达到80%，和菲律宾的产品则处于100%的完全竞争状态。一大批发展中国家起步时普遍都按同一原理制定发展劳动力低成本战略。义乌市场上的商品若不能维持低价，则外商就会转向东南亚一带的供货商。

义乌市场模式也容易被复制，据陆立军等学者2009年的调查，有37.9%的经营户认为周边市场竞争是将来对本地市场发展影响最大的因素，例如2007年10月开业的东阳世界商贸城离义乌国际商贸城不到10公里，且几乎照搬了义乌批发市场的经营模式，力图通过与义乌批发市场的对接，分得一定的市场份额。

（8）人才匮乏。成功应对上述挑战，需要具备技术、营销、设计创意、管理、金融、国际贸易等方面知识的高级人才，企业家是否具备企业家精神和能力更是重中之重。令人担忧的是，据调查，在义乌市流通企业中，51.9%的高级经理人员国际贸易经验不丰富或不太丰富；50.3%的厂长经理较少或几乎不具有企业家精神。

2. 新形势下中国批发市场发展模式的局限及其原因

（1）小商品的低价竞争存在隐患。中国的小商品产业往往是集群式的块状经济，这种集群经济在发展过程中出现过优势，但弱点也不断地暴露出来。

（2）依托于专业市场的单个中小企业转型升级面临困难。以全国最有代表性的义乌批发市场为例，义乌市各类企业以中小企业为主。价格层面上的竞争依然是大多数企业的现实。义乌市企业以民营性质为主，大多数企业实行"家族式"的管理模式，缺乏科学完善的管理体系，企业高级管理人才和高端技术人才严重缺乏，制约了民营企业的发展。

（3）小商品生产资源消耗严重。中国资源利用率比世界平均水平低，小商品生产厂商绝大部分是劳动密集型的加工生产企业，这种企业对能源、资源等生产要素的依赖性很大，在粗放式的增长方式下，产出效率低，资源的耗费严重。随着我国环境对资源承载能力的制约，这种生产方式是不可持续的，这会直接影响批发市场在世界的竞争力。

（4）缺乏差异化的小商品需求弹性差。中国小商品以低附加值的日用消费品为主的缺乏差异化的出口产品，多数在发达国家市场带有"杏芬商品"的特征，其收入需求弹性小乃至呈负值，需求因为市场规模与这些国家中产阶级的收入呈负相关联系。近年来，尽管中国小商品的质量有所提高，但还属于中低档次，缺少高档的耐用消费品，这是导致需求弹性差的根本原因。市场上销售的廉价商品，使外国消费者形成了中国货等同于低质、低价商品这样的固定概念。例如，义乌新光饰品已成为我国国家品牌商品，它花样多、翻新快，价格便宜，但白领消费者很少有人去买，因为它的款式、造型、工艺等还未受到中产阶级的青睐，与国外的中高档产品差距还较大。这些低附加值商品只能满足低收入人群的需求，要进入中产阶级和富裕人群的家庭则有些难度。

（5）外部需求疲软背景下，外部依存度高的小商品出口面临挑战。根据海关总署2015年1月13日公布的数据显示，按美元计价，2014年我国进出口额比2013年同期增长3.4%，较2013年年初制定的7.5%左右的目标差距较大。同时，这也是我国外贸增速连续三年没能完成预期增长目标。我国批发市场外部依存度高，在此背景下，小商品出口销售面临较大的下滑危险。

📖 本章案例

中国各地的批发市场

（1）义乌是我国批发市场最发达的地区之一，在贯彻"兴商建市"的城市发展战略下，形成了以小商品城为龙头、专业市场和专业街相互配套、本地市场与市外分市场相呼应的市场群落和市场网络体系。

义乌批发市场与城市发展的关系。义乌市场发展之初位于城市中心区，随着批发市场的不断搬迁升级，不断地引领城市向外拓展，并始终位于城市的中心区域。市场发展引导城市整体形态演变，从义乌城市发展来看，20世纪80年代以来的四代批发市场建设，促使城市从小城镇、小城市发展成为中等城市，引导城市形态向市场周边地区扩展。目前，围绕义乌市篁园路中国小商品城、宾王路宾王市场、城西路浙中生产资料市场、义金公路义乌农贸城的四大市场群形成了义乌城市中心区、工业区、居住区、物流中转区等城市重要功能区和城市道路网，并随着专业市场的细分扩展，城市进一步向外拓展。市场成为城市中心区的基本功能与基本构成，在义乌市，专业市场成为城市中心区的基本功能。以篁园路中国小商品城、宾王路宾王市场为中心，围绕市场区带动城市的商业贸易、信息服务、生活服务、社会事业及相关行政管理职能部门的发展，形成城市的块状中心区。

（2）华南城全称华南国际工业原料城位于深圳市龙岗区平湖物流基地园区，规划占地面积约150万平方米，总建筑面积约220万平方米，总投资逾50亿元人民币。是集交易、展示、电子商务、信息交流、仓储、配送、货运以及金融结算等功能于一体的超大规模工业原材料专业交易中心，也是集采购、旅游、餐饮、休闲、娱乐为一体的现代综合商贸物流城。其值得广州市批发市场借鉴的经验包括以下几个方面：采购休闲娱乐一体化，现代综合的配套设施带来人气的旺盛；合理的功能分区，交易区、会展区、行政办公区、物流区和商务娱乐区形成合理分工，各功能分区的建筑构成比例分配协调。华南城一期建筑面积约50万平方米，已于2004年12月6日全部投入运营。第二期建筑面积逾170万平方米，2007年7月已全面动工建设，其中纺织、皮革交易中心二期将于2008年12月投入运营，国际环球物流中心将于2009年8月完工。建成后的华南城将成为全国乃至世界规模最大、品种最全、现代化程度最高的工业原材料及产品展示交易中心、综合商贸物流中心和高端生产服务业基地。

（3）绍兴中国轻纺城是亚洲最大的纺织品贸易中心和原料交易中心。中国轻纺城以主体市场为龙头、配套市场为两翼、要素市场为支撑的完整市场体系，基本实现了由传统专业市场向现代专业市场、单一市场向综合市场的演变。其值得广州市批发市场借鉴的经验包括以下几个方面：园区化、合理分工，四大市场贸易平台和一个物流中心形成合理有效的分工；市场配套现代化，开辟联托运线路近百条，拥有"全球纺织网""网上轻纺城"和"市场管理信息系统"三大网络平台；经营模式国际化，销售网络遍布全球，开辟"纺博会"提升市场知名度；市场管理规范化，现代企业管理体系全面实施，一站式服务体系应运而生。

（4）中国商品交易中心位于辽宁省海城经济开发区，西侧靠近沈大高速公路、北侧靠近海牛路、南侧面临海城河，总占地面积3850亩，规划以"中国商品交易中心"项目为核心，为提高人气资源，同时配套"中国商品展贸中心、中国商品交易中心会所、世界最大的室内海洋世界、欧洲风情商业街、31个省市展销厅、新农村示范小区"六大项目。中国商品交易中心凭借政策资源、国际资源建立进入国际市场通道，聚集国内商品，以规模化、标准化、国际化、系统化的四化模式建立国际商业品牌，整合海城地域特色，建立国际商品交易体系，打造国际信息、展销平台。采购休闲娱乐一体化，现代综合配套设施带来人气的旺盛；合理的功能分区，交易区、会展区、行政办公区、物流区和商务娱乐区形成合理分工，各功能分区的建筑构成比例分配协调。其中主要建筑指标如下：总占地面积256公顷，综合容积率0.5，展会中心总建筑面积约50万平方米（包括展厅、演播厅、多功能厅、卫星厅、信息平台、外贸干港、仓库等），产业基地总建筑面积约20万平方米（包括生产厂房、研发中心、服务中心等），其他配套设施总建筑面积约30万平方米（包括住宅、商业、金融医疗、教育等）。

问题：

多种批发市场发展模式中，其利与弊分别是什么？你对未来批发市场发展有什么期待？

本章小结

批发市场是城市流通产业的重要组成部分，是彰显城市中心功能的重要载体。

1. 业态发展与空间布局趋势

具有专业化、大型化的特点，同时同质化现象较为严重，功能上呈现综合化、复合化趋势；经营模式呈现商务化、展贸化，产销一体化趋势；交易方式逐渐以电子商务为主。在空间布局上呈内、中、外三大圈层结构，向外发展的趋势明显。

2. 布局影响因素及其机制

影响批发市场空间布局的因素综合起来，主要有市场因素、区位因素、科技因素和政策文化因素，但每个因素的影响机制各有侧重，在它们的共同作用下，批发市场的业态发展和空间布局才呈现出以上发展趋势。

3. 批发市场空间布局优化

以广州市为例，在上文"说理"的基础上进行"演绎"，分析广州市批发市场的发展历程、发展特点、影响因素，最后提出广州市批发市场圈层式、园区式的总体布局优化策略，并针对不同类的批发市场提出具体的布局策略由于批发市场是商业网点的一种，因此，其发展与分布具有商业网点的一般特性，趋于布局在交通便利的地方。但是，批发市场又不同于一般的零售商业网点，其布局与对外交通条件、批发市场类型等关系较为密切。在我国，批发市场多分布在城市中心区，交易模式也比较传统，多为现货交易，因而容易引致交通、环境和消防问题。但是，由于我国批发市场的买家和卖家多为小商家，一次性交易数量有限，交易商家都非常依赖城市中心便利的环境。因此，在城市改造中，一味地要求将批发市场从城市中心迁移到城市外围是不可取的。在其空间布局上，建议进行分层次分类别地对中心城区内的批发市场实施空间管制，即内圈层批发市场进行转型升级，其他向中、外圈层转。

📖 关键术语

批发市场；体系；业态；布局；模式

📖 分析与思考

1. 为了更好更快地实现批发市场空间布局的形成，更好更快地实现市场集中集约式发展，尽量减少对市场行为的行政性影响，因此应专门对中心城市场的搬迁问题进行研究。

2. 城市批发市场的空间布局仅仅从理论上、数据上提供一个决策依据，而一个城市商业发展涉及的利益主体太多，因此在大型批发市场的引导中逐一研究每个市场的发展政策，以人为本，减少矛盾的产生。

3. 与商业、服务业时空变化有关的技术法规、规划措施、政策法令等的研究。

第七章
批发市场企业

教学目的及要求

本章节旨在通过批发市场企业特征的教学，拓宽学生知识面，提高学生对流通企业特性的了解，深入理解批发市场企业的经营与管理；通过批发市场企业种类的教学，使学生能够根据不同的标准，分析总结各类批发市场企业的特点和职能；通过批发市场企业经济效益的教学，使学生深入了解批发市场企业发展的内在动力；通过批发市场企业职能的教学，培养学生的全局性思维，开阔视野。

教学重点及难点

掌握批发市场企业的特性；掌握批发市场企业的分类标准及种类；了解批发市场企业的主要职能；了解关于批发市场企业经营管理方式及经济效益。

第一节　批发市场企业的特征

现代意义上的企业，是指从事生产、流通等经济活动，为满足社会需要并获取盈利，进行自主经营、实行独立经济核算、具有法人资格的基本经济单位。其中，直接创造物质产品的称为生产企业；专门从事批发商品流通，而不直接创造物质产品的，称为流通企业。批发市场企业是指将批量从生产企业或其他企业购进的商品销售给其他商业企业继续流通或销售给其他生产企业进一步加工的商品流通企业。

一、企业的一般特征

企业是以特定利益为目的的经济组织，是社会经济的组成部分，并且是一个经济运行系统。

1. 企业是一种经济组织

企业从事专门的经济活动，向社会提供商品和劳务，取得相应的经济利益，并承担相应的经济责任。这一点体现了企业与政府机关、特别是经济管理部门的根本区别，后者如工商局、税务局、商检局等，其职责是对经济活动进行一定的监督、管理，它们不从事直接的经济活动，不直接承担经济责任，各项开支由国家财政预算拨款，也不存在自负盈亏的问题，显然不是经济组织。作为经济组织的企业，也不应当具有管理行业、部门或地方的行政职能，否则便不是真正意义上的企业。

2. 企业具有营利性

企业是一种经济组织，但并不是所有的经济组织都是企业。从系统论的观点来看，每一个企业都是一个投入产出系统，从外部环境取得各种资源，如土地、资金、劳动力、技术设备等，经过一个转换过程，取得一定产出，产出大于投入，即是盈利；反之，产出小于投入，就是亏损。在亏损的情况下，企业如果不能得到外部"输血"，就很难生存下去。同时，由于每一个企业又是国民经济大系统的分系统，所以还承担着有效利用由其使用资源的使命，企业不能盈利，就说明它不能完成相应的使命，造成了社会资源的浪费。这两方面都表明盈利对于企业有着至关重要的意义。凡勃伦在《企业论》中一针见血地指出"在企业中凌驾一切的是盈亏问题"。

3. 企业从事的是商品经济活动

企业所提供的产品或劳务是用来在市场上出售的，或者说具有商品性。在现代市场经济中，企业作为商品生产者和经营者，生产出某种产品或提供劳务只是第一步，把这些产品或劳务卖出去才能真正实现其价值。归根结底，企业是为消费者（或用户）而生产的，这就要求企业各项活动都要以市场为中心，围绕市场需求而展开。在现代经济社会中，工厂为了销售而生产，商店为了销售而进货，企业作为商品生产者和经营者的性质是十分明显的。

4. 企业是独立核算的经济组织

企业作为独立的商品生产者和经营者，不仅具备自主经营的权利，还具有独立的经济利益，企业之间的关系是平等的、独立的商品生产者和经营者之间的关系，遵循等价交换的原则。企业有自己的资金运动，并以收抵支，对自己的盈亏负责。为此，必须实行独立的经济核算，成为一个独立的会计主体或会计单位，凡不是独立会计的就不是企业。

5. 企业是经济法律关系的主体

企业在经济活动中，作为经济主体参加经济法律关系，享有法律赋予的权利并承担相应的义务。第一，企业是依法登记的组织。第二，企业具有能独立支配的财产。这是企业独立进行生产经营活动的基本条件，也是企业能够参加经济法律关系，享有权利，承担义务的物质基础。这为企业具有独立支配的财产提供了法律保障。第三，企业能够自主地进行生产经营活动，能够以自己的名义参加经济法律关系，享有权利，承担义务。企业作为经济法律关系的主体，它最本质的特征就在于能够独立自主地进行生产经营活动，以自己的名义享有权利，承担义务，这构成了企业法律主体资格的实质性内容。第四，企业能以自己的名义参加经济争议的仲裁和诉讼。企业在生产经营活动中必然要和外界发生多种多样的经济关系。为保障经济法律关系的稳定性，切实保护企业的合法权益，惩罚经济违法行为，企业在和外界发生经济争议时，能以自己的名义作为申诉人或被诉人参加仲裁机关组织的经济仲裁活动，也能作为原告人参加法院组织的经济仲裁活动。从程序方面，保证企业享有诉讼权和正常行使诉讼权，是维护企业法律主体资格极其重要的法律措施。

二、批发市场企业的特征

批发市场企业作为具有代表性类型的企业有其特有的特性：

1. 以商品的购、销、运、存为基本业务，购销业务发生的次数少，但每次成交额较大

商品的购进、运输、储存、销售也是商品批发过程中的四个基本环节。它们在批发过程中各自处于不同的地位，起着不同的作用。在这四个基本环节中，购进和销售起着主导作用，它们制约着批发市场过程中的全部经济活动。通过"购"，商品不断地从生产领域进入流通领域，最终进入批发市场；通过"销"，商品又不断地离开流通领域进入消费领域。一方面"购"为"销"提供了物质基础，购是销的前提；另一方面，"销"是"购"的目的，"销"又制约着"购"，销是购的必要条件，因为只有把购进的商品销售出去，"购"才能成为必要的和可能的。可见，"购"和"销"是对立的统一，而运输和储存又是实现购进和销售的必要条件。我国《企业法》规定了企业有生产计划权、产品销售权、物资选购权、资金使用权、财产管理权以及财务管理权、劳动人事权等。因此，合理组织商品批发过程中的四个基本环节，是实现商品批发过程的基本要求，提高商品批发经济效益的重要途径，也是商品批发企业的基本职能。购销活动大多成批进行，交易量大，交易次数与零售企业相比不太频繁。

现代企业是进行严密分工协作生产或经营的组织，企业的整个生产经营活动过程，采用不同的设备和使用不同工种的职工从事劳务活动。细致的劳动分工要求严密的劳动协作，人的活动要与机构配置保持一致，不同机构的活动也要在管理者统一意志的指挥下协调运行，保持一致。只有企业的管理者、管理机构以及企业的各部门构成一个整体，才是一个独立的商品经营者，而企业内部的各部门或单位是不能作为独立的商品生产者或经营者的。批发市场企业的这种统一性和整体性不仅体现在企业各部门或各机构职能的衔接以及运行的相互协调上，还体现在企业目标的一致及购销业务成交额的总额上。

批发市场企业的成交额相比较普通企业，成交数量比较少，但是成交额比较大，这与批发市场企业本身的性质有密切关系。生产企业的主要精力在于产品的制造和技术的改进。尽管在市场营销观念的影响下，生产企业也开始重视和研究市场，但同批发市场企业

相比，它与消费者和用户直接打交道的机会毕竟要少。生产企业的原料供应和产品销售一般都要通过批发市场企业，即大量的市场信息要靠批发市场企业的反馈。批发市场企业一端联系着生产企业，一端联系着消费者和用户，是生产与消费的桥梁和纽带，在市场当中居于中介地位。批发市场企业信息灵、反应快，引导着生产和消费，可大幅度降低市场交易成本。但同时必须保证一定数量与规模才能保障批发市场企业的效益。

2. 一般商品需要经储存后才能销售

批发市场企业对经营的商品基本上不进行加工或只进行浅度加工。批发市场企业的主要职能是组织商品的批发与销售，实现商品的使用价值和价值。与生产企业不同，它们对经营的商品基本上不进行加工或只进行浅度加工。大部分商品，特别是生产资料中的机电产品和大部分消费品，经过商品批发过程，其使用价值和外部形态不发生变化。

近年来，随着流通规模的扩大，为解决生产的"少品种、专业化"与消费多样化之间的矛盾，批发市场企业发展较快。但是由于批发市场企业工作性质、技术、经济等方面因素的制约，批发市场企业加工与一般生产型加工相比，有自己的明显特点：首先，批发市场企业加工的对象是进入流通过程的商品，而生产加工的对象不是最终产品，而是零配件，半成品或初级品。其次，批发市场企业大多是简单形式的加工。一般来说，生产加工是进行复杂形式的加工，以形成人们所需要的产品；批发市场企业加工则只改变商品的外部形态，不改变其性质和使用价值，是对生产加工的一种辅助和补充。最后，批发市场企业加工的目的是为了促进销售，维护产品质量和提高流通效率，更好地满足运输、装卸、保管、销售和使用等方面的要求。从价值观点来看，批发市场企业加工的目的在于完善其使用价值并在不做大改变情况下提高价值，而生产加工的目的在于创造商品的使用价值和价值。

生产企业通过对原材料和半成品进行加工、制造，改变其内部结构、外部形态和物理化学性能，从而形成新的使用价值。在该过程中付出的活劳动也物化到产品中去，创造出新的价值。进入流通领域，批发市场企业通过购进、运输、储存、销售等一系列流通活动，将商品由生产企业转移到消费者或用户手中，完成商品的空间位移和价值形态变化。商品的使用价值保持不变，商品的价值在商流（购进和销售）中也保持不变。在这个过程中，批发市场企业要投入一定的物化劳动和活劳动，从而发生一定的流通费用。

与商品的两个因素相联系，商品批发费用可以区分为两大类。商品是使用价值和价值的统一，商品的运动既是使用价值的运动，又是价值的运动。由商品使用价值的运动所发生的费用，如商品的运输费、保管费、装卸费、包装费等，其性质是发生在商品批发领域里的生产性费用，从事这些物流活动的工人也是生产工人，同样创造价值和剩余价值，因而会增大商品的价值。由商品的价值形态变化所发生的费用，即纯粹同买卖行为（商流）相联系的费用，如广告费、簿记费、业务人员的工资、差旅费等，它们和使用价值的运动无关，纯属非生产性的开支，不形成价值和剩余价值。

纯粹流通费用由于不是商品价值的构成部分，因而也就不能从售卖的商品的实际价值中得到补偿。但它是由商品价值形式的变化所引起而进入流通过程中，从而也就进入了再生产总过程。在平均必要的限度内，批发市场企业必然会把纯粹流通费用加进商品的售卖价格中去，以求得到补偿。不仅如此，由于纯粹流通费用是批发市场企业预付的资金，它还要参加利润的分配，取得相应的平均利润。这样一来，流通资金加进社会总资金的部分就会适当增加，从而导致社会平均利润率的降低。可见，这种借助于加价的补偿方式，是对社会剩余产品及其价值的一种扣除。

鉴于上述特点，为了保证销售业务的开展，批发市场企业在开展流通加工业务中要保持"适度"的原则，需要有适当的商品库存量。同时，为了保护商品的安全、完整，如实地反映库存商品的资金占用额、为成本管理提供有关资料，对批发企业的核算方面需要加强对商品的控制，既要控制金额又要控制数量。为适应这一客观需要，批发企业一般都采用数量进价金额核算。

3. 商品经营多按购销合同执行

商品经营是指商业企业通过一定购销形式和流转环节将商品从生产领域转移到消费领域的经济活动。它是批发市场企业一切经济活动的中心，是商品实体运动和商品价值实现的统一。购销合同是中国经济活动中用得最多、最广的经济合同，也是经济合同法律关系中最基本的经济合同形式。它属于特殊类型的买卖合同。购销合同是转移财产的经济合同，其标的必须是财物，只能是具有价值和使用价值的实物形态的财产。《中华人民共和国企业法》规定："设立企业，必须依照法律和国务院规定，报请政府或政府主管部门审核批准。经工商行政管理部门核准登记，发给营业执照，企业取得合法资格。"在批发市场企业进行经营的过程中，经营客体主要是有形物品，是法律允许流通的。具有如下特征：首先，购销合同是依照等价交换的原则进行的。在批发市场企业中，供方自己生产或经营的一定数量的物质财产有偿转让给需方，也就丧失了对该财产的所有权或经营管理权，需方交付了价款也就取得了该财物的所有权或经营管理权。其次，在批发市场企业活动中，签订购销合同可根据市场供需情况和当事人的实际需要来签订。购销合同按其标的不同，可以分为工矿产品购销合同和农副产品购销合同两大类。按其购销形式不同，可以分为供应、采购、预购、购销结合、协作及调剂6种合同。供应合同，是物资部门和工业部门之间以及工业部门相互之间，根据物资分配计划，以生产资料调拨供应为内容而达成的协议。采购合同，是工业、商业和其他单位，为了生产、流通等方面的需要，购买产品、原辅材料等而签订的协议。预购合同，是国营商业和供销社与农业生产单位之间对一些特定的农副产品在收获前预订收购的协议。预购方给付预售方一定的预付款，预售方在农副产品收获后按合同约定的标的数量和质量交售给预购方，预购方补齐价款。购销结合合同，是商业收购部门在收购农副产品时，同时供应农业生产部门某些必要的工业品的合同。收购农副产品与销售工业产品互为条件，两种购销关系存在于同一合同中，每一方当事人既是购货方，又是销售方。结算时，各作各的价，各付各的款。协作合同，也叫物资协作合同，是协作双方在保证完成国家任务的前提下，交换本单位有权支配的生产资料或生活资料而签订的合同。调剂合同，是为各地区、各部门、各企业之间调剂物资余缺而签订的协议。它是物资、工业和商业部门有组织、有领导地通过召开调剂会议而签订的。

发生在商业领域的流通费用，按其是否参与商品价值的形成，可分为生产费用和纯粹流通费用。在购销合同执行的过程中，生产性流通费用支出的多少，会直接影响商品价格的涨落，以及人民实现生活水平的高低。纯粹流通费用只能从生产劳动者为社会劳动所创造的价值中得到补偿。因而，它的变化，不应引起商品价格的变化。在商品价格一定的条件下，它的节约，会相对地增加盈利。因此，纯粹流通费用支出的多少，会直接影响企业利润和国家积累。商品流通费用，分别发生在批发市场企业经营活动的不同阶段，参与不同环节商品价格的形成。商品的购进价格加流通费用是制定商业价格的最低界限。耗费在商品流通中的费用，按其与商品流通的密切程度，可以分为直接费用和间接费用。正确地核算商品的流通费用，是合理制定商品价格的必要条件。核算商品流通费用要遵循下列原则：①商品价格中内含的流通费用，应按商品的品种或类别分别核算，不能不分品种、类别，用企业经营的所有商品的混合平均费用计算。②价格中的流通费用要按商品流转环节分别核算。③商品价格中，流通费用的各个项目，凡是规定计费办法和定额标准的，要按规定的计费办法和定额标准来计算。

4. 关系与功能的新构造

（1）批发企业的功能再造。由于我国批发企业普遍经营规模不大，经营区域有限，系统或地区的从属性过强，特别是国有批发企业，大多数仍未摆脱行政干预，传统经营观念和经营机制不完善，阻碍国有批发企业的发展，难以起到优化商品流通的主导作用。任何一个批发企业，如果经营观念落后，经营手法陈旧，其地位就难以巩固。如果整个批发行业功能衰退，不能适应现代竞争的需要，就会出现生产商和零售商的"越位"，流通通路的"短路"也就在所难免。因此，要建立一个健全高效的流通高速公路，批发组织的功能再造是一个亟须解决的问题。批发企业无论是在流通一体化中作为主导企业或依附企业，还是单独地执行其批发职能，要想不被其他企业所取代，必须进行自我改革，根据自身条件进行以下方式的转化：

其一，向多功能转化。对我国的批发企业，尤其是国有批发企业来说，应该改变传统的批发业概念。从我国流通业的现状看，生产企业的自销、零售企业向生产企业的直接进货都是批发机能的具体表现，对传统批发企业形成了一定的冲击。因此，批发企业必须对自身的社会存在机能进行再发展、再构建。实力较强的批发企业可以朝功能多元化方向发展，为生产商和零售商提供全面的、高质量的服务。现代批发企业的基本功能主要包括：①贸易功能，根据市场需求向生产者大批量购进商品后小批量配销给零售商；②储运功能，通过仓储和运输，解决商品产销之间的空间矛盾和时间矛盾，尽量降低生产商和零售商的库存；③融资功能，直接或间接地向生产商和零售商提供财务援助；④信息功能，向生产商和零售商提供市场信息和咨询服务等。

其二，向经济型转化。与多功能型方向相反，一些实力较弱的地区性批发企业，要在激烈的竞争环境中生存下去，可以借鉴国外经验，向有限职能批发商方向发展，如现购自运批发商、直运批发商、卡车批发商、货架批发商、邮购批发商等，其经营方式只提供批发商的一部分职能或一部分服务，以低毛利、低费用、低价格为竞争优势，向零售商提供更经济实惠的货源。

其三，向总代理、总经销转化。总代理、总经销的经营方式是现代批发业的发展潮流，它有利于建立工商之间长期稳定的合作关系，避免了商业企业不分大小都到生产商进货的诸多弊端。批发企业推行这种经营方式，要注意抓好名牌商品经营并挖掘那些具有潜在市场的商品；在与厂家的关系上，要坚持"利益均沾，风险共担"的原则，注重信誉，避免短期行为；有条件的批发商还可采取参股、合资合作等方式，充当生产企业的总代理、总经销；积极探索开展经纪人、定牌监制等多种经营方式。

其四，向现代物流中心转化。和传统批发业相比，物流配送中心是现代批发业的主要形式。我国批发企业所具有的良好信誉和庞大进货渠道是许多零售企业所无法比拟的。批发企业可以充分利用现有仓库、网点、设施设备加以改造，逐渐发展成为集储藏、保管、包装、加工、分货、配送、运输等功能于一体的信息系统化程度较高的专业物流配送中心，为零售企业提供商品配送服务，实现零售商的零库存，为生产商解除后顾之忧。

其五，向综合商社转化。综合商社作为一种集内外贸、生产加工及金融为一体的大型商贸组织，具有规模大、多元化、综合实力强等优势，不仅在国内商品流通中占有举足轻重的地位，而且有利于开发国际市场。一些规模较大、实力雄厚的国有批发企业可以在政府的支持下，通过联合、兼并、参股、控股或连锁的形式向多领域拓展，建立起全国范围的商品流通网络，形成对内贸和外贸两个市场的控制能力，逐步向综合商社方向发展。

作为商品流通通路中间环节的批发企业，无论向哪一种方式转化，都必须以现代化科技为基石，这是现代批发商业的一个最基本要求。从商流方面的订货、发货、结算处理，信息流方面的情报收集、分析、传递，到物流方面的货物进出库、分拣、分类、包装等，都应实现自动化管理。只有这样，才能加快流通速度，降低流通成本，从而适应现代市场竞争的需要。同时，只有批发组织内部结构与管理进一步优化，它所形成的批发流通结构才是一种优化的结构，由此而形成的商品流通通路才是优化的通路。

（2）批发企业的关系再造。鉴于当前批发商与生产者、零售商相互对立的竞争关系，必须采取有力措施，对商品流通渠道诸环节组织之间的经营关系进行再造，使批发商与其他相关企业形成紧密合作的伙伴关系，变直接竞争为互补竞争。具体来说，批发商业可以通过建立垂直渠道系统即商品流通一体化经营，与生产者、零售商建立起一种新型的产销同盟和分工协作体制，最大限度地提高整体流通效率和市场竞争力。根据联系方式和紧密程度的不同，可以将流通一体化分为三种基本形式。

其一，产权维系一体化。产权维系一体化是指一家批发企业通过控股的方式（直接控股或层层控股），拥有并统一管理若干工厂、零售机构，控制某种或某类产品的流通渠道，实行从生产经批发到零售的一整套综合经营网络。这是联系最紧密的一体化形式。日本综合商社所组成的集贸易、金融、信息、产业、投资、综合服务等于一体的国际化、多元化、集团化的经济集合体就是典型的产权维系型流通一体化网络。我国在此方面也作出了一些尝试，如 1992 年成立了上海内外联公司，通过参股、控股将业务扩展到各行各业，其下属有生产各类产品的实业公司，有面向全国的批发公司，有面向中高档消费群的综合商厦，也有面向大众消费者的连锁超市，其成员已形成稳定的抗风险系统，在外部环境变化的条件下，能借助不同产业和不同功能，互为支持，互为补充，从而发挥出最佳规模经济效益。

其二，契约维系一体化。契约维系一体化是指由相关的生产单位和流通单位，为了取得更大的经济效益，以契约形式维系起来的一种流通网络。这种一体化形式较之产权维系一体化要松散一些，但因有合同的约束，其关系也能保持一定时间的稳定。目前，在国外较流行的一种连锁形式——自愿连锁组织就是靠协议和契约来维系的联合体。由于近几十年国外大型零售集团和正规连锁商店的兴起，对批发商和中小零售商构成了严重威胁，为了与之抗争，一些批发商与独立中小零售商自愿组织起来成立联合体，零售商在契约下以一定的进度、按一定的数量从批发商进货，而批发商则许诺以较低的价格向其零售商成员提供产品并进行一定的广告宣传，还帮助它们解决管理问题，甚至提供财务帮助。有些自愿连锁组织还与生产商联手，形成一个较稳定的产供销一条龙组织。这种联合体是我国目前组织化程度低而分散的中小流通企业提高竞争力的有效途径。

其三，管理维系一体化。管理维系一体化，既不是同一投资系统组织的，也不以双方订立契约为基础，而是一家批发企业由于规模大、声誉高、实力强、管理效率高，因此得到流通环节中其他组织的自愿依附，形成较稳定的合作伙伴关系。如现代化的大型物流中心，其高效率的配送功能能极大地提高生产企业和零售企业的经营效率，尽管没有产权和契约的维系，也能赢得流通两端企业的信赖。另外，如果制造商拥有深受消费者喜爱的名牌产品，管理系统也容易获得成功。如美国通用电气公司、通用食品公司等大制造商，就是由于上述原因获得了批发商和零售商的合作，在商品定价、展销、货柜位置和宣传推广方面，批发商和零售商都愿意听从制造商的意见，形成了一种相互依赖、相互协作的工商关系。

从上面三种形式来看，建立流通一体化的渠道成员关系，关键是要有一个对市场具备一定控制能力的主导企业。而当前我国商品流通领域所出现的一些无序状态，在很大程度上是由于缺乏真正具有市场控制能力的流通主体。因此我国在流通体制改革中，通过"抓大放小"，推进批发商业进行战略性改组，逐步引导和培育出一批以中小生产者和零售商为目标市场，集贸易、加工、仓储、运输为一体的大型批发企业集团或股份公司，使之成为流通领域的"主力军"，并以此为中心构建一体化的流通网络，从而带动中小生产企业和流通企业的发展。

5. 批发市场企业的"商业利润"来自生产企业让渡，经营周期短，资金周转快

批发市场企业的利润除部分由自身物流活动创造而来外，其余由商流活动赚得的

"商业利润"，来自生产企业的让渡。从表面上看，商业利润表现为商品售卖价格高于购买价格的余额，它似乎是在流通领域内产生的。但事实上，资本在流通领域内是不能自行增值的。批发过程中单纯的加价绝对不是商业利润的真正源泉，而只能是批发市场企业获取商业利润的方式。在社会主义市场经济条件下，商业利润的真正源泉仍然是产业工人所创造的剩余价值。由于批发市场企业专门为生产企业经营推销商品的业务，为生产企业节约了大量的商品流通费用，加速了资金的周转，因此，生产企业就必须把一部分利润让渡给批发市场企业，作为商业利润。这一让渡是由商品的价格差额来实现的，即生产企业按照生产价格把商品卖给批发市场企业，批发市场企业再按商品的批发价格把商品出售给零售商，从而获得商业利润。

生产企业向批发市场企业让渡商业利润是在双方的竞争中实现的。竞争的结果是双方的资金利润率趋向平均，让渡顺利进行。如若生产企业的平均资金利润率高于批发市场企业的平均资金利润率，资金就会向生产企业转移，导致流通萎缩；如若生产企业的平均资金利润率低于批发市场企业的平均资金利润率，资金就会向流通企业转移，导致流通规模的扩大。近年来，我国之所以出现全民经商、生产企业热衷自销、期货市场勃兴等现象，原因就在于批发市场类的流通利润过高。

批发市场企业与生产企业相比，经营周期较短，资金周转较快。这是因为：第一，批发市场企业在资金周转过程中，少了生产这个环节。生产过程受技术条件、自然力作用、产品特点等因素的制约，往往要持续一段时间。在这段时间内，资金周转发生中断，整个经营周期相应延长。尽管不同生产企业的生产周期不同，但同批发市场企业相比，从总体上看，经营周期较长，资金周转较慢。第二，批发市场企业同生产企业相比，流动资金占资金总量的比重要大。批发市场企业对经销的商品基本上不进行加工，免去了加工机械和厂房的支出，资金除部分用于物流环节中存储、运输机械的购置外，其余大部分垫支于经销的商品。所以，在批发市场企业的资金结构中，流动资金占的比重较生产企业要大。一般说来，流动资金较固定资金的周转要快得多，因此，总的来看，批发市场企业的资金周转速度比生产企业要快。第三，"商物分流"加速了批发市场企业的资金周转。商物分流是批发市场企业为加快流通速度、降低流通费用而经常采用的举措。物流较商流持续时间长、费用高，在商流环节不变的情况下，通过商物分流，减少物流环节，可以大大缩短经营周期，加快资金周转。期货交易是商物分流的一种极端情况，在大量的期货交易中，只有商品转手，没有实物交割，即只有商流，没有物流，在瞬间即可完成。

第二节　批发市场企业的种类

法律对不同类别企业的具体需求，如设立的条件、设立的程序、内部组织机构等来组建企业。按照不同的标准，批发市场企业主要分类有合资、独资、国有、私营、全民所有制、集体所有制、股份制、有限责任等。

一、按照批发市场企业的业务范围分类

如前所述，批发市场企业主要是指商品批发企业，而商品批发企业又分为生产资料批发企业、消费资料批发企业。

1. 生产资料批发企业

生产资料批发企业是专门经营生产资料批发与销售的企业。它是连接社会再生产过程中生产与消费的纽带与桥梁。生产资料是指进入流通领域进行交换的、用于生产建设的物质资料的总称，通常表现为由工业部门生产加工的、提供于社会再生产使用的原料、材料、燃料、机器、设备、仪器、仪表、工具、量具、刀具等。生产资料是构成生产力的物的要素，生产资料市场是实现社会再生产的前提条件，因此，开拓生产资料市场对促进整个国民经济的发展具有重要意义。生产资料批发企业对保证社会再生产的不间断进行、对保证国民经济的发展，具有重要作用。我国生产资料批发市场曾受计划经济的约束，在市场经济体制下，物资的来源更多依赖市场，批发市场企业不断转换机制，与社会发展、市场经济发展相适应。

生产资料批发企业经营内容具有引申性。列宁曾指出："生产消费（生产资料的消费）归根结底总是同个人消费联系着，总是以个人消费为转移的"。因为个人或家庭需要洗衣机，才促使洗衣机制造商对钢材、电机、设备等生产资料产生需求。可见，生产资料市场的需求，最终取决于生活资料市场的需求，生产资料市场的需求以生活资料市场的需求为基础。生活资料市场需求的增减变化，往往会导致生产资料市场需求的相应变化，甚至剧烈的变化。构成生产资料市场的消费者群主要是生产企业等法人团体，不像生活资料市场是以个人或家庭购买的形式出现。其购买的目的不同于生活资料市场用于个人或家庭消费，而是用购买的商品或劳务生产出其他商品或劳务，以实现购买团体的营销目标。如自行车制造商购买钢材、设备等生产资料就是出于生产自行车的需要。因此，生产资料批发企业的经营范围具有较强的引申性。

生产资料批发企业购买集中、量大、次数少。受生产企业的周期性及规模化特点的影响，生产资料市场的购买频率低、次数少、批量大、购买者相对集中。同时，生产资料批发企业交易方式往往以合同形式进行，为了避免双方利益受损，维护购销活动的正常进行，生产资料的购者与销者之间，经常以合同的形式缔结购销合同，确保各自的营销在一定时期内相对稳定。生产资料批发企业亦采取理智购买、专家决策。购买数量大、技术复杂、金额大生产资料作为批发企业的另一特征，决定了生产资料购买者不能像消费品市场购买者那么冲动或盲目，而是在充分进行市场调查和市场比较，熟悉待购商品。因此，生产资料市场的购买需要相当慎重与理智。

2. 消费资料批发市场企业

消费资料（生活资料）批发市场企业是以经营生活消费资料为主的商品流通企业。它与人们的生活关系最密切，是保证人们正常生活不可缺少的中间环节。商业企业遍布全国城乡各地，形成全方位、多层次的商业网，为广大消费者提供满意的服务。商业企业还经营农业品生产资料和农用生产资料。在社会主义市场经济和大市场、大流通的条件下，也从事其他生产资料的经营。商业企业与物资企业之间相互渗透，打破了原来的界限，这是社会主义统一市场的客观要求。

消费资料，亦称"生活资料"或"消费品"，是用来满足人们物质和文化生活需要的那部分社会产品。按满足人们需要的层次分，有生存资料（如衣、食、住、用方面的基本消费品）、发展资料（如用于发展体力、智力的体育、文化用品等）、享受资料（如高级营养品、华丽服饰、艺术珍藏品等）。

（1）消费资料批发企业划分方法。消费资料批发企业划分方法主要有三种：①按消费对象划分可分为两类：一类是实物消费类的批发企业，即以商品形式存在的消费品的消费为主要经营内容的批发企业；另一类是劳务消费批发企业，即以劳务形式存在的消费品的消费为主要经营内容的批发企业。②按消费目的划分，可分为生存资料、发展资料、享受资料三种批发企业。③按消费种类划分，一般分为吃、穿、住、用、行等，上述三种划分方法，并不是截然分开的，而是互相穿插的。如各种吃、穿、住、用、行方面的物质产品，不同程度地包括满足劳动者的生存、发展、享受三个部分的消费需要；这三部分中，有的属于实物消费，有的属于劳务消费。消费结构的改善，就是上述各种分类的比例变化日趋合理，更能体现出劳动者生活水平的提高，消费资料批发企业经营内容的不断完善。

（2）影响消费资料批发企业经营内容的因素众多。①居民为了满足自身需要所进行的消费活动，从根本上说，是受国家经济发展水平制约的。②收入水平。收入水平的高低对家庭消费有直接的影响，提高家庭消费水平的主要途径，就是增加收入。③物价水平。在居民的收入水平不变的情况下，商品和服务的价格水平成为影响家庭消费的重要因素。④人口数量。在收入总量和其他因素不变的条件下，家庭消费水平与供养人口成反比。⑤人们的家庭消费还受消费领域、消费环境的影响。

3. 对外贸易批发市场企业

对外贸易批发市场企业是从事各种商品（生产资料和生活资料）进出口贸易的批发市场企业。对外贸易批发市场企业同生产资料批发企业和消费资料批发市场企业的不同点是拥有进出口商品经营权，专门从事商品进出口业务。但随着改革的深化和企业经营机制的转换，国家已经授予大量生产资料批发企业和消费资料批发市场企业进出口经营权，同时对外贸易批发市场企业也进行一部分国内贸易，这样国内外贸易相互渗透、相互融合，它们之间的区别将逐渐缩小。

二、按照批发市场企业的经济类型分类

我国经济类型分为国有、集体、私营、个体、联营、股份制、外商投资、港澳台投资、其他经济共9种类型。根据这9种经济类型，相应的有9种类型的流通企业。

1. 国有批发市场企业

国有批发市场企业是指生产资料归国家所有的、属于社会主义公有制的批发市场企业。既包括中央和地方各级国家机关、事业单位和社会团体使用国有资产投资举办的批发市场企业，也包括使用国有资产投资举办的企业、实行企业化经营的事业单位和从事经营性活动的社会团体使用自有资金投资举办的批发市场企业。国有批发市场企业具有一定的行政性。由于历史原因，中国国有企业的分类相当复杂。在国际惯例中，持股超过50%的企业即为国有企业；而中国大陆及中国台湾的国有企业，一般指单纯的国有资产投资的企业。当然法律对国家参股的企业也有所规范。

大型国有批发企业是我国流通经济中的中流砥柱。虽然通过"抓大放小"，一部分国有中小企业以租赁、承包、售出、参股等方式向产权多元化转变。但是，进入2000年，我国国有资产已经达到9万亿元人民币，构成了极其巨大而庞杂的体系，国有和国有控股企业在几乎所有的工业领域仍占据主导地位。大型国有批发企业仍是出口创汇的主要力量。大多数大型国有批发企业加大投入研究与开发。

2. 集体批发市场企业

集体批发市场企业是指生产资料归公民集体所有，也属于社会主义公有制的批发市场企业。包括城乡所有使用集体投资举办的批发市场企业，以及部分个人通过集资自愿放弃所有权并依法经工商行政管理机关认定为集体所有制的批发市场企业。

与全民批发企业或国有批发企业相比，集体批发企业有下列特点：集体批发企业无论处在哪个行业，都应是独立自主、自负盈亏的经济单位或经济实体；集体批发企业的全体成员应是企业财产的共同所有者和经营者。生产资料所有权和经营权都应属于他们；集体批发企业作为独立自主、自负盈亏的经济组织，在其经营管理方面应有完全的自主选择权。集体批发企业的收入不由国家分配，而应由集体企业自己分配。集体批发企业除按章纳税，将自己的一部分收入交由国家集中支配外，其余的收入，用来增加集体企业成员的福利和满足他们的需要。

3. 私营批发市场企业

私营批发市场企业是指生产资料归公民私人所有，以雇佣劳动为基础的私营批发市场企业。包括所有按国家法律、规定登记注册的私营独资流通企业、私营合伙流通企业和私营有限责任公司。

影响我国私营批发企业财务管理的因素有宏观方面也有微观方面的，各种因素纵横交错、互为条件、相互制约。宏观社会环境包括国家经济政策、产业政策、经济发展

水平和金融市场状况等。宏观社会因素的正面刺激作用是因为地方政府对私营经济鼓励态度更为明显，地方政府各种优化环境，促进私营经济发展的经济政策出台，经济结构中的市场化成分进一步提高。金融市场进一步完善，融资"不以企业性质论长短，一视同仁"，为私营批发企业调节资金余缺，进行资本投资提供便利。微观方面的因素主要有私营批发企业组织形式、结构、生产经营管理水平、业主及财务人员素质状况、企业文化等因素。

私营批发企业财务管理人员的来源，财务监控模式方面有共性的一面；但因不同发展阶段，不同层次私营企业内部环境因素不同，企业财务管理水平也不同，呈现阶段性的特征。小规模私营批发企业由于投资规模小，自有资金有限，企业经营管理层次低，产品科技含量，员工素质不高，市场竞争力有限。这类企业的财务管理主要有以下特征：凭经验决策、财务管理职能作用不大、私营企业在发展初期业主个人专权和家族控制的特色。大型、高科技私营批发企业财务管理特征私营企业完成原始积累发展到一定规模，财务管理活动呈现着现代企业财务管理特征，企业财务管理目标明确、激励机制灵活、财务管理模式。

4. 个体批发市场企业

个体批发市场企业是指生产资料归劳动者个人所有，以个体劳动为基础，劳动成果归劳动者个人占有和支配的批发市场企业，包括所有按照国家有关规定登记注册的个体户和个人合伙的批发市场企业。

个体批发市场企业，折射出自改革开放以来，党和政府对个体私营等非公有制经济的政策变迁，从限制发展到允许存在，从补充地位上升到重要组成部分个体批发市场企业的发展环境逐步优化，政策逐步宽松，规模不断扩大，地位和作用日益突出。总体呈现以下4个特点：①数量稳定增长。改革开放以来，除 1999~2004 年特定原因导致略有下降外，个体工商户发展数量一直保持了较高的增长速度。经营范围涵盖了批发和零售业、居民服务和其他服务业、住宿和餐饮业、制造业、交通运输、仓储和邮政业等众多领域。②经营规模持续扩大。个体工商户注册资金数额不断扩大，注册资金数额增长迅速。从业人员不断增加，户均从业人员从 1981 年的 1.25 人增加到 2011 年的 2.12 人。还有一些个体工商户经过不断的滚动发展和资本积累，经营规模逐渐扩大，转为公司制企业、合伙企业或个人独资企业形式，谋求更大的发展，增加了私营批发企业数量。③对经济社会贡献不断增强。目前，个体私营批发等非公有制企业已占我国企业总数的 70% 以上，产值占 GDP 的 60% 以上，从业人员和提供新增就业岗位分别占全国总量的 80% 和 90% 以上，流动人口大多数在非公企业就业。个体私营批发企业等非公有制经济已经成为发展社会主义市场经济的重要力量，成为推动地方经济增长的主要力量。④发展环境逐步宽松。2011 年 11 月1 日，国务院颁布的新《个体工商户条例》进一步放宽了对个体批发市场企业经营主体、经营范围、经营规模等方面的限制，明确了政府及其有关部门对促进个体批发企业发展的扶持、服务措施，充分体现了国家鼓励、支持和引导个体私营批发企业等非公有制经济发展，关注民生、鼓励创业、促进就业，关怀和扶持社会弱势群体的精神，为促进个体批发企业持续健康发展提供了更加宽松的制度环境和更完善的法制保障。

5. 联营批发市场企业

联营批发市场企业是指不同所有制性质的企业之间或企业、事业单位之间共同投资举办的批发市场企业。这是一个新的经济实体，是具备法人条件的紧密型联营企业。联营企业在国际上的定义可以见诸经济合作与发展组织的税收协定范本、联合国的税收协定范本等国际组织文献、税收专家学者著作、包括中国与外国签订的税收协定等国际税收协定。其定义基本如下：一个企业和另一个企业是联营企业，当一个企业直接或间接参与另一个企业的管理、控制或资本，或者同一个人直接或间接参与一个企业和另一个企业的管理、控制或资本。所以，联营企业在国际上一般是指母子公司和其子公司。

联营批发市场企业分为紧密型联营批发市场企业、半紧密型联营批发市场企业和松散型联营批发市场企业。①紧密型联营批发市场企业是参加联营各方以资金、财产、技术等作为投资，共同经营，并以其投资额为限承担有限责任，组成自主经营、独立核算、自负盈亏，能够独立承担民事责任的经济实体。经登记主管机关核准登记，发给《企业法人营业执照》，取得法人资格。②半紧密型联营批发市场企业是联营各方依据合同或协议规定，以各自所有的或者经营管理的财产承担连带责任。这种联营是法人之间的合伙，没有组成经济实体，不能独立承担民事责任。登记主营机关发给注明有效期的《营业执照》。③松散型联营批发市场企业是联营各方依据合同或协议，在一定时间内建立比较稳定的协作关系，各自独立经营、各自独立承担民事责任，它的权利义务由合同约定。由于联营各方没有共同出资，没有组成新的经济实体，登记主管机关不进行登记注册。

6. 股份制批发市场企业

股份制批发市场企业是指全部注册资本由全体股东共同出资并以股份形式投资举办的流通企业，主要有股份有限公司和有限责任公司两种组织形式。股份制批发市场企业的基本特征，决定了股份制批发市场企业较之其他类型企业更具有约束、激励、制衡机能，是其活力和生机的天然条件，也是区别于其他类型经济企业的组成体系、产权方式和经营管理体制的根本"分水岭"。其基本特征主要有以下几点：①资本的二重化，使所有者和经营者"双赢"的期盼像一双无形的大手，紧紧地、时时刻刻控制和制约着经营者和所有者；②股份制批发市场企业产权明晰，各批发市场企业主体的权能界定分明、规范且法律化；③股份制批发市场企业的产权结构是多元的，而企业资产是集中、完整、不容分割的；④股份制批发市场企业奉行"利益共享、风险共担"的原则把企业和股东紧密联结为一个利益共同体，增强了聚合力；⑤股份制批发市场企业贯彻公开、公平、公正的"三公原则"，具有平等性；⑥股份制批发市场企业实行"有限责任制"，坚决杜绝无度"输血"；⑦有限责任制是现代企业制度最基础、最主要的特征之一；⑧经典股份制通过发行股票筹集资本，产权证券化、商品化、市场化。股票具有三个特性：第一，不返还性。股东一旦投入，不可中途抽资退股。这保证了批发市场企业资产的完整性和经营的不间断性，同时也保证了批发市场企业全体股东的利益。第二，流通性。股票通过证券市场可以随时变现和转让，这就赋予了批发市场企业股东"用手投票"和"用脚投票"两种选择加大经营者压力。第三，风险性。投资股票的收益不是现实的，而是预期的，而这种预期，又受诸多因素和条件的影响和制约，较难把握，因而风险极大。

三、按照企业的组织形式分类

大中型批发市场企业多以公司的组织形式出现，批发市场企业亦有多种类型，而最常见的是股份有限公司和有限责任公司。随着批发市场的社会化、现代化和社会主义市场经济进一步发展，经济规模逐渐扩大，批发市场企业集团已成为流通企业的一种越发重要的组织形式。

有限责任公司性质的批发企业是指由两个股东共同出资，每个股东就其所认缴的出资额对企业承担有限责任，有限责任批发市场企业以其全部资产对其债务承担责任的企业法人。

股份有限公司性质的批发企业，其全部资本分为等额股份，股东以其所持股份为限对企业承担责任。股份有限批发市场企业以其全部资产对企业的债务承担责任。股份有限批发市场企业的设立，也可以采取发起设立或者募集资金的方式。

有限责任公司性质的批发企业与股份有限公司性质的批发企业的特点主要表现如下：

（1）是人合还是资合。①有限责任公司是在对无限公司和股份有限公司两者优点兼收并蓄的基础上产生的。它将人合性和资合性统一起来：一方面，它的股东以出资为限，享受权利，承担责任，具有资合的性质，与无限公司不同；另一方面，因其不公开招股，股东之间关系较密切，具有一定的人合性质，因而与股份有限公司又有区别。②股份有限公司是彻底的资合公司。其本身的组成和信用基础是公司的资本，与股东的个人人身性（信誉、地位、声望）没有联系，股东个人也不得以个人信用和劳务投资，这种完全的资合性与无限公司和有限责任公司均不同。

（2）股份是否为等额。有限责任公司的全部资产不必分为等额股份，股东只须按协议确定的出资比例出资，并以此比例享受权利，承担义务。一般来说，股份有限公司必须将股份化作等额股份，这不同于有限责任公司。这一特性也保证了股份有限公司的广泛性、公开性和平等性。

（3）股东数额。有限责任公司因其具有一定的人合性，以股东之间一定的信任为基础，所以其股东数额不宜过多。《中华人民共和国公司法》（以下简称《公司法》）规定为2~50人。有限责任公司股东数额上下限均有规定，股份有限公司则只有下限规定，即只规定最低限额发起人，实际只规定股东最低法定人数，而对股东的上限则不作规定，这就使股份有限公司的股东具有最大的广泛性和相当的不确定性。

（4）募股集资是公开还是封闭。有限责任公司只能在出资者范围内募股集资，公司不得向社会公开招股集资，公司为出资人所发的出资证明亦不同于股票，不得在市场上流通转让。募股集资的封闭性决定了有限责任公司的财务会计无须向社会公开。与有限责任公司的封闭性不同，股份有限公司募股集资的方式是开放的，无论是发起设立或是募集设立，都须向社会公开或在一定范围内公开募集资本，招股公开，财务经营状况亦公开。

（5）股份转让的自由度。有限责任公司的出资证明不能转让流通。股东的出资可以在股东之间相互转让，也可向股东以外的人转让；但由于人合性质，决定了其转让要受到严格限制。按照《公司法》的规定，转让必须经全体股东过半数同意；在同等条件下，其他股东有优先购买权。股份有限公司股份的表现形式为股票。这种在经济上代表一定价值，在法律上体现一定资格和权利义务的有价证券，一般来说，与持有者人身并无特定联系，法律允许其自由转让，这就必然加强股份有限公司的活跃性和竞争性，同时也必然招致其盲目性和投机性。

（6）设立的宽严不同。股份有限公司因其经济地位和组织、活动的特性，使国家必须以法律手段对之进行管理和监督，对其设立规定了一系列必须具备的法定条件，履行严格的法定程序。在我国，股份有限公司的设立必须经有关部门批准。有限责任公司多为中小型企业，还因其封闭性、人合性，所以法律要求不如股份有限公司严格，有的可以简化，并有一定的任意性选择。

四、按照批发市场企业商品来源地分类

1. 产地批发市场企业

产地批发市场企业是第一道批发环节，处于整个商品流通的起点。它位于产品面向全国的工业生产集中的大城市和进口口岸，负责收购当地工业品和接受进口商品。向全国中转地批发业、销售地批发业以及个别大型和特种零售企业供应商品，并担负主要商品的储备任务。

产地批发企业的发展模式：

（1）建立工商联合销售单体。在工商关系上，如果把产地批发企业看作是"原子核"，那么这一"原子核"的外部有三层"电子"环绕。最里层的"电子"大体上由小型工业企业组成。这一层的工商关系是清晰的，因为一般来说，大企业无自销能力，它们的产品还是要借助产地批发企业来收购，这是工商关系的"清晰层"。最外层的"电子"大体上由大型工业企业构成。这一层的工商关系也是清晰的，因为大企业自销明显有利可图。随着流通领域改革的深入，这一层"电子"基本上已经离核而去。中间一层大体上由中型工业企业组成。这一层的工商关系尚不明晰，因为对中型工业企业来说，工业自销固然有有利可图的一面，但是，建立自己的销售队伍，也需要有相当的投入，至少从目前情况来看，工业自销是损益相当。因此，这一层是工商关系的"模糊层"，也就是说，工业企业在是否要开展工业自销这一问题上尚举棋不定。但是，从长远来看，随着经济的发

展、改革的深入和企业实力的壮大，这些企业也可能脱离"原子核"的吸引而离去。因此，产地批发企业应当设法及早把自己的利益和这些工业企业的利益捆在一起，建立牢固的利益共同体。这里，一个有效的方法就是建立工商合股的销售组织，把批发企业拥有的人员、渠道、设施等优势与工业企业的货源优势紧密地结合起来。由于与某个产地批发有购销关系的工业企业不止一个，建立工商合股的联合销售机构必然要求产地批发企业内部分专划细，然后分别与每一个工业企业建立联销的单体。

美国的米切曼和西伯莱指出："（美国）电子批发企业内的产品专门化发展起来后，销售功能也有很大的改变……批发商被迫与制造商联合，以确保取得足够的利润来继续他们的营业"。上述论点在上海市已成为现实。例如，上海百货公司 1991 年就蜜蜂牌缝纫机与钻石牌手表的销售分别与有关生产厂家建立了两个工商联销公司。这两个产品在上海市都不算畅销产品，属于前面分析的工商关系"模糊层"的产品。因此，工商双方对联合都有兴趣。公司成立后，除出口商品外，产品全部进入联销公司，并独立核算。这样试行下来，效果极佳。到 1992 年 5 月，蜜蜂牌缝纫机是满产满销，甚至连发货都来不及；钻石牌手表也一直保持满产满销的势头。1992 年，上海百货公司又与上海手表厂、上海牙膏厂等工厂建立了十几个工商联销的单体。这种工商联合的销售单体，毫无疑问是具有生命力的。当然，这样的批发销售单体已不再是原来意义上的产地批发企业了。因此，我们说，这是产地批发企业的再生。

（2）从产地批发企业向中转批发企业转化。产地批发企业都建立在具有经济中心城市地位的大城市中，因而具有信息和地域的优势。同时，产地批发企业在长期的业务过程中，已经形成了自己在人才、仓储、信誉等方面的优势。虽然产地批发企业的这些优势还不足以与产地的大型工业企业的工业自销相抗衡，但产地批发企业完全可能而且应该利用这些优势积极向中转批发企业转化。例如，产地批发企业应当充分利用自己的信誉优势和地域优势，开展总代理、总经销的工作，牢固地掌握外地产品在本地区的经销权，扩大自己作为中转批发商的影响。当然，中转批发就其销售的覆盖面来说，只能是全国的某个地区，这与以前产地批发企业的销售面覆盖全国相比，自是不可同日而语。从这个意义上说，这是原产地批发企业的再生。那么，中转批发的前景如何呢？从美国的情况来看，独立批发商（主要是中转批发与销地批发）的企业规模虽然远不及工业自销企业，但其市场份额却始终在工业自销之上，而且有继续增加的趋势。因此，可以说，尽管商业批发企业的规模不大，但数量众多，且非常活跃，仍是批发业中最重要的一支力量。由此可见，我国产地批发企业"再生为中转批发企业的前景是非常广阔的"。

（3）一业为主，多方位经营。如前所述，产地批发企业应向中转批发企业转化，应走工商联营的道路。但是，这两点都只涉及产地批发企业的批发业务。由于批发这一业态与以前相比，规模大为缩小（由全国性的产地批发缩小为地方性的中转批发，由统购包销产地所有工业企业的产品缩小为只批发中、小企业产品，而且还有一部分产品是联营的），这就意味着产地批发企业必须以批发这一业为主，开展多方位经营。我国由于历史原因，造就了产地批发企业这样的庞然大物。如今，产地批发企业虽然在产地批发这一块业务上被迫实施战略退却，但在场地、资金、人员等方面雄风犹在，开展多方位经营是大有可为的。例如，上海的几家大批发企业，都集中在上海最繁华的南京路上（或附近）。因此，以其所在的黄金地段改营零售业务，而把批发业务移至较为偏僻之处，是明智的选择。同时，除了向零售业延伸外，产地批发企业还可以利用自己的资金、渠道、信誉方面的优势，向生产领域渗透。这里，通过向工业参股，从而取得可靠的货源是一条可行之路。美国的西尔斯公司在 1975 年就已拥有总销售额达 42 亿美元的 31 个公司的股份。西尔斯的总裁说，向工业参股的目的是使产品能够"按我们所要求的规格进行生产，并在合适的时间以合适的数量和最低的价格向我们提供"。据统计，西尔斯向工业参股的平均百分比为 20%，但它却取得了 60% 的企业产品。也就是说，西尔斯通过向工业参股，掌握了大部分的货源。美国的一些批发企业，虽然规模远远不及西尔斯公司，但也拥有自己的一些工厂，或是向工业参股。我国的产地批发企业都是一些超大型企业，在向生产领域渗透方面自然应当更强于美国的批发企业。

总而言之，我国的产地批发企业，作为历史造就的一代巨人，在新的改革形势下，虽然其产地批发功能正在无可挽救地衰落下去，但是，巨人不会沉沦。相反，在经历了痛苦的裂变和聚变之后，巨人将获得新生，并以新的姿态出现在经济舞台上。

2. 中转地批发市场企业

中转地批发业属于第二道批发环节，处于整个商品流通的中转地位。从全国范围来看，它位于地方工业集中的城市或主要交通枢纽。因此，它的任务主要是收购地方工业产品，转运由其他批发业购进的商品，向本经济区的销售地批发业供应商品。为了减少商品流转环节，也可以对附近农村的基层供销社和少数大型零售企业直接供应商品。

中转地批发市场企业发展模式。向生产领域延伸，指导生产，创造价格优势。批发市场应向生产领域适度延伸，以确保商品供应渠道畅通，还可以开发自有品牌商品，形成自己的特色，提高价格优势。从白沟箱包市场、义乌小商品市场、安国药材市场的成功经验来看，加强商品产地化、产销一体化，既提高了商品成本优势，又能带动当地周边地区经济繁荣，是一举多得的成功之路。例如白沟箱包市场的发展带动了周边 5 个县市 30 多万农民从事箱包的生产与销售，真正做到了办好一个市场带动一个产业、激活一方经济、富裕一方百姓、兴旺一座城镇。

确定合理经营层次结构，以精品提高市场形象，以品种齐全聚集人气。一些服装批发市场、食品批发市场和建材批发市场，经营品种的低档次使整个市场形象降低，并且相应地压缩了商户的获利空间，但这并不是说经营档次越高效益越好。就目前我国经济发展状况来看，人们的收入水平相差悬殊，中转地批发市场企业应尽量满足各类人群的消费，既要有名优产品满足高端人群的需要，又要有中低档产品满足中低收入百姓的要求，力求做到以合理的层次结构，去适应各类消费者的需求，正如正定恒山板材市场管理人员所言，老百姓也知道高档名牌产品好，但如果一个市场只有高档名牌产品，那普通老百姓只能远离这个市场了。合理的层次结构应该，既有名、优、特、新产品提高市场形象满足特定人群，又要品种齐全吸引更多商户、更多顾客，聚集市场人气。

重视市场信息平台建设，利用网络资源，扩大市场的辐射范围。电子商务是未来中转地批发市场企业的发展方向。中转地批发市场企业应该积极利用网络资源，在积极扩大宣传力度的同时，发展网上交易，使场内交易与场外交易相结合，扩大市场辐射范围和交易数额。一些中转地批发市场企业如南三条批发市场、新华集贸中心、华业建材市场，虽建立了自己的网站，但也仅仅局限于在网上发布招商信息和做一些市场基本情况的宣传。

中转地批发市场企业发展面临以下机遇：消费需求旺盛，商业蓄势已久，消费者购买力增长迅速；农村及城镇富余人口迅速增长，劳动力处在产业转移高峰时机；充足的投资资源；非歧视原则、市场开放原则和公平贸易原则使中转地批发市场企业外部经营环境更具竞争力，与经济特区、沿海发达省份政策差距缩小；在"大北京"战略框架下带来的新商机。

3. 销地批发市场企业

销地批发市场企业是最后一道批发环节，处于批发商品流通过程的终点。它的任务主要是从外地批发企业进货，并收购当地工业产品，经营市场批发业务，向零售企业和农村供销社供应商品。从事销地批发业务的批发企业，按其经营的商品种类又可分为4种类型：①综合经营各种工业品的综合批发商店。②专门经营某一类或某几类有连带性商品的专业批发商店。③批零兼营的批发商店。④经营某些规格、型号较严格的小型零配件或某些讲究花色、品种的商品的小商品批发部具有很强的服务性，起到保证生产、促进生产的作用。所以，流通产业是具有生产性质的服务性产业，它既区别于工业、农业等产业，又区别于一般的服务业，具有自身的功能。

销地批发价格在销地批发市场企业经营活动中占据重要地位。销地批发价格是指销地批发企业销售工业品的价格。它一般由起算地批发价格（产地批发价格或进货地批发价格）、地区间运输发生的费用、损耗与利润等构成，它主要反映批发企业和零售企业的利益关系，是制定零售价格的基础。销地批发价格的类型一般分为工业品销地批发价格和农产品销地批发价格。工业品销地批发价格，由起算地（产地或调出地）批发价格加地区差价构成。农产品销地批发价格，由产地调拨价格或进货地批发价格加地区差价构成。在实际工作中，销地批发价格经常用以下计算公式：

销地批发价格 ＝ 起算地批发价格 ×（1 ＋ 综合差率）＋ 运杂费

还可用零售价格推算，这种计算批发价格的方法，主要用于中央或省（市、自治区）直接管理零售价格的工业品。其计算公式：

工业品批发价格 ＝ 零售价格 ＋（1 ＋ 批零差率）

第三节　批发市场企业的功能

批发市场企业的功能指批发市场企业的社会职责和基本机能，是批发市场所具有的内在特殊功能的本质反映。批发市场企业的职能是社会分工和商品生产发展的必然结果，是由批发市场企业在社会生产中的重要地位和在社会经济中的整体作用所决定的。社会主义的批发市场企业的职能主要体现在下述几个方面：

一、媒介交换职能

媒介交换职能是批发市场企业的重要职能。批发市场企业的媒介职能是通过商品的二次交换来实现的。第一次交换，先买后卖，即通过商品收购活动，以商品流通资本为媒介，促进商品由生产领域向流通领域转移，帮助生产部门初步实现从商品到货币的转化，为再生产创造前提条件，同时，也为流通活动的演化创造物质基础；第二次交换，再卖而卖，即通过销售活动，变商品为货币，收回垫付的资本并使资本增值，促进商品由流通领域向消费领域转移，完成流通的全过程，最终实现商品与货币的统一。批发市场企业就是通过不断地买和不断地卖，完成媒介职能，使生产领域创造的价值得到实现，不仅能够使简单再生产在物质形态和价值形态上得到补偿，而且使新创造的价值得到实现，为扩大再生产提供必要的条件，以保证社会再生产的不断进行。

批发市场企业的本质是交易的专业化生产者或者提供者，其主要经济功能是降低交易成本、提高交易效率。从而推动经济发展和社会福利。批发市场企业专职于交易与批发，为社会提供原材料、半成品及产成品，再通过物流企业传送到消费者手中，促进生产企业的生产加工及消费者的最终使用。批发市场企业完全专业化于"交易的生产"，拥有一定的资本规模、专用的交易技术和成熟的流通网络，大大降低了市场交易成本、提高了整个社会的交换效率。批发市场企业媒介交换职能的突出表现：首先，流通企业以集中交易替代各个生产者（消费者）之间的分散交易以减少交易次数、以程序化交易替代一次性交易以降低交易风险、以合理的网点设置以缩短交易距离，充分实现了交易"生产"上的规模经济，降低了交易成本，提高了交易效率；其次，流通企业专业化于交易活动，边干边学，其交易技能在使用中日益熟练、新的交易技术不断创生、流通网络逐步扩大并渐趋于完善，大大提高了交易效率（专业化利益）；最后，流通企业的高度专业化使其自身也被"套牢"于高度专业化的交换经济系统中，难以从中间交易地位上退出，有利于推动整个社会的分工和交易的良性循环。

二、时空调节职能

时空调节职能，又称实体分配职能，是指为了满足消费者的需求，将商品从产地运到消费地期间的运输、保管及其相关的一系列经济活动。由于这种活动主要是将商品进行物理、技术上的转移和处理，所以是一种使生产和消费在物理、技术上相适应的职能。时空调节职能之所以存在，是由于在现实批发市场企业中，商品生产和消费无论在时间上还是空间上，都存在一定的间隔和差异。为了调节商品生产和消费之间存在的时空上矛盾，更好地满足消费者的需求，除了进行市场评价、商品调整、信息交流、签订合同、进行交易等一系列活动外，还必须同时进行一系列的实体分配活动。这样才能把客观存在的商品变为消费者手中的现实消费品，从而使整个社会的商品生产、流通和消费有规律地、持续地正常进行。时空调节职能的内容一般包括储存运输、装卸、包装等活动。储存活动可以创造时间效用，运输活动可以创造空间效用。当然，作为实体分配职能的系统活动，包装和装卸也是不可缺少的。它们的有机结合，使批发市场企业的时空调节职能得以充分发挥。

具体地讲，作为实体分配职能的运输活动，在克服商品生产与消费的空间距离上起到如下一些经济作用：对生产，运输可以起到集中供应原料，分散供应产品，满足消费需求和发挥使用价值的作用；对消费，运输可以起到调节供求，随时满足消费需求和降低成本，减轻消费者负担的作用；对分配，运输可以使商品迅速分布于市场，提高商品的消费率，从而使再生产继续进行；对交换，运输可以克服商品生产和消费之间的空间距离，使商品交换得以发生。在现代社会，由于市场规模的扩大，运输这一职能已不像从前那样主要由生产者和消费者来分担，而是由商业部门和专业运输部门来承担。这样，能够以最快的速度、最准的时间、最低的费用运送商品，符合生产与消费各方面的要求。

作为实体分配职能中的保管活动，在克服商品生产与消费时间间隔上起到如下几个方面的经济作用：保证商品安全，避免或减少商品损失；调节市场供求，稳定市场价格；节省经营资本；降低商品成本；便利商品交割；可以促进金融流通。

作为统一生产与消费时间的保管职能，虽然可以由生产者和消费者承担，但在现代市场经济条件下，保管职能多被商业和专门从事保管业的仓库部门所承担。近年来，由于仓库业中电子计算机的普及，操作自动化的提高，装卸机械的飞速改进，以及商品流行式样的快速变化，仓库的性质和职能已发生变化，即已从原有的储藏型仓库向现在的流通型仓库转变。进一步说，现在的仓库除了继续保持原有仓库的那种长期保管、储藏的职能外，还要求具有对商品进行分类、编排、运送的职能。显而易见，保管职能在现代商品流通中的作用越来越大。

作为实体分配职能中的包装与装卸活动，前者的主要作用在于能够保护运输中的商品，使商品能够安全地从生产者手中流转到消费者手中；后者的主要作用在于使商品运输、保管更加顺利与有效地进行。

三、引导产销职能

商品批发和流通对产销的引导功能是在市场经济条件下产生的特定的功能。在计划经济条件下，生产靠计划引导，销售由生产决定，流通只是生产部门的附属机构，处于被动的地位。市场经济体制的进一步发展，使商品流通成为引导生产的主角。生产要靠市场调节，市场在某种程度上要靠商品流通来引导。

1. 引导生产

批发市场企业引导生产，按社会主义生产目的要求和国家宏观调控的需要来进行：

（1）引导生产去适应市场需要，生产适销对路的商品。流通产业是现代社会再生产过程的血脉和神经。计划经济以生产决定消费，市场经济以消费需求决定生产。现代流通产业具有满足即期消费需求、开发潜在消费需求、创造未来消费需求的重要功能。小流通带动小生产，大流通带动大生产，现代流通带动现代生产。现代流通是社会再生产过程的血脉和神经，是各种生产要素集结、整合与聚变的载体，是决定经济运行速度、质量和效益的引导性力量。

（2）引导生产及时调整生产结构、产品结构和提高产品质量，促进符合市场需求的新产业、新产品的产生，培育新的经济增长点。流通产业是引导经济结构调整的方向盘和加速器。随着经济全球化、信息化的迅猛发展，以市场为导向、以流通为基础的"供应链"生产方式，取代了传统的分散、个体生产模式，推动了企业分工、产业分工、国际分工的深化，交易规模空前扩大。不论是经济结构、产业结构还是产品结构，其调整的方向、力度、规模都要取决于市场导向。流通对经济发展的引导能力进一步增强，流通产业越来越成为国家综合竞争力的重要体现。

（3）引导生产提高市场化、社会化程度，由小生产向现代化大生产转化。批发市场企业属于流通企业，流通产业的集群使以流通产业为龙头的相似或相关产业在一定区域内的大量聚集，并在流通产业集群信息的引导下，企业之间形成完整的内部分工体系，为区域的经济增长提供了有力的支持和引导。流通产业集群不仅仅包括批发企业、零售企业、物流企业和餐饮企业，而且还包括了因为流通产业的引导而聚集在流通产业周围并为流通产业提供产品和服务的生产企业、金融服务企业、法律事务所、会计师事务所、税务师事务所等商务服务企业以及休闲娱乐等消费服务企业。因此，流通产业集群的概念是建立在商业集群的基础上，但是其外延又大于商业集群，迅速扩大经营规模。

（4）引导生产不断提高经济效益，并推动整个经济的发展。流通产业是促进经济平稳、较快发展的支柱产业。2010 年全国流通业增加值占国内生产总值的 13.3%，贡献率居第三产业之首。按照增加值占 GDP 5% 即可称为支柱产业的国际惯例，流通业早已成为我国重要的支柱产业。2010 年全国流通业完成各项税收占全国税收总额的 11.4%，增长率超过全国税收的平均增长速度。2010 年全国流通业就业总人数达到 1.29 亿人，就业贡献率16.3%，"农转非"人口中70%从事流通行业，为我国城镇化的发展提供了就业支撑。

2. 引导需求

商品批发与流通不仅具有引导生产的功能，也具有引导需求的功能。商品批发可用稳定的最终消费来推动社会经济的发展，亦可通过不断推出新产品来促使消费方式的进步和新的消费结构的形成，如推出微波炉等现代炊事用具，来改变人们的烹调方式。根据消费水平不断提高的状况，提供升级换代产品，逐步增加享受资料、发展资料的供应，改善生存资料的供应，促使新的消费结构的形成，以此来引导消费、鼓励消费、合理消费。

在当前错综复杂的国内外经济形势下，加快发展现代流通产业，既是转变经济发展方式、应对复杂国际经济形势的当务之急，也是实现全面建设小康社会、和谐社会的长远需要。批发市场企业的发展有效扩大了城乡消费，必须清醒认识到，在刺激消费政策退出、价格明显上涨等多重因素共同作用下，消费增长势头已令人担忧。2011年消费品零售总额名义增长17.1%，但扣除价格因素后实际增长只有11.6%，是2005年以来的最低增长水平。同2010年（增长14.8%）、2009年（增长15.5%）相比，增幅出现明显回落。根据流通产业的职能，首先，要继续研究通过积极财政政策刺激消费的政策，总结家电下乡和以旧换新经验，研究制定替代接续政策，研究节能环保产品消费扶持政策，构建资源节约、环境友好的消费模式。其次，要努力开拓不同消费群体的需求，适应消费多元化的必然趋势，进一步细分市场。例如，当前"80后""90后"及"银发市场"的消费观念发生了重大变化，应认真研究其不同的市场需求。再次，扩大进口商品销售，满足消费需求，减少贸易顺差。除了关税政策以外，主管部门要研究国内的进口消费品销售渠道垄断问题，真正做到让利于民。最后，发展新的消费热点。受经济发展水平和消费习惯影响，我国居民消费主要是商品消费，比重高达80%，而娱乐、文化、医疗、教育消费等服务消费比重很低。服务消费应成为扩大消费的重点和热点。

四、融通资金职能

融通资金的职能是批发市场企业组织业务活动中派生出来的一种职能。批发市场企业的融资功能是指在商品批发过程中进行的资金调剂活动。这种通过同业拆借推动资金的横向融通，调剂各金融机构之间的资金余缺，加速资金周转，提高了资金的使用效益。因为商品流通在实现商品所有权转移、完成商品销售的过程中，资金供应和使用是必不可少的，批发活动自身也是垫支资本的活动，是以资本的存在为前提的。商品从生产者向消费者转移，同时，货币从消费者向生产者移动。在现实生活中，生产者得到的货币，并不是由消费者支付的，而是由批发市场企业先垫支的，通过销售商品给消费者，收回垫支货款。因此，批发市场企业就成为暂时的资金垫支者。在有计划的商品经济中，要改变某些商品紧缺脱销而另一些商品积压滞销的状况，既要有经济杠杆的引导，还需要有资金等生产要素的合理流动。融通资金的职能影响着资金供给和资金需求，疏导资金流动渠道，调节各部门的经济活动，使供过于求部门的资金较快地流向求过于供的部门。

1. 批发市场企业融资功能种类

（1）内部融资和外部融资。内部融资指来源于企业内部的融资，即企业将自己的资金（未分配利润和折旧等）转化为投资的融资方式。内部融资企业不必向外支付借款成本，因而风险很小。外部融资指来源于公司外部的融资，即公司吸收其他经济主体的资本，使之转化为自己的投资的融资方式，包括发行股票、发行债券、向银行借款，公司获得的商业信用、融资租赁也属于外部融资的范围。外部筹资具有速度快、弹性大、资金量大的优点。外部融资的缺点是企业需要负担高额成本，因此产生较高的风险。

（2）股权融资和债权融资。股权融资是指企业以出让股份的方式向股东筹集资金，包括配股、增发新股等方式。债权融资是指企业以发行债券、银行借贷方式向债权人筹集资金。股权融资与债权融资的最根本区别是所有权的区别，即股权融资是股份制企业有偿发放给投资人的企业所有权的过程。而债权融资只是企业有偿发放给投资人的企业债权的过程。

（3）直接融资和间接融资。直接融资是指资金盈余者与短缺者相互之间直接进行协商或者在金融市场上由前者购买后者发行的有价证券，从而资金盈余者将资金的使用权让渡给资金短缺者的资金融通活动。直接融资包括股票融资、公司债券融资、国债融资、不通过银行等金融机构的货币借贷等。直接融资能最大可能地吸收社会游资，直接投资于企业生产经营之中。间接融资是指拥有暂时闲置货币资金的单位通过存款的形式，或者购买银行、信托、保险等金融机构发行的有价证券，将其暂时闲置的资金先行提供给这些金融中介机构，然后再由这些金融机构以贷款、贴现等形式，或通过购买需要资金的单位发行的有价证券，把资金提供给这些单位使用，从而实现资金融通的过程。

2. 批发市场企业融资方式

（1）资本融资。企业利用资本制度、机制、手段获取资源。企业资本通过上市，使资本流动性增强，同时把企业未来价值"拉近"到目前实现，使企业原有流动性较密切的资本增值；股份制可以融入商业信誉和品牌价值；有人利用国有企业改制的机会，采取低估国有资产价值，尤其低估或不记无形资产的办法，买股份合资套值，非法向国有企业融资；一些大型企业转型时会甩掉一些非核心企业，一些企业由于错误地估计了产业前景或急等着变现而低价出售企业，抓住机会兼并这些待出售的企业会有长足进展；企业股份上市后，为兼并、收购企业创造了方便条件，同时也容易引来竞争者；两家同业企业合并会共同提高市场竞争地位，产业互补性企业间合并会提高企业的产业规模，进而提高市场竞争力，甚至造成垄断。未来，随着市场经济的法律体系不断完善，对濒临破产的企业实行破产保护、投资银行为配合兼并者或收购者提供债券融资支持等资本融资机制与环境会越来越完善。

（2）品牌融资企业利用品牌优势融入其他资源。品牌是信誉，它可提供顾客从不怀疑的承诺，世界园艺博览会的品牌信誉使它在几乎为荒地的地方、在没有担保的情况下建起博览城；品牌是一种永恒不变的质量象征，它为顾客提供无法割舍的价值，一个成功品牌可以连接很多品牌域内的优质产品，许多好产品因为没有品牌而向品牌企业"投降"；成功的品牌是核心竞争力的象征，它具有竞争者无法复制的特性，如果一个品牌全面包容且强势于另一个品牌，那么消灭弱势品牌之后，会得到原弱势品牌所覆盖的几乎全部的市场资源。企业之品牌，就像军队之旗帜一样，具有极大的精神力量，其感化力和感召力往往是融资的撒手锏。例如，一个基金托管公司中的基金管理人，虽然没有多少个人资产，也没有别人为其提供资产担保，但由于他借助了某品牌金融机构的委托进行基金运作，他可能在顷刻之间获得大额的委托投资资本，原因是这个人有十分出众的投资理财水平和业绩，还有同样出众的人品和职业道德，水平、业绩、人品、道德就是个人的品牌。目前中国金融市场上各种投资基金的涌现，在繁荣了我国投融资市场的同时也为众多的基金炒手提供了施展才能的天地，从而也为某些基金管理人的个人品牌塑造提供了平台。

（3）产品融资。利用产品技术或市场容量融入其他资源。大而全、小而全不仅是计划经济时代僵化的投资经营体制的一种表现，今天，一些产品生产者仍怀有这种封闭的投资经营思想来组织产品经营。好的产品有两种典型情况——技术先进、市场容量大。先进的技术配套生产条件、为占领市场而配套经营条件两者都不是顷刻之间完成的，不能变成畅销商品的先进技术实质上相当于落后的技术，不能占领市场的产品实质上就是没有市场的产品。要改变"大而全、小而全"理念带来的不利局面，就需要有产品融资思路。采取契约制，与各种有关的生产企业形成产业联盟，充分利用别人事先准备好的相关投资；采取生产许可证制、市场分配制等，借助别人现有的销售网络，实现产品可控地销售。此外，企业在项目投资中要注意投资顺序，把那些具有融资性的子项目排列在先。

批发市场企业的融资职能对促成商品交易、搞活批发市场企业具有重要的作用。主要表现如下：第一，批发市场企业的融资职能有助于创造需求。如对高价耐用消费品采用分期付款等形式，可以刺激消费者产生购买欲望。第二，批发市场企业的融资职能有助于扩大经营规模。例如，零售商从独立批发商处进货，通常不必立即付清货款，有一定的赊销期限。批发商通过这种赊销（商业使用）方式，向广大中小型零售商提供财务援助，有利于流通规模的扩大。第三，批发市场企业的融资职能有助于促进运输、储存，扩大市场。因为要扩大市场，生产者和批发市场企业都必须投入一定的资金建立仓储保管设施。如果仅靠自有的资金是不够的，还必须从其他方面取得融通的资金。

五、承担风险职能

流通风险是指商品从生产领域到消费领域的转移过程，由于客观条件的变化，可能使流通者蒙受损失或丧失期待的利益。承担风险亦是批发市场企业的重要职能。通过承担风险可以维护和保护生产者、消费者的基本利益，以保证社会生产和消费持续不断地进行。

流通风险包括流通事故风险、价格波动风险、物质风险、信用风险和外汇风险。商品流通过程，既有经营成功、获取利润的机会，又有经营失败、遭受损失的风险。经营机会和经营风险同时并存，二者互相联系、互为前提、互相转化。因此，批发市场企业组织商品购销，不能只做成功的准备，还必须具有承担风险的意识和积极设法防止、减少或转移风险的对策。没有承担风险的准备和防止、转移风险的对策，必定会在风险面前束手无策、碰壁失败。

事实上，商品经营过程中的风险是经常发生的，有时甚至是难以预料的，既可能遇到台风、火灾、旱灾、洪水、地震等自然风险，又可能遇到客户毁约、供货人诈骗、消费需求转移、政府调整关税、政策法令变化、经营失误、信任危机等人为风险；既可能遇到造成经济财产损失的有形风险，又可能遇到内部失和、信息失真、领导无能、纪律涣散等无形风险；既可能遇到季节过时的时间性风险，又可能遇到地区失衡的空间性危险；既可能遇到局部性、非致命性、短期性的有限风险，又可能遇到带有全局性、毁灭性、长期性的无限风险。所有这些风险，对单个商品生产者可能是难以克服的灾难，而对商品流通来说，由于它的机构网点遍布全国城乡及至世界各地，在业务上同生产者、消费者、金融机构、交通运输部门、保险机构直接打交道，能够随时从四面八方获得信息，并具有集中经营的实力和优势，其防止、减少、转移风险的能力远远大于商品生产者。正因为如此，商品流通才能承担起媒介商品交换、组织物流运动的重任，商品生产者才愿意委托批发市场企业替他们采购生产资料和推销商品。从一定意义上讲，批发市场企业之所以能够存在和发展，就是因为替生产者承担了经营风险，并且有较强的防止、减少、转移经营风险的能力。

六、传播信息职能

市场经济是信息经济。商品流通处于市场的核心，一头联系生产，另一头联系消费。在批发市场企业业务的过程中，必然会伴随着市场信息的流通。为了适应不断变化的市场状况，需要熟悉、分析和研究市场变化的趋势。批发市场企业通过传递和反馈信息，既可以引导生产，又可以指导消费，有效地沟通生产和消费之间的联系，有利于生产者生产适销对路的产品，消费者获得符合自己消费需要的商品。信息传递是商品流通的重要职能之一。

批发市场企业的这种信息流功能具有重要作用，可以说是流通体系的神经，其功能主要表现在以下几个方面：第一，连接功能。流通过程是作为一个整体的运动，即体系的运动来实现的。流通体系又是各种要素的集合，不同的要素之所以能形成集合，是靠信息把它们连接在一起的。在流通体系中不同主体之间的关系，从本质上讲是交换关系。买卖双方是通过信息的交流了解对方的意愿，连接在一起。没有信息交流，买和卖永远不会结合起来。买卖交易的实现，流通过程的顺利进行，仍然要依靠信息流把一个个孤立的环节，连接成连续不断的有序活动。流通信息产生于流通过程，是流通活动的客观反映。每一个主体都是依据它所接收到的信息从事活动，它所进行的活动又表现为一定的信息传递出去，被其他主体接收，成为其他主体活动的依据。如此循环往复，形成了流通体系的有机联系和运动。信息流不仅具有连接流通体系的功能，而且具有沟通流通体系与外部系统和环境的功能。流通体系不是孤立的系统，它处在社会经济的大系统之中，是大系统的组成部分。其他系统构成流通体系的外部系统和外部环境，影响流通体系的运动。流通体系反过来也影响其他系统的运动。不同系统之间的相互影响和联系，同样是靠信息来连接的。第二，调控功能。信息流的调控功能产生于连接功能。流通信息是能够被人类理解、接收和利用的信息，是经过一定程度处理的信息。因此，信息在连接要素时，所反映的客观内容就是流通当事人行为的状态和结果。这样，在当事人之间就产生了一个过程，每一个当事人都取得其他当事人的信息，这些信息会影响他的行动和后果，而他的信息同时也影响相互联系的其他当事人行为，信息的变化将会使当事人行为发生变化，这就是信息流的调控功能。经济学的常识告诉我们，价格机制、竞争机制、金融政策、财政政策等是市场经济的调节机制。这些调节机制本身就是信息，是通过信息的传递调节经济活动。现代市场经济的特征是买方市场，我国也在向买方市场转变。由于市场问题日益突出，流通在社会再生产中的地位和作用越来越重要，成为经济生活的主角和社会再生产的中枢，发挥着对整个社会经济运行的组织和调控的功能。具体来说，流通信息把市场状况传递和反馈给生产者和消费者，以及政府管理部门。从而引导着产业结构的变动和生产力布局的优化；调节着生产规模和资源配置；调整着商品结构，促使供求平衡。从实际的流通过程来看，各种指令、计划、合同、数据、报表、凭证、广告、商情等信息流，是流通当事人活动的依据，具体地调节着商流过程和物流过程。第三，决策功能。流通是不断变化的动态过程，流通所赖以存在的运动环境也是不断变化的动态环境。无论是运动着的流通过程，还是变化着动态环境，都存在大量的不确定因素。信息的重要功能，是使决策当事人了解动态变化的状况，以减少不可避免的不确定性，从而为他的行为做出恰当的选择，并控制行为的后果。如不存在不确定因素，经济决策就成为按陈规办事，无关紧要了，而这种状况在现实中是根本不存在的。但是，信息越完善、充分、及时，不确定性就越少，决策就可以越合理。决策过程实际上就是信息的收集、传递、分析、处理、判断的过程。从决策的角度来看，有两类信息是必需的：一类是决策当事人面临的可选择行动系列信息；另一类是影响这些行动后果的信息。显然，这些信息需要经过收集才能得到，而信息的质量对决策来讲至关重要。当决策者对收集到的信息进行处理做出判断，确认了不同行动可能产生的后果时，决策实际上已经做出来了。

评价批发企业成功与否，一个简易的办法是看其物流、工作流和信息流"三流"的情况，其中，信息流的质量、速度和覆盖范围，尤其可以"映照"企业的生产、管理和决策等各方面的"成色"。因为物流、工作流在企业的"生命活动"中无不最终以信息流的"高级形式"展现，就像生物体的所有活动都是基于神经系统传递的生物电信号一样。

因此，深入认识"信息流"，将掀开批发企业发展的新视角。

七、价格发现职能

价格发现职能通常是是指买卖双方在给定的时间和地点对一种商品的质量和数量达成交易价格的过程。价格发现并不混同于一般意义上的价格决定，是期货市场的一个重要的经济功能，也是期货市场存在和发展的基础。批发市场企业商品价格的高低主要是由市场供求状况决定的。某种商品供不应求，价格就会上涨；某种商品供过于求，价格就会下降。商品价格的涨落是通过流通中的购销活动反映出来的。因而，批发市场企业具有价格发现功能。批发市场企业对随时发现的价格变动信息进行分析、研究，可以为生产部门提供生产依据。价格上涨的商品表明需求较旺，可以增加批发量需求；价格平稳的商品表明供求较一般，可以保持原有批发量；价格趋于下降的商品，如确系需求减少，则应减少批发量。所以批发市场企业价格发现职能的发挥，有利于引导生产和消费。

批发市场企业之所以具有价格发现的功能，主要是因为：首先，流通企业活动过程中参与者众多，生产者、销售者、加工者、进出口商以及投机者等。这些成千上万的买家和卖家聚集在一起进行竞争，可以代表供求双方的力量，有助于价格的形成。其次，流通企业活动过程中交易人士大多熟悉某种商品行情，有丰富的经营知识和广泛的信息渠道以及一套科学的分析、预测方法。他们把各自的信息、经验和方法带到市场上去，结合自己的生产成本、预期利润，对商品供需和价格走势进行判断、分析和预测，报出自己的理想价格，与众多对手竞争。这样形成的期货价格实际上反映了大多数人的预测，因而能够比较接近地代表供求变动趋势。最后，流通企业活动透明度高，竞争公开化、公平化，有助于形成公正的价格。

批发市场企业的价格发现职能使经营活动中的商品价格呈现以下特点：第一，预期性。期货价格具有对未来供求关系及其价格变化趋势进行预期的功能。期货交易者大多熟悉某种商品行情，有丰富的经营知识和广泛的信息渠道以及分析、预测方法。他们结合自己的生产成本、预期利润对商品供求和价格走势进行分析和判断，报出自己的理想价格，与众多的对手竞争。这样形成的期货价格实际上反映了大多数人的预测，因而能够反映供求变动趋势。第二，连续性。期货价格是连续不断地反映供求关系及其变化趋势的一种价格。这是因为期货交易是一种买卖期货合约的交易，而不是实物商品交易。实物交易一旦达成一个价格之后，如果买入实物的一方不再卖出该商品或不马上卖出该商品，新的商品交易就不会再产生或不会马上产生，从而就不可能有一个连续不断的价格。而期货交易则不然，它是买卖期货合约的交易，实物交割的比例非常小，交易者买卖期货合约的本意大多不是为了实物交割，而是利用期货合约做套期保值交易或投机交易，因而，在买进或卖出后，必须再卖出或买进相同数量的期货。同时，由于期货合约是标准化的，转手极为便利，买卖非常频繁，这样就能不断地产生期货价格。第三，公开性。期货价格是集中在交易所内通过公开竞争达成的，依据期货市场的信息披露制度，所有在期货交易所达成的交易及其价格都必须及时向会员报告并公之于众。通过传播媒介，交易者能够及时了解期货市场的交易情况和价格变化，并迅速传递到现货市场。第四，权威性。正是由于期货价格真实地反映供求及价格变动趋势，具有较强的预期性、连续性和公开性，所以在期货交易发达的国家，期货价格被视为一种权威价格，成为现货交易的重要参考依据，也是国际贸易者研究世界市场行情的依据。随着期货交易和期货市场的不断发展完善，尤其是随着期货市场国际联网的出现，期货市场的价格发现功能越来越完善，期货价格在更大范围内综合反映更多的供求影响因素，更准确地预测未来价格变化的趋势。

八、提供服务职能

在商品流通过程中，必然伴随为消费者服务的问题。出售商品和提供服务是统一的有机体，两者不可分割，这是由商品流通的特性决定的。随着市场经济的发展，商品结构的不断调整，高新技术的消费品也在不断涌现。由于人们消费水平和要求越来越高，势必要求现代商品批发不仅能提供一般性的服务，还需要提供与购销有关的连锁服务和满足多种需求的开拓型服务。例如，出售空调、电脑等家用电器，除了对消费者进行性能和使用方法介绍等一般服务外，还要为消费者提供送货上门、安装、调试、维修等必要的服务。随着分工专业化、技术复杂化程度的提高，提高服务水平和范围便成为批发市场企业的重要组成部分。批发市场企业的这种服务是产品生产单位对消费者负责的一项重要措施，也是增强产品竞争能力的一个办法。一般主要包括代为消费者安装、调试产品；根据消费者要求，进行有关使用等方面的技术指导；保证维修零配件的供应；负责维修服务；对产品实行"三包"，即包修、包换、包退。许多人认为产品售后服务就是"三包"，这是一种狭义的理解；处理消费者来信来访，解答消费者的咨询。同时用各种方式征集消费者对产品质量的意见，并根据情况及时改进。

充分发挥批发市场企业的服务职能，能有效促进企业的经营管理，其中正确的服务策略是关键。

1. 全面售后服务策略

指企业为消费者提供所需要的产品售后全过程的所有服务，这种策略几乎适用于所有经济价值高、寿命周期长、结构复杂和技术性强的产品，同时，能够最大范围地获得消费者的满意，增强企业的竞争能力，扩大市场占有率，给企业带来良好的经济效益和社会效益。在市场经济条件下，迫使企业间采取激烈的人才、质量、价格等方面的竞争，售后服务的竞争必然是企业采取有效竞争策略的重要手段。全面售后服务策略能够收到部分服务所收不到的意想效果，最大限度地发挥产品的功效和促进销售。因此，是企业产品服务策略的发展方向。20世纪70年代初，日本的汽车厂商急于打开广大的欧洲市场，为了提高日本汽车的知名度，赢得欧洲顾客的青睐，采取了积极的广告宣传攻势，优质价廉的营销组合策略等一系列营销手段，却忽视了售后服务，因此始终达不到意想的效果，市场占有率仅为12%。过了一段时间，聪明的日本商家调整了产品策略，在欧洲各地建立了数万个汽车服务和维修网点，采取全面售后服务策略，消除顾客的不满情绪，提高日本汽车的知名度和美誉度，使市场占有率一下达到43%，收到了预想的效果。

2. 特殊售后服务策略

指企业向消费者提供大多数其他企业所没有的售后服务。最大限度地满足消费者的需要，这种策略适用于经济价值比较高，寿命周期不太长的产品，特别是季节性和专利性产品。这种策略往往具有以下几个特点：反映企业优良的产品特色和独特的服务项目，在满足顾客物质需要的同时，在心理上也获得充分的享受；满足特殊消费的特殊需要，由于生理、心理和文化背景的不同，一部分消费者具有特殊服务的要求，企业应通过特殊服务来予以满足，产品售后服务的竞争，是经营者智慧和创新的竞争，精于思考，独出心裁，必然使产品销路不断拓宽，赢得消费者的欢迎。

我国南方的一个空调器生产厂家，曾在春节期间别出心裁地搞三个"我心中的最佳产品"大奖赛，在报纸上刊登，印发几万张宣传单，同时，派销售人员挨家挨户上门讲解，并免费进行空调器的维修服务活动，这样，生产厂家的形象不仅深深扎根在消费者的心目中，还扩大了影响，消费者众多，在当年的夏季，给企业带来颇好的经济效益和社会效益。

3. 适当售后服务策略

指企业根据经营目标、市场环境、产品特点和消费者需求，仅对购买者的某些服务项目提供特定的服务，这种策略普遍适合中小型企业采用。这些企业由于受到人力、物力、财力的限制，为了控制生产成本和服务成本，只能为大多数消费者提供适当的最好的售后服务项目。否则产品的服务成本和价格将会大幅度提高，产品的销售量和企业的经济效益趋于下降。由于这种售后服务策略只提供消费者所提出的、适当的售后服务项目，将其他服务项目舍弃，这样使消费者得不到希望的全面服务，产生不满情绪，甚至不满情绪比较强烈时会转而购买竞争者的产品，导致企业产品销售量、市场份额和经济效益的下降。因此，这种策略仅在消费者十分看重产品的质量和价格，不十分重视产品的售后服务，且服务的项目和内容不多时才可以采用。有些制衣厂、制鞋厂等都是采用这种服务策略。

总之，批发市场企业提供服务策略的优点是可以有效地减少和控制生产和服务成本，将企业有限的人力、物力、财力投入到开发和生产领域，从而扩大了生产规模，开拓了市场。

第四节 批发市场企业的经济效益

一、经济效益内涵

如何达到效益最大化是企业在生产经营过程中追求的最终目标。

1. 经济效益界定

经济效益，就一般概念来讲，是指在经济活动过程中的劳动消耗与取得的效果之间的对比关系，即所得与所费之间的关系。同样的劳动消耗，取得的效果大，经济效益就好；取得的效果小，经济效益就差。批发市场企业在组织商品批发过程中，不仅要消耗一定数量的活劳动，也要消耗一定数量的物化劳动。这样，所花费的劳动消耗同所实现的商品批发量就形成一定的对比关系。同样的劳动消耗所实现的商品批发量越大，经济效益就越好；反之，等量的商品批发量支出的劳动消耗越大，经济效益就越差。因此，批发市场企业讲求经济效益，就是要求在不断扩大商品批发量的前提下，尽量节约活劳动和物化劳动的消耗，使劳动消耗与商品批发量之间达到最佳比例，以取得最好的经济效益。

任何社会的经济活动，人们对其经济效益都是关心的。马克思说："在一切社会状态下，人们对生产生活资料所耗费的劳动时间必然是关心的，虽然在不同的发展阶段上关心的程度不同。"这里所说的对生产生活资料所耗费劳动时间的关心，就是关心如何用尽可能少的劳动耗费，生产出更多的生活资料和生产资料。批发市场企业讲求经济效益，不断提高经济效益，就可为国家提供更多的物质财富，增加资金积累，扩大再生产。批发市场企业虽不能直接从事物质资料生产，但是提高经济效益就可以节约流通领域的劳动和物质消耗，增加资金积累。从这个意义上讲，国家就可能有更多的资金和物资用于物质生产领域，扩大再生产。讲求经济效益，优质高效地组织商品流通，搞好市场供应，提高服务质量，就能在现有生产发展的基础上，更好地满足人民群众物质和文化生活的需要。同时它又能促使生产部门生产更多的适合需要的产品，来满足人民群众日益增长的物质文化生活需要。讲求经济效益，就批发市场企业本身来说，可以在现有的人力、财力基础上，实现更多的盈利，为企业发展积累资金，扩大企业规模，壮大企业实力；同时可以增加职工收入，提高职工素质，增强企业的竞争能力。

2. 反映批发企业经济效益的指标体系

为了正确评价批发市场企业的经济效益，必须建立衡量批发企业经济效益的指标体系。批发市场企业的经济活动是多方面的，影响经济效益的因素也很多，因此，在实际工作中很难用一个局部指标反映出来，这就必须要有一套反映企业经济效益的指标体系。衡量批发市场企业经济效益指标体系的建立，要根据流通工作的实际需要，使它们能正确地反映企业经济活动的成果，并力求做到"科学、简单、实用"。

批发市场企业的经济效益指标很多，主要有商品销售额、劳动效率、资金使用效率、流通费用额和费用率、利润和利润率等。其中，费用率和利润率比其他指标能够更全面地反映出企业的综合经济效益，因此，它们是评价批发市场企业经济效益的综合指标。

（1）商品销售额。商品销售额是批发市场企业在一定时期内销售商品量的货币表现，它是批发市场企业经济效益指标体系中的基本指标。这一指标是与批发市场企业基本职能的要求直接相联系的。在同样的劳动消耗条件下，实现的商品销售额越大，所取得的经济效益也越高；反之，商品销售额越小，则所取得的经济效益也越低。在考核批发市场企业销售额指标时，不仅要考核商品销售总额，而且要考核各类商品和主要商品的销售额，借以了解批发市场企业商品供应在满足社会需要方面的程度，以便采取措施，使商品供需之间求得平衡，更好地满足社会需要。

销售额的大小不仅取决于销售数量，而且取决于商品价格，以同样劳动耗费销售了同样数量的商品，因为价格不同，销售额也会不同。因此，用销售额衡量经济效果必须注意消除价格因素的影响。

（2）劳动效率。它是活劳动消耗与商品销售额的比较。不断提高劳动效率，是批发业发展的客观要求，也是优质高效组织商品流通的重要条件。批发市场企业的劳动效率越高，单位商品流通所耗费的活劳动就越少，所取得的经济效益也就越高。流通企业劳动效率的计算方法，一般是以一定时期内的职工人数去除商品销售额。用劳动效率衡量经济效益，必须考虑商品构成和价格上的差别。

（3）资金使用效率。在商品流通量不变的情况下，批发市场企业占用的资金越少，经济效益就越好；反之，企业占用的资金越多，经济效益就越差。考核批发市场企业资金使用效果一般采用以下几种指标：

1）流动资金的周转速度。流动资金的周转速度，是指流动资金在一定时期内周转的次数或周转一次所需的天数，它是衡量企业经济效益和流动资金使用效率的重要质量指标。加速流动资金周转，可以提高资金利用效率，节约资金，增加企业盈利。在商品流通量一定的情况下，流动资金周转速度越快，所需要的流动资金就越少，取得的经济效益就越高；流动资金周转速度越慢，所需要的流动资金就越多，取得的经济效益也就越低。

2）每百元商品销售额占用的流动资金额。这一指标是指流动资金占用额与商品流通额的对比关系。它表示流动资金的使用效果。在其他条件不变的情况下，每百元商品销售额占用的流动资金额越少，经济效益就越高；反之，经济效益就越低。其计算公式：

每百元销售额占用流动资金 = 流动资金全年平均余额/年度商品销售额 × 100%

3）每百元商品销售额占用的固定资金额。这一指标是指固定资金占用额与商品流通额的对比关系，它表示固定资金的利用效果。其计算公式：

每百元销售额占用固定资金 = 固定资金全年平均余额/年度商品销售额 × 100%

4）全部资金利用率。它是指全部资金，包括流动资金和固定资金占用额与商品销售额的对比关系。它表示全部资金的利用效果。其计算公式：

全部资金利用率 = 全年商品销售额/全部资金年平均余额×100%

（4）批发费用额和费用率。在一般情况下，商品流通费用额随着商品流通额的增长而相应增加，但其增加的幅度应低于商品流通额的增长幅度。这样，就可以节约流通过程中的劳动耗费，用同样的劳动耗费实现更多的商品流通量，即取得更大的经济效益。流通费用率，是流通费用额占商品销售额的百分比，它表示平均每销售一百元商品所支付的费用。由于流通费用率把企业的费用支出同商品销售额直接联系起来比较，它所反映的是批发过程中的费用同商品销售额的对比关系，因此它比批发费用绝对额更能说明批发市场企业的工作质量，所以，批发费用率是评价企业经济效益的一项重要指标。

（5）利润和利润率。一个批发市场企业实现利润的多少，是由批发商品销售额的大小、劳动效率的高低、资金周转的快慢以及流通费用水平等因素决定的。因此，利润是企业经营管理工作好坏的直接体现，是衡量批发市场企业经济效益的综合指标。利润率是表明批发市场企业利润水平的相对指标。由于它具有可比性，可以用来比较同类企业或一个企业不同时期的利润水平。因此，它比利润额指标更能全面地反映流通企业的经济效益。流通企业的利润率，通常有商品销售利润率和资金利润率两种。

上述各项经济指标，是相互依存、相互配合、相互制约的。它们分别从不同方面来反映企业的经济效益。其中有数量方面的，也有质量方面的；有消耗方面的，也有效果方面的。它们是统一的，同时又是矛盾的。因此，在批发市场企业管理工作中，必须正确处理它们之间的关系，有效地利用它们，以促进批发市场企业获得最大的经济效益。

二、批发市场企业经济效益影响因素

影响批发市场企业经济效益的因素是多方面的，从企业自身以及企业外部环境进行划分，可将对批发市场企业经济效益的影响分为企业内部因素影响和外部环境影响。

1. 企业内部影响因素

（1）批发市场企业的劳动组织、职工的技术水平和劳动态度。批发市场企业的劳动组织状况，职工的技术水平高低以及对劳动的态度，对提高企业的劳动效率，也就是对活劳动消耗的经济效果有着重要影响。批发市场企业的劳动组织越科学、越合理，职工的技术水平越高和对工作的责任心越强，劳动时间利用得越充分，则企业的劳动效率也就越高，活劳动消耗的经济效果也越大；反之，企业的劳动效率就低，活劳动消耗的经济效果就小。因此，在批发市场企业管理工作中，必须科学地组织劳动，积极采取有效措施培养和提高职工的业务技术水平，充分调动职工的劳动热情和创造精神，以不断提高企业活劳动消耗的经济效果。

（2）商品的周转时间。商品的周转时间是由商品的采购时间和销售时间两部分组成的。商品采购时间就是由货币资金形态转化为商品资金形态的时间。它包括从用货币购买商品开始，到商品运到企业验收为止的时间。商品销售时间就是由商品资金形态转化为货币资金形态的时间，它包括从商品入库开始到商品销售后收到货款为止的时间。

商品周转时间的长短，不仅影响批发市场企业流动资金占用量，而且决定着批发市场企业流动资金使用的经济效果。在其他条件不变的情况下，商品周转时间越短，用同样数量的商品资金完成的商品批发额就越多，流动资金使用的经济效果就越大；反之，商品周转时间越长，流动资金使用的经济效果就越小。

商品周转时间的长短，主要决定于批发市场企业批发的商品是否适销对路，商品流通渠道是否合理，以及商品运输是否及时等。因此，批发市场企业在组织商品流通过程中，必须正确处理好供销矛盾，按照市场需要组织好进货，以免造成商品积压，使商品长期处于流通过程，延长周转时间。同时，必须按商品运动的自然流向来组织商品流通，并尽可能采取直达供货方式，减少中间环节，缩短商品周转时间，以提高流动资金使用的经济效果。

（3）技术装备的利用率和现代化程度。批发市场企业技术装备的利用率和现代化程度也直接影响着企业的经济效益。在其他条件相同的情况下，物质技术设备的利用率和现代化程度越高，劳动效率就越高，物质技术设备取得的经济效果也就越大；相反，物质技术设备取得的经济效果也就越小。因此，批发市场企业必须充分发挥现有物质技术设备的潜力，并不断采用现代化的新技术设备，以提高物质技术设备使用的经济效果。

此外，企业自身产品创新和科技应用对企业竞争力有重大影响。

2. 外部环境影响因素

（1）批发市场企业批发量及其构成。批发市场企业批发量的大小，对企业经济效益有着直接的影响。这是因为在商品批发过程中的各种劳动耗费，一部分是随批发市场企业批发量的增长而相应增加，另一部分是随批发市场企业批发量的增长其相对额则相应减少。因此，如果其他条件不变，批发市场企业批发量越大，单位商品流通额的劳动耗费就会减少，经济效益也就会增高；反之，经济效益就低。商品在批发过程中的劳动耗费各不相同。在商品流通量不变的情况下，企业经营商品种类构成的变化也会影响企业的经济效益。

市场规模经济的形成对所在企业自身成本、技术发展、企业效率以及产品要素流动具有促进作用。

（2）流通过程运输条件。现代商品销售中，物流交通运输对企业经营效率起着至关重要作用。物流配送的机械化、自动化、信息化程度等在很大程度上影响物流配送效率。目前我国专业物流人才缺乏，软件开发落后，管理水平低，配送效率低下。这在一定程度上对我国批发市场企业销售效率造成影响。

（3）电商网络信息化经营。互联网特别是电子商务平台的出现是商品流通领域技术进步的一种表现形式，在专业批发市场中"互联网＋现代物流"逐渐取代市场中以采购为主的商品流通方式，通过电子商务平台和现代物流业结合的商品流转方式正逐步取代传统的市场采购的商品流转方式。

（4）政府行为。政府宏观调控对市场运行、消费需求及企业行为具有很大影响。当地政府行为与企业行为一致，通过合理的激励政策对市场刺激、对企业进行扶持，能在很大程度上对企业效益产生正面促进作用。不一致的政府行为有可能造成批发企业经营行为不能正常进行，致使经济效益下降。如在市场出现流通秩序紊乱时，政府要在从大局出发而强调批发企业发挥"主渠道"作用，让批发企业为稳定市场而做出"必要的牺牲"，在市场销售出现疲软时，为了保护当地工业不至于垮下来，则强调批发企业的"蓄水池"作用，最终导致企业经营衰退。

三、提高企业经济效益

企业追求经济效益要从多因素、多角度考虑。

1. 企业经济效益和社会经济效益兼顾

评价和讲求批发市场企业经济效益，应注意处理好目前经济效益同长远经济效益的关系，批发市场企业经济效益同社会经济效益的关系。

目前经济效益同长远经济效益的关系，也就是近期经济效益同长期经济效益的关系。关于这个问题，恩格斯曾经指出："到目前为止存在过的一切生产方式，都只在于取得劳动的最近的、最直接的有益效果。那些只是在以后才显现出来的、由于逐渐的重复和积累才发生作用的进一步的结果，是完全被忽视的。"批发市场企业的许多技术经济措施、人才的培养、开办学校等，往往需要一次投入大量的人力、物力和财力，而其所产生的经济效益则是长期的。因此，既要从近期看，也要从长远看，把近期的经济效益同长远的经济效益综合起来考虑，以求得更好的经济效益。一般来说，近期经济效益应服从长远经济效益。

批发市场企业经济效益同社会经济效益的关系，也就是局部经济效益同整个国民经济的经济效益的关系。不仅国民经济各个部门、各个企业有一个讲求经济效益的问题，而且整个国民经济也有一个从总体上来考虑的经济效益问题，企业的经济效益是局部的经济效益，国民经济的经济效益是整体的经济效益。企业的经济效益要讲，因为它是国民经济的经济效益的基础；国民经济的经济效益更应该讲，因为它对整个社会的经济发展有重要影响。因此，批发市场企业的经济效益应服从于整个国民经济的经济效益。如果只考虑批发市场企业的经济效益，不顾整个国民经济的经济效益，即使批发市场企业的经济效益提高了，整个国民经济的经济效益也可能受到损害。

2. 提高企业效率，与现代化智能相结合

批发市场企业的供货商多为中小企业，提高企业效率，要实现制造业智能化的改造存在人才、技术、资金障碍，应集合政府、企业、金融、科研院所、行业协会等各方力量共同研究应对制造业智能化的挑战。探讨智能化小商品，企业大力引进小商品制造智能化的

技术、资金、人才支持、建设批发市场大数据信息平台。可探讨设立小商品生产信息服务机构，为广大中小企业提供小商品信息服务。可探讨以政府采购小商品的需求为试验，支持孵化企业制造智能化的能力。

批发市场企业经营的商品主要是单件价值较低的小商品和日用品，相对于低价值的商品，技术创新的收益往往大于成本，因而工业企业开展技术创新的动力不足。一方面，大量小规模企业在一个小范围内集聚，造成对产品信息保密困难，使许多企业在低成本的诱惑下以产品模仿代替产品创新，从而大大降低了创新者的收益，使很多企业不愿意进行创新和开发。因此，政府可从财政补贴、税收优惠、创新奖励等方面给予创新企业支持。另一方面，加强知识产权保护法治建设。

3. 引导企业加大制造业和商业服务化投入

小商品制造的服务要素投入，可以提高小商品的竞争力。例如，产品设计创意服务的投入，可以使小商品更符合消费者个性化需求趋势。小商品商业服务要素的投入可以提高企业的盈利能力，例如商品陈列设计服务可以加快小商品的销售。此外，小商品走向国际市场需要相关国际标准、国际贸易问题的咨询服务。随之而来，小商品的制造和销售会衍生出诸多为其服务的产品和企业，为此培育以小商品制造和营销为依托的服务产品交换市场，提高这些服务企业的水平，可以为提高小商品制造和商业营运水平、打开国际市场提供有效的支撑。而小商品城也由仅为企业提供实体交易场所演进到提供集产品设计、产品销售、管理、金融、物流、咨询服务为一体的服务提供场所。

4. 树立企业名牌，提高企业展示体验水平

引导企业在进一步提升商品质量的基础上，提高小商品的设计创意含量，研究消费者对商品的消费行为，使商品更符合消费需求个性化趋势，挖掘消费者对商品的潜在需求，以供给创新带动需求增长。建立企业"品质产品、创意产品的海洋"的品牌形象，以节约企业单独自建品牌和销售网络的成本。

此外，批发市场要引导供货商提供差异化产品，展示差异化、让采购者充分体验差异化。可划分出消费者体验中心，依据消费者消费过程、场合、偏好和行为等让不同批发市场企业参与展示，提高展示和体验的智能化水平，让采购者充分体验和自由体验。

另外，随着电子商务成交量在总成交量占比的上升，实体市场的交易功能将逐渐被虚拟市场替代，而展示和体验功能是虚拟市场无法替代的。提高批发市场的展示和体验功能可以使众多中小批发企业节约自身建设展示和体验场所的成本。

5. 依靠互联网平台，开拓新型流通渠道

互联网联通时代，批发企业应依靠现代信息化进行转型升级。我国专业批发市场典型——义乌小商品批发市场已经把互联网经济、电子商务的发展作为重要目标，这意味着电商的黄金发展期已经到来。依据目前情况，义乌小商品城企业开展电子商务交易仍有很大发展空间。从电子商务质量来看，目前义乌电商卖家的产品价格大多比较便宜，附加值并不高，产品同质化、营销手段同质化、价格战、过度营销等不规范的竞争时有发生。事

实上，与实体交易相比，电子商务对品牌思维运营、差异化服务要求更为严苛。要引导企业走上拼品牌、拼质量和拼服务、做高品质的道路。而一系列电子商务的支持技术、服务和人才的配套服务是提高义乌市的企业电子商务水平的关键。从电子商务类型来看，跨境电商存在巨大发展空间。据商务部统计，2011 年中国跨境电子商务交易额约为 1.6 万亿元，2012 年约为 2 万亿元，2013 年突破 3.1 万亿元，2016 年预计将增至 6.5 万亿元，年均增速接近 30%。传统外贸年均增长不足 10%，跨境电子商务则保持了 30% 以上的增速，因而应建立更便利的海关跨境通关服务平台和跨境通关管理平台。

总之，经济效益问题，是一个比较复杂的问题，只有正确处理好以上两方面的关系，流通企业才能更有效地、全面地取得更大的经济效益。

📖 本章案例

批发型企业提高经济效益 成功实现品牌转型

近年来，随着服装品牌化潮流的愈演愈烈，随着优秀服装企业纷纷进行品牌提升，很多追求发展的批发型服装企业，由于特色和个性设计或由于现有渠道消费者的认可等推动，也纷纷开始转型做品牌，由原有的批发型经营模式向品牌型经营过渡。

然而，由于内部人才及观念的滞后、外部渠道转型的障碍及品牌传播高投入的压力等，成功的企业少之又少。批发型企业如何成功转型，提高经济效益，找寻直通品牌之路的捷径迫在眉睫。

问题：

1. 根据批发市场企业的特征，结合社会主义市场经济规律，分析企业如何成功实现发展方式转变。

2. 结合批发市场企业的职能及同企业经济效益密切相关的主要因素，分析提高批发市场企业经济效益的具体可行步骤。

另类网络批发市场企业的兴起
——孩子王：基于互联网思维逆势而上①

"孩子王"是专业提供孕婴童商品一站式购物及全方位增值服务的品牌零售商，总部

---

① 商务部流通业发展司．流通企业创新案例集，http：//ltfzs.mofcom.gov.cn/article/af/201504/20150400954837.shtml.

位于江苏省南京市。自 2009 年 12 月成立以来，孩子王实体门店已经覆盖苏、沪、皖、鄂、湘、川、渝、鲁、浙等 10 个省及直辖市，门店数量达 70 家，会员数量达 200 万人。2013 年，孩子王单店销售额同比增长保持在 50% 以上，不仅高于零售业的平均水平，甚至比电商 40% 左右的增速还要高。孩子王计划 2015 年年底在全国开出 100 家门店，发展会员超过 1000 万，组建超过 6000 人的专业工作团队。这些都主要得益于孩子王成功嫁接互联网思维，以顾客为导向，拓展一站式服务，探索客户关系管理新模式，深挖大数据整合供应链。

本章小结

1. 批发市场企业的特征

以商品的购、销、运、存为基本业务，购销业务发生的次数少，但每次成交额较大；一般商品需要经储存后才能销售；商品经营多按购销合同执行；关系与功能的新构造；"商业利润"来自生产企业让渡，经营周期短，资金周转快。

2. 批发市场企业的种类

批发市场企业按照业务范围可分为生产资料批发企业、消费资料批发市场企业、对外贸易批发市场企业。

按照批发市场企业经济类型分类国有批发市场企业、集体批发市场企业、私营批发市场企业、个体批发市场企业、联营批发市场企业、股份制批发市场企业。

按照企业的组织形式分类：有限责任公司性质的批发企业、股份有限公司性质的批发企业。

按照批发市场企业商品来源地分类：产地批发市场企业、中转地批发市场企业、销地批发市场企业。

3. 批发市场企业的职能

媒介交换职能、时空调节职能、引导产销职能、融通资金职能、承担风险职能、传播信息职能、价格发现职能、提供服务职能。

4. 批发市场企业的经济效益

影响因素：批发市场企业批发量及其构成、批发市场企业的劳动组织、职工的技术水平和劳动态度、商品的周转时间、技术装备的利用率和现代化程度；

反映流通企业经济效益的指标体系：商品销售额、劳动效率、资金使用效率批发费用额和费用率、利润和利润率批发市场企业讲求经济效益应处理好的两个关系：目前经济效益同长远经济效益的关系、批发市场企业经济效益同社会经济效益的关系。

关键术语

商品流通企业；批发市场企业；购销业务；购销合同执行；商业利润；让渡；媒介交换；时空调节；引导产销；融通资金；承担风险；传播信息；价格发现

分析与思考

1. 批发市场企业特性是什么？与流通企业特性的异同点？

2. 批发市场企业分类需要注意哪些问题？

3. 批发市场企业的职能如何得到进一步拓展？拓展方向是什么？

4. 如何有效提高批发市场企业的经济效益？

5. 试述批发市场企业对工农业生产和人们生活的重要作用。

6. 批发市场企业对增加社会主义积累有何作用？

7. 批发市场企业对促进社会主义精神文明建设有何作用？

第❽章
批发市场企业的营销

✦ 教学目的及要求

掌握批发市场定价的影响因素和定价方法，理解产品定价策略的选择；了解批发市场中人员促销的作用和实施步骤；了解批发市场销售渠道的设计和选择。

✦ 教学重点及难点

掌握批发市场中产品定价的方式和策略；认识现阶段我国中小企业在销售渠道中面临的挑战和机遇。

作为现代市场营销学的一个重要点，市场营销组合理论的发展完成了新旧市场经营观念的转变。其中，20世纪著名的营销学大师，美国密歇根大学教授杰罗姆·麦卡锡（Jerome Mc Carthy）于1960年在其第一版《基础营销学》中第一次提出了著名的"4P"营销组合经典理论，即产品（Product）、价格（Price）、渠道（Place）和促销（Promotion），在现代市场营销理论发展史上具有划时代意义。"4P"营销组合理论实际上是从管理决策的角度通过其可以控制的因素来研究市场营销问题。作为市场类型的一种，批发市场的营销策略自然也是从这四个方面入手，具体体现如下：在产品策略上，企业通过对同种产品的类别、商标、价格、广告、渠道以及相关的各种增值服务的选择来对目标市场消费者提供满足其消费需求的产品或者服务。在定价策略上，企业通过运用折扣价格、付款期限、商业信用以及各种定价方法和定价技巧来有效地实现其营销目标。在渠道策略上，企业应该合理选择分销渠道和组织商品实体流通的方式，其中包括对与分销有关的渠道覆盖面、商品流转环节、中间商、网点设置以及储存运输等可控因素的组合和运用。在促销策略上，企业可以利用各种信息传播手段，如人员推销、广告、公共关系等刺激消费者购买欲望，促进产品销售的方式来实现其营销目标。

第一节　批发市场定价

在市场经济下，作为核心和基础的价格机制被经济学家称为"一只看不见的手"，以此凸显其无形调节国民经济运行的作用。价格价值的货币表现形式，是商品的交换价值在流通过程中所取得的转化形式，反映了商品的价值。然而，在现实的市场竞争中，价格作为营销组合的一个重要因素不仅受商品价值的影响，还会受市场的供求关系、生产成本以及政府政策等因素的影响和制约。因此，企业要实现其发展战略和既定的战略目标，必须通过准确的价格策略来实施行之有效的营销策略和手段。

一、影响定价的因素

价格作为营销因素组合中最活跃的因素，它应对整个市场变化做出灵活的反应。当然，这种变化必须受价值规律的制约，但它主要是受市场状况、消费者行为以及国家的政策、法令等因素的影响。

1. 产品成本

从财务的角度来说，根据成本总额和业务量的关系，可将成本分为固定成本（Fixed Cost）和可变成本（Variable Cost）。固定成本是指在一定的范围内不随业务量的变动而变动的那部分成本，如企业管理人员的薪金和保险费、固定资产的折旧和维护、办公费等。但单位产品所分摊的固定成本与业务量成反比，产销量越大，分摊的固定成本越小。可变成本是指在一定时期内，成本总发生额在相关范围内随着业务量的变动而呈正向变动的成本，如直接的原材料费用、人工费用等。所以企业实施规模经营，可以降低单位产品的成本，从而降低产品价格，这对于对价格敏感的批发市场企业而言可以增加其市场竞争力。

产品成本是影响产品定价的主要因素，尽管在短期内经营者可能采取牺牲利润来扩大市场份额的策略，但从长期经营者的角度来看，任何产品的销售价格都必须不低于该产品的生产成本和经营费用之和。

2. 供求关系

在市场均衡理论分析中，供需平衡是在市场自由调节中实现的一种动态的平衡。在这一均衡状态下，生产者愿意在均衡价格下提供均衡数量的产品，同时消费者也愿意在均衡价格下购买均衡数量的产品。然而，这样理想的市场交易状况常常在现实生活中不能实现。因此，当供给或者需求任何一方发生变动，均衡状况就要相应发生改变。例如，当市场价格偏高时，购买者就会减少购买量，使需求量下降。而生产者则会因高价的吸引而增加供应量，使市场出现供大于求的状况，产品发生积压，出售者之间竞争加剧，其结果必然迫使价格下降。当市场价格偏低时，低价会导致购买量的增加，但生产者会因价低利薄而减少供给量，使市场出现供小于求的状况，购买者之间竞争加剧，又会使价格上涨。

3. 需求弹性

需求弹性（Demand Elasticity）是指需求量对价格变化做出的反应程度。一般以 E_d 表示需求弹性系数，以 $\Delta Q/Q$ 表示需求变化率，以 $\Delta P/P$ 表示价格变化率，则需求弹性的公式：

$$E_d = \frac{\Delta Q/Q}{\Delta P/P} \tag{8-1}$$

各种商品的需求弹性不同，根据需求弹性的大小，可以分为五类：

（1）$E_d > 1$。需求弹性大于1反映了需求量的相应变化大于价格自身变动。对于这类商品，价格上升（下降）会引起需求量的较大幅度的减少（增加），称为需求价格弹性大或富于弹性的需求。定价时，应通过降低价格，薄利多销达到增加盈利的目的。反之，提价时务求谨慎以防需求量发生锐减，影响企业收入。

（2）$E_d = 1$。需求弹性等于1反映了需求量与价格等比例变化。对于这类商品，价格的上升（下降）会引起需求量等比例的减少（增加），也就是说价格的变动与需求量的变动是相适应的。因此，价格变动对销售收入影响不大。定价时，可选择实现预期盈利率的价格或选择通行的市场价格，同时把其他市场营销策略作为提高盈利率的手段。

（3）$0 < E_d < 1$。需求弹性小于1大于0反映了需求量的相应变化小于价格自身变动。对于这类商品，价格的上升（下降）仅会引起需求量较小程度的减少（增加），称为需求价格弹性小或缺乏弹性的需求。定价时，较高水平价格的往往会增加盈利，低价会对需求量刺激效果不大，薄利不能多销，反而会降低收入水平。

（4）$E_d = 0$。需求价格弹性为0的产品，意味着产品价格的增加不会导致该产品需求量变化。比如，一些有特殊作用不可替代的特效药等。

（5）$E_d = \infty$。需求价格弹性为无穷大的产品，表示产品价格的稍微变动将引起产品需求量变为0。

4. 竞争状况

按照市场竞争程度、产商数目、产品的可替代性等可将市场竞争分为完全竞争市场和不完全竞争市场。

（1）完全竞争市场（Perfect Competitive Market）。在完全竞争市场中，买卖人数众多，买者和卖者是价格的接受者（Price taker），资源可自由流动，信息具有完全性。在这种情况下，企业只能被动接受通过市场竞争形成的产品价格而采取随行入市的定价策略。企业要获得更多的利润，只能通过提高劳动生产率、节约销售费用来使本企业的生产成本低于同行业的平均成本。

（2）不完全竞争市场（Imperfect Competitive Market）。垄断竞争市场、寡头市场和完全垄断市场都是不完全竞争市场。它们因为至少有一个大到足以影响市场价格的买者

（或卖者），并因此面对向下倾斜的需求（或供给）曲线。因此，在不完全竞争市场，尤其是垄断竞争市场中，多数营销者都会积极主动地影响市场价格，采取基于其产品质量、分销渠道、促销等方面的差异来寻找较高的利润。

5. 国家政策与法规

国家的政策与法规对企业产品定价的影响是多方面的、直接的。比如在一些重要农产品（如粮食）供大于求的情况下，为了防止价格急剧下跌，"谷贱伤农"，政府就会制定最低限价，以保护农产品生产者的利益，这样会使粮食再加工企业的生产成本增加从而提高价格。同时，国家对于有关国计民生的商品常有最高限价，这些规定企业应该严格遵守，从而直接影响了企业产品定价。

在市场营销实践中，除了上述五种因素外，一些其他因素也会对企业产品价格的制定产生影响。如消费者心理、国家宏观经济情况、企业自身的生产能力等。在制定合理的价格时，企业必须全面分析影响定价的各种因素。

二、定价目标

企业总体目标和具体营销目标为制定产品定价目标提供了指导，而产品定价目标又指导具体定价策略的形成和实施。不同发展阶段不同的企业类型有不同的定价目标，一般可以分为表 8-1 中的四类。

表 8-1　定价目标

目标	具体目标	举例
获利目标	利润最大化目标收益	时尚服装、高档化妆品
销量目标	销量最大化市场份额	戴尔的低定价个人电脑增加了市场份额和服务销售额
竞争目标	价值定价	航空公司之间的价格战
企业声誉目标（企业形象目标）	生活方式形象	相对较高的价格，如劳力士手表吸引了注重身份的消费者

资料来源：王海云. 市场营销学［M］. 北京：经济管理出版社，2008.

三、定价方法

产品的成本是价格的最低限，如定价低于成本企业将停止生产。产品差异化可以让消费者支付更多的价格来满足消费的多样性。此外，企业定价时应考虑竞争者的价格。

1. 基于成本的定价方法

（1）成本加成定价法。成本加成就是在单位产品成本的基础上附加一个考虑了企业利润的加成率的定价方法。其计算公式有两种，一种是单位售价＝成本×（1＋加成率），另一种是单位售价＝单位产品成本/（1－售价中包含的利润率）。在确定加成率时要注意，不同商品的加成率不同，即便是同一种商品，在不同的时间与地点，加成也有显著变化。一般而言，加成率和单位成本负相关，即单位成本越低，加成率常常越高；季节性强的商品的加成率较高，以求弥补当季未售完的风险；加成率和商品的需求弹性负相关，即需求弹性越大，加成率则较小，例如薄利多销的商品。影响商品加成率的因素很多，在具体分析中要结合实际，并且考虑到种种随机因素的影响。

（2）目标利润率定价法。目标利润定价就是企业对某一产品和服务的定价足以保证其达到一个既定的目标利润额或目标利润率。使用目标利润定价时要确定合理的利润率。具体而言，预期的利润率应该高于银行的存款利息率，以求弥补融资成本，但又不能太高，定价太高消费者不能接受。

目标利润分为短期利润和长期利润。在市场竞争不是十分激烈，而市场需求尚未能得到较好满足的情况下，较高的价格水平可能有助于企业短期利润目标的实现。但较高的价格水平和盈利水平也可能迅速引致大量的竞争者，从而使企业在未来面临十分严峻的竞争局面，不利于企业的长期利润目标。因此，即使是以获取最大利润为定价目标，其价格的高低也应是适当的。企业应该着眼于长期利润目标，兼顾短期利润目标。

2. 基于市场需求的定价方法

（1）认可价值定价法。市场认可价值是指企业通过市场研究确定的该产品由于在质量、服务、广告宣传上的特性而在消费者心中所形成的价值，这个价值不容易得到。运用认可价值定价法的关键就是通过市场调查，对消费者心目中的认可价值有准确的估计和判断，再根据此价值来确定产品的售价。

（2）需求差别定价法。对不同产品的不同需求强度来制定不同价格的定价方法就是需求差别定价法。其形式有以下四种：①针对同一产品，根据消费者的不同需求强度来定价的以顾客为基础的差别价格，例如生产商将产品卖给批发者和用户时的不同价格；②针对同一产品，根据其不同形式来定价的以产品改进为基础的差别价格，例如图书的精装本和平装本的价格差异；③针对同一产品，根据其交易所在地区的不同来定价的以地域为基础的差别价格，例如旅游景点的旅馆和餐饮定价通常高于一般区域；④针对同一产品，根据其在不同时间内的不同需求强度来定价的以时间为基础的差别价格，例如反季服装和旅游淡季机票的售价较低。

3. 以竞争为导向的定价方法

以竞争为导向的定价方法即以同类产品或服务的市场供应竞争状态为依据，根据竞争状况确定是否参与竞争的定价方法。在现代市场营销活动中，竞争导向定价已被企业广泛采用。

（1）随行就市定价（Going - rate Pricing）。这是根据行业的平均价格水平，或竞争对手的价格为基础制定价格的方法，也称为随行就市定价法。在有许多同行相互竞争的情况下，每个企业都经营着类似的产品，价格高于别人，就可能失去大量销售额，从而造成利润的降低；降价的同时又可能迫使竞争者随之降低价格，从而失去价格优势。因此，在现实的营销活动中，由于"平均价格水平"在人们观念中常被认为是合理价格，易为消费者接受，而且也能保证企业获得与竞争对手相对一致的利润，因此使许多企业倾向与竞争者价格保持一致。尤其是在少数实力雄厚的企业控制市场的情况下，对于大多数中小企业而言，由于其市场竞争能力有限，更不愿与生产经营同类产品的大企业发生"面对面"的价格竞争，而靠价格尾随，根据大企业的产销价来确定自己的实际价格。

（2）渗透定价法（Penetration Pricing）。与通行价格法相反，渗透定价法是一种主动竞争的定价方法。一般为实力雄厚以打进新市场或者扩大市场占有率、巩固市场地位为目标的企业所采用。采用这种定价方法投资回收时间较长。早期，垄断组织以特别低的价格大量向市场投放产品以排挤其他竞争者，在占领市场后，再提高价格谋求利润。当今该方法由于主权国家的反击已经比较少见，并且逐渐演变成渗透价格方式。

（3）投标定价法（Bid Pricing）。这种定价法主要用于投标交易方式，指参加投标的企业根据投标的条件提出报价。一般情况下，在同类同质产品之间，价格相对低的产品更具有竞争力。在市场营销活动中，投标竞争是一种营销竞争常用的方式，投标竞争的过程往往就是价格竞争的过程，竞争的结果产生实际的成交价格。企业参加竞标总希望中标，而能否中标在很大程度上取决于企业与竞争者投标报价水平的比较。因此，投标报价时要尽可能准确地预测竞争者的价格意向，然后在正确估算完成招标任务所耗成本的基础上，定出最佳报价。

一般来说，报价越高，利润越大，但中标机会小，如果因价高而招致败标，则利润为零；反之，报价越低，虽中标机会大，但利润较低，其机会成本可能大于其他投资项目。因此，报价时既要考虑实现企业的目标利润，也要结合竞争状况考虑中标概率。最佳报价应该是预期收益达到尽可能高的价格。

四、定价策略

企业在产品定价策略上，既要考虑单个产品的定价问题，也要考虑产品组合的营利性。根据产品生命周期理论，企业应该在产品生命周期的演进过程中不断调整其价格。

1. 新产品定价策略

（1）"撇脂"定价策略（Market–skimming Price Strategy）。在产品最初投入市场的阶段，利用新产品的特点和无竞争对手的市场环境，通过其较高的定价促使企业在短时间内尽可能多地获取利润。而随着产品销量的增加和市场替代品的出现，企业在逐步降低价格。这种定价策略是对市场的一种榨取，如同从牛奶中撇取奶油一样，因而取名"撇脂"定价策略。撇脂策略是一种追求短期利润最大化的策略，可以迅速补偿研究与开发费用。但是在应用该策略时应该注意新产品的高价位与其高质量相符，并且有足够大的需求群体，在短期内不容易出现竞争者。

（2）渗透定价策略（Penetration Price Strategy）。与"撇脂"定价策略相反，渗透定价策略是将新投入市场的产品定价尽量低，凭借低价位迅速被顾客接受来快速打开和扩大市场，提高市场占有额。这种策略的优点是，利用企业雄厚的资金、大批生产后较低的单位成本和产品的价格需求弹性较大等优势来以"薄利多销"的模式占领市场，排挤竞争者。渗透定价策略需要较长时间来回收投资，并且处理不当时容易给消费者留下低档品的印象，不利于产品以后的提升发展。例如，微波炉和煤气灶相比，具有清洁、安全、节能、省时的特点，具有广阔的应用前景。面对激烈的竞争者，格兰仕成功运用了市场渗透定价策略，并不断降价，淘汰了若干家竞争对手，一再扩大市场份额，成为我国最大的微波炉制造商，获得了优势地位。[①]

2. 相关产品价格策略

相关产品具有销售上的相互联系性，生产经营多种产品的企业就可能利用这种联系性制定价格。产品之间的相关关系有替代关系、互补关系。

（1）替代产品价格策略。替代产品是指基本用途相同的产品，例如苹果和梨。替代产品价格策略即指营销企业有意识地安排本企业消费替代性产品间的价格比例，用以实现某种营销目标。具有替代关系的产品，降低一种产品的价格，不仅会使该产品的销售量增加，而且会同时降低替代产品的销售量。例如，一个企业生产不同型号的汽车、不同型号的电冰箱、不同型号的照相机就属这种情况。企业可以利用这种效应调整产品结构。如企业为了把需求转移到某些产品上去，它可以提高那些准备淘汰的产品价格，或者用相对价格诱导需求，以牺牲某一品种，稳定和发展另一些品种；企业也可以利用这种效应，提高某一知名产品的价格，突出它的豪华、高档，创造一种声望，从而利用其在消费者心目中的良好形象而增加其他型号产品的销售量。例如，松下提供不同档位的摄像机，按照其复杂程度、成本差异、性能差异来制定高、中、低三个档位的价格。如果两个产品的价格间距不大，消费者会偏向更多功能的摄像机。[②]

（2）互补产品价格策略。互补产品是指需要配套使用的产品，例如剃须刀与刀架、照相机与胶卷、圆珠笔与笔芯。互补产品价格策略即指利用价格对消费连带品市场需求的调节、诱导功能，运用一定的定价技巧，使营销目标的实现由一个"点"扩展到一个"面"。互补产品价格策略就是降低连带消费关系中起主导作用的产品或服务项目的价格，来促进系列产品的销售。在一般情况下，照相机价格低一些，使用的人多了，对胶卷的需求量自然会增加，这样企业就能从中获得更多的利润。[③]

（3）一揽子价格策略。一揽子价格策略即把相关产品进行搭配销售定价的策略。一

① 王海云. 市场营销学 [M]. 北京：经济管理出版社，2008.

② http：//blog. renren. com/share/257468499/6458459186.

③ http：//blog. renren. com/share/257468499/6458459186.

般有以下两种方法：一是分级定价策略。即把企业的产品分成几个价格档次，而不是提供过多价格种类的策略。例如，服装厂可以把自己的产品按大、中、小号分级定价，也可以按大众型、折中型、时髦型划分定价。这种明显的等级，便于满足不同的消费需要，还能简化企业的计划、订货、会计、库存、推销工作。关键是分级要符合目标市场的需要，级差不能过大或过小，否则都起不到应有的作用。二是配套定价策略。即把有关的多种产品、搭配好后、一起卖出。如多件家具的组合、礼品组合、化妆品组合等。成套的定价，多种产品有赔有赚，但总体上保证企业盈利，而且使消费者感到比单价购买便宜、方便，从而促进销售。①

五、价格调整

企业根据定价策略制定出基本价格后，在产品的营销过程中还要根据市场不断变化的供求状况、服务对象和交易条件来随时调整价格，来取得最大的经济效益。

1. 价格折扣

为了刺激消费者的购买行为，鼓励其大量购买，淡季购买，甚至冲动性购买行为，企业在交易过程中可以将一部分利润转移给消费者，以此来争取更多的利润。常见的手段如下：

（1）现金折扣（Cash Discount）。对于及时付清现款的购买者，企业可以提供一定额度的现金折扣，以奖励并鼓励其尽快付款。如在批发商品时提供的提前付款优惠条款，"2/10，N30"，即应在 30 天内付清账款，在 10 天内付清货款的话提供 2% 的现金折扣。这样可以起到加快卖方资金周转、减少催款费用以及坏账损失等作用。

（2）数量折扣（Quantity Discount）。根据购买者购买数量的不同来提供的折扣为数量折扣，目的为鼓励多买。例如，在商场里常常看到一件衣服打 9 折，两件打 8 折的促销信息。这种折扣信息不仅刺激了购买者的购买欲望，而且促使顾客向特定的卖主购买，而不是向多个供应商购买。

（3）功能折扣（Function Discount）。功能折扣也称贸易折扣（Trade Discount），是指制造商向中间商（分销渠道）提供的折扣。根据中间商的不同类型和不同的分销渠道所提供的不同的服务，给予不同的折扣。例如，制造商报价为"100 元，折扣 40% 及10%"，表示给零售商折扣为 40%，即卖给零售商的价格为 60 元；给批发商再折扣 10%，即 54 元，因为零售商和批发商的功能是不同的。②

（4）季节折扣（Seasonal Discount）。在售卖非时令商品或服务时，企业可以提供一些折扣，以使企业在一年内得以维持均衡生产。例如，服装生产商在夏季向消费者提供冬季

① http：//blog. renren. com/share/257468499/6458459186.
② 王海云. 市场营销学［M］. 北京：经济管理出版社，2008.

衣服的折扣以鼓励其早期存货，酒店和航空公司在旅游淡季通常也是会大打折扣，以吸引旅游者光顾。

2. 心理定价（Psychological Pricing）

做出购买决定在很大程度上受消费者当前心理活动的影响。因此，企业可以利用消费者不同心理需要和对不同价格的感受来有意识地采取多种价格形式定价，以促进销售获得最大经济效益。常见的心理定价策略有以下几种：

（1）尾数定价。即在定价时保留小数，这样可以增强购买者对企业定价的信任感，以及物美价廉的感觉。例如，一件标价 9.97 元的商品就会比标价 10 元的商品畅销，一是给了购买者不到 10 元的便宜心理感觉，二是由于尾数的存在也使消费者认为这个价格是经过严格核算出来的结果，产生货真价实的感觉。

（2）声望定价。与尾数定价的思路相反，声望定价故意把价格定为整数来显示其商品或企业的名贵，给人一种象征地位的荣耀感。例如，如果一些具有炫耀性的商品定价较低，那么原本打算购买后用于作为礼品送人的顾客则会因为人情面子的考虑转而购买其他商品。

（3）参照定价。现实生活中，人们在做出购买决定时会将商品的实际价格和心目中的参考价格作比较来衡量自身消费者剩余的大小，而这个参考价格很有可能就是人们了解到的目前市场上这种商品的一般价格。例如，在柜台陈列时有意识地将某种商品和价格较高的产品放在一起，以表示这些商品都属于高档商品。

3. 促销定价

促销定价利用的是消费者贪小便宜的潜在心理。企业可以利用这种心理把商品以低价来招揽顾客，或者凭借节假日和换季环境适时进行大促销、大甩卖活动，以及附加赠品的方式来举行销售活动，如"七夕情人节""十一黄金周"等商机来举办各种销售活动，以吸引消费者光顾。

4. 地区定价

地区定价是指企业针对同一产品向分布在不同地区的消费者制定不同的价格来获得最大经济效益。产品在不同地区销售过程中，一方面会产生有关的运输费用、仓储费用、保险费用等额外支出，另一方面产品也会面临不同的需求弹性。结合两方面的考虑需要制定不同的地区价格。常见的地区定价的类别：FOB 产地定价（Free On Board Origin Pricing），即卖方负责将产品装运到产地的某种运输工具上交货，并且承担此前的一切风险和费用，而交货后的一切风险和费用由买方承担。统一交货定价（Uniform Delivered Pricing），即企业对不同地区的顾客实行统一价格，运费按照平均运费计算。区域定价（Zone Pricing），即把产品的销售市场划分为两个或两个以上的区域，在每个区域内定一个价格，一般对较远地区的定价会高一些。免收运费定价（Freight Absorption Pricing），在一些情况下，企业会自己负担部分或全部的运费来增加销售额，从而达到市场渗透的目的。最典型的例子就是网购中有关运费的处理，对于江浙沪地区很多商家采用包邮的形式，而对于新疆维吾尔自治区、西藏自治区、青海省等边远地区则会另加邮费。

六、价格变动反应

价格竞争的内容很多，除企业使用的定价方法和价格策略外，另一个比较明显的表现就是企业进行的价格调整。企业经营面对的是不断变化的环境，在采用一定方法，并确定了定价策略后，企业仍需要根据环境条件的变化，对既定价格进行调整。

1. 企业主动调整价格

（1）提高价格。提高价格会引起顾客和中间商的不满，但在以下一些情况下企业不得不提高价格：

其一，生产经营成本上升。在价格一定的情况下，成本上升将直接导致利润的下降。因此，在整个社会发生通货膨胀或生产产品的原材料成本大幅度上升的情况下，抬高价格就是保持利润水平的重要手段。

其二，增加的需求压力。在供给一定的情况下，需求的增加会给企业带来压力。对于某些产品而言在出现供不应求的情况下，可以通过提价来相对遏制需求。这种措施同时也可为企业获取比较高的利润，为以后的发展创造一定的条件。

其三，创造优质优价的名牌效应。为了企业的产品或服务与市场上同类产品或服务拉开差距，作为一种价格策略，可以利用提价营造名牌形象。充分利用顾客"一分价钱一分货"的心理，使其产生高价优质的心理定式。创造优质效应，从而提高企业及产品的知名度和美誉度。企业提高价格时，要重点注意消费者的反应，通过媒体来做好宣传解释，取得消费者的理解。

（2）降低价格。降低价格会挑起同行之间的价格竞争，但在以下情况下企业不得不降低价格：

其一，应付来自竞争者的价格竞争压力。在绝大多数情况下，反击直接竞争者价格竞争见效最快的手段就是"反价格战"，即制定比竞争者的价格更有竞争力的价格。

其二，调低价格以扩大市场占有率。在企业营销组合的其他各个方面保持较高质量的前提下，如果定价比竞争者低，能给企业带来更大的市场份额。对于那些仍存在较大的生产经营潜力，调低价格可以刺激需求，进而扩大产销量，降低成本水平的企业，价格下调更是一种较为理想的选择。

其三，市场需求不振。在宏观经济不景气或行业性需求不旺时，价格下调是许多企业借以渡过难关的重要手段。比如，当企业产品销售不畅，而又需要筹集资金进行某项新产品开发时，可以通过对一些需求价格弹性大的产品予以大幅度降价，从而增加销售额以满足企业回笼资金的目的。

其四，根据产品寿命周期阶段变化进行调整。这种做法也称为阶段价格策略。在从产品进入市场到被市场所淘汰的整个寿命周期过程中的不同阶段，产品生产和销售的成本不同，消费者对产品的接受程度不同，市场竞争状况也有很大不同。阶段价格策略强调根据寿命周期阶段特征的不同，及时调整价格。例如，相对于产品导入期时较高的价格，在其进入成长期后期和成熟期后，市场竞争不断加剧，生产成本也有所下降，下调价格可以吸引更多的消费者、大幅度增进销售，从而在价格和生产规模之间形成良性循环，为企业获取更多的市场份额奠定基础。

其五，生产经营成本下降。在企业全面提高了经营管理水平的情况下，产品的单位成本和费用有所下降，企业就具备了降价的条件。对于某些产品而言，由于彼此生产条件、生产成本不同，最低价格也会有差异。显然，成本最低者在价格竞争中拥有优势。①

降价策略存在一定的风险，低价虽然可以买到市场占有率，但是有可能失去消费者对产品的偏好。并且，在消费者对产品的需求弹性不足的情况下，贸然降价会导致企业收入和利润的下降。

2. 顾客对价格调整的反应

顾客对厂商调整后的价格反应可以通过需求价格弹性体现。例如，某种富有弹性的产品降价3%，但销售量增长小于3%，则说明降价的幅度不够。此外，厂商应该注意，连续的降价处理容易引发顾客对产品质量的怀疑，或者考虑企业是否资金紧张、倒闭或是破产。与此相反，有时产品提价会使消费者产生"买涨不买跌"的心理，从而出现购买量随价格上涨而增加的情况。

3. 竞争对手对企业变价的反应

当企业面临一个强大的竞争对手时，要将竞争者每一次价格调整视为新的挑战，分析对手的财务状况、生产能力、对手目前的竞争策略等。如当竞争对手的目标是扩大市场占有率，则厂商很可能随其调整价格；当竞争对手的目标是追求利润最大化，则可能在其他方面，如加强促销、改进产品质量、调整渠道系统等做出反应。

4. 应付竞争者变价的策略

在同质产品市场上，有"跟跌不涨"的规律。即如果某一企业率先提价，一般情况下，其他企业不会随之提价，提价必然会失去本来的顾客；如果某一企业带头降价，其他企业则除了降价别无选择，否则会失去市场。

在异质产品市场上，企业对竞争的变价有着更为复杂的反应。顾客在选购时不仅仅考虑价格，还会考虑产品质量、功能、外观和售后服务等。一般而言，顾客对较小价格的差异反应不大。

在市场上处于领导地位的企业面对竞争对手攻击性降价，可采取以下策略：

（1）维持价格不变。因为降价会损失利润，保持原价，对市场占有率有一定的影响，但如果影响不大的话，日后还能恢复。当然维持原价的同时要改进产品质量、提高服务水平、加强促销宣传、运用非价格竞争手段来反击对手。一些企业认为，这样做比降价更为

---

① http：//blog. renren. com/share/257468499/6458459186.

有利。

（2）降价。与竞争对手保持相同的价格水平。这样做是因为产品的需求价格弹性较大，不降价会丧失大量的市场份额，而日后很难恢复；降价可以增加销售量，降低成本，提高经济效益。

（3）提价。这是一种针锋相对的策略，提价的同时要提高产品质量，并通过各种传播媒介树立优质品牌的产品形象，与竞争者争夺市场。

（4）退出廉价产品进行反击。即在企业原有的产品线中增加低档产品，或另外推出一个廉价品牌，这种对策在对价格敏感的细分市场中十分有效。

需要注意的是，当竞争者降价时，企业不必花大量时间去调查、分析及研究对策。竞争者削价是准备已久、经过反复权衡才决定的，而企业必须在最短的时间内做出最佳反应。唯一可行的办法是，预先准备好几种方案，一旦遇到竞争者降价，马上按照一定的程序进行反击。①

第二节　批发市场的促销

要想实现商品资本到货币资本的顺利转换，买卖双方就要及时有效地沟通信息，完成商品的交换活动。对于卖方而言，这种信息沟通机制的实现多是通过企业的促销活动，因此企业促销的目的在于与消费者进行有效的沟通交流，促进产品交换活动的进行。

一、概述

促销在定义上就是营销者向消费者传递有关本企业及产品的各种信息，说服或吸引消费者购买其产品，以达到扩大销售量的目的。

1. 促销与促销组合

（1）促销（Promotion）。促销实质上是一种沟通活动，即营销者（信息提供者或发送者）发出作为刺激消费的各种信息，把信息传递到一个或更多的目标对象（即信息接收者，如听众、观众、读者、消费者或用户等），以影响其态度和行为，使产品需求者贯彻产品生产者的意图——实现产品的交换。

（2）促销组合。企业在促销过程中，有目的、有计划地把人员推销、广告、营业推广、公共关系有机组合起来综合运用就是促销组合。

促销组合包括以下五种主要工具：

---

① 王海云. 市场营销学 ［M］. 北京：经济管理出版社，2008.

其一，人员推销（Personal Selling）。指企业派出推销人员或委托推销人员，直接与消费者接触，向目标顾客进行产品介绍、推广，促进销售的沟通活动。

其二，广告促销（Advertising）。指企业按照一定的预算方式，支付一定数额的费用，通过不同的媒体对产品进行广泛宣传，促进产品销售的传播活动。

其三，营业推广（Sales Promotion）。指企业为刺激消费者购买，由一系列具有短期诱导性的营业方法组成的沟通活动。

其四，公关关系（Public Relation）。指企业通过开展公共关系活动或通过第三方在各种传播媒体上宣传企业形象，促进与内部员工、外部公众良好关系的沟通活动。

其五，直复营销。为获得立即的反馈并培养长期的顾客关系，与所选定的目标顾客进行的直接联系。可以使用电话、邮件、传真、电子邮件、互联网以及其他工具与顾客直接沟通与互动。

促销组合体现了现代市场营销理论的核心思想——整体营销。促销组合是一种系统化的整体策略，基本促销方式则构成了这一整体策略的子系统。每个子系统都包括了一些可变因素，即具体的促销手段或工具，某一因素的改变意味着组合关系的变化，也就意味着一个新的促销策略。

2. 制定促销组合应该考虑的因素

（1）产品和市场类型。促销方式因产品和市场类型不同而不同。对于顾客多而分散、产品结构比较简单、标准化程度较高、价格低廉的消费品，可以采用广告的形式进行促销，其次是人员促销。而对于顾客少而集中，购买批量大、频率低，而且产品大多结构复杂、价格昂贵、购买风险较大的产业市场，可以采用人员推销、销售促进、广告等形式。

（2）促销目标。促销目标就是促销活动所要达到的目标。促销目标可以分为短期促销目标和长期促销目标。例如，短期促销目标，在一定时期内，某企业的促销目标是在某一市场激发消费者的需求，扩大企业的市场份额；长期促销目标，加深消费者对企业的印象，树立企业的形象，为其产品今后占领市场、提高市场竞争地位奠定基础。

（3）促销的实施步骤。企业在制定好合适的促销组合后，要开展有效的促销活动。具体促销步骤如下：

第一，确认促销活动的目标。企业在制定促销目标时要注意具体化，例如，一个月内销售额增长 3 万元；市场占有率提高 5%；产品知名度提高 13%。

第二，确认促销活动的对象。企业每一个促销活动要明确特点受众。一般而言，促销的对象可以是消费者或者中介机构。在确定促销活动时要考虑市场的特征。比如，市场的幅度、购买者所处的地域性特点、购买者所在的地理位置、购买者的社会心理特征、产品被购买的理由、影响购买的人物、购买时间。例如，婴儿食品、婴儿服装的使用者是婴儿，产品要针对婴儿的特殊需要进行设计，但是日本的一项调查显示，在购买过程中往往是父亲在下班途中路过便利店进行购买。因此，企业在开展促销时，婴儿的父亲才是主要的促销对象。

第三，确认促销的时间和时机。时间因素对促销效果影响显著。比如，节假日、季节性、目前流行的、有新闻性的话题、公司的节庆等。

第四，确认促销活动的方式和手段。企业可以采用的促销方式和手段很多。既有一般的打折和折扣刺激，又有基于互联网技术的网络广告和信息推送等。

第五，促销活动的效果评估。在促销计划贯彻执行后，企业必须评估活动的效果。例如，受众看到几次，记住哪几点，对信息的反馈如何。并且还应该要收集受众的行为数据，以此来调整自己的促销方案。在受众反应达不到预期目标时要查明原因，根据营销目标调整促销方案。

（4）促销的预算。促销预算是指企业在计划期内确定在促销方面支出多少费用，处于不同行业的企业，促销费用所占比例差别很大。促销支出既是一种费用，也是一种投资，促销费用过低，会影响促销效果；促销费用过高又可能会影响企业的正常利润。促销预算也就是计划，即为了某一特殊的目的，把特定的一段时期内促销活动所需开支的费用详细列明出来。常用的促销预算方法如下：

其一，销售百分比法。该法以目前或预估的销货额为基准，乘以一定的百分比作为促销预算。

其二，量力而行法。该法是公司量力而行，以负担得起的促销费用为促销预算。但由于忽略了促销对销售量的影响，促销费用会随企业经营状况而变化，使得难以制订长期促销计划。

其三，竞争对等法。该法以主要竞争对手的或平均的促销费用支出为促销预算。公司留意竞争者的广告，或从刊物和商业协会获得行业促销费用的估计，然后依行业平均水平来制定预算。竞争者应该与企业同属于一个行业，此时其促销费用才具有参考价值。

其四，目标任务法。促销预算是根据营销推广目的而决定的，营销人员首先设定其市场目标，然后评估为实现项目目标所需投入的促销费用作为其预算。目标任务法是最合逻辑的预算编列法。应用目标任务法时要注意：①明确制定促销目标。②确定实现这些目标所应执行的任务。③估计执行这些任务的成本。成本之和就是预计的促销预算。

其五，销售百分比法。该方法以销售额的一定百分比作为促销的费用。既可以使用过去销售额，也可以使用下一年度的销售预测数据来计算。销售百分比方法考虑了成本和单位价格之间的关系，并且由于竞争者之间的促销支出百分比相似，从而也有稳定竞争格局的作用。

二、人员推销

人员推销（Personal Selling）是最传统的一种推销方式，是指由企业的推销人员直接和顾客进行接触商谈，向顾客推销宣传产品，促进和扩大销售。人员推销是销售人员帮助和说服购买者购买某种商品或劳务的过程。

1. 人员推销的特点和功能

（1）人员推销的特点。

其一，人员推销是一种面对面的洽谈。推销人员可直接从顾客处得到信息反馈，诸如顾客对推销人员的态度、对推销人品和企业的看法和要求等，并随时调整自己的态度。成功的人员推销的第一步就是推销自己，使顾客接纳自己。

其二，人员推销往往可在推销后立即成交。在推销现场，人员推销不是在推销商品本身，而是在推销商品的使用价值。只有推销人员在使用一定的手段唤起并满足顾客的需求后才能使顾客进行购买决策，完成购买行动。

其三，人员推销可提供售后服务和追踪，及时发现并解决产品在售后和使用及消费时出现的问题。人员推销成本高，所需人力、物力、财力和时间量大。

（2）人员推销的功能。

其一，收集市场信号。推销人员推销时，需要了解顾客对本企业产品信息的接收情况以及市场需求情况，确定可成为产品购买者的顾客类型，从而了解目标市场和顾客对企业及其产品的反应及态度，准确选择和确定潜在顾客。

其二，传播信息。推销就是把企业有关信息传播给受众的一个过程。

其三，开发新的市场。推销人员要收集、整理、分析信息，并尽可能消除潜在顾客对产品、对推销人员的疑虑，善于发现和培养新的顾客，说服他们采取购买行动，成为产品真正的购买者，以便扩大企业产品的市场份额。

其四，对顾客提供服务。推销人员向顾客提供各种服务，包括向顾客提供咨询服务，给予技术上的帮助，办理交货手续等。

2. 人员推销的基本步骤

在实际的推销过程中，一般每个成功的推销工作都有一套固定的程序，即掌握产品的基本知识——识别潜在客户——事前准备——接近——介绍——应付异议——成交——事后跟踪。

掌握产品的基本知识是成功推销的前提，只有这样才能对顾客的各种需要提供适宜的产品。在发展顾客过程中，除了维持现有顾客外，还应该不断寻找和发现新的潜在的客户。推销人员在确定了新的顾客后，经过一番事前了解准备就要考虑如何接近目标客户进行推销业务的洽谈。在洽谈过程中，推销人员应该充分准备应对各种情况，包括顾客对产品存在的不认可情况等异议的出现，在必要情况下展示产品，以消除购买疑虑、成交。达成购买协定后，推销人员需要事后跟踪顾客对产品的使用和消费情况，观察顾客的反应，为重复购买做准备。

3. 推销人员的素质

（1）全面了解所代表的公司。推销人员要熟悉公司发展史，对公司历年财务状况、人员状况、领导状况及技术设备都了如指掌，因为这些知识都有助于增强顾客对推销人员的信任感。推销员还必须掌握公司经营目标和营销策略，并能够灵活运用和解释它们。同时，还应该学会运用统计资料来说明公司的地位，力争在顾客心目中树立起良好的公司形象。

（2）产品专家。推销人员应全面了解从产品设计到生产的全过程，熟悉产品性能、特点、使用、维修，熟知产品成本、费用、出厂价格。还应全面掌握产品种类。此外，还必须了解竞争产品情况，知道其产品性能和组织工作方面的优缺点。

（3）购买决策的分析。推销人员需要了解顾客购买决策依据、购买条件、方式和时间，深入分析不同顾客的心理、习惯、爱好和要求。

（4）其他知识。推销人员还要掌握的相关知识主要包括营销策略、市场供求情况、潜在顾客数量、分布、购买动机、购买能力、有关法规等。

（5）综合素质。优秀的推销人员还应具备良好的文化素质。对推销人员来说，同行竞争的焦点往往是文化素质的差异。好的推销人员首先会将自己推销给顾客，因此，在文化素质方面，要求推销人员具有一定的专业知识，如经济学、市场学、心理学、经济法、社会学等。

（6）法律素质。推销人员也应具备相应的法律素质，工作中要有强烈的法律意识和丰富的法律知识。推销工作是一种复杂的社会活动，受到一定的法律法规制约。在推销过程中，推销人员应注意衡量自己的言行是否合法，以及会给社会带来什么后果。

（7）人际交往能力。人员推销实际上是一种交际活动。推销人员是公司的"外交官"，要求他们讲究必要的推销礼仪。例如，推销人员留给顾客的第一印象往往取决于推销人员的外表，顾客喜欢仪表优雅、风度翩翩的推销人员，而不喜欢不修边幅、形象拖沓的推销人员。

4. 推销力量的确定

推销的结构、规模是影响企业推销效率的关键因素。

（1）人员推销的结构。企业的推销人员应该组成怎样的结构，以便使它产生最高效率？这是人员推销策略的一部分。

其一，按地区组成的推销结构。在比较简单的推销组织里，分派一个推销人员负责一定的区域，由他独自负责推销企业的全部产品。这种方式有许多好处：①推销人员责任明确，工作努力。②可以鼓励推销人员与当地商界和个人加强联系，这种联系有利于提高推销人员的效率、建立有益的长期的客户关系。③差旅费开支可以减少。

其二，按产品组成的推销结构。对于技术复杂的产品，推销人员专业化尤为重要，当多种产品时销售对象是同一顾客时，这种方法就不适应。例如，一家医疗器械厂生产几种产品，若每种产品都设专门的推销人员，可能既不经济，又容易给对方造成混乱。

其三，按顾客组成的推销机构。很多企业针对不同的工业组织适应不同的推销人员，有的把主要用户和一般用户分开，也有的把现有的用户和潜在用户分开。这种结构的最大的好处就是，推销人员对顾客的需求十分熟悉。但是，如果同类用户在全国平均分布，采用这种方法就很不利，因为地区交叉会增加费用。

其四，复式推销结构。一个企业在广泛地区向很多不同类型的顾客出售很多种产品，则需要采用复式推销结构，即推销人员可以按地区、按产品或按用户类型分工，一个推销员对一个或几个产品经理负责，或是对一个或几个部门经理负责。①

（2）人员推销规模。对一个企业来说，人员推销的规模大小，既对营业好坏影响很大，又对销售费用的多少有直接影响。因此，大多数企业根据对用户访问次数确定其人员推销规模，步骤如下：①根据用户每年的购货额，把他们分为若干组。②对每一组用户，规定一个访问频率（即每年的访问次数）。③用户编组数乘以访问频率，得出全年共需访问次数，也就是每年推销人员的工作总量。④确定每一推销人员每年平均应访问次数。⑤用每年推销人员的工作总量，除以每个推销员每年应该走访的次数，即得出应当聘用的推销人员的数目。②

5. 推销人员的报酬与激励

推销工作有着较大的独立性、流动性和自主性，难以对其进行日常控制。因此，销售人员的报酬和激励制度有着很大的灵活性，一般有以下几种形式：

（1）薪金制。薪金制即固定工资制，一般多指年薪制，即以年度为单位，依据企业的生产经营规模和经营业绩，确定并支付经营者年薪的分配方式。从人力资源的角度看，年薪制是一种有效的激励措施，对提升绩效有很大的作用。但薪酬中的很大一部分年薪制整理是和本人的努力及企业经营好坏情况相挂钩的，因此也具有较大的风险和不确定性。

（2）佣金制。佣金制也叫"提成制"，是直接按销售额一定比例确定销售人员报酬的一种工资制度，它是根据业绩确定报酬的一种典型形式，主要用于销售人员的工资支付制度。佣金制可以极大提高销售人员的积极性，形成竞争机制。但是，也会引发由于推销人员只顾追求高的销售额而采取不恰当的推销手段来推销产品的情况，以损害企业长期利润和商誉。

（3）薪金和佣金混合制。薪金和佣金混合制是指将销售人员的报酬分为两部分，一部分是相对固定的薪金，包括基本工资、补贴等，另一部分是佣金，与销售人员业绩挂钩。这种既保留了薪金制和佣金制的优点，又避免了两者的缺点，得到越来越多的广泛应用。

6. 推销人员的考核和评估

企业对推销人员不只是分配工资，给予报酬，完成任务的简单关系，还应该对销售人员进行监督和评估，以激发其积极性。推销人员的评估工作主要有三方面内容：

（1）是否达到在规定时间内对客户进行了足够的访问次数以及考核每次访问时间和效果。

（2）规定访问和发展新客户的定额，在维持老顾客关系的同时积极发展潜质目标客户。

---

①② 王海云．市场营销学［M］．北京：经济管理出版社，2008：343.

（3）制定一定时期内访问客户和组织专门活动的时间表，以督促推销人员提供时间管理效率。

三、广告策略

"广告"一词来源于拉丁语 Adverture，是"吸引人心"或"注意与诱导"的意思，后来演变为英语 Advertise，含义为"引起别人注意，通知别人某件事"。汉语的广告就是广而告之的意思。广告作为一种传递信息的活动，它是企业在促销中应用最广的促销方式。它以促进销售为目的，是需要付出一定的费用，通过特定的媒体传播商品或劳务等有关经济信息的大众传播活动。

1. 广告目标的确定

广告目标（Advertising Objective），是企业以创造理想的经济效益和社会效益作为自己所追求的目标，例如，将通过广告在半个月内使产品销售额提高 15%。确定广告目标是广告计划中至关重要的起步性环节，是为整个广告活动定性的一个环节。根据广告目标的不同，可以将广告目标分为三类：

（1）告知性广告。即企业通过广告活动向目标沟通对象提供种种信息。诸如告诉目标市场将有一种新产品上市行销，介绍某种产品的新用途或新用法，通知社会公众某种产品将要变价，介绍各种可得到的劳务，纠正假象，说明产品如何使用，减少消费者的顾虑，建立企业信誉等。

这种广告的目的在于建立基本需求，即使市场产生对某类产品的需求，传达新产品信息，而不在于宣传介绍某种品牌。

（2）诱导性广告。即企业通过广告活动建立本企业的品牌偏好，引导选择性的需求，改变顾客对本企业产品的态度，鼓励顾客放弃竞争者品牌转而购买本企业品牌，劝说顾客接受推销访问，诱导顾客立即购买。诱导性广告可以用来促进和激发消费者建立产品品牌的偏好，使目标沟通对象从需要竞争对手的品牌转向需要本企业的品牌。在西方国家，有些诱导性广告或竞争性广告发展为比较广告，即广告主在广告中拿自己的品牌与若干其他品牌相比较，以己之长，攻人之短，以宣传自己品牌的优越性。

（3）提示广告。主要应用在产品生命周期的成熟期，以保持顾客对产品的记忆。即企业通过广告活动提醒消费者在不远的将来将用到某产品，并提醒他们可到何处购买该产品。例如圣诞节前的大量圣诞老人和圣诞树图像的推广。

2. 广告设计的基本原则

（1）真实性。广告不是科幻小说，其内容要真实，广告主与广告商品也必须是真实的、具体的、科学的、准确的。例如，当销售人员承诺出售 50 元的微波炉时就不能以无法供货而拒绝出售，以使消费者转向购买其他产品。

（2）合法性。广告必须符合国家有关法律法规的客观要求。在设计广告时，不仅宣传内容要合法，在项目形式上也要符合法律法规的要求。特殊商品和荣誉的宣传必须要附有权威机构的相关证明。

（3）针对性。广告要根据不同的广告对象来决定广告的内容与形式。例如，针对儿童的产品应该以活泼可爱的整体形象出现，用适合受众的广告特点来进行推广。

（4）感召性。企业在从事广告宣传时，应突出宣传目标顾客最重视的产品属性或购买该种产品的主要关注点。

（5）简明性。为了节约费用，广告的内容形式必须简短、清晰、明了地点明品牌个性，在有限的版面和时间内输出更多有效的信息。

（6）艺术性。广告设计要新颖，具有艺术魅力和审美情趣，使广告宣传达到刺激消费者的需求欲望，实现消费者的购买。

3. 广告媒体及其选择

（1）按照功能分，广告媒体可以分为视觉媒体、听觉媒体及视听两用媒体。

其一，视觉媒体。包括海报、传单、月历、报纸、杂志等。其主要通过对人的视觉器官的刺激，来进行信息传播。

其二，听觉媒体。包括无线电广播、有线广播、录音及电话等其主要通过对人的听觉器官刺激来达到信息传播的目的。

其三，视听两用媒体。主要包括电影、电视、智慧城市等，它们主要通过对视觉、听觉器官进行宣传，来达到宣传的目的。

（2）广告媒体按照种类来分，有以下几类：

其一，报纸。报纸的传播范围很广，可以达到不同的阶层，并且具有明确的传播地区目标。专业报纸是读者对象非常清楚，目标指向性非常强。此外，一些信誉度很高的报纸，可以提高广告的可信性，从而加强广告的说服力。

其二，杂志。杂志的专业性强，有着其固定的读者群。杂志的传播范围较广，便于企业根据产品的特性来有针对性地进行广告投放。例如，面向女士的产品，应刊登到《服装》等女性喜欢的杂志上。相比其他媒体，杂志的阅读不受时间限制，其时效性大为提高。而且，杂志的印刷效果精美，增强了读者对广告的印象。但是，杂志的印刷周期较长，限制了某些信息内容传播的选用。

其三，广播。广播的受众可以在收听广播的同时干其他事情，增加了广播传播的范围。同时由于广播是采用语言进行传播，因而适用性很广。广播广告从制作到播出需要的时间比电视短，从而使得广播的广告内容容易变换。此外，广播广告是一种良好的辅助性广告媒介，可以随时随地配合其他广告媒介进行传播，因此能够加强广告的声势。电台的广播还开展了互动性节目，这进一步缩短了与受众的距离。

其四，电视。现在电视主要以数字电视为主。随着网络电视的普及，电视的传播范围也越来越广了。电视将视觉和听觉结合在一起运用，刺激性较强，给受众较深刻的印象。此外，电视的戏剧性效果使受众对电视广告的注意率较高，广告的说服力较强。但是，由于电视广告播放时间短暂，播放一次效果不明显，并且电视广告干扰较多，成本较高。

其四，墙体广告。墙体广告主要是指高速公路、公路和铁路边具有较大可视面积的墙体用来做广告。墙体广告主要的区域不在繁华都市，而是在广阔的二、三级市场，这是由于城市建设各方面原因造成的，但是主要原因还是合理性。墙体广告可以说包罗万象，从世界500强到地方小诊所，都可以在公路、铁路边涂鸦写生，但是其弱点也是很明显的，由于国内建筑事业的飞速发展，以及墙体范围广导致难以监督维护等特点，今天的黄金位置可能几个月后就成了垃圾场，或者你方涂罢他登场，被覆盖或者被涂改，失去宣传的意义。

其五，户外广告。随着人们旅游和休闲活动的增多以及高新科技的广泛运用，户外媒体已成为广告界的新宠，其增长速度大大高于传统电视、报纸和杂志媒体。21世纪，户外广告早已突破了形式单一的店招式广告牌类型，出现了更多的新型户外媒体，如汽车车身广告、候车亭广告、地铁站广告、电梯广告、高立柱广告、三面翻广告、墙体广告、楼顶广告、霓虹灯、LED显示屏等，户外广告伴随城市改革开放一路走来，正在告别粗放，进入优化与盘整的新发展阶段，以人为本、和谐发展方有未来。

4. 广告效果评价

（1）沟通效果评价。沟通效果评价是指广告对消费者的认知和偏好所产生影响的评价，其目的在于确定广告是否真正产生有效的沟通。具体而言，企业为了了解广告整体影响和不足之处，可以在广告推出前请专业和目标顾客对现已制作的广告进行评价。而在广告推出后，企业通过对顾客的抽样调查来了解顾客对广告的具体反应。

（2）销售效果评价。广告在提高了企业知名度后，不一定可以起到促进销售的作用，因此广告的效果评价还包括了销售效果的评价。在实际操作中，广告的销售效果评价较为复杂，主要在于影响企业销售额的因素较多，效果难以控制，广告对销售的影响也难以评价。

四、销售促进与公共关系

销售促进包括多种数短期性的刺激工具，用于刺激消费者和交易者较迅速或较大量地购买某一特定产品。销售促进的工具有消费者促销、交易促销、销售人员促销。

1. 制定促销目标

在策划促销方案时，经营者要对促销活动预期要达到的目标有一个规划。有目标，才有动力，才有方向。不能抱着"走到哪算到哪"的思想，认为只要付出了一定会有所回报，一定能做到不错的成果。销售促进的方式很多，企业要根据销售促进的目标来确定，从而刺激消费者，吸引新的试用者，奖励忠实顾客。一方面，企业可以利用消费者在购物过程中的冲动购买和情绪购买的现象来加以刺激，提高市场占有率；另一方面，企业还可以开发潜在的目标客户，通过销售促进的各种手段，引发消费者的参与意识，引发新顾客参与，促进试用产品销售。

2. 选择促销手段

企业在考虑促销目标的情况下，应结合市场的类型、企业促销的预期效果、竞争者的策略以及促销手段的成本因素，根据不同的促销对象和不同的促销目的，运用不同的促销手段。

（1）针对消费者的主要促销手段。针对消费者的促销手段一般包括以下几种：

其一，免费样品。向消费者提供免费试用的产品，促使消费者了解产品的性能和特点，以建立顾客的信心。在消费者不了解产品的情况下，这是最有效但也是最昂贵的促销方法，只是运用时要注意选准目标顾客。

其二，折价赠券。折价赠券是可以抵充购买款项的赠券。为吸引顾客上门购买，企业可以分发"产品优惠券""产品折扣券"。当顾客购买某一产品时给予优惠。"优惠券"依照主办机构不同，可以分为"厂商性优惠券"与"零售商性优惠券"。后者只能在某特定的商场、卖场使用，其目的是吸引消费者到某个特定商店去购买；"厂商性优惠券"主要是生产厂商规划和执行，通常可以在制定的多个零售店使用，其目的是吸引消费者到商店去购买某一特定品牌的产品。

其三，减价优惠。在一定的时间内，为了促进销售可以进行打折，通常的方法：单包减价；多包减价（数量减价）；搭配减价（几种相关产品一起搭配销售）等。

其四，赠品。赠品是指赠送便宜或免费品来鼓励购买另一种产品的方法，其操作可以借鉴免费样品的赠送。具体方法：随产品赠送小工艺品或小玩具；累计购买达到一定数额后，赠送一定的礼品等。

其五，竞赛。提供机会给顾客参加比赛，以争取奖品、旅行或服务等。其方法：按顾客购买的数量、频率将顾客分类，定期抽奖；商品知识竞赛抽奖；购物抽奖等。例如，百事可乐公司举行的"幸运数字"促销，消费者购买商品后，保留在产品瓶盖中的数字，如果和百事可乐公司抽出的数字一样，就可以获奖。

其六，会员制。企业可以通过发展会员吸引老顾客，巩固顾客群，这种方法是消费者购买到一定数量后，可以成为某一企业的会员，享受各种优惠。在很多大中型超市，都运用了会员制的方法以吸引回头客。

（2）针对中间商的促销手段。针对中间商一般采取以下促销手段：

其一，让利优惠。让利优惠是针对中间商最重要的手段。企业通过各种方式让利给中间商，以降低其销售成本，调动其销售积极性。

其二，销售竞赛。销售竞赛是企业为激励中间商在一定时间内尽可能多地销售本企业产品而展开的各种竞赛活动，企业通过物质奖励和精神奖励，有效地调动中间商的积极性。主要包括以下内容：销量竞赛，对于不同销量的中间商制定不同的奖励方法；陈列竞赛，鼓励中间商在产品陈列方面开展竞赛；销售技术竞赛，例如销售员的接待艺术、说服艺术、演示产品的技术等。

其三，展览展示。企业在推出新产品时，针对中间商进行展览和展示。例如，展览会、博览会、演示会等，可以促进中间商了解新产品，促进购买。

其四，服务促销。企业可以为中间商提高各种服务支持来调动中间商的积极性，包括业务会议、发行企业刊物、培训销售人员、采购支持、退货保证等措施。

（3）针对推销员的促销手段。针对推销员的促销手段包括以下内容：

其一，企业培训。企业利用培训为推销员提供各种提高的机会。

其二，推销手册。为指导推销员有效地进行推销，企业可请有关专家精心编制推销手册，其内容包括销售激励项目、企业资料、产品资料、价目表、订单等，既丰富又实用，为推销员提供有力的促销工具。

其三，销售竞赛。在一定的时间内，企业在推销员中开展形式多样的销售竞赛活动，对成绩优良者给予奖励，这是企业常用的销售促进的方法。①

3. 设计促销方案

促销方案的设计主要包括以下内容：

（1）确定对顾客的刺激力度。企业要研究销售促进费用和销售反应之间的关系，当企业为顾客提供的刺激过小时，顾客反应不足；当企业为顾客提供的刺激过大时，企业承担了过多的费用。因此，企业要确定对顾客最适的刺激力度。

（2）确定刺激对象的范围。企业在实施刺激时也需要明确参加者，即刺激哪些人。

（3）确定销售促进的实施途径。例如，折价优惠券、寄送赠品等。途径不同，促销的范围、成本和效果也不同。

（4）确定销售促进的时间。销售时间的选择对销售效果有重要作用。如在单身节等节假日，商品的需求量大大增加，因此可以选择节假日前进行销售促进活动。

（5）制定销售促进的预算。制定企业销售预算的方法有上行法、比例法、总和法。

4. 公共关系

公共关系（Public Relation）是指某一组织为改善与社会公众的关系，促进公众对组织的认识、理解及支持，达到树立良好组织形象、促进商品销售目的的一系列公共活动。它本意是社会组织、集体或个人必须与其周围的各种内部、外部公众建立良好的关系。它是一种状态，任何一个企业或个人都处于某种公共关系状态之中。

（1）公共关系的特点。公共关系具有如下特点：

其一，增加公众对企业的好感。因为公共关系是以形象取向的，所以它能够增强外部公众对企业的良好感情。此外，如果企业心中有社会和民众的支持，员工的士气也会因此而高昂饱满。

其二，节省宣传开支。企业在涉及公关宣传活动时，往往不用花钱就能利用媒体的时间和空间。电视黄金广告时间非常昂贵，而新闻节目中 3 分钟的新闻报道却不用花一分

---

① 王海云. 市场营销学［M］. 北京：经济管理出版社，2008.

钱。同广告一样，宣传能影响广大受众，从而使新产品或公司政策在短时间内就家喻户晓。

其三，更有独立性和可信性。宣传中的消息比较令人信服，因为新闻报道出自独立的媒体。报纸上的电影评论就比同一份报纸上的广告更可信——读者把独立性同客观性联系在一起。类似的理由，人们可能更注意新闻而不是广告。

（2）公共关系的局限性。公共关系有以下局限性：

其一，公共关系与企业业绩无关。公共关系无法与销售业绩直接联系，因此，有些企业怀疑形象取向的沟通是否有价值，对不直接同销售和利润挂钩的活动不感兴趣。

其二，宣传的不可预测。在宣传活动中，企业不太能够控制报道的结果，消息及其公布时机、位置和覆盖面等受媒体的控制。尽管企业递交详细的新闻稿，但媒体可能只援引一小部分，而且媒体的批评态度也让企业不大能够接受。媒体更喜欢新闻价值高的灾害、丑闻、产品回收等，而不是企业歌功颂德的新闻稿，这说明了宣传的负面效果可能变得十分糟糕。

（3）公共关系策略。公共关系策略是指企业在进行各种关系建立和宣传报道方面所采取的策略安排和战术选择。由于公共关系的效果在很大程度上受制于媒体和企业的公共政策，因此，制定明确的公共关系策略是十分重要的。

企业在特定时期可能需要宣传，例如推出新产品或新商店开张，但媒体可能要很晚才能加以报道。同样，决定新闻位置的是媒体，企业报道之后可能紧接着就报道犯罪或灾难。另外，是否采用一个事件报道和采用多少也是由媒体来决定的。

第三节 批发市场的销售渠道

在向顾客提供产品的过程中，厂商并不是一个单独的个体，而是作为一个大的分销渠道或者供应链系统上的一个组成部分。因此，一个企业的成功与否不仅取决于其自身的运作情况和表现，还取决于它所在的整个销售渠道系统的运作情况和其竞争对手的表现。

一、销售渠道的特性及结构模式

销售渠道（channel）所谓销售渠道是指产品从生产者向消费者转移所经过的通道或途径，它是由一系列相互依赖的组织机构组成的商业机构。即产品由生产者到用户的流通过程中所经历的各个环节连接起来形成的通道。销售渠道的起点是生产者，终点是用户，中间环节包括各种批发商、零售商、商业服务机构（如经纪人、交易市场等）。

1. 中间商的作用

（1）提高销售活动的效率。如今是跨国公司和全球经济迅速发展的时代，如果没有中间商，商品由生产制造厂家直接销售给消费者，工作将非常复杂，而且工作量特别大。对消费者来说，没有中间商也会使购买的时间大大增加。例如，中间商可以同时销售很多厂家的商品，消费者在一个中间商那里就能比较很多厂家的商品，比没有中间商而要跑到各个厂家观察商品要节约大量时间。

（2）储存和分销产品。中间商从不同的生产厂家购买产品，再将产品分销到消费者手中，在这个过程中，中间商要储存、保护和运输产品。

（3）监督检查产品。中间商在订购商品时就考察了厂家在产品方面的设计、工艺、生产、服务等质量保证体系，或者根据生产厂家的信誉、产品的名牌效应来选择产品；进货时，将按有关标准严格检查产品；销售产品时，一般会将产品划出等级。这一系列的工作起到了监督、检查产品的作用。

（4）传递信息。中间商在从生产厂家购买产品和向消费者销售产品中，将向厂家介绍消费者的需求、市场的信息、同类产品各厂家的情况，也会向消费者介绍各厂家的特点，无形中传递了信息，促进了竞争，有利于产品质量的提高。

2. 网络经济中中间商的作用

电子商务的发展给企业带来了高效性，企业可以通过网络与其客户或潜在客户发生联系，对客户进行端对端的商品提供或服务提供。通过因特网许多公司可以在网上进行客户服务。在网上介绍产品、提供技术支持、查询订单处理信息，公司不仅可以解放客户服务人员，让他们去处理更复杂的问题，调整与客户的关系，而且也会使客户更满意。但是也存以下一些问题：

首先，我们来看一个电子商务交易的例子。居住在成都的某客户甲通过因特网从位于北京的 A 公司订购了一台数码相机。A 公司通过"中铁快运"把该数码相机寄送到甲处，两天后，甲收到货物。从这一交易过程很容易看到电子商务的优点：方便、快捷。但是，由于该数码相机是高端新型产品，客户甲根本不知道怎么安装，说明书也只有日文和英文，看不懂。所以，甲于当日发 E-mail 给 A 公司，要求介绍该种相机的安装和使用方法。A 公司写了一封 5000 字的长信，介绍相关事宜，但由于甲不知道零件器械的名称，安装还是没有成功。于是，甲再次发 E-mail 给 A 公司，要求新的解决方案。A 公司本着"顾客就是上帝"的原则，特派专人前往成都"上门服务"。

其次，由于越来越多的企业在网上建立了自己的站点，使用户对大量分散的网址无所适从，要想在浩如烟海的网站中找到有用的网站，是非常困难的。从国外的发展情况来看，虽然几乎每个企业都有自己的站点，但绝大多数企业仍然委托知名度较高的企业信息服务商发布信息。由于这些信息服务商知名度高、信誉好、信息量大，利用他们查找信息相对比较全面。所以用户很愿意通过这些信息服务商检索信息，同样，企业也愿意通过他们发布信息。因而这些信息服务商就自然成为网络贸易的中介机构。他们成为联结贸易双方的枢纽，使网络间接销售成为可能。以信息服务为核心的网上中间商将具有登录服务、搜索服务、站点评估和智能代理等主要功能，另处还可以通过建立虚拟商业街、虚拟零售店和虚拟交换市场为企业提供网上贸易场所。①

二、渠道行为与电子商务中的渠道行为

1. 渠道行为

一条渠道是由许多分工不同的企业为了共同的利益而结合起来的系统。渠道行为研究探讨的是渠道成员怎样认识、建立和处理渠道关系，其讲求的是每个渠道成员与其他成员之间相互依赖的关系，研究重点是渠道成员如何建立和利用权力，如何处理冲突，如何通过合作获取竞争优势。

2. 电子商务中的渠道行为

渠道是指产品由生产者向消费者或用户转移过程中发挥必要功能的组织或个人及其活动，这就意味着无论何种形式的渠道，只要能降低制造商和消费者之间的交易成本，就有其存在的必要。在实际生活中，电子商务的发展，通过引入了网络中间商，形成销售渠道和网络营销渠道共存互补的新格局。

在电子商务环境下，多渠道并存的销售渠道实现了传统网点密集优势和信息沟通优势的整合。网络中间商凭借其强大的信息搜集、处理和沟通功能，更好地满足了消费者个性化的需求。

（1）在电子商务环境下，渠道权力向两级传递。渠道终端权力增大。传统渠道模式是制造商—批发商—零售商—消费者，在电子商务环境下，传统渠道通过网络化改造对信息权力重新进行分配。终端零售商的信息化程度不断提高，掌握了第一手的顾客资料，而在整个渠道的运作中，这是极为重要的资源。从而，资源的依赖导致了权力的不对称，渠道对顾客信息资源的依赖，最终使终端零售商的地位不断提高。

对于消费者，信息化的环境让其获得了更多的非强制性权力。在电子商务中，由于互联网的开放性和互动性，商务流程由线性结构变成了交互平台，通过互联网，消费者可以方便地获取全球范围的产品信息，甚至可以选择与制造商直接沟通并影响其产品研发和营销行为，摆脱了传统市场中完全受制于中间商的命运。

（2）信息流动的变化促使服务中介的发展。对顾客信息的争夺导致了渠道权力的重组，然而，顾客信息绝不能代表渠道信息的全部，在交易的过程中还涉及物流、资金流动等各种信息。服务中间商能专注渠道服务领域而具有服务规模效应，所以将相应的业务外包给服务中间商有助于降低成本，提高竞争实力。电子商务虽然拓展了中小企业的市场选择范围，增加了它们与大企业公平竞争的机会，但并不是每个开展电子商务的企业都有独

---

① 计东亚. 电子商务环境下中间商作用的转变［J］. 对外经济实务，2002（4）.

立完成交易、付款、配送以及支持服务的实力。服务中介掌握的金融、物资流通和产品交易的信息，在渠道中获得了较大的权力优势。例如，每个联邦快递公司，能提供实时的物品流动和产品流动交易的信息，在渠道中获得了较大的权力。许多中小型电子商务企业通过它进行商品配送，其对联邦快递公司的依赖性极强。因此，在电子商务环境下，服务中介商在渠道运作中将发挥更大的作用。①

三、渠道设计

渠道设计（Marketing Channel Design）是指为实现分销目标，对各种备选渠道结构进行评估和选择，从而开发出新型的营销渠道或改进现有营销渠道的过程。

1. 影响分销渠道的因素

（1）市场因素。企业在选择分销渠道时要考虑目标市场的特点，例如目标市场的规模大小、目标客户的消费习惯以及同类产品市场的竞争情况等。如生活必需的日常消费品，其目标市场规模大，目标客户购买次数多，但每次购买数量少，同类产品的市场竞争较为激烈，考虑到以上因素，企业应该采取长渠道合销，减少订货和运输的频率，降低储存成本和运输成本。

（2）产品因素。产品的价值由再生产过程所需的社会必要劳动时间决定，但产品的价格却受到了分销渠道的长短、宽窄等因素的影响。不同产品的特点需要采用不同的分销渠道。一般而言，日用消费品单位价值低，分销渠道较长、较宽；高档耐用品单位价值高，分销渠道就较短、较窄。但是对于时令性较强的产品，如鲜活易腐烂的农产品，厂商则需要尽可能减少中间环节，缩短流通时间，防止腐烂，以减少损耗。

（3）企业自身的因素。实力较强的企业自身通常拥有经验丰富的销售队伍，可以采取短渠道的销售模式。而对于中小企业则需要通过中间商进行销售，才能打开市场。

2. 分销渠道的设计

分销渠道设计是指建立以前从未存在过的分销渠道或对已经存在的渠道进行变更的营销活动。在建立过程中，企业要立足长远，考虑到销售渠道的建立成本较大，耗时较长，企业要避免由于短期的投机行为导致长期中不必要的损失。

分销渠道的设计一般包括以下四个方面：

（1）分析服务产出水平。渠道服务产出水平是指渠道策略对顾客购买商品和服务问题的解决程度。影响渠道服务产出水平的有五项：①购买批量。是指顾客每次购买商品的数量。②等候时间。是指顾客在订货或现场决定购买后，一直到拿到货物的平均等待时间。③便利程度。是指分销渠道为顾客购买商品提供的方便程度。④选择范围。是指分销渠道提供给顾客的商品花色、品种、数量。⑤售后服务。是指分销渠道为顾客提供的各种

---

① 汪涛. 电子商务中的渠道行为探悉［J］. 管理评论，2004.

附加服务，包括信贷、送货、安装、维修等内容。

（2）确定渠道目标与限制。渠道设计的中心环节是确定达到目标市场的最佳途径。渠道目标应表述为企业预期达到的顾客服务水平（何时、何处、如何对目标顾客提供产品和实现服务）以及中间商应执行的职能。无论是创建渠道，还是对原有渠道进行变更，设计者都必须将企业的渠道设计目标明确地列示出来。

（3）确定渠道结构方案。有效的渠道设计应该以确定企业所要达到的市场为起点，没有任何一种渠道可以适应所有的企业、所有的产品，尽管是性质相近，甚至是同一种产品，有时也不得不采用迥然不同的分销渠道。

（4）评估主要渠道方案。评估主要渠道方案的任务，是解决在都可行的渠道结构方案中，选择出最能满足企业长期营销目标的渠道结构方案。因此，必须运用一定的标准对渠道进行全面评价。其中常用的有经济性、可控性和适应性三方面的标准。

1）经济性。经济性主要指渠道的建设成本和可实现收益之间的比较。厂商既要考虑到自销和利用中间商的销量大小，又要比较二者的成本高低。一般而言，在厂商的销售水平较低的情况下，企业自销的成本大于销售商代销的成本，这时厂商要采用中间商来进行销售。在厂商自身销售水平较高时，利用代理商的成本会越来越高，厂商则应建立自己的分销机构。

2）可控性。可控性是指生产企业对分销渠道的控制程度。自销的可控性最高。生产者和中间商的产销关系紧密时，相互间有较强的约束条件，则可控性也较强，此时使用中间商会有利，因为他们比企业更加熟悉市场。

3）适应性。适应性是指分销渠道对生产企业和市场变化的适应程度。在灵活多变的市场上，生产企业要寻求可以最大控制的分销渠道结构和政策，以求提高渠道的适应性。

3. 渠道管理

渠道管理是指制造商为实现公司分销的目标而对现有渠道进行管理，以确保渠道成员间、公司和渠道成员间相互协调和通力合作的一切活动，其意义在于共同谋求最大化的长远利益。

（1）选择渠道成员。由于各个厂商自身的声誉和产品的销路、目标市场的定位不同，其对中间商的吸引力会有所不同。厂商在确定一个合格的中间商时要设定具体的标准，然后加以选择。一般而言，厂商会从中间商与目标市场的接近程度、中间商的财务状况、中间商在经营过程中的目标和经营范围、中间商的市场占有率、推销能力和储运能力等方面进行衡量。

（2）激励渠道成员。厂商必须时常激励中间商，向其提供必要的支持，才能促使其最大限度地发挥销售的积极性，完成销售任务。常用的激励中间商的办法：向中间商提供价廉物美的产品、针对中间商不同的进货量和销售业绩来实施价格折扣和折让；提供资金支持；及时向中间商提供市场情报；和中间商达成长期稳定的合作关系。

（3）检查和评估渠道成员。对渠道成员的定期检查和评估是保证营销活动正常进行的前提。生产性企业可以使用一些本企业产品销售情况的指标，如平均库存量、销售服务情况等来对中间商进行考察和评估。对于评估结果优秀的中间商，企业应该及时给予奖励，对评估结果不好的中间商，企业要及时帮助其分析原因，并进一步改善，以保证营销活动的正常进行。

（4）管理渠道冲突。由于渠道中存在不同的利益主体，渠道冲突不可避免地存在着。具体表现：①渠道不统一引发厂商之间的矛盾。②渠道冗长造成管理难度加大。③渠道覆盖面过广。④企业对中间商的选择缺乏标准。⑤企业不能很好地掌控并管理终端。⑥忽略渠道的后续管理。⑦盲目自建网络。⑧新产品上市的渠道选择混乱。

本章案例

国际营销 STP 战略及 4P 策略分析
——以德国大众汽车集团为例①

（一）德国大众汽车 STP 战略

现代市场营销十分重视 STP 营销。当今社会汽车竞争激烈，消费者的需求千差万别，企业无法在整个市场上为所有用户服务。慧聪行业研究认为，企业不应试图在整个市场上争取优势地位，而应该在市场细分的基础上选择对本企业最有吸引力并能有效占领的那部分市场，并制订相应的产品计划和营销计划为其服务，这样企业就可以把有限的资源、人力和财力用到能产生最大效益的地方，确定目标市场，为企业及产品在目标市场上树立一定的特色，选择那些与企业任务、目标、资源条件等一致的市场空间，塑造预定的形象，以取得竞争的优势地位。

1. 市场细分战略

（1）按地理因素细分消费者市场。大众集团建立了一套覆盖以下区域的控制结构：欧洲/其余市场、北美市场、南美市场、南非市场和亚太市场。它在欧洲的 11 个国家和美洲、亚洲及非洲的 7 个国家已经经营 45 家制造工厂。

（2）从经济状况细分消费者市场。大众在美国、墨西哥、巴西、阿根廷、南非、中国都设立有海外公司。墨西哥的大众公司，主要生产针对北美市场（主要是美国）的车型。不过，除了美国市场，该公司还生产便宜的车型以照顾广大拉美国家，所以直到2002 年还生产了最后一辆原型的风冷甲壳虫。

---

① 丁鹏辉. 国际营销 STP 战略及 4P 策略分析——以德国大众汽车集团为例 [J]. 商业经济，2011（10）：85 - 87.

（3）按收入因素细分消费者市场。大众品牌群包括大众客车、斯柯达（koda）、宾利（Bentley）和布加迪（Bugatti）4个品牌。每个品牌均有其自己的标识，自主经营，产品从超经济的紧凑车型到豪华型小轿车应有尽有。奥迪、大众和斯柯达品牌的"高—中—低"档次针对了不同收入档次的人群。

（4）按消费心态因素细分消费者市场。奥迪是一个国际著名豪华汽车品牌，代表高技术水平、质量标准、创新能力。它满足了社会上层阶级追求品位、心灵升华和享受品牌象征意义的精英。他们的身上有兼容进取、温情、传统和回馈社会的价值观，他们个性主动，喜欢自主决定。他们崇尚时尚，及时行乐。

（5）按消费者行为因素细分消费者市场。①酷车一族。作为疯狂的爱车一族来说，拥有一款拉风十足的炫车是他们的终极梦想。他们有着鲜明的生活态度和个性，思维活跃，崇尚自由；他们始终是城市前沿引领潮流的一族；他们对于"酷车"没有太大的"免疫力"……外观动感、功能强大的"酷车"是他们的最爱。同时他们也十分乐于去了解车的文化与历史。②观望一族。他们对车不甚了解，往往喜欢车的实用性大于车本身，他们更侧重于关注性价比，是否坚实耐用，是否安全。

2. 目标市场战略

奥迪、大众和斯柯达品牌的"高—中—低"搭配。在细分车型方面，奥迪Q1首先引起大家对这一细分市场的关注，同时较高的售价可以获得丰厚的初期利润；在市场对产品认可后，大众品牌再推出同平台的小型车做大市场份额，同时巩固消费者对这一细分市场产品的认可程度；最后，斯柯达品牌将在最后推出一款"廉价版"车型，进一步抢夺市场，抵御其他品牌对这一细分市场的蚕食。

3. 市场定位战略

（1）以消费者类型定位。不同的消费群体对车型侧重点的关注也有所不同，一些人看重性价比，一些人在乎外观或品牌的知名度。特别是在豪华车领域，汽车的性价比往往不是最具决定性的因素，如豪华车市场客户群常常是富豪、企业高管、外企高管、高收入专业人士。如奥迪定位的是高消费人群。

（2）以竞争对手定位。例如德国大众汽车公司总裁文德恩（Martin Winterkorn）对德国媒体称，他已经不再将日本丰田汽车作为最令人担心的竞争对手，他更加关注来自韩国现代汽车的挑战。文德恩解释道，他之所以重视现代汽车的挑战，首先因为韩国货币汇率造成现代汽车的出口优势，其次现代汽车的高质量也获得了大众汽车的尊敬。

（3）以产品定位。"大众"在德语中是"国民的汽车"的意思。大众主要定位为国民车。"二战"时，甲壳虫成为大众推出的第一款国民车。此后"大众"又推出了另一款国民车——高尔夫。时至今日，几乎每个德国家庭都拥有一部高尔夫，成为德国乃至整个欧洲当之无愧的国民车之王。

(二) 德国大众汽车 4P 策略分析

1. 产品定价

下面以 Passat 车型为例来分析其定价策略：在 2000 年 6 月 PassatB5 轿车退出市场之前，上汽大众汽车有限公司作为上海大众轿车总经销商，进行了详细而规范的定价研究，确立了综合成本导向、需求导向和竞争导向三种汽车定价方法的定价思想，准确地制定出定价策略。在成本方面，公司认真核算了 Passat 轿车的各种成本，并对成本变化的各种可能性做出了切实的评估，尤其是对该车型所使用的 110 千瓦发动机的性能价格比、需求弹性做出了分析，得出该产品的保本价格，并使用成本定价法计算出基本价格范围。在对竞争的研究上，综合了 2000 年该市场的统计数据，描绘了 Passat 轿车替代竞争价格弹性的趋向，得出最终的定价点。考虑到同一档次轿车的市场价格，并避免与最大竞争者的定价完全相同（以免由于正面竞争激化而爆发价格战），最终再对定价点做适当调整。目前市场上推出的 PassatB6 轿车的定价方法与 PassatB5 的定价方法是基本相同的。

2. 销售渠道

大众汽车集团旗下共有大众、奥迪、斯柯达、西亚特、宾利、布加迪和兰博基尼七个轿车品牌，各品牌采用独立的销售渠道模式，实行产销分离的销售模式。大众汽车集团在德国的整车销售主要采用直接销售和经销商销售两种渠道模式，其在德国本土的经销商大多是销售、服务、零件一体模式。此外，大众在德国还有不少仅提供汽车售后服务，不从事整车销售的特约维修店。大众将国内的分销商分级别进行管理，不同级别的经销商经营不同的产品，享受不同的商务管理政策。在多品牌、多渠道销售期，大众渠道模式：品牌—分销商—零售商—用户。大众汽车在中国拥有四个经销商渠道，分别是"奥迪"、"一汽—大众"、"上海大众"、"SKODA"；奥迪的进口车已经和国产车并网销售，大众的进口车渠道已经和一汽—大众的渠道并网销售，这四个渠道都是采用销售和服务一体化 4S 店的终端形式。以上海大众为例，其渠道历经演变，由早期产销分离的单一渠道多层次代理制演变为现在的生产、销售、服务一体的多层次代理制。1985 年，大众汽车宣布进入中国市场；同年 9 月，上海大众正式开业，当时国内轿车市场的规模在全球范围内还微不足道，为规避投资风险，德国大众通过合资公司上海大众专司生产，销售任务推给了中方，上海汽车成立了上海汽车工业销售总公司，采用多层次代理制销售大众的产品。上海大众 1996 年开始做网络调整，建立地区分销中心和地区中转库。渠道模式变为制造商—批发商—零售商—用户。2000 年前，上海大众一直采用产销分离的营销模式，这使上海大众远离市场，难以根据市场变化及时调整产品规划及产品策略，对产品的行情在市场中的反映难以全面掌握，不利于产销协调一致。2000 年，上海大众实现了销售、服务一体化，提升了上海大众的品牌形象。

3. 促销方式

（1）国际市场促销组合策略。大众早期就在本土采用了推式促销策略，公司将产品推销给批发商，批发商转而推销给零售商，零售商再推销给消费者。

大众同时也采用了拉式促销策略，通过树立良好的企业形象、品牌形象与产品形象，以及大量的广告、会展等，成功地向市场推销了自己的产品。

（2）国际广告策略。大众采取了国际广告标准化策略和差异化策略综合的广告策略。例如，上海大众为了推销自己的产品，在中国市场上投入了大量的资金和精力。大众宝来等汽车在推出时，大众制作了很好的广告以及配乐（如 I'll come to you，you'er beautiful 等动听歌曲）在 CCTV - 1、CCTV - 5 等频道播放，取得了很好的宣传效果。而在国外地区，有适合当地人喜好的广告形式。其广告采取了情感和理性兼顾，而且部分广告的主题也是经常改变，如斯柯达早期广告更多地强调了产品的性能，而后来有广告则侧重汽车的动感效果等。

（3）国际市场人员促销策略。大众汽车公司在选择推销人员上有其自己的一套标准，采取的是地区型人员推销结构。例如，上海大众曾发布文件将旗下 12 个销售服务中心整合为 10 个，同时，重新规划并整合了部分区域，在原来以地理位置来划分区域的方式基础上，进一步考虑了区域特征的相似性。

（4）国际公共关系策略。大众通过体育营销的方式，为公司进行市场推广和树立企业国际形象。例如，大众汽车 2009 年世界乒乓球总冠军赛 12 月 20 日在湖南国际会展中心完美落幕。同时，大众汽车集团（中国）与上海大众、一汽—大众共同为上海世博会德国国家馆提供官方用车支持，这是大众汽车集团（中国）与合作伙伴为实现"城市，让生活更美好"的美好愿景的郑重承诺。

大众也把参加各种国际会展作为其促销的重要形式。在第九届天津国际汽车贸易展览会上，上海大众汽车将携旗下 2011 款 LAVIDA 朗逸、2011 款 LAVIDA 朗逸 1.4TSI 运动版、TIGUAN 途观、PASSAT 新领驭、POLO 劲情、POLO 劲取、TOURAN 途安新一代 7 款车亮相天津国际车展 B3 展位；同时上海大众汽车还特意从总部调运来一款途观的解剖车，让消费者充分了解上海大众途观的内在结构，可谓阵容空前强大。

（三）结语

德国大众汽车在中国的成功在战略和策略上主要有以下经验：大众品牌在中国市场的准确定位；广告对品牌定位传播到位，不同档次车的定位进入消费者心智；优秀的执行力，渠道控制力强；量力而行，滚动发展，在区域内确保市场推广力度处于相对优势地位。

问题：

1. 分析德国大众汽车集团的营销战略和策略的制定对其成功营销的重要性。

2. 总结德国大众汽车集团成功营销的经验并结合实际谈谈其对自身的启示。

本田飞度
——低价，一步到位①

在国内经济型轿车市场上，像广州本田的飞度一样，几乎是全球同步推出的车型还有价格高得多的上海大众 POLO。飞度 1.3L 五速手动挡的全国统一销售价格为 9.98 万元、1.3L 无级变速自动挡销售价格为 10.98 万元。而三厢 POLO 上市时的价格为 13.09 万~16.19 万元。飞度上市后，POLO 及时进行了价格调整，到 12 月中旬，在北京亚运村汽车交易市场上，三厢 POLO 基本型的最低报价是 11.11 万元。即使这样，其价格还是高于飞度。虽然飞度 9.98 万元的价格超过了部分消费者的心理预期，但在行家眼里，这是对其竞争对手致命的定价。飞度在定价上也体现了广州本田的营销技巧。不同于一般汽车企业在新车上市时采用的高走高开策略，技术领先的飞度采取的是一步到位的定价。虽然这种做法会使消费者往往要向经销商交一定费用才能够快速取得汽车，增加了消费者的负担。但供不应求的现象会让更多的消费者产生悬念。如果产量屏障被打破以后，消费者能够在不加价的情况下就可以买到车，满意度会有很大的提高，因为它给予了消费者荣誉上的附加值。

问题：

1. 一般企业在新车上市时采用的高走高开的策略有什么缺点？
2. 飞度利用了什么定价策略，应用该策略时有哪些需要注意的？

家电电商大战

2010 年岁末，国美、苏宁等家电销售连锁巨头以窜货为由，要求其供应商各大家电厂家，减少向网络销售商京东商城供货，企图"封杀围剿"京东商城，从而使传统渠道对网络渠道的对抗公开化了。有着 60∶100 的销售规模份额的京东商城也毫不示弱，指责苏宁和国美等渠道运作效率不高，企图价格垄断，要求供应商出面协调，给个说法。一边是新兴渠道的快速增长、年轻消费族群的巨大潜力，一边是传统渠道巨大的现实销量和广阔的覆盖面，各供应商只能在火药味越来越浓的两者冲突中不断救火，小心平衡。

问题：

1. 比较传统渠道和网络渠道各自的优缺点。
2. 网络渠道与传统渠道冲突的原因是什么？

---

① 邱小立. 广本飞度——"一步到位"的致胜术 [J]. 成功营销，2004（1）：116-117.

本章小结

　　影响厂商定价的主要因素有产品成本、供求关系、价格需求弹性、竞争状况以及国家政策与法规。不同发展阶段不同的企业类型有不同的定价目标。基本的定价方法有基于成本、市场需求、以竞争为导向。在产品定价策略上，可以分为新产品定价策略和相关产品定价策略。企业根据定价策略制定出基本价格后，在产品的营销过程中还要根据市场不断变化的供求状况、服务对象和交易条件来随时调整价格，来取得最大的经济效益。根据市场上价格的变化，厂商也需对自身产品价格进行调整。

　　厂商在促销过程中，可以有目的、有计划地把人员推销、广告、营业推广、公共关系有机组合起来综合运用。制定促销组合应该考虑的因素：产品和市场类型、促销目标、促销的实施步骤、促销的预算。人员销售是销售人员帮助和说服购买者购买某种商品或劳务的过程，对销售人员而言，其应该具备相关的知识和素质，对厂商而言，其要确定人员销售的结构规模、评估方案、激励方案。根据广告目标的不同，可以将广告目标分为三类：告知性广告、诱导性广告、提示广告。针对不同的产品特点和受众，厂商要选择合适的种类和方式。厂商要想促进销售，应该考虑市场的类型、企业促销的预期效果、竞争者的策略以及促销手段等因素。改善厂商与社会公众的关系，可以达到树立良好组织形象、促进商品销售的目的。

　　批发销售渠道中的厂商不是一个单独的个体，而是整个系统中的一部分。因此，要重视中间商的作用，尤其是网络经济环境下中间商的作用转变。在电子商务中，渠道权力向两级传递，并且信息流动的变化促使服务中介的发展。在销售渠道设计中影响分销渠道的因素有市场因素、产品因素、企业自身的因素。

关键术语

　　市场定价；定价策略；促销；人员促销；广告策略；销售渠道；分销渠道的设计

分析与思考

1. 影响批发市场定价的因素有哪些？
2. 定价方法可以分为哪几类？
3. 分析价格变动对不同的经济主体的影响。
4. 如何确定适合的广告途径？
5. 影响分销渠道设计的因素有哪些？如何设计合适的分析渠道？

第九章
批发市场的电子商务与物流

⭐ 教学目的及要求

了解批发市场电子商务的含义、分类和组成要素；掌握电子商务的直接作用和间接作用，理解电子商务对中小企业的影响及其应对措施；了解物流和物流管理的概念，掌握物流和供应链管理的整合；了解电子商务的特点和优势，掌握电子商务背景下渠道创新的途径。

⭐ 教学重点及难点

掌握影响企业物流渠道因素的分析过程；认识网络经济时代我国中小企业在电子商务中存在的问题及解决途径；理解网络营销对批发市场的意义。

在开放的网络环境下，微电脑技术和网络通信技术的发展为电子商务的兴起提供了有力的动力。作为中国最大的网购零售平台，淘宝网近5亿的注册用户使其占据国内电子商务80%以上的销售额，并在2014年和2015年的"双11"购物狂欢节上分别取得571亿元和912.17亿元的总成交额。[①] "物流"一词来源于日文资料对"Logistics"的翻译，在系统论、信息论和控制论的基础上建立了现代物流管理的体系。伴随世界经济的高速发展和全球化的日益推进，尤其是我国在2001年加入世界贸易组织后，供应链和物流管理得到迅速发展。不同于传统商帮的地缘纽带，2004年马云提出了"网商"这一概念，而该群体的兴起促进了线下物流服务的发展，催生了众多国内大大小小物流公司的兴起和发展。1998~2008年，中国跨境物流行业市场规模每年以10%以上的速度增长，快于GDP的增长速度。

---

① http://baike.so.com/doc/1037087-1096884.html#refff_1037087-1096884-6.

第一节 批发市场电子商务的概念与要素

作为一种全新的市场运作方式，电子商务与传统贸易形式有了很大的不同。一方面，生产和消费分离迁回，专业化分工和协作大大提高了生产效率，提升企业竞争力；另一方面，信息化使生产和消费再结合，缩短了生产和消费之间的距离，增强了生产对需求的响应度。

一、电子商务的基本概念

20 世纪 70 年代出现了电子数据交换（Electronic Data Interchange），随着计算机和网络技术的迅速发展，90 年代出现了以网上交易为基础的现代电子商务。

1. 电子商务的含义和分类

（1）电子商务的含义。国际互联网的普及使电子商务可以凭借信息网络技术，利用互联网销售商品，进行商务谈判、签订合同、网上支付等系统商业活动。因此，广义上可以将电子商务理解为是发生在开放的网络空间上的，通过互联网或局域网传递商务数据信息，在企业、政府和个人消费者之间开展的商务活动，是信息技术在商务活动中的应用，从而大大改进了商品的交易方式，形成更加方便、快捷、低成本、高效率的商品交易电子化、现代化的交易模式。狭义上的电子商务是指通过使用互联网在全球范围内进行的商务贸易活动，包括商品和服务的提供者、广告商、消费者、中介商等有关各方行为的总和。人们一般理解的电子商务是指狭义上的电子商务，广义上电子商务在狭义的含义上增加了企业内部利用电子手段进行的企业管理活动。

（2）电子商务的分类。按照商务活动的内容分类，电子商务主要包括间接电子商务（有形货物的电子订货和付款，仍然需要利用传统渠道如邮政服务和商业快递车送货）和直接电子商务（无形货物和服务，如某些计算机软件、娱乐产品的联机订购、付款和交付，或者是全球规模的信息服务）。

按照开展电子交易的范围分类，电子商务可以分为区域化电子商务、远程国内电子商务、全球电子商务。

按照使用网络的类型分类，电子商务可以分为基于专门增值网络的电子商务、基于互联网的电子商务、基于企业及地区专用网的电子商务。

按照交易对象分类，电子商务可以分为企业对企业的电子商务（B2B），企业对消费者的电子商务（B2C），企业对政府的电子商务（B2G），消费者对政府的电子商务（C2G），消费者对消费者的电子商务（C2C），企业、消费者、代理商三者相互转化的电子商务（ABC），以消费者为中心的全新商业模式（C2B2S），以供需力为目标的新型电子商务（P2D）。

2. 电子商务的应用范围

（1）EDI 业务。EDI（Electronic Data Interchange）的中文意思是电子数据交换。它是电子商务发展早期的主要形式，EDI 是旨在票据传送的电子化。例如，国际贸易中的采购订单、装箱单、提货单等数据的交换。

（2）虚拟银行。随着虚拟现实技术的不断进步，银行金融业正在积极利用虚拟现实技术，创建虚拟金融世界。在虚拟银行电子空间中，可以允许数以百万计的银行客户和金融客户，面向银行所提供的几十种服务，可以根据需要随时到虚拟银行进行检索，这些服务包括信用卡网上购物、电子货币结算、金融服务及投资业务的咨询等。虚拟银行是现代银行金融业的发展方向，它指引着未来银行的发展。要充分利用互联网这个开放式网络来开展银行业务，引发一场深刻的银行业革命。

（3）网上购物。随着电子商务技术的发展和应用，网络购物将越来越普及，网上购物已经成为一种新的生活方式。网络购物利用先进的技术，把现实生活里的商业街搬到网上，用户无须担心出门时的天气变化，足不出户便能在网上"逛商场"，并且更加方便、省时、省力地选购商品，订货不受时间限制，商家会送货上门。

（4）网络广告。互联网的普及使通信费用降低，机构或公司可以利用其进行产品宣传。网络广告可以根据更精细的个性差别将顾客进行分类，有针对性地传送不同的广告信息。并且，不同于电视广告，网络广告的顾客是主动浏览广告内容的。可以预测，未来的广告将利用最先进的虚拟现实界面设计达到身临其境的效果，给人们带来一种全新的感官体验。例如，通过汽车广告，你不仅可以打开汽车的车门去参观，还可以利用电脑提供的虚拟驾驶系统虚拟体验驾车的感受。

3. 电子商务的特点和作用

（1）交易过程的电子化。交易双方在交易过程中，从商务洽谈签订合同到货款支付、交货通知等全过程均在网上进行。签订的合同为电子合同文本，通过电子数字的签名保证交易的安全性。结算使用电子钱包，并且经过数字证书的认证确定。交易过程最重要的是保证交易的真实、安全、可靠。

（2）交易市场的虚拟化。网上的企业及所有交易活动，均是在虚拟市场上进行，虚拟市场不占实际空间，没有实物设施，没有八小时工作限制，因此节省了大量的交易费用，降低了销售成本。

（3）交易对象特定化、广义化。电子商务交易对象的特定化是指双方都必须是互联网的客户，都是一些有上网能力的个人和客户群体。而互联网又分布在全世界，这就大大扩展了交易领域，使交易活动的范围很容易在世界范围内展开，因而，无论是一般企业还是物流管理类企业，都可以大大地扩展自己的经营领域，从而增加企业效益。

（4）交易高效化。电子商务的交易避免了双方跨地区、跨国的商务洽谈，从寻找客户、付款结算到物流企业的商品发运，极大地节省了时间。通过电子商务交易增加了销售额，降低了成本，减少了库存，增加了竞争能力，提高了企业的知名度。对于物流企业来说更是节省了大量时间。由于企业信息化程度提高，加强了企业内部及时、动态的管理，数据记录、信息传递、货物配送，实现了网络化、系统化、自动化管理，从而提高了企业领导决策的科学化。

（5）促进法制化建设。电子商务活动在企业之间称为B2B，在消费者与企业之间的电子商务称为B2C，在企业与政府之间的电子商务称为B2G。但无论哪一类电子商务活动的开展，都必须依法进行，依靠法律的保护，都必须依据新的经济关系，建立新的法律关系，受相应法律的约束，所以电子商务的出现将促进国家法制社会的建设。完整的法律体系涉及诸多方面的关系，如电子合同、知识产权、电子交易的竞争规则、电子消费的商业信用、消费者权益的保护、个人隐私权、电子货币的支付、网上交易的税收、电子交易的安全、计算机犯罪、计算机证据等一系列问题。我国虽然出台了一些法律规定，如《中华人民共和国计算机网络国际互联网管理暂行规定》《中华人民共和国计算机信息系统安全保护条例》《中国互联网络域名注册暂行管理办法》等，但还远远不够。随着电子商务活动、物流企业的进一步发展，必然会出现更多、更严密的法律规定来维护现代企业的各项经营交易活动，提高国家整体的法制建设水平。[①]

4. 电子商务的解决方案

电子商务解决方案是指用于特定类型的电子商务系统或针对电子商务的某些环节的全套解决方案，通常包括开展电子商务所需的全部软件、硬件，系统集成方案及相关服务。

面对网络电子的美好前景，商家在选择一个电子商务解决方案时要考虑以下因素：①考察对提供电子商务解决方案的企业的合法性。②对服务商的成功案例进行分析。③在同类行业中比较该服务商的特色和专业性。④是否可以通过服务商的方案获得盈利。⑤服务商自身的形象和商誉。⑥获得该电子商务解决方案所付出的成本在同行业内是否有竞争力。

5. 电子商务标准化

信息化时代的到来，给电子商务发展来带了极大的动力，使其日益改变全球商业活动的进行方式，促进了世界经济的增长，提高了人民的生活水平。对于正处于深化改革阶段的我国而言，信息化的发展是一个千载难逢的机遇，我们应该充分利用电子商务方式，大力推动相关产业的快速发展。因此，必须推广电子商务标准化，从而为电子商务的推广、普及和应用提供支持。

二、电子商务的组成要素

1. 三流的概念

（1）信息流。在企业中，信息流分为两种，一种是纵向信息流，发生在企业内部；

另一种是横向信息流，发生在企业与其上下游的相关企业、政府管理机构之间。

（2）资金流。资金流是指资金的转移过程，包括支付、转账、结算等，它始于消费者，终于商家账户，中间可能经过银行等金融部门。电子商务中资金流的方式是依靠金融网来实现的，主要有电子现金、电子支票、信用卡等。

（3）物流。物流是因人们的商品交易行为而形成的物质实体的物理移动过程，它由一系列具有时间和空间效用的经济活动组成，包括包装、装卸、存储、运输、配送等多项活动。广义的物流包括流通领域，又包括生产领域，是指物质资料在生产环节之间和产成品从生产场所到消费场所之间的物理移动；狭义的物流只包括流通领域，指作为商品的物资在生产者与消费者之间发生的空间位移。

2. 三流的关系

在商品价值形态的转移过程中，物流是基础、信息流是桥梁、资金流是目的，但是信息流处于中心地位，信息流是其他流运转的介质，直接影响控制着商品流通中各个环节的运作效率。

三流的关系可以如下表述：以信息流为依据，通过资金流实现商品的价值，通过物流实现商品的使用价值。物流应是资金流的前提与条件，资金流应是物流依托的价值担保，并为适应物流的变化而不断进行调整，信息流对资金流和物流运动起着指导和控制作用，并为资金流和物流活动提供决策的依据。

第二节　电子商务在批发市场中的作用

电子商务是一个发展潜力巨大的市场，极具发展前景。电子商务双向信息沟通、灵活的交易手段和快速的交货方式的特点，将给社会带来巨大的经济效益，促进整个社会生产力的提高。电子商务的广泛推广，打破了时空限制，改变了贸易形态，大大加速了整个社会的商品流通，有助于降低企业成本，提高企业竞争力，尤其能够使中小型企业直接进入国际市场参与国际市场竞争。电子商务给消费者提供了更多的选择，提供了更好的便利性。它是商务领域的一场信息革命，它对我们的思维方式、对人类的经济活动、对人类的工作方式和生活方式都将产生根本性的影响。

一、电子商务的直接作用

1. 节约商务成本

电子商务将传统的商务流程电子化、数字化，其从商务洽谈、签订合同到货到付款等全过程都在网上进行，实现了用电子流代替了实物流，可以大量减少人力、物力，降低了成本。尤其节约商务沟通和非实物交易的成本。

2. 提高商务效率

电子商务重新定义了传统的流通模式，避免了交易双方跨地区的商务洽谈，减少了中间环节，突破了时间和空间的限制，减少了库存，降低了成本，使交易活动可以在任何时间、任何地点进行，从而大大提高了效率。尤其提高地域广阔但交易规则相同的商务效率。

3. 有利于经济的调整

电子商务有利于进行经济宏观调控、中观调节和微观调整，可以将政府、市场和企业乃至个人连接起来，将"看得见的手"和"看不见的手"连接起来，既可克服"政府失灵"又可克服"市场失灵"，既为政府服务又为企业和个人服务。

二、电子商务的间接作用

1. 促进整个国民经济和世界经济高效化

电子商务的发展极大地增加了信息的传播速度，使消费者对产品的属性以及生产者对消费者的偏好等信息资源的搜集效率得到提高，科学经营的企业充分利用这些信息来进行生产决策，促进了社会资源的优化配置，从而促进了整个国民经济和世界经济高效化。

2. 推动了现代物流的发展

电子商务为物流企业提供了良好的运作平台，大大节约了社会总交易成本。物流产业促进了中国经济增长方式的转变。电子商务为物流管理提供了良好的运作平台。在电子商务环境下，供应链中的各个节点企业能更好地实现信息共享，加强供应链中的联系，使企业可以提高生产力，为产品提供更大的附加值。

3. 有利于推进社会可持续发展

电子商务的发展体现了物尽其用的思想，数据电子化在一定程度上保护了环境，有利于人类社会可持续发展。作为一种商务活动过程，电子商务将带来一场史无前例的革命。

三、电子商务对中小企业的影响

2008 年，随着一场席卷全球的经济危机的到来，以美国为代表的金融大国在这次危机中一些跨国公司、银行纷纷破产倒闭，更糟糕的是这场源自美国的金融危机正在向实体经济蔓延，演变成全球性的经济危机。金融危机对国内企业及市场既有不利的影响，但也创造了一些新的机会。尤其是使以电子商务为基础的一些中小企业大大发展。

1. 降低中小企业的成本

（1）降低采购成本。资金缺乏是制约中小企业发展的重要因素，然而，如果中小企业充分利用互联网通信工具，就能有效降低成本，提高资金的利用率。中小企业通过互联网与客户进行联络、了解和洽谈业务，可以大幅度减少差旅费、传真费、邮寄费等费用；并省去许多中间环节，使企业既能够向原料产地直接采购原材料，又能将产品直接销售给用户，从而极大地降低了营销成本和采购成本，并赢得了更多的利润。

（2）降低营销成本。中小企业可以建立网站，发布产品介绍、技术信息、售后服务等信息，进行产品形象和宣传。此外，电子商务使中小企业的客户维系成本明显降低，电子邮件和在线聊天代替了原来昂贵的长途电话费用。

（3）降低了库存成本。电子商务使企业可以达到一种零库存的理想模式。这种模式为企业节省了大笔材料费、仓储费和管理费，加速了资金流转，加快中小企业对市场客户的反应速度，非常有利于中小企业的发展。并且，一旦经营成本降低，中小企业便可以将宝贵的资金用于技术创新、产品研发等。中小企业可以通过与供应商建立良好的关系，从而降低自己的库存水平，进而合理规避经营风险。

2. 提升中小企业的业务机会

（1）拓展目标市场。中小企业的最大问题是业务量小，而电子商务天然的无国界特点会为他们带来更大的市场空间。即互联网延伸到哪里，市场就能扩展到哪里，中小企业利用互联网做生意，能够摆脱原有狭小生存空间的限制，将市场扩展到过去依靠人员推销或广告推销所不能有效到达的遥远地方，大大拓展他们的市场机会，从而发现更多的潜在目标顾客群，获得新的商业机会。

（2）提供发展机遇。电子商务的基本作用为速度优势，速度优势降低了成本——库存成本、雇员费用、计划成本等。互联网的高效加速了信息流，信息流的通畅加快了物流，电子商务加速了定购流程，减少了产品物流的等待，减少了与决策环节和步骤相关的时间延迟。订单执行的准确率得到提高，并且产品部件和物料的采购、项目计划、产品配送以及安装过程优化。传统贸易流程的简化，使中小企业用最快的速度获取信息资料，顺利完成交易，既降低成本，又增强公司运作能力，为中小企业的发展提高机遇。

3. 优化企业服务，提升企业形象

电子商务促使在激烈竞争中的中小企业更好地适应市场变化。为了成功地实现信息化客户服务，企业必须开始学习使用数据库和数据挖掘技术来管理客户关系。而现代计算机网络在企业生产中的应用与制造活动相结合，使生产者更贴近市场的需求，企业通过数据挖掘，可以从自己的数据库中发现数据之间存在的广泛联系和模式，从而有助于提高企业生产的敏捷性和适应性，使高质量、低成本的产品与及时供货和周到的服务相结合，把时间、服务同质量、成本并列为企业生产的要求，提高客户满意度。

四、我国中小企业如何有效开展电子商务

1. 创建面向市场的组织

网络经济中企业竞争的中心已向服务竞争转移，优质的、个性化的服务成为企业的竞

争优势。因此，现代企业应树立新的企业营销观念，创建面向市场的组织。信息技术为创建面向市场的组织提供了条件。企业电子商务系统使企业的各子系统活动都紧紧围绕市场，以市场的需求与企业的目标来协调与规范组织的各项活动。在电子商务的环境下，信息技术的广泛应用首先使内部组织的有效市场化成为可能，它打破了官僚主义的官本位，破除了传统组织信息沟通不畅的弊端，使结构更加精简、扁平，但这种组织结构不是一般意义上的扁平化，而是根据企业再造的思想将企业内部业务流程和企业间业务流程的重新设计与整合。各工作单元之间的界限被打破，重新组合成了一个直接为客户服务的工作组并与市场接轨，以市场的最终效果来衡量流程的组织状况。企业间的业务单元不再是封闭式的金字塔式层次结构，而是网络状的相互沟通、相互学习的网状结构。这种结构使业务单元广开信息交流渠道、共享信息资源、增加利润，减少摩擦。

2. 加强基础建设和人才建设

电子商务是网络技术发展的产物，在其迅速发展的同时，也对网络信息基础建设提出了更高的要求，而信息基础建设正是制约网络贸易发展的关键所在，我国目前在信息基础的投资建设方面已经取得了初步的成效，网络架构已经基本完成，但与发达国家的高投入及密如蜘蛛网的信息高速公路相比，我国在信息基础设施建设上的投入仍严重不足，建设仍处于初步阶段，这方面的落后，制约着电子商务的发展，也影响着中小企业的发展。因此加强信息基础建设刻不容缓，同时也应该充分利用现有的网络资源，以求实现利润最大化，加快中小企业的发展步伐。

3. 保持和发展客户关系

客户关系管理对国际贸易全关重要，尤其对于中小企业这种先天客户关系资源就缺乏的个体来说更重要。从市场到社区，收集大量客户数据并对这些数据进行分析从而得出有价值的客户信息，这种能力使企业可以通过一种崭新的方式来定义他们的客户。客户不再仅仅是市场的组成部分，而是一个"社区"的成员，这个"社区"由那些对相似产品感兴趣的人们组成。企业可以尝试进入这些社区，从而得到关于现有产品和服务的反馈信息。一个与客户"社区"保持了适当联系的企业可以收集到其他企业所不能得到的客户信息，从而增加企业的竞争优势。实际上，具有经营战略意识的企业会去主动建立这样的社区——不仅在B2B领域，同时也在B2C领域。现在门户网站的爆炸性增长就说明了这种社区的重要性，特别是在B2B的世界中，"社区"的最终价值在于"成为一个行业"，这样一方面有利于公司获得稳定的商业机会，取得客户的信任；另一方面，对于中小企业本身也起到了一种宣传作用，可以带来更多的贸易机会和壮大发展的机会。

4. 大力发展企业文化

企业文化的改革和完善是社会整体改革的前奏和量化积累。就企业本身而言，企业文化是以企业家精神为核心的独特的思维方式、行为方式和企业形象。是在长期生产经营过程中形成的并为全体员工遵守和奉行的价值观念、行为准则和审美理念的集合反映。因此，企业实施组织创新之际，应重视组织文化的建设，打破原有的保护带，建立与新的组织结构相适应的保护带，使组织的历史文化不会成为企业组织创新的阻碍，而成为企业组织创新的强大推动力。

5. 进一步营造良好的网络贸易环境

政府鼓励和引导对于国际贸易网络化的作用非常明显。美国曾经出台政策要求对网上报关优先处理。我国政府要加快建设，改变目前的贸易方式，使那些贸易业务还在网下的企业积极开展电子商务，在积极引导的同时，出台实际的优惠政策，例如，适当调整电信资费标准，为中小企业提供电子商务有关的技术支持和服务等。真正为中小企业解决网上经营中存在的问题，使中小企业从被动参与到积极将公司的贸易活动整合到电子商务上来，让中小企业真正体会到好处，这才是政府需要思考的切实问题。

电子商务作为一种未来主流的经济运作方式，会越来越促进中小企业的发展。我国为解决金融危机实行积极的财政政策和适度宽松的货币政策，并在今后两年多时间内安排4万亿元资金强力启动内需，促进经济稳定增长，中小企业应利用这一契机快速发展，提高自身竞争力，扩大市场规模，为我国的国际贸易做出新的贡献。[①]

第三节　现代批发市场的物流管理

一、物流和物流管理的概念

现代物流是经济全球化的产物，也是推动经济全球化的重要服务业。世界现代物流业呈稳步增长态势，欧洲、美国、日本成为全球范围内重要物流基地。物流管理根据物质资料实体流动的规律，应用管理的基本原理和科学方法，对物流活动进行计划、组织、指挥、协调、控制和监督，使各项物流活动实现最佳的协调与配合，以降低物流成本，提高物流效率和经济效益。

1. 物流的定义及其重要性

（1）物流的定义。物流是指为了满足客户的需求，以最低的成本，通过运输、保管、配送等方式，实现原材料、半成品、成品或相关信息进行由商品的产地到商品的消费地的计划、实施和管理的全过程。物流是一个控制原材料、制成品、产成品和信息的系统，从供应开始经各种中间环节的转让及拥有而到达最终消费者手中的实物运动，以此实现组织的明确目标。

（2）物流的重要性。发展现代物流产业对于国民经济的发展有重要的意义。现代物

---

① 郭滨. 电子商务在中小企业发展中的作用［M］. 天津：天津市电视技术研究会 2009 年年会论文集，2009.

流产业由国民经济中各个领域的物流经济实体构成，包括物流基础业，如铁路、公路、水运、仓储、港口等产业；物流装备制造业，如集装箱、运输、仓储、分建、设备制造业；自营物流业，如大型企业中的物流业和物流企业；物流服务业，如仓储运输、配送等物流流通环节服务或全程服务的"第三方"专业化物流企业群；物流咨询业，如物流方案解决，物流管理软件等系统软件及咨询企业、研发企业[①]。近年来，我国政府和企业界已经充分重视现代物流产业的发展，开始了物流现代化的进程。发展物流产业对中国经济发展意义重大：①发展物流产业可以促进市场经济体制建立最为经济合理的综合服务方式。②发展物流产业可以提高中国企业在国际上的竞争力。③发展物流产业可以推动我国第三产业的发展。④发展物流产业可以加快我国区域经济发展战略实施。

2. 物流的主要功能

（1）仓储。生产和消费的周期很少能完全吻合。所以，大多数公司都必须将有形产品存储起来等待销售。存储的功能弥补了购销双方在数量和时间上的差距，保证了无论消费者何时需要都可以购买到产品。企业必须决定存储产品的数量和种类，并决定存放的地点。企业使用的仓储越多，意味着货物能更迅速地送交顾客。但是，较多的仓库也意味着较高的仓储成本。企业储存地点和数目必须考虑顾客服务水平和分配成本之间的平衡。

企业既可使用储存仓库，也可以使用配销中心（或物流中心）。成品储存仓库用以储存商品以满足长期的需求；配销中心则是用以配送产品而不仅仅是储存，这些高度自动化的仓库被用来从不同的工厂和供应商处接收产品、接受订单并有效地处理订单，然后将产品尽可能快地交付给消费者。例如，沃尔玛拥有的物流网络包括全美78家以及全球另外37家巨型配送中心。在沃尔坞销售的所有商品中，将近84%是通过它自己的配送中心装运配送的，这使沃尔玛对其存货拥有巨大的控制力。这些配送中心一般每一家占地都超过100万平方英尺，可以满足165家沃尔玛店的日常供货。激光扫描器每天要扫描超过19000件产品，排在传送带上有11英里长。每个中心的1000多名工人每天要装卸大约500辆卡车的货物。

近年来，随着技术的进步，仓储发生了巨大的变化。那些老旧的、很多层的仓库和过时的物料处理手段正在逐渐被新型的、单层的自动化仓库和先进的、由计算机控制的物料处理系统所取代，提高了效率，更节省人力。

（2）存货管理。存货管理同样影响顾客的满意度。存货太少会导致脱销、产生昂贵的紧急运输成本或生产成本以及顾客的不满意。存货过多，则有可能导致较高的存货成本，存货也有可能会过时。为此，在做存货决策时，管理部门必须在增加的成本与由此产生的销售和利润之间做出权衡。很多公司通过JIT（Just—In—Time）物流系统大大降低了存货和相关的成本。

（3）运输。运输方式的选择直接影响到产品的定价、交货的效率和货物到达时的状

---

① 冯明明．商品流通实用教程［M］．天津：南开大学出版社，2008.

态——所有这些都影响着消费者的满意度。在把产品运往仓库、经销商和消费者的途中，企业有五种主要的运输方式可以选择：①铁路。铁路是最为方便、可靠的运输方式。铁路运输速度快、运载量大，受季节、气候的影响小，并有较高的连续性和准确性，适合大宗产品远程运输。②公路。有时跨国的运输也采用公路运输方式。公路运输比较灵活、迅速，便于在仓库、码头、车站等直接装卸货物，能够深入山区、农村，在缺乏河流、铁路的地区显得更为重要。但汽车的运载量小，运费相对较高。③航空。航空运输在亚洲的运量不足1%，但仍然是一种重要的运输方式。其运费比公路和铁路要贵得多，但在需要快速运达较远的市场时，是一个理想的选择。通常适应于一些易腐产品（如海鲜）、价值高、体积小的产品（珠宝及精尖设备等）。④水运。水上运输成本最低、速度也最慢，而且有时会受天气的影响。一般适用于运输体积大、价值低、不易腐烂的货物。⑤管道运输。管道运输用于输送液体、气体产品，如石油、天然气、煤气等。西气东输工程全部为管道运输。

选择运输方式，要综合考虑速度、可靠性、运载能力、可用性和成本等因素，以便用较低的成本费用达到顾客满意。①

3. 物流管理的定义

传统的物流是指"物的流动"，即物质实体的流动过程，具体指运输、储存、配送、装卸、保管、物流信息管理等各种活动。1985年，美国物流管理协会（CLM）对物流的定义：以满足客户需求为目的，以高效和经济的手段来组织原料、在制品、制成品以及相关信息，从供应到消费的运动和存储的计划、执行和控制的过程。1991年，CLM将1985年定义中的"原料、在制品、制成品"修改为"产品、服务"。1998年，CLM又在1991年定义的开头加上了"物流是供应链过程的一部分"。因此，美国对现代物流的定义：物流是供应链过程的一部分，是以满足客户需求为目的，以高效和经济的手段来组织产品、服务以及相关信息从供应到消费的运动和存储的计划、执行和控制的过程。

按照中华人民共和国国家标准物流术语中的解释，物流管理（Logistics Management）是指为了以最低的物流成本达到用户所满意的服务水平，对物流活动进行的计划、组织、协调与控制，是指产品的原材料和制成品从生产点向使用点转移过程中进行的计划、组织实施和控制，以满足用户和最终消费者的需要。物流管理的基本思想是，在一定的顾客服务水准下，使分销总成本最小。现在许多人都意识到，物流管理的关键是仓储、存货和运输等活动之间需要高度的协调和组织。国外一些企业内部成立了独立的物流部门，专门负责物流管理活动，并取得了很好的成效。

4. 现代物流管理的主要内容

《物流术语标准》中对物流管理的定义："为了以最低的物流成本达到用户满意的服务水平，对物流活动进行计划、组织、协调与控制。"根据国际物流管理发展的历程，物

---

① 王海云. 市场营销学［M］. 北京：经济管理出版社，2008.

流管理的发展经历了四个阶段，分别为零散式管理阶段、实体分销管理阶段、集成化物流管理阶段和供应链管理阶段。现代物流管理的主要内容有物流作业管理、物流成本管理、物流服务管理、物流质量管理和物流信息管理。

物流管理既包含了微观层面上企业物流管理，又包含了宏观层面上国家、地方、行业物流管理。微观层面上的企业物流管理要控制物流成本、加速周转、提高资源利用率。主要可以从以下几个方面采取措施：物资采购科学管理、物资库存量控制、合理组织运输和储存、科学制定物资消耗定额、加强企业物流规划。宏观层面上的物流管理更为重要，它可以极大地提高物流的社会和总体效益。主要可以从以下几个方面采取措施：提倡商物分流，合理运输；搞好物流资源的社会整合；重视供应链管理；大力发展和培养第三方物流；搞好物流规划，建设物流园区，走集约化、社会化道路。

二、电子商务时代物流的主要特点

1. 信息化

电子商务是建立在高度发达的计算机技术和通信技术的基础上的。因此，在每一次交易过程中，浏览、购买、付款、合法性验证以获取付款，都要使用信息技术来获取、处理和传递信息。物流公司或配送中心也是采用信息技术。可见，一切工作都是由计算机程序实现。因此，信息技术直接影响到物流系统的顺利运作。

2. 现代化

电子商务条件下的现代物流当然要求物流水平、范围、层次等环节都应该具有较高的现代化程度。然而，现代化不仅是指要有现代化的技术、设备等，更是指要具有现代化的管理思维、观念和手段实施经营运作。

3. 物流共同化

物流共同化是电子商务对物流提出的必然要求，是新型物流的新特征。它是指多个企业使用同一物流系统或物流配送组织。在同一地区或同一业种的企业中，寻求物流共同化的情况很多，尤其是在大城市中，积极参加共同配送的企业、公司越来越多，各种销售业面向百货店、大型超市的共同配送将随电子商务的推广而普及。

4. 物流渠道缩短

电子商务的出现为商品带来了最直接的流转渠道。制造商可以把商品直接送到顾客手中，还可以通过信息技术从顾客手中取得最直接的需求及反馈信息。这无疑缩短了物流通道，提高了商品的移动速度，压缩了库存量。

电子商务是物流业务的发展方向，物流是实现电子商务的保证，落实到物流渠道业务本身，运用互联网技术实现物流经营人与顾客之间的交易业务也是现代物流发展的必然方向，也就是说，电子商务和物流业务本来就是"你中有我，我中有你"的关系。要实现电子商务，必须有物流系统的支持和保障；要发展物流业务，也必须有电子商务的支持。

这种相互融合的关系的本质是传统的物资流通技术和现代信息技术的完美结合，缺少了其中任何一个，另外一个都不会有完美的完整意义上的发展。

第一，互联网无法解决物流问题。在这种情况下，未来的流通时间和流通成本，绝大部分被物流所占有。因此，物流对经济发展会起到非常大的决定和制约作用。可以说，现代经济的水平在很大程度上取决于物流的水平。然而物流的特殊性决定了无法像解决商流问题一样依靠互联网来解决问题。以互联网为平台的网络经济可以改造和优化物流，但是不可能根本解决物流问题。物流问题的解决，尤其是物流平台的构筑，需要进行大规模基本建设。

第二，物流发展的滞后。和电子商务的发展相比，即便是发达国家的物流，其发展速度也难以和电子商务的发展速度并驾齐驱。一个完善的社会物流服务系统可以保障电子商务在网上交易完成后实现实物的适时、适量、低成本地转移。[①]

三、物流和供应链管理

1. 物流和供应链管理的整合

随着以顾客为中心的现代营销观念逐渐发展，供应链管理得到了越来越多人的重视。供应链是指产品生产和流通中涉及的原材料供应商、生产商、批发商、零售商以及最终的消费者组成的供需网络。在这个网络中，每个厂商既是其客户的供应商，又是其供应商的客户。因为他们既得向其上游的贸易伙伴订购产品，又需要向其下游的贸易伙伴供应产品。初期的供应链管理是以产品制造为中心，目的是提高生产效率、减少成本、增加产量。供应链管理的思想为厂商优化配置内部资源和外部资源提供了理论指导。

最初的供应链管理是和物流分开独立地在不同领域进行探讨和应用的。但随着人们对供应链管理认识的不断加深，世界经济和不断融合、信息技术和物流实践的迅速发展，业界人士开始从整体上认识物流，将内部物流和外部物流结合起来看待，将物流的若干要素有机联系在一起，以追求物流的总体产出活动。Bowersox 和 Closs 在 1996 年提出了整合性物流的概念，他们强调的是厂商必须和供应商、客户合作，联系所有的物流活动，形成整合性管理。以达到有效完成物流活动，提高厂商竞争能力的目的。此外，供应链的管理是以信息共享和共同规划的合作，内部物流和外部物流应该结合起来将物流活动视为从原料采购、生产、分配、销售到产品最终送达消费者一系列环环相扣的链条。按照整合物流的思想，厂商要追求的是全面的、系统的综合效果，即通过综合从供应者到消费者供应链的运作，使物流与信息流达到最优化，而不是单一的、孤立的片面观点。

供应链管理是企业的有效性管理，表现了企业在战略和战术上对企业整个作业流程的优化。常见的供应链管理方法如下：

---

① 冯明明. 商品流通实用教程［M］. 天津：南开大学出版社，2008.

（1）快速反应（QR）。快速反应（Quick Response）是美国纺织与服装行业 20 世纪80 年代发展起来的一种供应链管理策略，是指物流企业面对多品种、小批量的买方市场，不是储备了产品，而是准备了各种要素，在用户提出要求时，能以最快速度抽取要素，及时进行组装，提供所需服务或产品。

（2）有效客户反应（ECR）。有效客户反应（Efficient Consumer Response）是 1992 年从美国食品杂货业发展起来的一种供应链管理策略。也是一个由生产厂家、批发商和零售商等供应链成员组成的，通过各方相互协调和合作，更好、更快并以更低的成本满足消费者需要为目的的供应链管理解决方案，最终为客户带来更大的效益。有效客户反应是以满足顾客要求和最大限度降低物流过程费用为原则，为供应链成员提供中性服务，它能及时做出准确反应，使提供的物品供应或服务流程最佳化的一种供应链管理战略。

2. 国际物流中的供应链管理

（1）全球经济背景下国际物流发展现状。国际物流是各国之间相互进行贸易活动的必要组成部分，能够有效克服空间和时间距离给企业生产和消费带来的障碍，有利于实现物资在国际经济贸易中的物理性移动。这是社会发展和经济全球化的必然要求，也是现代信息科学技术发展的重要成果表现之一。在新形势下，国际贸易是关系国家发展水平的核心因素，直接影响企业的发展方向。受企业市场和生产全球化形势的影响，国际物流具备了充分的条件和基础，迅速推广壮大。与传统的国内物流相比，国际物流表现出了鲜明的特征。

（2）国际物流对现代供应链管理的要求。供应链即企业的物流网络，由供应商、制造商、仓库、渠道商以及配送中心等中间部门共同组成。在具体的管理过程中，需要对企业整个供应链系统进行合理的计划、协调、操作、控制和优化，从而保证顾客对产品类别、时间、数量、质量和状态等要求的正确性，实现总成本最佳化的目标。在现代企业供应链中，信息和物资在供应链的运作中价值增加，直接给供应链上的相关企业带来收益，提高企业的效益水平。在国际物流发展趋势下，企业生产经营活动受到了经济全球化的深刻影响，市场环境的复杂性增加使用户的需求层次不断升级，需求结构也逐渐趋于多元化。这就使企业竞争发展为供应链管理的竞争，企业的可持续发展对于企业供应链管理提出了新的要求。

（3）我国企业供应链管理中存在的问题。供应链管理是企业管理的重要内容之一，在现代企业经营管理过程中有着不容忽视的作用，并在我国企业中得到了有效的运用和发展。但就目前现状来看，我国企业供应链管理的引进尚处于起步阶段，各方面理论及实践尚不完善，仍存在着诸多问题，严重阻碍着企业管理的全面发展，主要表现为：思想认识存在误区、运输成本控制不当、相关管理人才不足与信用环境体系不完善。

（4）国际物流发展趋势下供应链管理体系的构建。在国际物流发展趋势下，供应链管理是物流服务发展实现信息化、网络化的前提，也是现代企业取得竞争优势的基础性条件。为满足国际物流发展的需要，在传统的物流活动之上，应该对供应链科学化管理，对整个供应链进行动态决策管理，并通过现代化网络信息技术、运用系统化和集成化的管理模式统筹供应链的各项功能。因此，在国际物流发展趋势下，必须建立科学的供应链管理体系，从而保证企业供应链管理运行的高效性。

四、我国电子商务与现代物流的七个示范领域

1. 订单农业考验徐州物流

徐州市拥有多个国家商品粮基地、棉花基地、蔬菜基地和国家第三大储备粮库，食品工业占全国食品工业总产值的 1/4，江苏汉高信息产业股份有限公司依托徐州市发达的交通区位优势和铁通淮海宽带骨干网络，进行了"订单农业"的试点，计划在"十五"末将徐州市建成淮海经济区和苏北都市商贸圈的信息中心、网络中心和物流中心，以信息化提升食品产业链的业态水平，以信息化带动区域经济的协调发展，促进徐州市物流资源的优化配置。

徐州市是"九五"城市电子商务工程试点城市，有较深厚的电子商务基础条件。"十五"徐州示范工程将单纯虚拟的电子商务落实到改造物流模式的实际应用之中，在继续开发和完善食品电子商务平台系统功能的基础上，重点建设以徐州市为中心的区域现代物流配送体系，为"订单农业"的发展提供强大的物流支持。

徐州市区域物流体系以物流配送指挥系统平台为核心，立足于江苏省物流公共信息平台，重点建设淮海食品城惠客仓储管理、车辆调度、配载管理系统，辅以徐州省货运信息交易中心，有效整合了当地货运信息，实现了辐射徐州市及周边五区县的现代物流配送体系。建设中的徐州省现代物流园区，其配送网络能够辐射到淮海经济区 20 多个地市。

2. 四川省药材网上追踪

四川省是全国最大的重要药材生产基地和全国重要的化工生产科研开发基地。四川省示范工程以四川"药品行业"为突破口。运用电子商务与现代物流等高新技术手段，全面改造西南区域的传统运输行业，全方位整合运输行业和相关行业资源，以连通西部出海（东部）陆路运输通道为市场基础，构架西南运输行业电子商务与现代物流综合系统，提高中药行业竞争力。

中药电子商务平台已实现数百种药材的交易，与之配套的跟踪系统初具规模，搭建起基于 GPS/GSM/GIS/Internet 的试验平台以及运营监控中心，但存在货物跟踪技术缺少相应标准的缺点：一是车载终端多样化，无标准；二是 GSM 短信花费相对较高，大面积使用有难度。下一步着手进行仓储管理、运输调度软件系统设计开发和医药物流信息平台的建设，为实现医药产品的电子商务与物流的全面集成应用做好准备。

3. 青岛家电制造轻舞飞扬

青岛市以海尔、海信、澳柯玛等为代表的家电产业在全国有较大的影响，是青岛市的优势产业。青岛市示范工程利用 JcnXML 数据标准，在立体仓库关键技术、招投标与采购

系统、分销系统等方面实施公关与示范，建立起包括三大家电集团在内的电子商务和社会化物流共用平台，为家电制造企业集团的原材料采购、成品销售、运输、存储、配送、加工以及客户关系管理等提供强有力的技术支持。

青岛电子商务与物流平台是以企业为主要服务对象（B2B）、以家电行业为服务范围的纵向电子商务平台，可以使应用共用平台的23家企业的采购周期从现在的30天左右缩短为7天左右，仓储面积降低30%～50%，物流成本由常规企业的20%～25%降低到15%～18%，产成品资金占销售额比例由常规企业的30%降低到20%，三个家电企业集团总的采购和分销成本降低12亿～15亿元，带来的综合经济效益35亿～40亿元，区域GDP增长1%～3%。

4. 天津保税区互联互通

天津市是环渤海地区的经济中心。"十五"期间，以保税区为试点实施天津市电子商务与现代物流应用示范工程，改变目前保税区内企业在贸易、物流服务、信息化建设等方面各自为政的现状，彻底改造传统的贸易及物流服务管理的运作方式，构建具有保税区特色的电子商务及现代物流系统，同时通过业务扩展和跨区域辐射，促进滨海地区产业结果转型。

天津保税区的物流服务主要包括海港保税区、空港保税区和空港物流加工区。海港保税区拥有华铁隆津泰、日本宇德、CBW、中轻腾发等国内外知名物流企业，力争建成高标准国际物流运作区。新加坡叶水福、摩托罗拉亚洲物流中心、美国 C. H. 罗伯逊物流公司、德国大众中国物流中心、韩国三星爱商网、香港亚洲物流、嘉里物流、新世界—克运物流、日本冈谷钢机等公司的入区，提升了保税区国际物流的中心功能。按照"统一规划、分步实施、互联互通、资源共享"的原则，天津保税区搭建了支撑三区的信息化公共基础设施平台，完成了支撑电子物流、电子商务、电子政务三大应用系统的标准、开放的公共信息支撑平台的整体建设。在此基础上，滨海国际汽车城、天宝国际物流中心——现代物流示范库、空港国际物流股份有限公司共投资2.7亿元实施电子商务与物流现代化建设与改造，为保税区内海关、商检、外经贸主管、港口、税务等整体的"互联互通"奠定了坚实的基础。

5. 申城商业第三方服务平台立足

上海市是中国最大的经济中心城市，商务电子化、信息化程度比较高。在"九五"国家商贸信息化攻关的基础上，"十五"期间将"连锁超市"作为上海市工程示范的重点，完成上海市商业电子商务中心服务平台建设。上海商业第三方服务平台能够实现大多数商业功能，已有连锁超市、连锁便利、大型商业企业、物流企业等不同业态的流通企业及近4000家供应商使用该平台，获得良好的社会反响。

6. 南海产业借力现代物流

南海市地处珠三角腹地，地理优势独特、交通网络四通八达、地区经济比较发达，是全国利用信息化手段进行全面建设的一颗明珠。南海市示范工程以南海"技术、陶瓷和纺织行业"为对象,在完善中国铝型材网、陶瓷世界网、千百内衣网的基础上,结合南海电子政务示范工程的经验与成果,对南海区电子商务平台、物流信息平台和企业生产经营系统进行了系统集成,搭建起了基于数字身份认证与授权的区域电子商务与物流公司集成平台,同时实现了基于南海电子商务与服务平台的现代物流实时跟踪、多方式物流优化调度和物流配送等多功能,为网上交易的原材料采购、成品销售、运输、存储、配送、加工以及客户关系管理等提供高效的电子商务和物流服务。

依托电子商务与现代物流公用集成平台,500家企业的采购周期从30天左右缩短为7天左右,仓储面积降低30%左右,物流时间由常规企业的25天左右降低到15天,产成品资金占销售额比例由常规企业的30%降低到15%。南海特色产业挖掘出了"第三利润源泉"。

7. 宁波服装 ASP 魅力初现

宁波市的服装制造业历史悠久,一直在全国处于领先地位。其发展经历三次浪潮,第一次浪潮诞生了中国近代服装流派,第二次浪潮出现了大规模制造,奠定了宁波市服装龙头地位,第三次浪潮酝酿着特许经营、多品牌战略、大规模定制、国际化世界级品牌等诸多模式。

宁波市示范工程以"服装制造业"为切入点,开发建设一个以分布化商业模式为基础,集信息流、物流、商流、资金流为一体的服装行业网络化销售和物流管理平台,将生产商、代理商、零售店的管理系统进行数据整合,实现在一个基于因特网的虚拟的分布式管理系统。该平台不仅实现具有鲜明服装特色的进、销、调、存功能,最重要的是在各个代理商和零售点等层面进行全面、有效、强大的控制,统一控制全面的价格和促销体系。

宁波市服装企业众多,开展 ASP 服务是适应服装企业电子商务与物流发展的应用模式。宁波市生产力促进中心将服装行业网络化销售和物流管理平台打包,为企业提供 ASP 服务,已在4个服装生产企业、30个代理企业、100个零售店应用示范,使生产商便于管理各地代理公司或分公司业务,代理商便于管理同城的销售店面和物流以及向生产企业提供统计和订货功能,店面便于管理进销存和统计报表。[①]

第四节　批发市场电子商务营销

电子商务营销是网上营销的一种,是借助于因特网完成一系列营销环节,达到营销目标的过程。

---

① 冯明明.商品流通实用教程 [M].天津:南开大学出版社,2008.

一、电子商务营销的产生

电子商务营销的发展与电子技术密切地联系在一起。20世纪70年代出现的企业间的电子商务应用系统的雏形——电子数据交换EDI和电子资金传送EFT，通过电子数据交换系统，交易双方可以将交易过程从商务洽谈、报价、下单、收货到支付货款等一系列商务活动涉及的票据数据以规定的标准格式在双方的计算机系统上进行端对端的数据传送。"无纸贸易"的发展大大提高了工作效率，降低了成本，减少了由于人员操作失误和操守的缺失带来的损失，加强了贸易伙伴之间的合作关系，因此其在国际贸易、海关业务和金融领域得到了大量的应用。计算机技术和互联网的普及使网络化和经济全球化成为不可抗拒的趋势。连通全世界的电子信息通道已经初步形成，这为开展全球范围内的商务活动提供了条件和机遇。厂商利用互联网的网络环境可以进行快速有效的商业活动，从单纯的网上发布信息、传递信息到在网上建立商务信息中心，并且还可以利用开放式的网络电子银行。在互联网上的电子商务营销活动给厂商增加了产值、降低了产品成本投入并创造了更多的商机。

二、电子商务营销的特点

与传统商务形式相比，电子商务有以下几个特点：

1. 营销虚拟化

采用了电子商务的厂商，在商业活动中从贸易洽谈、签订合同到支付货款等都无须交易双方当面进行，均可以凭借计算机技术在互联网上完成，从而使得整个营销过程虚拟化。通过信息互动，厂商的营销活动都在网络这个虚拟的环境中进行。

2. 营销透明化

由于贸易双方的洽谈、签约以及货款的支付活动都是在网络上进行的，从而体现了电子商务营销的透明化，加强了信息传输之间的信息核对，防止虚假信息的流通。对于消费者而言，网络赋予了其更大的权力去对比考察厂商的生产合格性和交易过程的合法性。

3. 营销动态化

电子商务营销没有时间和空间的限制，是一个不断更新的系统，每时每刻都在运作。网络上的供求信息时刻在变化着，网上的产品流动和资金流动在时刻变化着，交易的卖方和买方时刻变化着，因此厂商针对目标客户的营销方式也应该经常更新，以捕捉最新的商机，提高自身竞争能力。

4. 营销网络化

电子商务营销涉及电子数据处理、网络数据交换和资金汇兑等技术，并且，电子商务业务的实施也涉及由消费者、厂商、运输、报关、保险、支付和售后服务等组成的环节，其各个环节的参与者正是依赖于一个紧密连接全社会的信息处理系统才得以进行协同处理。因此，电子商务营销的网络化简化了商务活动的手续，加快了企业业务进行的速度，并且规范了整个贸易活动的流程。

5. 营销个性化

电子商务为消费者提供了有效表达自我需求和反馈的途径，网络的实时互动沟通可以促进厂商和消费者之间的密切联系，从而更好地把握需求方的偏好和生产的调整。因为厂商可以根据最终消费者的内在需求，针对用户的个性化需求组织生产，提供服务，从而实现营销活动的个性化，吸引更多的用户。

三、电子商务营销的优势

电子商务营销区别于传统商务营销的特点使电子商务有着独有的优势：

1. 全新时空优势

传统商务一般是以固定的地点和固定的时间为特征的店铺式销售，而电子商务则是通过以信息库为特征的网上销售，它的销售空间随网络体系的延伸而延伸，没有任何的地理障碍，它的零售时间由消费者上网用户自己决定。因此，电子商务销售相对于传统销售模式具有全新的时空优势，可在更大程度、更大范围上满足网上用户的消费需求。

2. 全方位展示产品及服务的优势

电子商务可以利用网上多媒体的性能，全方位展示产品及服务的功能，从而有助于消费者在全面认识了商品的性能或服务后，再去购买它。在传统销售中，店铺中虽然可以把真实的商品展示给顾客，但对一般顾客而言，对所购商品的认识往往是很肤浅的，无法了解商品的内在质量，往往容易被商品的外观、包装等外在因素所迷惑。

3. 密切用户关系，加深用户了解的优势

电子商务实时互动式沟通以及没有任何外界因素干扰，使产品或服务的消费者更易表达出自己对产品或服务的评价，这种评价一方面使商家可以更深入地了解用户的内在需求，另一方面，这种即时互动式的沟通又促进了两者之间的密切关系。

4. 降低交易成本的优势

电子商务使买卖双方的交易成本大大降低，具体表现如下：

（1）距离越远，在网络上进行信息传递的成本相对于信件、电话、传真而言就越低。此外，缩短时间及减少重复的数据录入也降低了信息成本。

（2）买卖双方通过网络进行商务活动，可以减少一些中间环节。

（3）卖方可通过互联网络进行产品介绍、宣传，节省了在传统方式下做广告、发印刷产品等的大量费用。

（4）电子商务实行"无纸贸易"，可减少90%的文件处理费用。

（5）互联网使买卖双方可以即时沟通供需信息，使无库存生产和无库存销售成为可能，从而使库存成本降为零。

（6）企业利用内部网可实现物质办公，可以提高内部信息传递效率，节省时间，降低管理成本。通过互联网可以把公司总部、代理商以及分布在各地的子公司、分公司联系在一起，及时对各地市场情况作出反应，提高资源配置效率。

5. 提高交易效率的优势

由于互联网将贸易中的商业报文标准化，使商业报文能在世界各地瞬间完成传递与计算机自动处理，使原料采购、产品生产、需求与销售、银行汇兑、保险、货物托运及申报等过程无须人员干预便在最短的时间内完成。在传统贸易方式中，用信件、电话和传真传递信息必须有人的参与，且每个环节都要花不少时间，有时由于人员合作和工作时间的问题，会延误传输时间，失去最佳商机。电子商务克服了传统贸易方式费用高、易出错、处理速度慢等缺点，极大地缩短了交易时间，使整个交易非常快捷与方便。[1]

四、电子商务背景下的营销渠道创新

1. 传统营销渠道的分析

（1）传统营销渠道结构。在传统的营销渠道中，产品在从生产者到消费者转移的过程中，渠道成员之间会发生信息流、商流、物流和资金流的业务联系，这种联系从而将渠道成员有机地结合在一起并构成了"渠道流程"。对于生产企业，其可以通过信息流实现顾客信息的搜集、反馈及产品的促销，而顾客也可以将自己的需求信息传递给生产企业和供应商营销渠道的各个成员，并且逐次往上一级订购产品，到厂家时就形成批量订货，这就构成了商流物流和产品实体在营销渠道中的运动，并且物流水平的高低直接影响产品的价格及流动效率在供应链中资金的流动。营销渠道通过执行一定的职能和过程来提供服务。提供服务项的多少、服务水平的确定，均取决于企业所掌握资源的多少、需求的数量、渠道成员的资源与用户需求数量相互作用的结果。

（2）传统营销渠道的不足。传统营销渠道在以下方面存在不足：

其一，信息传递效率低。传统营销渠道层次过多，反而限制了信息传递方式，生产企业信息收集的不全面，导致企业无法及时了解消费者的意见，也无法有效进行产品和营销改进以更好地满足消费者需求，难以满足现代消费者个性、高效的需求消费模式。

其二，渠道开拓成本高。在传统营销渠道中，对现有渠道的扩展就意味着更多中间商的参与，企业不得不出让一部分利润给分销商，这样客户也不得不承担高昂的最终价格，从而浪费了大量的人力、物力、财力。

其三，难以有效控制渠道。在传统营销渠道中，随着渠道的深入，企业和二级、三级中间商之间的关系越来越疏远，控制并逐步减弱，甚至使企业对最终消费者的控制力几乎

---

① 祝合良. 现代商业经济学 [M]. 北京：首都经济贸易大学出版社，2008.

为零。

其四，物流效率低。在传统的营销渠道中，物流过程中缺乏标准化技术。企业的物流过程中没有采取标准的条码技术、数据交换技术、全球卫星定位技术、地理信息系统、射频技术等，使生产企业、经销商及消费者缺乏对物流信息的了解、监控及调节，降低了物流的效率。

2. 影响渠道选择的因素

（1）外部环境因素。外部环境因素包括以下几方面：

其一，宏观经济政治环境。国际国内经济发展的态势、经济周期、社会文化环境等是企业在选择渠道模式时必须考虑的宏观经济政治因素。经济环境是指一个国家或地区的经济制度和经济活动水平，包括了经济制度的效率和生产率。经济环境对渠道的构成有重大影响，例如，西方国家以自助服务出售以食物为主的超级市场的出现，是以科学技术发展到一定水平，消费者能看懂包装上注明文字为前提的。

其二，竞争环境。竞争环境是指使该渠道的成员面临被夺去市场的压力。渠道成员在面临竞争压力时有三种选择：①与竞争对手进行同样的业务活动，但必须比竞争对手做得更好。②可以做与竞争对手不同的业务行为。③与竞争对手合作，发展共同的电子商务平台，从而形成既竞争又合作的关系。

其三，国家相关法律法规。渠道的良好运行是以法律为保障的，尤其是在电子商务环境下，我国需要完善的针对电子商务安全、信任等方面的法律。厂商也要考虑国家相关法律法规方面的制定，保障营销渠道的合法性。

（2）内部环境因素。内部环境因素包括以下方面：

其一，厂商自身实力。影响企业的渠道选择的首要因素是企业的整体发展战略目标。企业的渠道模式只有支持企业的整体发展战略目标的实现才算是有效渠道模式。如某制造商为了实现其战略目标，在策略上需要控制市场零售价格，需要控制分销渠道，就要加强销售力量，从事直接销售，使用较短的分销渠道。但是制造商能否这样做又取决于其声望、财力、经营管理能力等。企业对销售渠道的管理能力、分销经验及市场经验等也是重要的影响因素。

其二，产品因素。产品因素主要考虑产品标准化程度、产品质量、购买规模、产品类型及可获得性等因素。当产品本身特性决定的不适合网络营销却使用网络营销时，则必然失败。但是有些产品原来不适合网络销售，随着人们观念的转变还有技术对这些难题的攻克，可能会变得适合网上销售。

其三，市场因素。生产商以消费者需求为出发点，根据消费者需求及购买行为细分市场。不同的顾客对产品的需求和购买决策过程中表现出的行为是不同的。不同的行业中，还可以根据行业特点进一步对市场细分。同时，还要考察市场覆盖率、建设成本、市场竞争力。考察潜在顾客的状况、市场的地区性、消费者购买习惯和商品的季节性、竞争性、销量等因素对选择营销渠道结构都是重要的。

（3）其他因素。企业对于渠道选择还要考虑以下其他因素：

其一，经济因素。经济因素指是企业所需支付的成本与所获得的收益。受电子商务渠道巨大优势的吸引，企业对于原有的制造商需要计算采用新渠道所要花费的成本及预期带来的利润。

其二，渠道支持系统建设水平。企业无论采用传统渠道还是网络营销渠道，都需要与之配套的支撑体系确保物流、资金流、信息流的畅通。主要包括物流水平、信息化水平及客户关系管理等。

3. 电子商务推动营销渠道变革

（1）扩展新市场。因特网有能力使某些特定的企业进入分销成本或销售成本几乎为零的市场，例如出版业、信息服务或数字产品生产销售市场。

（2）提供更多信息。电子商务营销还可以通过在线订单和填写表格向消费者转移更多的销售功能，有助于完成交易，给企业提供了通过搜集顾客在网络上暴露的偏好和购买行为来监控消费者的选择机会。

（3）某些类型的中间商消失。电子商务的持续发展必然导致某些类型的中间商消失，但同时电子市场会促使一些新型中间商的产生和发展来弥补因这些中间商消亡而出现的职能空缺。例如区域代理商的逐渐减少和专注于服务咨询的中间商的兴起。

4. 构建基于电子商务的营销渠道对策

（1）企业基础建设。

1）加强网络基础设施的建设。电子商务的基础是企业信息化、商业电子化和金融电算化。首先，要加强窄带 ISDN 网、智能业务网、多媒体通信网的建设，实现企业管理信息系统和办公自动化系统的普及和因特网的升级。其次，金融网和商业网的互联是电子货币流通的必要条件，加快商业电子化和金融电算化所需的基础设施的建设，实现电子货币的流通，解决信息流和资金流的闭合电子化循环，建立真正意义上的电子商务。

2）促进企业信息意识观念和消费者购物意识的转变。企业经营者首先要转变观念，充分认识到未来的社会是信息社会，其运转机构是以网络为基础的计算机环境，修正企业的发展战略，以便在未来激烈的市场竞争中站稳脚跟。其次，电子商务的推广需要人们消费观念的改变，如"眼看、手摸"的传统购物习惯，这可以通过因特网的普及和电子商务的宣传、教育等来解决。

3）构建电子商务安全运作的综合保障体系。电子商务要求商业信息具有有效性、完整性、机密性和不可抵赖性。一般的安全保障涉及建立安全认证体系、采用安全标准、选择加密算法和加密强度，运用的技术为虚拟专用网、认证技术、防火墙技术、公钥基础设施等。此外，应制定适合本国国情的电子商务投资、税收和收费的法律政策，为电子交易的合法性和安全保密提供法律保障，逐步形成由法律认可、法律约束的电子商务环境。

4）大力培养专门的电子商务人员。电子商务对人才的需求分为技术支持人员、应用操作人员、管理人员。有条件的高校和科研机构已考虑或开始实施开设电子商务专业，系统培养技术、商务与管理复合型人才。在各个电子商务的应用推广机构中应着重开展在职员工的电子商务知识和技能培养，为电子商务项目开发、实践应用培养大批人才。

（2）建立渠道联盟。电子商务环境下营销渠道成员之间应是一种紧密、合作、相互信任的结构。传统营销渠道中厂家和分销商利益相互对立，也有以巨大交易费用和成本为代价的暂时合作，但不能有效实现各自的经济目标。竞争与合作并存的营销渠道联盟能够节约交易成本并实现双方利益。通过建立渠道联盟可以获取竞争优势，更有效地实现各自的经济目标。

（3）基于竞争优势的营销渠道体系。基于网络的分销过程中的每一笔交易都包含信息流、资金流和物流。这意味着要依赖能够使这几种流顺畅的解决方案，构建基于互联网的多功能分销通道。

（4）构建电子商务背景下的客户服务新渠道。传统渠道的单项式、多层次的流通使信息不能准确、及时反馈，不利于与客户及时沟通。在电子商务时代，客户的需求结构日益复杂，企业要依靠电子商务管理好内外部资源，构建客户服务的新渠道。依靠电子商务为客户关系管理（Customer Relationship Management，CRM）提供技术支持。在电子商务技术支持下，原先简单的客户信息收集转变为数据挖掘和智能分析，CRM 各个流程结合更加紧密，可以和 MIS 或 ERP 系统集成，按照客户需求及时提供个性化产品或服务。CRM 可实现同步操作，利用大型数据库管理客户信息，企业的营销和技术等部门和模块间可共享数据，利用数据挖掘和数据仓库技术对客户数据和商业数据进行智能化分析，部分实现营销的自动化，企业真正提供面向客户的产品和服务。依靠电子商务提高客户价值和客户满意度。CRM 的目标是提高客户价值和满意度，为企业带来更多的利润。企业可在电子商务网站中增加诸如在线提供产品质量保证书、换退货证明、电子目录等服务和功能，建立客户资源管理系统，为客户主动服务，获得更多的客户价值。企业还可以提供及时的、多样化的客户关怀服务，服务人员可通过不同的方式服务客户，电子商务环境可以大大提高客户满意度，使企业拥有更多忠诚的客户。电子商务给传统营销渠道结构及其渠道成员带来深刻变革和影响。这种结构上的变化以及渠道成员所面临的机遇和挑战，需要人们不断地识别和研究。只有这样企业才会根据不断变化的经济形势调整自己的营销策略，创新营销渠道，获取竞争优势，增强企业的竞争力①。

五、电子商务环境下的企业营销竞争战略

企业营销竞争战略是企业为了自身的生存和发展，为在竞争中保持或提高其竞争地位和市场竞争力而确定的企业目标及为实现这一目标而应采取的各项策略的组合。

---

① 张鲁秀，高厚礼.基于电子商务的企业营销渠道创新［J］.华东经济管理，2007（9）.

1. 电子商务背景下市场营销策略的特点

（1）信息的双向流动。传统的营销手段只能提供单向的信息输送，使得消费者处于被动的地位。同样营销人员因无法及时获得消费者的反馈信息，无法做出调整，从而影响了企业的销售业绩。电子商务则可提供及时的互动交流，大大提高市场营销调研的效率。凭借网络的互动功能，厂商在短时间内即可与世界各地的用户进行交流，赋予了用户对商品和企业的服务有更多的发言权。厂商要利用网络自动化的新型营销方法，使营销管理者在进行从市场调研、产品设计、生产到最终服务的一系列程序中与消费者保持紧密的联系。

（2）丰富市场营销的方式。多种媒体的信息，如文字、声音、图像等信息，使达成交易进行的信息交换以多种方式存在和交换，充分发挥了营销人员的创造性和能动性。厂商必须积极地学习和运用与电子商务相适应的市场营销手段。

（3）全球一体化发展趋势。电子商务淡化了国别界限，将更多地被赋予市场营销国际化的内涵。互联网背景下的营销不受时间和空间的限制，厂商可24小时随时随地地提供全球性营销服务。全球资源共享的趋势要求厂商必须更多地重视国际领域中市场营销环境因素的影响与变化，在获得新机遇的同时注意避免更复杂化的营销风险。

（4）虚拟化。一方面是供方的虚拟化，即需方可利用供方的各类电子市场通过互联网购买自己所需要的商品，交易活动可以只见物不见人；另一方面是需方的虚拟化，即供方在网络上接触的客户可能是一些没有固定场所、只在网络上建立关系的人。高度虚拟化的趋势会带来市场营销行为的变化，出现新的特点，如网络安全性、有效性等。

（5）统一性、协同性。网络化营销不仅使消费者与企业互动，而且能使企业营销各职能与营销和其他部门之间互动。通过网络，营销和其他企业部门之间保持持久的合作，从而充分、有效发挥营销的功能。

（6）高效性、经济性。电子商务在网络上有信息容量大、传递速度快、信息更新快和易于搜寻的特点，可使企业大大提高市场信息的获取能力和处理能力，而且电子商务可降低广告、通信、调研、商事往来等成本。

（7）异质化、集中营销。网络上的促销是一对一的、理性的、以消费者主导的，并通过信息提供与交互式交谈，与消费者建立长期良好的关系。网络时代的来临，使消费者已不再是被动的接受者，他们善于自主做出选择。消费者只需利用搜索引擎就可以找到符合自己要求的、特殊规格和颜色的个性化产品。企业通过网络反馈的大量信息，经计算机处理和加工，反映出消费者的不同需求，从而使针对消费者的营销活动更趋个性化。在这一时代，企业规模不再是优势，企业成功的关键是提供与众不同的产品和服务。

2. 电子商务推动企业营销模式转变

（1）整合营销。网络信息沟通的双向互动性，使顾客真正参与到企业的整个营销过程，顾客在整个营销过程中的地位得到提高。整合营销理论以消费者为核心，综合协调使用各种传播方式，以统一的目标和统一的传播形象传递一致信息，实现企业与消费者的双向沟通，能够迅速树立企业品牌在消费者心目中的地位，建立企业品牌和与消费者长期且密切的关系。整合营销强调互动性和整合性，既要体现消费者参与营销的思想，又要把各类互联网技术与新的营销变量结合起来，达到与利益相关者进行广泛沟通的目的。网络互动的特性使顾客真正参与到整个营销过程中来，顾客参与和选择的主动性都得到增强，在满足个性化消费需求的驱动下，企业必须以消费者需求为出发点、以满足消费者需求为归宿点。

（2）"一对一"营销。"一对一"营销的核心是以"客户占有率"为中心，通过与每个客户的互动，为客户提供定制化的产品，与客户逐一建立持久长远的关系。该营销理念不是一次关注一种需求，而是一次关注一位顾客，尽可能多地满足这位顾客的需求，让每一位消费者都感受到专有的服务享受。正是网络的发展，使厂商一对一地向顾客提供独特化、个性化的产品或服务成为可能。实施"一对一"营销的厂商要尽最大努力满足单个消费者的特定消费需求，立足于处理好与每一个顾客的关系，注重发挥互联网的独特优势，不断培养、提高顾客的忠诚度，确保销售持续增长。

（3）互动式营销。互动式营销是指营销商通过互动技术支持，获得来自消费者方面的准确的信息，并据此做出快速反应和及时沟通。这种营销方式充分实现了消费者与企业的双向互动。企业可以在网络上主动发布产品或服务信息，消费者在任何地点都可以咨询有关信息和发出购物信息，从而实现交互式销售交易。

（4）关系营销。关系营销指的是电子商务利用以互联网为核心的信息技术进行商务活动和企业资源管理，帮助企业创建一条畅通于客户、企业内部和供应商之间的信息流，并进行有效的管理、增值和应用，把客户、企业和供应商三者通过互联网实时互动地连接在一起，高效率地进行商务合作，从而能够以最快的速度和最低的成本在市场中运营。

（5）网络直复营销。直接与顾客接触是网络直复营销的最大特点，具体而言是指建立与每一个顾客的关系，与顾客互动性交流，在网上及时对顾客需求做出反应并迅速改进产品，从而更好地满足顾客的个别需求。采用直复营销，免除了支付给中间环节的有关费用，节省营销成本，并且实现了企业营销与消费主体需要的良好对接。

3. 电子商务背景下的营销渠道创新

信息技术确立了信息流在营销渠道中的主导地位，在客观上对企业传统渠道的改造提出了要求。电子商务环境下的新型渠道应是传统渠道与依据电子商务要求进行改造、整合后的传统流通渠道的融合。在电子商务背景下，企业既要将内部运作与网络后台服务商应用系统集成，又要通过网络与企业外部的客户、供应商及其他渠道伙伴连接，使所有购买方和供应商的关系通过互联网的连接，从简单分层结构转变为立体的网络结构。

4. 网络促销策略

（1）网站促销。厂商可以建立自己的网站进行促销活动。企业可对促销的内容、互动方式等各种因素进行全面的、灵活的策划。实际上，企业的网站本身就是一个广告。网站广告定位应放在树立企业的整体形象上，吸引更多的点击率。建设网站是做好网站促销的前提。

（2）网络营销广告。网络广告是一种常用的网站推广手段，是利用超文本链接功能而实现的一种宣传方式，常见的网络广告有旗帜广告、图标广告、赞助式广告、插播式广告、关键字广告、墙纸式广告、电子邮件广告等多种形式。互联网的互动性使网络广告不像传统广告那样大面积播送，而是在消费者自己本身的选择下去播放。与传统媒体相比，网络营销广告传播范围广泛，不受地域时空限制，及时互动性强，能够提供有针对性的内容信息。

六、网络营销

网络营销是以企业实际经营为背景，以网络营销实践应用为基础，从而达到一定营销目的的营销活动。

1. 网络营销的概念、优点与优势

（1）网络营销的概念。网络营销是借助网络、通信和数字交换技术来实现营销目标的一种市场营销方式。网络营销有如下主要特点：①不受时空限制的虚拟市场，淡化了市场作为商品交换场所的原始概念和功能。②沟通的互动性与实时性。③降低了企业和消费者获取信息的成本。④有利于企业实现低成本扩张。⑤减少中间环节，促进商品流通。⑥以消费者为主导，更好地为消费者提供个性化服务。

（2）网络营销的优点。①方便。消费者无论在哪里都可以 24 小时订购产品，这种方便与快捷是商场购物无法比拟的，随着网络的普及和收入的增加，网上购物将被越来越多的人采纳。②信息。消费者不用离开他们的办公室、家就可以找到有关公司、产品、价格等方面的可比信息，由此可大大降低顾客购物的体力、精力方面的付出。③自主。消费者不必面对推销员承受劝说、不受情景因素的影响，使消费变得更加轻松自在。

（3）网络营销的优势。

其一，有利于取得成本优势。依靠互联网可使交易成本、存储成本、传播成本等明显下降。据统计，找到一个新顾客，传统方法平均需要 30~200 美元，而在网上只花费 2~3 美元。网上营销可不必租商店，甚至可用虚拟空间消灭库存，从而降低了与之相应的成本费用支出。

其二，有利于吸引和留住顾客。网上社会的竞争优势不是来自垄断技术，而是来自吸引和保持顾客的能力。吸引顾客注意力和留住顾客成为营销中压倒一切的首要追求目标，关系到企业的生存。利用网络可以及时发布和更新信息，供浏览者随时访问，与顾客更好地交流，从而提供更好的、个性化的服务，这是网络时代吸引和留住顾客的关键。

其三，有利于信息的获取。营销者可以了解有多少人访问他们的网站，多少人停在网站上的哪个部分，对哪些产品感兴趣等。这些信息可以用来改善供给和广告。[1]

---

① 王海云. 市场营销学 [M]. 北京：经济管理出版社，2008.

2. 电子商务与网络营销的关系

（1）电子商务与网络营销的相同点。

其一，技术支持体系相同。首先，电子商务与网络营销都是以计算机网络信息体制为活动载体，来进行相应的经济活动，两者依靠企业内部互联网络来实现内部资源的上传下达，实现企业内部信息共享机制的灵活、高效性。其次，基于计算机网络的软件模块的应用能够实时管理企业各部分生产活动，从某种意义上降低了企业管理成本。最后，电子商务和网络营销都借助互联网的独特信息结构，实现贸易合作伙伴的寻找，建立于贸易伙伴和消费者的信息共享系统简化了现代经贸活动流程，通过对外部市场动态的实时性掌握快速调整业务开展方向与服务形式。借助互联网的信息结构，实现与贸易伙伴、消费者之间的网络业务信息共享，有效地促进现有业务进程的实施，对市场等动态因素做出快速响应并及时调整当前业务进程，使网络交易顺利进行。

其二，商业活动内容具有共通性。电子商务与网络营销都是以市场交易内容为指导来开展商务活动，两者为促成商业活动的实现而开展的商务活动基本相同，如网络交易平台的建设、网上商品的展示、产品的网络广告推广、通过网络软件的即时交流、网上订单的生成、网上售后服务等。在企业内部管理方面，都有着通过企业内联网（企业信息共享平台、沟通软件、企业内部邮箱等）来实现企业人力、物力、财力资源上的配置与管理。

其三，两者都具有无形化的特点。信息沟通与资源共享的电子数据化，营销双方的业务洽谈与订单跟进只需有网络的支持而不受地点上的限制，改变了传统的会面式的洽谈方式。电子商务和网络营销都能实现信息交流的快速性、共享性、准确性和双向性。经营规模不受场地限制。信息网络体制的一大优势是企业网络店铺的建设不受规模性限制，网络店铺的产品陈列不受数量的限制，方便企业在全球范围内进行原料采购、推广、销售等商业活动。网络支付方式的电子化。买卖双方通过多种电子支付手段来简化支付流程，为企业的资金周转和调用提供便利性，现在普遍使用的支付方式有电子银行、第三方担保平台、智能卡等。

其四，电子商务与网络营销都能降低企业的经营成本。网络店铺的建设相对于实体店铺所需投入资金大大降低，同时产品推广的网络化使产品在低成本的推广下实现全球范围内的信息传递，这是实体店铺销售无法实现的。网络沟通的便利性改变了传统的信息投放方式，且电子文本的传输缩短了信息的传递时间，有效地降低了信息管理成本。

其五，电子商务与网络营销都能实现企业内部运营的高效化。网络信息互联与共享体制改变了传统的企业内部管理方式，使企业内部人员配置与资源管理不受办公地点的限制，且有效地缩短了信息传达的时间。为当今企业实现跨国业务遥控大众化提供可能性，越来越多的中小型企业甚至个人开展国际贸易活动，这一切都有赖于电子商务与网络营销的便利性。

（2）电子商务与网络营销的不同点。

其一，设定概念的角度不同。电子商务的概念着眼宏观经济体制，重点体现了商业互动建设的总体规划，包括基础设施建设、信息服务整体框架以及各种配套服务体制等方面。网络营销多以企业微观经营活动为出发点，着重于网络化的市场营销，这一概念多用于市场营销研究领域与企业界，专业性更强。

其二，重点不同。电子商务的重点包括体制建设、采购、销售，在电子商务体制建设借助信息网络实现各个销售环节的同时，也要完善企业的网络采购体系，从供应商和买家两方面实现资源的配置与管理。网络营销则是更多地侧重于产品销售，通过网络打开销售市场，其重点是寻找买家、网络沟通、订单达成、售后服务等一系列与销售有关的经营活动。

其三，是否有交易行为发生是两者之间主要分界点。网络营销是企业经营活动的一部分，现代信息网络化的普及，使越来越多的传统企业和新兴物联网企业通过互联网来寻求更多的发展机遇，但网络营销不是完整的商业活动，其主要的目的是通过网络实现交易的产生。

电子商务的最基础的概念是实现经营活动的电子化，而仅当一个企业的网上经营活动实现了能够进行电子化交易的程度，就认为是进入了电子商务阶段。[①]

📖 本 章 案 例

电子商务的发展对义乌市市场的转型发展

（一）电子商务的发展状况

2010 年以来，中国电子商务蓬勃发展，不断迈上新台阶。2013 年中国电子商务交易额达到 10.67 万亿元。在经历了"工具""渠道""基础设施"等阶段，并逐步进入"电子商务经济体"新阶段。根据阿里巴巴电子商务发展指数排名，在 2013 年"中国电子商务发展百佳县"，义乌名列榜首，永康和海宁分列第二位和第三位。浙江省县域电子商务占据了全省约 45%，县域 B2B 网商占全省超过 65%，县域网购消费金额占全省超过 40%。

义乌市是中国县域经济的典型代表。近年来，义乌电子商务异军突起，主要表现如下：

第一，电商成为义乌市最大的商人群体。据阿里研究中心的相关统计，截至 2013 年底，注册地在义乌市的网店账户超过 11 万个，超过义乌市国际商贸城的商户数量，成为

---

① 乔艳荣. 电子商务与网络营销关系研究 ［J］. 中国市场，2014（3）.

义乌市最大的商人群体。

第二，义乌市电子商务交易额全国领先。2013年全年，义乌市网店销售额超过380亿元。在全国县级区域中位居第一位。2012年全年，义乌市诚信通用户完成B2B在线交易额为22.4亿元，2013年全年则突破了50亿元。

第三，义乌市电子商务服务业崛起。2013年上半年，义乌市共有以公路为主的物流企业700多家，各类快递企业134家。2013年，从义乌市发出的网店包裹超过2.3亿个。义乌市各类电子商务产业园已经超过10家，在帮助电商聚合资源、协同发展方面发挥了积极作用。

（二）电子商务与义乌市小商品市场转型升级

2011年，义乌市被国务院批准为国际贸易综合改革试点城市，因此，加快义乌市传统市场转型升级，无论对义乌市还是对推动全国市场经济发展都具有重要的现实意义。通过调研发现，义乌市传统市场的转型升级是一项系统的、专业的创新工程。对义乌市传统市场转型升级的方向达成广泛共识：一是通过优化市场结构，构建现代市场体系，包括拓宽市场经营领域，培养市场新型业态，以及拓展市场服务功能。二是创新市场流通方式，构建国际贸易和现代流通体系，如建设现代物流体系，构建国际化市场网络，以及创新贸易方式等。三是完善现代市场支撑体系，提高市场竞争力，包括构建现代产业支撑体系、区域合作共享体系，提升城市功能和品位等。四是构建现代市场管理体制，提升市场质量，如加强市场标准化管理、规范市场秩序以及建设市场信用体系等。五是建设金融高地，落实支持中小企业发展的金融政策，包括金融信贷、融资担保等，拓宽中小企业融资渠道。

随着电子商务对专业市场的日益渗透，行业网站的批发平台数量激增，多数大型专业市场都建立了服务于区域有形市场的门户网站，有的已具备了较为完善的电子商务功能。专业市场作为以商贸业为主的服务产业，对于信息与信息技术的依赖性比制造业更强，因此，电子商务发展对专业市场转型升级能够产生深刻的影响。具体地说，第一，电子商务对专业市场的渗透，改变了有形市场的时空概念，它通过互联网大大拓展了市场的空间范围，且在时间上也不受约束。第二，电子商务大幅度降低了交易成本，与传统的专业市场相比，具有较大的价格优势。第三，电子商务突破有形市场的交易空间，激发了潜在的贸易机会，从而增加了专业市场的需求总量，拉动交易额迅速扩张。第四，电子商务将知识和信息等新要素注入专业市场，推动了专业市场的内涵式增长，增强了集聚扩散效应，促使市场分工细化，从而提高资源配置效率。第五，电子商务使专业市场面临更为广阔的国内市场和国际市场，两个市场中需求层次的多样性扩大了劳动密集型产品的市场空间，延续了此类产品的比较优势，有助于提高专业市场的竞争力。

（三）建议

1. 短期内

（1）利用义乌市小商品"前店后厂"的优势，加快实现产品的升级，通过研发、设计、创新，不断提高小商品本地特色的创意含量，做到人无我有，人有我新，进而形成义乌市特有的线上产业带，提高线上竞争实力。

（2）加快 B2B、B2C、C2C 模式向 O2O 模式的转变，从单一的线上产品展示与销售转为线上线下相结合，即消费者线上订购商品，再到线下实体店进行消费的模式；或者利用线下展示与推广活动，将消费者引导到线上订购的模式。同时，积极利用分布在全国各地的"义乌小商品市场"，让线下实体店扩张到义乌之外的各个地方。

（3）政府应加快构建以地方企业为中心，以政府、电商平台、第三方服务商为外围的运作模式，同时，建立现代物流与仓储体系，为电子商务的发展提供保障。

2. 长期内

（1）重塑电子商务产业链，从现在的供给驱动模式逐步过渡到需求驱动模式，既实现电子商务的服务化，又实现制造业的服务化，最终推动产业升级。

（2）构建一个电子商务的良好生态圈，不仅要形成一个从售前信息到售中支付再到售后服务、营销的生态闭环，还要形成原材料圈、资本圈、制造圈、市场圈、品牌圈，五环闭合、首尾循环的生态圈。

（3）结合义乌本地传统优势，有计划、有步骤地发展文化产业、旅游产业、创意产业，借鉴国内外成功的城市转型发展经验，如美国奥兰多、中国常州等，提升城市综合服务功能和品位，增强义乌这座城市的魅力和吸引力，从而促进线上线下联动模式和电子商务生态圈建设，最终实现义乌小商品市场的转型升级。[①]

问题：

1. 分析义乌市场现阶段中面临的电子商务的冲击。

2. 分析义乌市场自身的发展优势和不足之处。

3. 在电子商务和网络营销的大背景下，义乌市场应该采取什么措施来应对挑战？

电商巨头 1 号店的基因解码

1 号店董事长于刚曾多次强调说，"顾客体验将是区分优劣电商的分水岭"。为提升顾客体验，1 号店请第三方公司做顾客体验指标调查，并把顾客体验指标和每位员工的薪资奖金都挂钩，比如配送环节的考核指标包括配送的及时率、配送成功率、商品破损率、顾

---

① 吕健. 电子商务对义乌小商品市场转型升级的影响研究［J］. 同济大学马克思主义学院，2014（11）.

客满意度等。

传统供应商送货都是带上搬运工从托盘上将商品搬上搬下，这种方式用时长、效率低、货品损耗率高。为了改变这种低效的物流运作方式，1号店与托盘供应商以及上游供应商联合，优化作业模式，采取"托盘共用"的模式，供应商送货时直接将商品和托盘一同交接给下游，实现上下游标准化运作，提高了90%的效率，降低了50%的货品破损，为整个电子商务行业树立了高效供应链的标杆。

对第三方配送公司，1号店也实现了数据互通，避免其成为销售高峰时的运力"瓶颈"。通过1号店IT系统的柔性和可扩性，1号店可以实现订单在自营配送站点、第三方配送公司之间的有效分配。如当系统预测配送站点或第三方配送公司运力不足时，会自动将订单分配至周边配送站点或其他配送公司，这样可以让每个站点、每个配送员、每个第三方配送公司的配送效率最大化。基于此，1号店在"双11"时的配送满意度依然超过90%。

问题：

1. 简要谈谈你对"顾客体验将是区分优劣电商的分水岭"的理解。

2. 1号店采用的第三方物流配送模式有哪些优势？

创业成功人才的发展

（一）叶永伟：斐济国礼闯出"一片天"

他是义乌工商学院创业指导老师、上海隽邦贸易有限公司董事长、上海盈喜服饰有限公司董事长，先后荣获义乌市电子商务创业大赛一等奖、"青岩刘杯"网店装修设计大赛二等奖、义乌创业大赛优秀创业指导老师。他经营着20多家淘宝店，包括一家皇冠店，多家四钻以上店铺，还带领五个同学组成团队打理着梦娜袜业旗下的"原子弹"品牌，运营至今半年，每月销售额均保持在80万元以上。

1. 创业要善于结识不同的人，争取社会各界资源的支持

作为寒门学子，叶永伟积极运用各种政府资源，积极与政府建立良好的合作关系，他先后参加义乌电商创业大赛、电商创业训练营等各种创业活动。他还善于积极利用各种媒体资源，《浙中新报》《金华日报》《浙江教育报》《中国教育报》等媒体都对其做过相关报道。

2015年4月，义乌市政府举办2015中国（义乌）电商创业大赛，吸引了省内外众多创客的关注，北京大学、人民大学等高校都有学生报名参加。叶永伟与其团队也不甘示弱，积极参加比赛。当时，斐济（上海）国际董事长单玉强受邀观赛，他要为公司产品寻找全球全网代理。

在创业大赛上，叶永伟认识了单玉强，并积极与其沟通。当他得知其团队在代理"李宁"等知名名牌，有着丰富电商创业经验时，单玉强很感兴趣，问了很多网销方面问题。随后，叶永伟将义乌市政府"电商换市"的理念、义乌工商学院创业学院与自己团队的电商优势都解释给他听，他觉得很有发展潜力，经过慎重考虑后，就将斐济国礼级别化妆品 purefiji 全网独家授权证书交到了叶永伟团队手上。

当得知叶永伟与其团队在独家代理国内多家知名名牌时，单玉强对叶永伟产生了浓厚兴趣。随着深入交流，两人一拍即合，遂决定开展深度合作。在单玉强引荐下，斐济驻华大使奈法卢拉在上海接见了叶永伟，大使亲自把斐济国礼级别化妆品全网独家授权证书交到叶永伟手中。短短的三个月时间，通过叶永伟和团队的努力，斐济化妆品在国内打开市场。河南省有客户在微商上代理斐济香皂，第一个月就完成了 20 万元销售额。斐济国礼级化妆品在中国热卖，在斐济国内引发了热议。斐济总理在中国行之前，指定要求见一见叶永伟。

为更好地推广斐济国礼级化妆品，叶永伟与其团队已在开发相关 PC 门户、APP 应用等。除此之外，团队还在接洽国内某知名的电视购物平台，准备在国内多家电视购物频道推广相关产品，他们还打算加强与旅游公司的合作，一起推广斐济产品，加深国人对斐济的了解。

2. 卖人才，成为"创业导师"

2013 年 6 月，叶永伟以"优秀创业毕业生"的身份从义乌工商学院毕业，他搬离出了校园，在学校附近的宗塘租了房子，当时几家义乌本地企业都慕名高薪邀请他去做电商运营总监。当时，义乌市提出了"电商换市"新思路。在与企业打交道的过程中，叶永伟感觉到传统企业对电商人才的渴求。他再一次敏锐地抓住了商机，成立了圆梦团队，帮助传统线下企业专业运营线上业务。

"圆梦团队是专门培养电商专业人才的，人力资源是最宝贵的资源与财富，我们这次不是卖鞋，而是卖人。"由于叶永伟的号召力，圆梦团队迅速地吸纳了不少有志于电商的在校大学生，甚至浙师大与金职院的学生、校外社会人士也纷纷加盟圆梦团队。

恰好此时，为了让学生更好地抱团创业，义乌工商学院尝试聘请优秀创业毕业生返校担任"创业指导老师"，叶永伟就这样以"创业导师"的身份再次回到了学校。回到学校后，叶永伟在校内招募了 10 名大一、大二学生，他给每一个人都制订了详细的培养计划，将他们打造为"电商高手"。

凭借优秀的人才队伍，圆梦团队很快就谈下了梦娜袜业旗下的"原子弹"品牌，授权经营其官方旗舰店。"用心不用心差别很大。"叶永伟相信只要专注于某一项事业，就一定会取得使自己感到吃惊的成绩。圆梦团队内多是 24 小时都在奋战状态的工作狂，团队运营半年，"原子弹"品牌在内衣大类目的搜索量就排进了前 100 位，下一步的目标是年销售额达到 3000 万元。紧接着，圆梦团队又谈下了李林皮革等多个项目。

（二）董伟杰：生活之中处处蕴藏商机

2013 年 9 月，19 岁董伟杰开始投身勤工助学，并用勤工助学所得创办了义乌市易朗摄影工作室。由于经营得法，摄影工作室很快步入正轨，每月均有近万元营业额。在摄影基础上，他加入婚礼摄影和网络课堂，期间还取得了"景厨""九阳小家电"等品牌在义乌总代理权。

1. 发挥自身专业特色，结合自身专业特长来创业

2014 年 4 月，他与几个同学组建了"鑫美传媒"团队，主要承接会务组织、庆典表演等相关活动，先后为梅赛德斯奔驰温州之星、中梁地产集团等企业做过大型活动策划。2015 年，董伟杰开发了贝护智能互联网童装产品，开启了义乌大学生智能硬件时代。

"随着对会展策划与管理专业学习的深入，我开始萌发了创业念头。老师说，这几年，大学生就业越来越难，我们专业毕业后不好找工作。"董伟杰联想到自己出生在一个极为普通的农村家庭，家里没有厂也没有店，自己既不是富二代也不是官二代，大学毕业后要靠自己找工作。"当时，心里越想越发慌，感觉再不去创业将来吃饭都会成问题，于是硬着头皮也跟同学去尝试创业了。"

"搞摄影，代理品牌，虽然没挣到多少钱，但能力得到锻炼，胆子变得越来越大了。"2014 年 4 月，董伟杰发挥专业优势，联合同学组建了"鑫美传媒"团队，主要开展会务组织、庆典表演等相关活动。"组建创业团队，主要是为了更好地挑战自己，检测一下自己的创业潜能到底有多大。"

"我第一次去找人组建团队时，对着镜子练习了好久如何和别人对话。"经过一系列精心筹备，董伟杰的团队开始接洽项目，先后为品牌汽车、房地产等企业策划大型活动，并得到了相关企业良好的评价。"鑫美传媒"的不少客户一开始都不相信，精彩的创意活动出自一批才 20 岁出头的在校大学生之手。

除了为企业策划活动，董伟杰及其团队还为电商提供互联网营销，推广店铺。在董伟杰眼里，义乌有很多创客，很多创业项目需要营销，"我们愿帮助更多的项目，尤其是为处于起步阶段的创业项目做推广。"

2. 从电视节目中寻找灵感，深度挖掘客户的需求

接手几个项目后，董伟杰越来越有经验了。随着业务量越来越多，董伟杰经验日益丰富，更意识到自身知识储备的不足。他给自己与团队制订了一个详细影视节目观看计划，节目单包括《爸爸去哪儿》《中国好声音》《花千骨》等各类热门影视节目。看节目不为消遣娱乐，而是为了学习。他们是盯着节目硬广告与植入广告，这些节目都是最顶级节目团队制作、影响力最大的。他们要学习节目制作与活动策划经验，不断充实和提高自我，为团队今后发展做准备。

通过仔细研究最热门的影视节目，董伟杰对品牌营销模式和植入广告等有了深入的了解。2015 年暑假，董伟杰在研究电视购物频道时，被"贝护星 GPS"系列产品所吸引。

其中，让他印象深刻的是，贝护星旗下的智能书包和智能腕表通过 GPS 实现跟踪定位，方便家长及时掌握孩子的具体行踪。

"既然 GPS 可以与手表、手机、书包相结合，那与服装结合不是更好嘛，这在技术上肯定没有问题。"一个大胆的创意在董伟杰脑中闪现，他由此萌生了开发"贝护智能互联网童装"营销念头。方向既定，董伟杰立刻联系团队成员，利用手中资源，迅速联系生产厂家，开发"贝护智能互联网童装"产品。他们还联合义乌共济创客空间在"网店第一村"青岩刘举行了"贝护智能互联网童装"路演活动，成为该机构首个创业孵化项目。活动当天，吸引了全国各地 10 余万粉丝参与即时互动。

"'贝护'代表着'宝贝呵护'，小孩和老人都是家庭的宝贝。当用户穿戴'贝护'后，可解决智能定位和身份识别问题，可帮助家庭更快、更准确地找到走失的老人或小孩。"董伟杰说，在"贝护智能互联网童装"新闻发布上，该产品一推出就受到了与会者的关注。"我们还在对产品的安全性、稳定性做进一步测试，计划正式推出，主要在网上销售。"

（三）邱凯旋：借用名人效应来进行事件营销

在 2015 年 "9·3" 阅兵典礼上，国家主席习近平与夫人彭丽媛在欢迎参加阅兵典礼的国外政要时，彭丽媛身上那件时髦的桃红色蕾丝裙装格外引人注目。

"这身裙装十分得体，与习大大的中山装互相映衬，向世界展示了中国女人高贵典雅的气质。"邱凯旋是义乌工商学院刚毕业的创业学生，全程看完阅兵典礼的他激动地告诉记者，他和一个创业合伙人觉得彭麻麻的这身衣服与粉红色手提包都特别美，准备一起在网上销售同款产品。"生意非常好，阅兵典礼中发现的这个商机，算是彭麻麻送给我们团队的礼物吧。"问及阅兵典礼后几天来的销售情况，邱凯旋没说具体的成交额，只说生意很火爆。

作为"第一夫人"，彭丽媛穿搭总会受到国内外的关注，她已成为中国外交新名片，她把国产服装品牌带热，用其稳重、优雅、高贵大气的气质征服了全世界。

问题：

1. 浅析邱凯旋打造爆款营销主要运用了什么策略。
2. 运用名人策略时应注意什么？

📖 本章小结

电子商务可以按照商务活动的内容、开展电子交易的范围、使用网络的类型以及交易对象来分类。其特点有交易过程的电子化、交易市场的虚拟化、交易对象特定化、广义化、交易高效化和促进法制化建设。电子商务由信息流、资金流和物流组成，三者之间相互联系，相互影响。

电子商务在批发市场中的作用分为电子商务的直接作用、电子商务的间接作用。电子商务对中小企业一方面降低了其成本，另一方面提升了其业务机会。在电子商务背景下，我国中小企业要创建面向市场的组织、加强基础建设和人才建设、保持和发展客户关系、大力发展企业文化和进一步营造良好的网络贸易环境。

发展现代物流产业对于国民经济的发展有着重要的意义。电子商务时代物流的主要特点有信息化、现代化、物流共同化和缩短物流是渠道。整合物流是将内部物流和外部物流结合起来看待物流活动。常用的供应链管理方法有快速反应（QR）和有效客户反应（ECR）。在国际物流中，供应链的管理受到经济全球化的影响，面对更加复杂的环境。

批发市场的电子营销有其特点：营销虚拟化、营销透明化、营销动态化、营销网络化、营销个性化。与传统营销方式对比，电子营销可以利用全新时空优势、全方位展示产品及服务的优势、密切用户关系，加深用户了解的优势、降低交易成本的优势和提高交易效率的优势来提高效益。在电子商务背景下，营销渠道有了很大的创新，厂商可以选择整合营销、"一对一"营销、互动式营销、关系营销和网络直复营销等模式。网络营销有其优势，与电子营销比较，两者既有相同点又有不同点。

📖 关键术语

电子商务；物流；物流管理；JIT 物流系统；供应链管理；快速反应；有效客户反应；电子商务营销；营销渠道创新；营销竞争策略；网络营销

📖 分析与思考

1. 电子商务的基本要素有哪些？
2. 结合自身，谈谈你对电子商务的理解。
3. 电子商务的发展从哪几个方面影响了我国经济？
4. 我国中小企业如何利用和把握电子商务的发展？
5. 怎样理解我国电子商务和网络营销的发展趋势？

第❿章
政府在批发市场中的职能

教学目的及要求

掌握政府在市场经济中的定位，批发市场的定位、规划以及在调控的过程中所起的作用，并能够结合事例理解在遵循市场规律的基础上，合理有效发挥政府作用的必要性。

教学重点及难点

批发市场定位的意义；批发市场规划包括的内容以及规划中要注意的事项和坚持的原则；批发市场调控过程中市场规律和政府调控的结合。

第一节　政府在市场经济中的作用

在中国由传统农业社会向现代工业社会、计划经济体制向市场经济体制的双重转型中，随着改革的深入，社会所面临的诸多矛盾有日益加剧的可能，因此需要发挥政府的作用，以协调社会利益关系，推动改革前进。政府通过消除对改革的阻碍、建立新体制的基础设施、保持经济的稳定和弥补市场失灵、实现社会公平等方面的工作加速社会转型。在推进经济改革的同时，政府还必须推进政治改革和加强自身的建设，最大限度地消除政府失灵。

一、市场经济中政府的作用

政府在市场经济中的作用，存在着两种倾向性的意见：一种是"小政府即是好政府"，主张政府只要对经济生活和社会事务"放开不管"，解除行政力量对经济活动的压制和束缚，市场经济就会自然而然地成长壮大；另一种是主张依靠强有力的政府来推进市场化改革和企业改组，保证资源配置符合社会利益。党的十八届三中全会审议通过的《中共中央关于全面深化改革若干重大问题的决定》指出，"经济体制改革是全面深化改革的重点，核心问题是处理好政府和市场的关系，使市场在资源配置中起决定性作用和更好发挥政府作用"。这一表述不仅明确了全面深化改革的重点所在，更对市场的地位和作用进行了重新定位，是市场与政府关系认识上的一次重大理论突破。

任何一个市场经济社会，都不可能完全否定国家—政府的作用。即使处于重商主义时代，强调减少国家干预的亚当·斯密也认为，政府负有建立和执行产权规则，为"看不见的手"发挥作用搭建平台的职能。在市场经济国家的发展过程中，政府力量和市场机制经历了一个消长的过程。从 18 世纪末期到 19 世纪末期，政府对经济活动的干预是不断削弱的。而从 19 世纪末期开始，政府加强了它对市场活动的规制。1929 年的经济危机发生以后，政府作用日益增长，许多私有产业实现了国有化，或由政府管制。但从 20 世纪70 年代以来，公共部门又日益缩小，一些政府企业出售给私人部门，过去大量存在的政府对民航、运输等行业的许多管制也被取消。

政府在市场经济中的作用主要可分为以下几个方面：

其一，在"市场失灵"的场合干预资源配置。市场失灵是指市场无法有效地分配商品和劳务的情况。如对具有外部性的物品（高污染产品、高社会效益产品和公共物品）的生产进行调节，执行反垄断、反不公正竞争立法，等等。

其二，保持宏观经济稳定，以避免市场经济活动的过度波动。

其三，进行资源再配置和收入再分配，即对由市场决定的收入分配进行调节，以避免公共物品的匮乏和收入两极分化。

二、政府对微观经济的调节

西方经济学将经济学分为微观经济学和宏观经济学两个部分。亚当·斯密曾在《国富论》（1776 年）中考察了物品价格的形成以及土地、劳动和资本的价格如何确定等问题，并揭示了市场机制的长处和弊端。更重要的是，斯密指明了市场的效率特征，并看到了社会经济效益事实上是出自于个人的自利行为。曼昆认为："微观经济学研究家庭和企业如何作出决策，以及它们在某个市场上的相互交易。"[1] 克鲁格曼等指出："研究个人如何决策以及这些决策如何相互影响是微观经济学的内容。微观经济学的核心命题是亚当·斯密提出的如下真知灼见的有效性：对个人利益的追求经常促进社会的整体利益。"[2] 厉以宁等对微观经济学的总结：微观经济学就是"小经济学"，它以单个经济单位（单个生产者，单个消费者）、单个市场的经济活动作为研究对象，分析单个生产者的成本、价

---

① 曼昆著. 经济学原理（上册）[M]. 梁小民译. 北京：机械工业出版社，2003.
② 克鲁格曼，韦尔斯著. 微观经济学 [M]. 黄卫平等译. 北京：中国人民大学出版社，2009.

格、产量和雇佣人数等如何确定，分析单个消费者的消费行为受哪些因素的制约，以及分析单个商品上的价格和供求的变动等。①

因此，我们可以认为，西方经济学中的微观经济是指单个经济单位（单个生产者、单个消费者）、单个市场的经济活动。②

1. 政府对微观经济调节的方法和手段

国家对微观经济进行调节可以按方法分为经济性调节与社会性调节两大类型。经济性调节是指在自然垄断和存在信息偏差的领域，主要是为了防止发生资源配置低效率和确保利用者的公平利用，政府机关用法律权限，通过许可和认可等手段，对企业的进入和退出、价格、服务的数量和质量、投资、财务会计等有关行为加以调节。社会性调节是以保障劳动者和消费者的安全、健康、卫生、环境保护、防止灾害为目的，对产品和服务制定一定标准，并禁止、限制特定行为的调节。③

就经济调节而言，有直接经济调节和间接经济调节两种方式。直接经济调节是以介入的方式来解决市场的外部性问题，政府直接决定产业或者部门的规模、企业的进入和退出，直接介入企业的决策和经营等。间接经济调节是以不介入的方式来解决市场的外部性问题，它是指在存在市场机制的基本框架和自由企业制度的基础上，以形成、维护竞争秩序的基础为目的，不直接介入经济主体的决策而仅制约阻碍市场机制发挥作用的行为，并且以有效地发挥市场机制职能而建立完善的制度为目的。④

（1）经济性调节的主要方法。经济性调节包括价格调节、投资调节、税收与补贴、数量调节等。

价格调节主要是指对价格（在调节产业中称为收费）水平和价格体系进行的调节。其中，价格水平调节主要针对受调节企业和用户之间的风险和利益分配；价格体系（或价格结构）调节主要是针对同一商品对不同的消费阶层制定不同的单价。

投资调节主要表现为国家既要鼓励企业投资，又要防止企业间过度竞争，重复建设，还要保证投资的效率和效益。投资调节往往可以通过价格调节和进入退出调节来实现。

数量调节是指当企业的产出数量或者市场的产出数量不符合社会的要求时，政府可以直接加以调节，使其达到社会所需要的水平。例如，由政府来直接承担提供公共物品的任务。

（2）社会性调节的主要方法。社会性调节包括信息调节、质量调节、进入和退出调节、安全调节等。

信息调节是指政府对企业的产品成本、利润水平、产品质量和企业内部治理等有关信息的披露所做出的强制性、制度化的要求和规定。没有信息调节，价格调节和质量调节可

① 厉以宁，秦宛顺. 现代西方经济学概论［M］. 北京：北京大学出版社，1992.
② 程恩富，余斌，马艳等. 中级现代政治经济学［M］. 上海：上海财经大学出版社，2012.
③ 植草益著. 微观规制经济学［M］ 朱绍文等译，北京：中国发展出版社，1992.
④ 程恩富，余斌，马艳等. 中级现代政治经济学［M］. 上海：上海财经大学出版社，2012.

能就是一句空话，只有将价格调节、质量调节与信息调节结合起来，才能达到较好的调节效果。

质量调节是指政府对企业所提供的产品和服务的质量提出要求和规定，制定质量标准，实行经常化和制度化的质量监管。

进入和退出调节是指政府仅允许一家或几家企业进入产业而限制其他企业加入的干预行为。例如，我国的铁路业，对企业进入有严格的调节政策。由于网络型产业所提供的产品和服务在很大程度上为生产和生活所必需，为了保证供给的稳定性，相应地，政府还会限制企业任意退出产业。例如，美国曾经对铁路企业退出客运经营领域有严格的调节，用立法的手段要求企业不仅要从事有利可图的货运业务，还要提供具有社会公益性的客运服务。

安全调节是指政府采取多种手段，包括法律手段、行政手段、经济手段、道德约束、行业自律等，对关系到劳动者和消费者的健康安全进行监管。

另有观点将国家对微观经济进行调节的手段分为三类：法律手段、行政手段和经济手段。其中，经济手段又分为直接经济手段和间接经济手段。当然，在现代社会中所有的手段都应当合法使用，因此，事先都应当有相应的法律立法作为保证，都是广义上的法律手段。这里的分类是从狭义上来讲的。

在这里，所谓法律手段，是指国家通过立法对企业的经营活动进行限定和调节，如规定工作日、规定劳动合同的签订、规定社会保障费用或税收的收取、工厂视察员的派驻、工业法庭的设立、工会法的制定等；所谓行政手段，是指国家通过行政命令、许可和检查监督来对企业的经营活动进行调节，如制定投资指南、设立审批事项、对违规企业进行曝光等；所谓直接经济手段，是指设立国有企业和国有参股企业直接介入微观经济活动；所谓间接经济手段，是指通过财政补贴如科技三项经费、减免税和罚没款等手段对企业的经营活动进行调节。

2. 政府对批发市场企业的一般调节

政府对批发市场的一般调节主要围绕以下几个方面：

（1）对劳资关系的调节。劳资关系是影响批发市场企业生产效率的关键因素。劳资关系冲突一般围绕以下内容展开：①工资、津贴和奖金等劳动报酬的问题；②集体合同和劳动合同的执行、解除和终止以及重新谈判的问题；③工人录用、辞退、辞职和工作变动等的问题；④企业对工人的罚款规定的问题；⑤工作时间和工作质量的问题；⑥工作安全和劳动卫生等职业保障的问题；⑦劳动保险和劳动福利的问题；⑧就业培训和职业训练等的问题；⑨有关社会宏观因素和企业外部环境等的问题，如通货膨胀、失业社会保障、外国投资等政治环境。

（2）对流通环节的调节。流通环节的费用节省和流通时间的缩短，将有利于企业加速资本的周转，提高资本的使用效率，降低成本、提高利润，对企业具有重大意义。

流通产业的管制十分复杂，涉及工商、城市规划、卫生、质检、物价、税务以及行业产过程起着至关重要的作用，或对行业产品质量有明显影响，那么供应商就会拥有很大的市场权利。当少数几家供应商控制供货产品，从而拥有定价优势时尤其如此。同样地，当购买者转向替代品的难度或者成本越高，供应商的谈判优势就越明显。

一旦供应商拥有足够的谈判权，在定价、所供应的产品的质量和性能，或者交货的可靠度上有很大的优势时，这些供应商就会成为一种强大的竞争力量。

了解供应商与批发商侃价能力，是为了弄清在某一领域中批发市场与供应商、批发商之间谁处于主导地位，从而确定相互之间的关系。

4. 分析购买者的实力

如果购买者能够在价格、质量、服务或其他销售条款上拥有一定的谈判优势，那么购买者就会成为一种强大的竞争力量。

一般来说，大批量采购使购买者拥有相当优势，从而可以获得价格折扣和其他有利条款。零售商经常在产品采购时具有谈判优势，因为制造商需要扩大零售覆盖面，争取有利的货架空间。由于零售商可能储存一种或几种品牌的产品，但是从来不会储存市场上所有可以买到的品牌，厂商为了争取那些颇受大众青睐或大批量的零售商而展开竞争，这样，就会使零售商具有明显的谈判优势。

即使购买者的采购量不大，或者也不能给卖方厂家带来重要的市场或某种声誉，购买者在下列情形仍然有一定程度的谈判优势：①购买者转向竞争品牌或替代品的成本相对较低，一旦购买者拥有较高的灵活性，可以转化品牌或者可以从几家厂商采购，购买者就拥有很大的谈判空间。如果产品之间没有差别或差别很小，转换品牌就相对容易，付出的成本很小或者不需要付出成本。②购买者的数量较小，厂商在失去已有的客户寻找替代客户就越不容易。为了不丢失客户，厂商更愿意给予某种折扣或优惠。③购买者对厂商的产品、价格、成本所拥有的信息越多，所处的地位就越强。④如果购买者向后整合到卖方厂商业务领域的威胁越大，所获得的谈判优势就越大。

5. 分析替代品的威胁

替代品是指在功能上能竞争或全部代替某一产品的产品。来自替代品的竞争压力强度取决于以下三个方面：

（1）是否可以获得价格上有吸引力的替代品。容易获得并且价格上有吸引力的替代品往往会产生竞争压力。如果替代品价格比行业产品价格低，那么行业中的竞争企业就会遭遇降价的竞争压力。

（2）在质量、性能和其他重要属性方面的满意度如何。替代品的易获得性不可避免地刺激客户比较彼此的质量、性能、价格，这种压力迫使行业中的竞争企业加强攻势，努力说服购买者相信他们的产品具有独特的品质和有益的性能。

（3）购买者转向替代品的难度和成本。最常见的转换成本：可能的额外价格、可能的设备成本、测试替代品质量和可靠性的时间成本、断绝原有供应关系建立新供应关系的成本、转换获得技术帮助的成本、员工培训成本等。如果转换成本很高，那么替代品生产就必须提供某种重要成本或性能利益，诱惑原来行业的客户脱离老关系。

因此，一般来说，替代品价格越低，替代品质量和性能越高，购买者转换成本越低，替代品所带来的竞争压力就越大。

对于批发市场而言，所面对的替代品威胁主要表现在上游生产企业的下行延伸（如直销等）与零售企业的上行发展（如超市自主品牌等）。一方面，有的厂商直接经营连锁直销店，通过这种方式，厂商的产品跳过中间销售商，直接到达直销店的陈列架，从而达到占有市场的目的；一些大的零售商直接与厂商协议沟通，成立物流中心，取得较低的进货价格，把批发市场甩到一边；有的厂商介入零售业，或成立专业的营销公司，或干脆与地区经销商合资成立销售公司，介入批发经营，以强化营销渠道的掌控力量。另一方面，批发市场或因人力、物力、财力、经营观念，不能满足厂商的整体需求，无法配合厂商的渠道策略或推广策略，不能发挥铺货、陈列、推广功能，尤其是新产品上市时，厂商要求批发商配合厂商的推广政策全力铺货，但是批发商不能全力配合，支持厂商新产品上市政策没有收到应有的效果。随着制造业企业集中度不断加强，大的制造商越来越倾向于建立自身的销售渠道，从而出现销售渠道内部化的趋势，这对某些区域市场产生了不小的冲击。近年来，在浙江温州柳市镇随着正泰、德力西、人民电器的崛起，曾经繁荣的柳市低压电器市场日渐衰落。

三、批发市场类型的选择

1. 批发市场的类型

批发市场按照交易场所形式的不同，可以分为主场馆市场类型、专业街为主体的市场类型、主场馆和专业街相结合的市场类型三种。

（1）主场馆市场类型。各种形态的大型场馆市场，有配置较为齐全的公共服务设施，形成一个完整、全面的市场体系，具有市场的整体功能、市场的展示功能、市场的标志功能。例如海宁中国皮革城、诸暨华东国际珠宝城等。

（2）专业街为主体的市场类型。通过核心市场标志建筑，连接一定数量的专业街，通俗地讲，把建筑形态基本一致的专业街布置在一起，取重要地段建设代表市场性质和规模的主体形象工程，具有独立的交易空间、灵活的经营方式、自由的运行机制等特点。例如广州白云皮具市场、桐乡轻纺市场、山东济宁小商品市场等。

（3）主场馆和专业街相结合的市场类型。这种市场融第一类、第二类型的特点于一体，既有较大的主场馆，又有一定数量的专业街，主场馆规划在主入口，或者布置在专业街的中心区或一侧等，一般是因地制宜、并无定数。例如济南小商品市场、义乌国际商贸城等。

2. 批发市场类型的选择

批发市场类型的选择需要根据市场交易商品的特点、市场发展阶段进行综合考虑。在批发市场发展初期，一般采取以专业街为主体的市场类型。专业街市场是建设多排具有相同设计风格的二层或三层商铺，一层进行商品陈列、展示，二层进行商品储存和简单加工，三层用于经营户居住。专业街市场建筑形式简单，建设投资小，商铺租金低廉，并有利于实现商户经营、居住一体化，降低商户的运营成本，促进商户投资经营的积极性，符合批发市场发展初期的特点。

批发市场经过专业街阶段的培养和发展，交易规模显著增加，辐射范围不断扩大，原有专业街低级、无序、小规模的交易方式已经不能适应批发市场扩张的要求，需要在专业街的中心或附近，建设批发市场的大型场馆，从而进入以主场馆为主的批发市场阶段。批发市场的大型场馆资金投入高，配套设施齐全，设计装饰豪华，商铺陈列规范统一，全面体现市场的交易功能、展示功能、服务功能、宣传功能等。场馆内品种繁多的商品、规范化的管理、健全的服务设施、舒适的购物环境，大大提高了批发市场的影响力，实现了批发市场质的飞跃。而批发市场附近的专业街则成为大型场馆的必要补充。场馆内虽然租金昂贵，但是会给商户带来更多的商机，使其获取更高的利润。因此，商户既要在场馆内租有商铺，又要在商业街租有商铺。场馆内商铺空间有限，仅能进行商品的展示和宣传，而专业街商铺则进行商品的存储和简单加工。客商在场馆内可以获得各类商品的性能、价格信息，与商户进行讨价还价，达成一致，最终验货、提货过程一般在专业街商铺实现。这种以场馆为主、商业街为辅的批发市场模式，既为商铺提供了宣传、展示商品，扩大商户影响力的平台，又弥补了场馆商铺展示空间有限的不足，符合批发市场发展的规律，是批发市场都宜采用的一种模式。

组团类批发市场未经专业街的发展阶段，在政府的统一规划和引导下，由不同的投资主体（包括政府、集体、外商、个人等）分别建设不同的场馆而组成。这些场馆紧密相连，并与办公楼、写字楼、高层住宅结合于一体，具有现代批发市场的特点，为大、中城市所采用。以沈阳五爱批发市场为例，政府在沈河区小商品批发市场的基础上，对批发市场统一规划，进行升级改造，经过多年的努力，已经从最初的马路集贸市场发展成为楼厅式商场。五爱批发市场主要包括四部分：即由区属国有企业五爱集团开发建设的五爱国际商贸城、沈阳希尔顿饭店；由外资企业香港天地实业公司开发建设的五爱服装城；由民营企业辽宁维华集团开发建设的五爱针纺城；由市交通局转制后的合资企业五爱深港客货联运总站、美博城；还包括在建的韩国城、五联商厦。目前市场占地面积已达20万平方米，营业面积近100万平方米，总投资近40亿元，经营户2万个，从业人员6万余人，经营的商品包括服装、家纺、箱包、鞋帽、内衣、床品、玩具、工艺品、小百货、小家电等14大类2万多个品种，日均客流量30万人次，辐射东北三省、内蒙古地区、华北地区，部分商品还远销朝鲜、韩国、俄罗斯、蒙古国、东南亚、中亚等国家和地区。市场规模、交易金额都位居全国前列，2009年市场成交金额325亿元，纳税近3亿元，市场商誉价值40亿元。五爱批发市场通过政府强有力的宏观调控，既突出了国有企业在区域经济发展中的主导地位，又整合资源，合理规划产业布局，避免恶性竞争和盲目发展，把五爱批发市场建设成为政府主导、市场集合、业态提升、功能完善，以生态环境市场为核心，以集散型批发市场资源为平台，以多种商业混合业态为模式的批零融合性商业中心。

四、批发市场建筑形态

1. 井字布局，流通便捷

井字形式批发市场通风、采光好，视觉宽敞；放眼四周，琳琅满目的商品尽收眼底。无论从任何方向进出，都较少走回头路，克服了经营者最担心的现象——生意好坏看商铺位置。这种结构有利于培育、营造竞争环境和商业氛围。适合于小商品市场、服装市场等。

该建筑形式集中在一大型多层建筑里，易形成规模效应，具有一定广告优势，组织管理和服务设施相对完善，人、车流明确，购物环境较好，不受天气影响。项目一次性投入大，不利于分期建设，市场启动缓慢，经营效益随楼层的可达性差而递减。

以海宁中国皮革城为例，海宁中国皮革城是一座以品牌店、专卖店为主的现代化、商场化大型皮革专业市场，总建筑面积 45 万平方米，设施先进，功能齐全，装修豪华，每个商铺经营面积约 45 平方米，主通道 7.2 米，辅通道 4 米，入驻企业 2000 多户，高峰时期日客流量达 5 万人次。已经成为中国皮革界规模最大、影响最广、最具竞争力优势的专业批发市场，也是皮革价格信息、市场行情、流行趋势的发布中心。

2. 排屋结构，独立商铺（仓库）

排屋式建筑结构远看是边界分明的排屋，近看是独立的商铺。市场车辆进出方便，汽车、集装箱均可到到商铺门前。商铺通常为复合式，一楼是营业用房，二楼、三楼是办公用房和仓库，类似义乌的专业街。这种类型建筑形式一般适用土地价格较低的地方。因为土地成本低，所以营业面积比较大。适合于五金类、建材类市场。

该建筑形式一次性投入少，临街铺面商业利润高，多为自然形成；客户有一定的基础认同心理，市场容易启动。存在配套服务设施缺乏，规模不易扩大，档次不易提高，商业活动增加沿路的交通压力，发展的后续力不足等不利因素。

金乡商贸城为典型的排屋式建筑结构。市场内摊位按相同格局沿街道并排建设，总长约 11 千米，每一个摊位门前为开阔的交易场地，便于大型车辆停放和大蒜卸载、暂存。摊位正面以大棚结构建设，用于大蒜简单加工和临时存储，摊位后面建有大型冷库，用于大蒜常年存储。

3. 中庭突出，四周店面，区块分明

以中庭为核心，四周均为商铺，商铺大小不等、结构不同，并按商品类别分若干区块：粮油区、炒货区、熟食区、水产区……这种形态的市场商铺，档次相差很大，建筑形态适用于家具、农贸类市场。

该建筑形式采用宽敞的中庭结构，为大宗商品装卸和交易提供充足的空间；中庭四周协会等诸多管理部门，政府如果不能建立一个科学合理、统一高效的管理体制，将成为制约流通产业发展的最大障碍。首先，管制机构的不确定性。自新中国成立后，我国流通产业的管制机构就一直变动频繁，这种管制机构的欠稳定性给实际流通工作的管理带来很大影响，它的随意性和常变性使其实施管制的权威性与严肃性受到挑战，因而妨碍了管制效率的提高。其次，政出多门、条块分割。我国流通产业原有的流通体制是按社会分工划分，虽然这一体制有助于流通产业内部结构的合理化，可以使内部各行业的统计资料，统计口径一致，解决内部问题及时和信息传递速度快，但这种条块分割体制的弊端更为明显，这种机构设置分割了商品流通企业之间的经济联系。这种管理体制只能称作是部门管理，其有效作用的前提条件是公有制的单一形式，而对不同所有制的企业又不便管理，无法形成完全意义上的全社会的产业管理，制定的流通政策难免存在一些偏颇之处。再次，政企不分、产权不明。行政性公司的大量存在，使许多机构既是裁判员，又是运动员，难以体现市场竞争的公平原则。最后，缺乏对管制者的监管。我国目前的政府管制，基本沿用严格的行政性审批制度，制定管制政策的程序也不甚透明，监管乏力往往导致权力寻租和腐败现象。

目前，包括流通产业管制在内的中国政府管制普遍存在的既缺位又越位的情况，这种情况的产生有其历史和现实的原因。即使在发达国家也存在管制不当的情况，何况在中国这样一个有着长期计划经济体制影响的发展中国家，管制不当、有效管制不足更是普遍存在，而且短期内难以完全实现。主要表现：一是管制越位（主要体现为行政性垄断），二是管制缺位（体现为经济性管制过多，而对于保障劳动者和消费者的安全、健康、卫生以及环保等方面的社会性管制则严重不足）。无论是管制缺位还是管制越位，都会损害经济效率，并造成整体社会福利的损失。

流通作为市场机制的实现形式，是政府方针政策在经济生活中发挥重要作用的载体，当前我国与社会主义市场经济体制相适应的市场流通体系的雏形或框架正是在政府主导下建立起来的。在流通领域，为更好地培育并建立符合社会主义市场经济本质要求的新的流通体制及市场体系，推动市场流通体系转型或重塑，一定要在重视市场机制自主调节作用的同时，更好地发挥政府的作用，解决多年来备受诟病的缺位与越位问题，从而进一步完善市场体系，为流通领域提供公共产品，维护流通秩序，营造良好商业环境。为更好地推动政府在流通领域作用的发挥，必须进一步深化改革：进一步厘清流通领域中政府与市场的边界；切断政企不分所造成的利益输送；构建政府对大流通的统一管理与服务；进一步解决中央与地方之间的脱节问题；充分发挥社会组织在流通中的作用。

（3）对生产环境的调节。企业要增加利润，一方面要降低工资，另一方面则要节约不变资本，这就有可能导致生产条件简陋和恶化，会对工人的身心健康造成危害，也会对环境造成破坏，还会影响产品质量。而对于企业经营者来说，只要能够增加他们的利润，他们是不会为这样的负外部性而苦恼的。

在市场竞争环境下，若某企业经营者出于善意或自身要求去保护工人和环境，同时其他企业不这样做，则这个有善意的企业通常会在竞争中处于不利地位。因此，即便为了迫使企业建立最起码的清洁卫生设施和有利于劳动者的工作环境等，都必须由国家颁布强制性的法律。这表明，"看不见的手"恰恰只会导致市场失灵，而不会促进社会整体的福利。

生产环境是指整个企业内部和外部环境，简单来说可划分为对生产条件的调节和对环境保护的调节。

对生产条件的调节。这里的生产条件包括劳动力从事生产劳动的环境以及职业安全等，调节方式包括法律调节和行政调节。法律调节即通过国家立法机关制定相关法律和政府调节的完整相关法律体系，做到生产条件调节有法可依。行政调节包括生产条件事项的审批、验收和监督检查，建立有效的预警和事故应急救援机制。

对环境保护的调节。环境保护的调节内容非常宽广，主要有防治由生产和生活活动引起的环境污染、防止由建设和开发活动引起的环境破坏和保护有特殊价值的自然环境三个方面。政府对环境保护的调节措施可以分为控制型调节措施和经济型调节措施。控制型调节手段主要有规定可排放量、规定最低技术要求和规定选址；经济型调节措施包括征税、补贴、押金——退款和排污权交易。

第二节　批发市场的定位

一、批发市场定位的概念

"定位"一词最早见于《韩非子·扬权》："审名以定位，明分以辩类。"含义是确定事物的名位。南朝梁人刘勰《文心雕龙·原道》："仰观吐曜，俯察含章，高卑定位，故两仪既生矣。"宋朝曾巩《请令长贰自举属官札子》："陛下隆至道，开大明，配天地，立人极，循名定位，以董正治官，千载以来，盛德之事也。"

定位意味着"一定的规矩或范围"。南朝梁刘勰《文心雕龙·明诗》："《诗》有恒裁，思无定位，随性适分，鲜能通圆。"清朝曾国藩《江宁府学记》："先王之制礼也，人人纳於轨范之中，自其弱齿，已立制防，洒扫沃盥有常仪，羹食肴胾有定位，绫缨绅佩有恒度。"现代意义上的"定位"，是由美国营销学家艾尔在1969年提出的，是指对企业的产品形象的策划行为目的是使他们在目标顾客的心理上占据一个独特的有价值的位置。

市场定位也称为产品定位或竞争性定位，是根据竞争者现有产品在细分市场上所处的地位，针对消费者或用户对该产品的某种特征、属性或核心利益的重视程度，强力塑造本企业产品与众不同的、令人印象深刻的、鲜明的个性或形象，并通过一套特定的市场营销组合，把这种形象迅速、准确而生动地传递给目标顾客，影响顾客对该产品的总体感觉。市场定位是塑造一种产品在市场上的适当位置，这种位置取决于与竞争对手的产品相比，消费者怎么认识这种产品。

定位的实质是使企业与其他企业严格区分开来，突出企业及其产品的特色，并使消费者明显感觉和认识这种差别，使产品在消费者心目中占据特殊的位置，给消费者留下良好的印象，从而使企业获得目标市场的竞争优势。

二、批发市场定位的意义

当前，国内批发市场竞争日趋激烈，在"建一处市场，带动一批产业，搞活一片经济，造福一方百姓"的市场效应激励下，各地创办市场的热情十分高涨，市场建设长盛不衰，各类专业市场层出不穷，市场建设的区域、规模、形态和模式等也是五花八门，有成功的也有失败的。在一部分新建市场经历了淋漓尽致的"拷贝"老市场的传统模式之后，"轰轰烈烈的投资、大张旗鼓的招商、门可罗雀的经营、丢盔弃甲的收场"成为一些新建市场不得不面对的现实。究竟是什么让新建市场陷入"江郎才尽"的发展窘境呢？这就不得不面对提升批发市场竞争力的问题。

如何提升批发市场的竞争力，使批发市场进入一个良性发展阶段，成为摆在人们面前非常重要和亟待解决的问题。科学、全面、规范的市场策划是解决该问题的根本所在。市场策划就是应用科学的思维和方法，对批发市场的整体运营活动进行系统、科学的创造性、谋划和设计，以期达到最佳的效果。市场策划可以归纳为六大要素：市场定位、市场规划和设计、市场业态布置、市场推介、市场招商、市场管理与服务。

市场定位是批发市场规划的核心要素和首要工作，是企业整体战略策划的一个重要组成部分，关系到所策划内容能否在市场竞争中占据一定优势，并与竞争对手明显相区分。后续的市场规划与设计、市场业态布置、市场推介、市场招商、市场管理与服务都需要围绕率先进行的市场定位展开。准确的市场定位相当于市场策划已经取得一半的成功。市场定位的内容很多，如商品及组合定位、业态定位、规模定位、设计定位、档次定位、商业服务对象定位等。如果进行了成功的市场定位，谁是市场的未来客户，谁是未来的经营商户，谁是投资商，谁是未来的管理者等，那么我们对各种资源的利用、各项活动的安排、对未来风险的控制等都会胸有成竹。因此，"定位决定未来，定位决定成败"一点不为过。

企业在市场定位过程中，一方面要了解竞争者产品的市场地位，另一方面要研究目标顾客对该产品各种属性的重视程度，然后选定本企业产品的特色与独特形象，从而完成产品的市场定位。

批发市场要进行准确的行业选择与市场定位，选择适合于其销售的商品才有发展前途。面对竞争激烈的市场格局和动态的市场因素，如何才能对批发市场进行准确有效的定位是一个非常重要的问题。要解决策划项目定位的根本性问题，必须了解国内同类市场现状与项目所在周边地区市场特征，结合城市经济结构特征，以及当地产业基础与竞争状况，才能保证策划项目的可持续发展。

第三节 批发市场的规划

所谓批发市场的规划，包括选址、行业吸引力分析、市场所在地经济结构的分析以及市场类型选择、建筑规划等方面。只有所有的环节都达到最大的和谐化，才能充分发挥批发市场对整体经济的带动作用。

一、批发市场的选址

选址是规划批发市场的第一个环节，也是基础环节。选址是否合理，直接关系到批发市场功能的实现。通常来讲，批发市场的选址应遵循以下几个原则：

1. 环境效益和经济利益并重的原则

坚持环境效益和经济利益并重的原则，是要在保证市场经济效益的同时，最大程度降低批发市场带来的噪声污染、客流压力等负面效应。批发市场作为批发行业，首先要使其经济效益最大化。批发市场对空间需求较大，因此规划时应尽量避开城市中心，降低用地成本；对物流交通的要求比较高，因此不能将批发市场规划在过于偏远的郊区。这样才能尽可能降低成本，增强竞争力。但是，因为会产生比较多的噪声和大量的客流，也不宜规划在城市居民生活区的中心地带，以保证居民生活质量。

2. 自然环境和人文环境并重的原则

自然环境是批发市场选址需要重点考虑的因素，尤其是对自然环境依赖程度比较高的批发市场类型。以农产品批发市场来说，选址要在种植生产某类农产品的区域内进行规划，一方面保证大量货源的供应，节省物流成本，另一方面可以延长保鲜时长。例如，蔬果批发市场一般会选址在大型的果蔬园地的附近，海产品批发市场选址在沿海地带靠近渔场的地方，这样既保证货源，也能保证果蔬和海鲜的新鲜。人文环境同时也是不可忽视的原则。批发市场的选址要注重人文环境的作用。例如，民族工业产品、民族风服饰等批发市场一般选址在少数民族聚居的地区，然后经由批发市场、零售商到达消费者的手中。大型肉类批发市场一般不宜选址在主张不杀生的教徒聚居区。尊重当地的人文环境是维护批发市场和谐运作的重要因素。

二、行业吸引力及盈利前景分析

选址的合理，只是规划批发市场的一个步骤。批发市场的规划，需要对国内同类市场现状和竞争性做全面的分析。《孙子兵法》中提到，"知己知彼，百战不殆。不知彼而知己，一胜一负；不知彼，不知己，每战必殆。"进行项目策划时还必须考虑所涉及的行业是否具有吸引力？取得超过年平均水平的盈利前景如何？可以围绕以下几个重要问题展开分析：

（1）行业成长的潜力如何？

（2）当前的竞争态势是否可以带来足够的盈利？行业或市场上的竞争力将会增强还是减弱？

（3）行业的盈利水平受到当前主要驱动因素的影响是有利还是不利？

（4）策划项目实施主体公司在行业中的竞争地位如何？公司的竞争地位将会增强还是衰弱？

（5）公司实力的比较，竞争对手的弱点、潜力如何？

（6）公司是否不受或者可以抵挡得住那些使行业失去吸引力的因素的影响？

（7）公司竞争能力在行业关键成功因素上的匹配程度如何？

（8）行业未来的风险和不确定性程度如何？

（9）整个行业所面临的各种问题的严重程度如何？

（10）继续参与这个行业的竞争是否可以增强该公司在有兴趣的行业中成功的能力？

一般来说，如果一个行业的整体利润处于平均水平之上，那么可以认为该行业有吸引力；如果一个行业的利润前景处于平均水平之下，那么可以认为该行业没有吸引力。在某些情况下，如果一家公司在一个没有吸引力的行业中占有独特的位置，那么，它仍然可以获得非常不错的利润，这是因为该公司有能力和资源，从比较弱的竞争对手那里获得销售量和市场份额，从而获得不凡的盈利水平。

美国著名管理学家迈克尔·波特教授从行业结构入手，研究市场竞争战略，他认为行业内部的竞争状态取决于五种基本竞争作用力，即新进入者威胁、买方侃价实力、卖方侃价实力、替代品威胁、行业竞争对手（见图10-1）。这些作用力汇集起来，决定着该行业的最终利润潜力。

迈克尔·波特的竞争模型，可以对本行业的竞争格局以及本行业与其他行业之间的关系进行较好的分析。在分析国内同类批发市场竞争状况时，可以借助该模型进行研究。

1. 新进入者的威胁

潜在的或未来的竞争对手可能最具有威胁力，一家企业更可能被新出现的对手或新技术打败，而非当前的竞争者。新的竞争最可能来自以下几个方面：一是市场扩大，如在企业所在地区之外的一家公司，成功经营了多年，该公司决定把它的市场扩大到企业所在

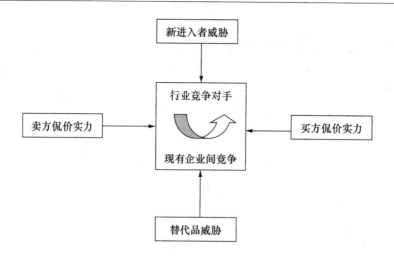

图 10 - 1   波特竞争模型

地区，一夜之间，该公司就成为企业的竞争对手。在另一个市场的一家公司，其产品占有统治地位，也看到了这个机会，就有可能与现有企业进行竞争。二是产品扩大，一家企业决定利用其产品品牌、技术或分销系统来制造一种新的产品线，与原有企业的产品直接竞争。三是新技术出现。四是整合发展，企业的主要客户或供应商之一认为其他企业能做的，它也能做，而且会比其他企业做得更好，价格会更便宜，所以原来的客户或供应商进入这个市场，变成企业的新竞争对手。

一个市场新进入者往往会带来新的生产能力和资源，希望在市场占有一席之地，对于特定的市场来说，新进入者所面临的竞争威胁来自市场壁垒和现有企业对其做出反应。一旦新进入者很难打开这个市场，或者市场的经济因素便利潜在进入者处于劣势，进入市场的壁垒就产生了。一般来说，新进入者的进入主要面临以下六种壁垒：

（1）规模经济。规模经济主要表现为在一定时期内产品单位成本随着总产量的增加而降低。规模经济的存在阻碍新的批发市场进入，因为新进入者的批发销售规模很难很快达到大规模经济的要求，同时新进入者还承担遭受原有批发市场强烈抵制的风险，因而新的批发市场进入者会遇到很大阻力。

例如，浙江义乌市场之所以成为全国最大的批发市场，一个重要原因就是通过市场的国际化运作，做大市场规模。经过先后 5 次易址、10 次扩建之后，到 2009 年，义乌市场经营总面积达 400 余万平方米，商位 6.2 万个，汇集 16 个大类、4202 个种类、170 多万种单品，市场成交金额连续 18 年居全国各大专业市场榜首。目前，义乌市场吸引 6 万多家经营主体入场经营，连接全国 20 多万家企业，已经成为"中国制造"走向世界的重要平台。义乌市场商品已经出口到全世界 215 个国家和地区，据统计，有来自 100 多个国家和地区的 13000 多名客商常驻义乌市进行国际采购，80 多个国家和地区的 2500 多家企业在义乌设立代表处（占浙江省总数的 1/2 强），义乌机场的境外旅客达 40% 以上。

（2）资本需求。竞争需要大量投资，从而构成另一种进入壁垒。建立一个新批发市场，仅是一个开端，其后将面临的市场招商、市场宣传、市场运作等，都需要有大量资金投入，但是回收时间可能相对较长，这也是对新批发市场投资方一个很大的考验。

（3）产品差异化。产品差异化意味着现在的市场由于产品特色、顾客服务、有效的广告而率先进入该领域，获得商标信誉、顾客忠诚的优势。产品差异化形成进入壁垒，迫使新的批发市场进入者耗费大量资金消除原有批发市场顾客忠诚的优势，因而造成新进入者冒着进入失败或血本无归的风险。

义乌市场的特色在于小商品价格低廉，品种丰富。客户在义乌签单时所考虑的主要因素是一定产品质量和款式条件下成本最低。所以，义乌市场更多的是通过品种更新和成本压缩，而不是通过技术创新和创造高附加值产品去满足客户的需求。

（4）分销渠道的获得与控制。新的批发市场进入者需要确保其产品分销，这一要求也构成进入壁垒。一般来说，理想的分销渠道已经被原有的批发市场占有，新进入者要获得分销渠道必须采取压价、协同分担广告费用等办法，促使中间商接受其产品，其结果必然降低利润。由于原有批发市场通过各种方式控制分销渠道，某些批发市场甚至独占分销渠道，从而造成新批发市场进入者的高度壁垒。

（5）政府政策。政府能够通过政策对新进入者形成壁垒。如政府限制甚至封锁对某类批发市场的进入等，或者政府对原有批发市场的政策扶持，从另一个方面看也会形成新进入者的壁垒。批发市场的发展壮大往往离不开当地政府的大力支持。一方面，批发市场的交易金额较大，是政府税收的重要部分，各地政府比较重视其发展；另一方面，专业市场在发展中需要政府在政策、交通、配套等方面提供大力支持，这些支持是市场手段代替不了的。另外，批发市场的生存也常受到城市发展和区域产业政策的影响，产业政策的调整对批发市场的发展往往是致命的。

（6）进入市场壁垒的高低。除了进入壁垒，新进入者还面临着企业做出什么样的反应，他们会通过诸如降价、加大广告力度、改善产品及其他措施来捍卫市场地位。如果行业中原有财力强大的企业发出明显信号，要捍卫市场地位，或者原有企业通过分销商和客户群创造某种优势来维护及业务，潜在的进入者必须慎重从事。

2. 分析行业竞争对手

行业内的竞争是五种力量中最强大的，为了赢得市场地位和市场份额，通常不惜代价。在某些行业，竞争的核心是价格；在某些行业，价格竞争很弱，竞争的核心在于产品或服务的特色、新产品革新、质量和耐用度、保修、售后服务、品牌形象等。竞争可能是友好的，也可能是你死我活的，这完全取决于行业中公司采取威胁竞争对手盈利水平的行动频率和攻击性。一般而言，行业中的竞争厂商都善于在自己的产品上增加新的特色，以提高对客户的吸引力，同时毫不松懈地挖掘其他竞争者的弱点。行业内的竞争是一个动态的、不断变化的过程。

无论公司经营什么，都必须了解行业及其竞争状况，行业竞争是对公司商业生态环境的重要层面做战略性评估。任何行业都会存在竞争，但竞争的强度会有所不同，一般来说，影响竞争强度有以下主要因素：

（1）竞争对手的数量。当存在较多的同类型批发市场时，竞争的强度相对会较大，相互之间的影响也会较大；反之，同类型批发市场较少时，则拥有较好的竞争空间。

（2）行业发展的速度也会影响竞争程度。当某一行业处于迅速发展阶段时，所需的批发市场数量自然会增加，这时竞争强度相对会小一些，当行业发展缓慢时，整个市场的需求量下降，市场与市场之间为争夺市场份额的竞争就会很激烈。

（3）市场的专业化程度。一般而言，市场的专业化程度越高，限于专业、资金、顾客等方面的原因，能够迅速被模仿、跟进的可能性就越小。义乌市场模式具有典型的产业聚集特征，市场的专业化程度非常高，这促进了义乌本地专业分工的细化，有利于劳动力市场共享和知识外溢。从而使义乌市场相对于国内其他市场更有效率，自然也更有竞争力。

（4）竞争对手的规模与实力。当竞争对手的规模、实力非常突出、强大，竞争难度自然会增加。比如，北京的新发地蔬菜批发市场，2009 年各类农副产品总交易量为 90.2 亿元，总交易金额为 302 亿元，其中蔬菜供应量占全市总需求量的 70% 以上，水果占 80% 以上，进口水果占 90% 以上，是北京市名副其实的"大菜篮子""大果盘子"和地方纳税大企业之一，满足了北京市 70% 以上人口的吃菜问题。如此高的市场占有率和市场专有性，对竞争对手而言就意味着进入的高风险性。

评估竞争的激烈程度关键是准确判断公司之间的竞争会给盈利能力带来多大的压力。如果竞争行动降低行业的利润水平，那么可以认为竞争是激烈的；如果绝大多数公司的利润都达到可接受的水平，竞争为一般程度；如果行业中绝大多数公司获得超过平均水平的利润，则竞争比较弱，且有一定的吸引力。

3. 分析供应商的侃价实力

供应商是一种弱势竞争力量还是一种强势竞争力量，取决于所在行业的市场条件和所提供的产品的重要性。一旦客户所需求的是一种标准产品，可以开放市场，由大量具有巨大生产能力的供应商提供，那么客户的压力就会很小，可以很容易从一大批有一定生产能力的供应商那里获得所需的一切供应，甚至可能从其加工商那里分批购买，以推动订单竞争。在这种情况下，只有当供应出现紧缺而购买者又急于保证供应时，供应商才会拥有某种市场权力。如果有很好的替代品，而购买者的供应转换既无难度，代价又不高，那么供应商的谈判地位就会处于劣势。

一方面，如果供应商所获得行业是大客户，那么供应商通常在产品供应的价格及其他项目上的优势有时会随之减少。在这种情况下，供应商的利益优劣状况往往与大客户的利益优劣息息相关。因此，供应商往往有着一种强大的动力，通过提供合理的价格、卓越的质量，以及推动所提供的产品的技术和性能进步，保护和提高老客户的竞争力。另一方面，如果供应商所提供的产品占其下游行业产品的成本比例很大，从而对该行业的产品生产过程起着至关重要的作用，或对行业产品质量有明显影响，那么供应商就会拥有很大的市场权利。当少数几家供应商控制供货产品，从而拥有定价优势时尤其如此。同样地，当购买者转向替代品的难度或者成本越高，供应商的谈判优势就越明显。

一旦供应商拥有足够的谈判权，在定价、所供应的产品的质量和性能，或者交货的可靠度上有很大的优势时，这些供应商就会成为一种强大的竞争力量。

了解供应商与批发商侃价能力，是为了弄清在某一领域中批发市场与供应商、批发商之间谁处于主导地位，从而确定相互之间的关系。

4. 分析购买者的实力

如果购买者能够在价格、质量、服务或其他销售条款上拥有一定的谈判优势，那么购买者就会成为一种强大的竞争力量。

一般来说，大批量采购使购买者拥有相当优势，从而可以获得价格折扣和其他有利条款。零售商经常在产品采购时具有谈判优势，因为制造商需要扩大零售覆盖面，争取有利的货架空间。由于零售商可能储存一种或几种品牌的产品，但是从来不会储存市场上所有可以买到的品牌，厂商为了争取那些颇受大众青睐或大批量的零售商而展开竞争，这样，就会使零售商具有明显的谈判优势。

即使购买者的采购量不大，或者也不能给卖方厂家带来重要的市场或某种声誉，购买者在下列情形仍然有一定程度的谈判优势：①购买者转向竞争品牌或替代品的成本相对较低，一旦购买者拥有较高的灵活性，可以转化品牌或者可以从几家厂商采购，购买者就拥有很大的谈判空间。如果产品之间没有差别或差别很小，转换品牌就相对容易，付出的成本很小或者不需要付出成本。②购买者的数量较小，厂商在失去已有的客户寻找替代客户就越不容易。为了不丢失客户，厂商更愿意给予某种折扣或优惠。③购买者对厂商的产品、价格、成本所拥有的信息越多，所处的地位就越强。④如果购买者向后整合到卖方厂商业务领域的威胁越大，所获得的谈判优势就越大。

5. 分析替代品的威胁

替代品是指在功能上能竞争或全部代替某一产品的产品。来自替代品的竞争压力强度取决于以下三个方面：

（1）是否可以获得价格上有吸引力的替代品。容易获得并且价格上有吸引力的替代品往往会产生竞争压力。如果替代品价格比行业产品价格低，那么行业中的竞争企业就会遭遇降价的竞争压力。

（2）在质量、性能和其他重要属性方面的满意度如何。替代品的易获得性不可避免地刺激客户比较彼此的质量、性能、价格，这种压力迫使行业中的竞争企业加强攻势，努力说服购买者相信他们的产品具有独特的品质和有益的性能。

（3）购买者转向替代品的难度和成本。最常见的转换成本：可能的额外价格、可能的设备成本、测试替代品质量和可靠性的时间成本、断绝原有供应关系建立新供应关系的成本、转换获得技术帮助的成本、员工培训成本等。如果转换成本很高，那么替代品生产就必须提供某种重要成本或性能利益，诱惑原来行业的客户脱离老关系。

因此，一般来说，替代品价格越低，替代品质量和性能越高，购买者转换成本越低，替代品所带来的竞争压力就越大。

对于批发市场而言，所面对的替代品威胁主要表现在上游生产企业的下行延伸（如直销等）与零售企业的上行发展（如超市自主品牌等）。一方面，有的厂商直接经营连锁直销店，通过这种方式，厂商的产品跳过中间销售商，直接到达直销店的陈列架，从而达到占有市场的目的；一些大的零售商直接与厂商协议沟通，成立物流中心，取得较低的进货价格，把批发市场甩到一边；有的厂商介入零售业，或成立专业的营销公司，或干脆与地区经销商合资成立销售公司，介入批发经营，以强化营销渠道的掌控力量。另一方面，批发市场或因人力、物力、财力、经营观念，不能满足厂商的整体需求，无法配合厂商的渠道策略或推广策略，不能发挥铺货、陈列、推广功能，尤其是新产品上市时，厂商要求批发商配合厂商的推广政策全力铺货，但是批发商不能全力配合，支持厂商新产品上市政策没有收到应有的效果。随着制造业企业集中度不断加强，大的制造商越来越倾向于建立自身的销售渠道，从而出现销售渠道内部化的趋势，这对某些区域市场产生了不小的冲击。近年来，在浙江温州柳市镇随着正泰、德力西、人民电器的崛起，曾经繁荣的柳市低压电器市场日渐衰落。

三、批发市场类型的选择

1. 批发市场的类型

批发市场按照交易场所形式的不同，可以分为主场馆市场类型、专业街为主体的市场类型、主场馆和专业街相结合的市场类型三种。

（1）主场馆市场类型。各种形态的大型场馆市场，有配置较为齐全的公共服务设施，形成一个完整、全面的市场体系，具有市场的整体功能、市场的展示功能、市场的标志功能。例如海宁中国皮革城、诸暨华东国际珠宝城等。

（2）专业街为主体的市场类型。通过核心市场标志建筑，连接一定数量的专业街，通俗地讲，把建筑形态基本一致的专业街布置在一起，取重要地段建设代表市场性质和规模的主体形象工程，具有独立的交易空间、灵活的经营方式、自由的运行机制等特点。例如广州白云皮具市场、桐乡轻纺市场、山东济宁小商品市场等。

（3）主场馆和专业街相结合的市场类型。这种市场融第一类、第二类型的特点于一体，既有较大的主场馆，又有一定数量的专业街，主场馆规划在主入口，或者布置在专业街的中心区或一侧等，一般是因地制宜、并无定数。例如济南小商品市场、义乌国际商贸城等。

2. 批发市场类型的选择

批发市场类型的选择需要根据市场交易商品的特点、市场发展阶段进行综合考虑。在批发市场发展初期，一般采取以专业街为主体的市场类型。专业街市场是建设多排具有相同设计风格的二层或三层商铺，一层进行商品陈列、展示，二层进行商品储存和简单加工，三层用于经营户居住。专业街市场建筑形式简单，建设投资小，商铺租金低廉，并有利于实现商户经营、居住一体化，降低商户的运营成本，促进商户投资经营的积极性，符合批发市场发展初期的特点。

批发市场经过专业街阶段的培养和发展，交易规模显著增加，辐射范围不断扩大，原有专业街低级、无序、小规模的交易方式已经不能适应批发市场扩张的要求，需要在专业街的中心或附近，建设批发市场的大型场馆，从而进入以主场馆为主的批发市场阶段。批发市场的大型场馆资金投入高，配套设施齐全，设计装饰豪华，商铺陈列规范统一，全面体现市场的交易功能、展示功能、服务功能、宣传功能等。场馆内品种繁多的商品、规范化的管理、健全的服务设施、舒适的购物环境，大大提高了批发市场的影响力，实现了批发市场质的飞越。而批发市场附近的专业街则成为大型场馆的必要补充。场馆内虽然租金昂贵，但是会给商户带来更多的商机，使其获取更高的利润。因此，商户既要在场馆内租有商铺，又要在商业街租有商铺。场馆内商铺空间有限，仅能进行商品的展示和宣传，而专业街商铺则进行商品的存储和简单加工。客商在场馆内可以获得各类商品的性能、价格信息，与商户进行讨价还价，达成一致，最终验货、提货过程一般在专业街商铺实现。这种以场馆为主、商业街为辅的批发市场模式，既为商铺提供了宣传、展示商品，扩大商户影响力的平台，又弥补了场馆商铺展示空间有限的不足，符合批发市场发展的规律，是批发市场都宜采用的一种模式。

组团类批发市场未经专业街的发展阶段，在政府的统一规划和引导下，由不同的投资主体（包括政府、集体、外商、个人等）分别建设不同的场馆而组成。这些场馆紧密相连，并与办公楼、写字楼、高层住宅结合于一体，具有现代批发市场的特点，为大、中城市所采用。以沈阳五爱批发市场为例，政府在沈河区小商品批发市场的基础上，对批发市场统一规划，进行升级改造，经过多年的努力，已经从最初的马路集贸市场发展成为楼厅式商场。五爱批发市场主要包括四部分：即由区属国有企业五爱集团开发建设的五爱国际商贸城、沈阳希尔顿饭店；由外资企业香港天地实业公司开发建设的五爱服装城；由民营企业辽宁维华集团开发建设的五爱针纺城；由市交通局转制后的合资企业五爱深港客货联运总站、美博城；还包括在建的韩国城、五联商厦。目前市场占地面积已达20万平方米，营业面积近100万平方米，总投资近40亿元，经营户2万个，从业人员6万余人，经营的商品包括服装、家纺、箱包、鞋帽、内衣、床品、玩具、工艺品、小百货、小家电等14大类2万多个品种，日均客流量30万人次，辐射东北三省、内蒙古地区、华北地区，部分商品还远销朝鲜、韩国、俄罗斯、蒙古国、东南亚、中亚等国家和地区。市场规模、交易金额都位居全国前列，2009年市场成交金额325亿元，纳税近3亿元，市场商誉价值40亿元。五爱批发市场通过政府强有力的宏观调控，既突出了国有企业在区域经济发展中的主导地位，又整合资源，合理规划产业布局，避免恶性竞争和盲目发展，把五爱批发市场建设成为政府主导、市场集合、业态提升、功能完善,以生态环境市场为核心,以集散型批发市场资源为平台,以多种商业混合业态为模式的批零融合性商业中心。

四、批发市场建筑形态

1. 井字布局,流通便捷

井字形式批发市场通风、采光好,视觉宽敞;放眼四周,琳琅满目的商品尽收眼底。无论从任何方向进出,都较少走回头路,克服了经营者最担心的现象——生意好坏看商铺位置。这种结构有利于培育、营造竞争环境和商业氛围。适合于小商品市场、服装市场等。

该建筑形式集中在一大型多层建筑里,易形成规模效应,具有一定广告优势,组织管理和服务设施相对完善,人、车流明确,购物环境较好,不受天气影响。项目一次性投入大,不利于分期建设,市场启动缓慢,经营效益随楼层的可达性差而递减。

以海宁中国皮革城为例,海宁中国皮革城是一座以品牌店、专卖店为主的现代化、商场化大型皮革专业市场,总建筑面积45万平方米,设施先进,功能齐全,装修豪华,每个商铺经营面积约45平方米,主通道7.2米,辅通道4米,入驻企业2000多户,高峰时期日客流量达5万人次。已经成为中国皮革界规模最大、影响最广、最具竞争力优势的专业批发市场,也是皮革价格信息、市场行情、流行趋势的发布中心。

2. 排屋结构,独立商铺(仓库)

排屋式建筑结构远看是边界分明的排屋,近看是独立的商铺。市场车辆进出方便,汽车、集装箱均可到到商铺门前。商铺通常为复合式,一楼是营业用房,二楼、三楼是办公用房和仓库,类似义乌的专业街。这种类型建筑形式一般适用土地价格较低的地方。因为土地成本低,所以营业面积比较大。适合于五金类、建材类市场。

该建筑形式一次性投入少,临街铺面商业利润高,多为自然形成;客户有一定的基础认同心理,市场容易启动。存在配套服务设施缺乏,规模不易扩大,档次不易提高,商业活动增加沿路的交通压力,发展的后续力不足等不利因素。

金乡商贸城为典型的排屋式建筑结构。市场内摊位按相同格局沿街道并排建设,总长约11千米,每一个摊位门前为开阔的交易场地,便于大型车辆停放和大蒜卸载、暂存。摊位正面以大棚结构建设,用于大蒜简单加工和临时存储,摊位后面建有大型冷库,用于大蒜常年存储。

3. 中庭突出,四周店面,区块分明

以中庭为核心,四周均为商铺,商铺大小不等、结构不同,并按商品类别分若干区块:粮油区、炒货区、熟食区、水产区……这种形态的市场商铺,档次相差很大,建筑形态适用于家具、农贸类市场。

该建筑形式采用宽敞的中庭结构,为大宗商品装卸和交易提供充足的空间;中庭四周按商品类别分不同区域，保障市场交易的有序性。由于不同经营区域经营商品的类别不同，对商铺的大小要求不同。因此，各类商铺的建筑设计各不相同，增加了建设成本。

以中国寿光农产品物流园为例。中国寿光农产品物流园在原寿光蔬菜批发市场基础上，由爱晚工程旗下香港旺益集团投资建设，总投资20亿元，可实现年蔬菜、水果、农副产品交易量60亿千克，是亚洲最大的综合性农产品物流园。园区入口附近是空间宽敞、设施齐全蔬菜果品交易区，交易区包括交易大厅6栋，一期主要提供机制的蔬菜交易场所，建筑面积近140000平方米，大厅净高10米，全部为钢网架结构。其中，交易大厅单体建筑面积22000平方米，两栋大厅横梁跨度分别为57米、53.5米，横梁跨度、单体面积均为中国最大，可以满足大进大出的需要。交易区周边设计建设五大功能区，即蔬菜电子商务交易区、农资交易区、农产品加工区、物流配送区、配套服务区。采取交易、存储、配送、商业、居住、办公、休闲多功能混合互动模式，实现多种业态的积聚效应，为广大客商提供一个规模大、档次高、服务功能强、服务范围广的交易和服务平台。

4. 数楼相连，回廊衔接

这种建筑形式由数幢功能不同的建筑组成。商铺之间相互连接，既相对独立，整体上又连贯在一起。连接建筑的通道一般采用天桥，即使刮风下雨也无人阻挡，适合于多功能、集商场、餐饮、娱乐、休闲于一体——不夜城性质业态的市场，这种建筑类型多见于上海、无锡地区。另一特点是在大门前建有面积2000平方米的主题广场。

该建筑形式的多项功能设施集中在一个区域内，有很好的规模聚集效应和相互促进作用，主题广场可以大大提升批发市场的影响力，配套服务设施完善，功能齐全，可以创造良好的室内和室外购物环境。项目投资巨大，可以考虑分期建设，区域内交通流线复杂，商铺在不同的区域位置，经济效益会有所不同。

以五爱批发市场为例。五爱批发市场包括五爱国际商贸城、五爱国际小商品城、内衣袜子城、床品布艺箱包鞋帽城、五爱服装城、五爱针纺城、五爱国际美博交易中心、五爱国际时尚创意中心等建筑，这些建筑由通道紧密相连，使五爱批发市场成为集商贸交易、商务会展、物流仓储、交通客运、信息服务等功能为一体的东北领先、全国一流的商贸物流中心。

五、批发市场规划可行性报告

在考察了批发市场的选址、行业竞争力等诸多要素的基础上，批发市场规划还有最后的环节——编制可行性报告。可行性研究是指从事一种经济（投资）之前，需要对经济、技术、生产、供销、社会环境、法律等各种因素进行具体调查、分析、论证和评价，并确定有利和不利因素，判定该项目在技术上是否可行，经济上是否合理，财务上是否盈利，从而提出该项目是否值得投资，如何进行建设的咨询意见，为项目决策提供依据的一种综合性系统分析方法。可行性分析应当遵守预见性、公正性、可靠性、科学性原则。

可行性研究具有重要作用：作为项目投资决策的重要依据；项目立项、审批、与有关部门签订协议、合同的依据；项目筹措建设资金的依据；编制设计任务书的依据。

第四节　批发市场的调控

批发市场作为城市商业业态的代表，在商品经济的发展模式中，必然会遵循一般的经济规律，一方面受到商品价值规律的经济调控，另一方面也需要政府和国家的调控进行规范。关于批发市场的规划本质上即是批发市场调控的表现之一，规划批发市场的调控侧重于有形的地点、建筑、类型选择等方面。下面讲到的政府对批发市场的调控倾向于批发市场在经济领域作用的调控。本节就批发市场的调控，尤其是政府对批发市场的调控问题作阐释。

一、价值规律对批发市场的调节作用

只要有商品交换的地方，就必然遵循着价值规律，而且价值规律应当是批发市场进行商业活动时最主要、最基本、最核心的规律。价值规律告诉我们，商品价格总是以价值为中心上下波动。当市场上某种商品出现稀缺，供不应求时，商品的价格就会上涨；当市场上某种商品出现饱和，供大于求时，商品的价格就会下跌。以农产品批发市场为例，农产品的产量受自然天气等外界因素的影响较大，因此总产量时有影响，价格浮动表现得更为明显。2010 年，大蒜市场异常火爆。素来以大蒜著名的金乡在新蒜收获前就已经有大量客户前来接洽，大蒜市场行情看好。但进入 2011 年，大蒜市场急转直下。腾讯财经网也以"蒜价去年疯涨今年暴跌"的标题形容大蒜市场的寒冬期。出现暴跌的情况，除了有天气因素影响外，更多的是价值规律作用的体现。2010 年大蒜利润的增加，使原有的蒜农扩大了种植规模、增加了种植投入，同时也吸引了其他种植者改种大蒜。这样一来，大蒜产量增多，市场饱和，出现价格下跌也是情理之中的事情。

价值规律的作用，使批发市场一旦发现经营商品在市面上出现饱和的情况，就会撤出一部分资源，从而使市面上的商品在波动中达到一个相对稳定的状态。但是价值规律的调控有着其局限性。比如，其滞后性会造成批发市场资源的浪费。前一年的商品价格飞涨引起生产资源的投入，但是投入过剩的后果需要一段时间才能显现；追求利润的本性可能造成两极分化或者不当竞争，大型的批发市场凭借雄厚的规模实力以及先进的管理系统，占据优势资源，使小市场的生存步履维艰，甚至吞并小批发市场，严重时形成垄断或者恶性竞争，这就需要政府的调控。

二、政府对批发市场的调控

1. 政府对批发市场调控的必要性

（1）协调批发市场各方利益的需要。批发市场作为规模较大，环节相对复杂的商品经济形式，其涉及的经济主体也相对复杂，包括批发市场供货工厂，批发市场内经营商户，批发市场的运销人以及批发市场的管理者等。批发市场的管理者主要负责摊位、治安、通信、基本设施等方面。批发市场供货工厂直接向批发市场的经营商户提供货品，尤其对综合型和大型批发市场，一家工厂无法垄断这个市场的商品供应，因此在一个市场有多家供应工厂时，工厂供应方之间就会有竞争。批发市场内经营商户的竞争显而易见，尤其在经营同类商品时，竞争尤为明显。批发市场的运销人也会和批发市场的经营商户发生经济关系。各方主体在整个经济运行的链条中都存在着经济关系和竞争，也就存在经济纠纷和不当竞争的可能。这就需要政府运用行政力量进行规范，通过行政法规等手段明确各方主体在经济活动中的责任和义务，规范各方主体的经济行为，做到权责明确。

（2）应对市场失灵的需要。市场失灵是指市场机制丧失了有效配置资源的功能，市场无法发挥配置资源的优势作用。造成市场失灵的原因有多种，垄断和不公平竞争、信息不对称、宏观经济的波动等都可能造成市场的失灵。批发市场作为市场经济中不可或缺的部分，也会遇到市场失灵的情况。市场内会产生垄断，会出现市场信息和交易结果的不对称，这时就必须发挥政府对市场的调控作用。政府通过在某些经济范围内采取限制和保护的措施，打压或者鼓励某些经济主体进入市场，利用管理者的身份及时收集和公布信息以减少信息不对称带来的资源浪费，同时可以制定相应的法律行政规范，促进市场经济结构的规范和最优化。

（3）引导批发市场健康运行的需要。保证批发市场正常运行的条件，除了各方主体进行正常的经济活动，形成井然有序的经济环境外，还包括公用产品公共设施的齐全以及秩序的保障。但是公用产品的生产缺少内在的驱动力，并不像其他产品生产一样的"投入成本—利益产出"的模式，能够直接获得经济效益。所以公用产品领域并不能吸引众多的企业和商家进行投入。另外，批发市场内诸如防火防盗、安全疏通、安全设施的配备等属于安全秩序保障的范围，也不是批发市场尊重价值规律就可以保证的，因此公共的社会设施以及安全秩序的保障就需要政府进行调控，以弥补市场调控的局限性。

2. 政府对批发市场调控的手段

（1）相关法律法规的约束作用。近些年，我国关于批发市场的法律法规相继颁布。1989年，国家医药管理局发布《关于加强医药批发市场管理的通知》；1994年，内贸部颁布《批发市场管理办法》；2004年6月，农业部印发《农产品批发市场建设与管理指南（施行）》的通知等一系列通知和法规。这些法律法规能够规范批发市场发展中产生的恶性竞争、哄抬物价、囤货居奇等不当和违法的经济行为，是政府在对批发市场调控中净化批发市场商业氛围的有力武器，保证批发市场能够健康、有序地发展。

但是，由于我国市场经济起步较晚，尤其是批发市场的发展还处在一个极不成熟的阶段，关于批发市场的法律法规体系还很不完善。以"批发市场"和"法律法规"为关键词在中国知网数据库中搜索，发现并没有完全意义上阐释我国目前关于针对批发市场的法律法规研究的论文和成果，但与此相对应，国外关于批发市场的法律就相对完善。日本有专门的《批发市场法》《批发市场法施行令》以及更加具体的《批发市场业务规程条例》。因此，在我国完善和健全规范批发市场的法律法规迫在眉睫。

（2）统一管理的行政手段。在市场经济发展不健全、相应法律法规跟不上的情况下，对经营商品多样、经营模式纷繁复杂的批发市场进行相对统一的管理是十分必要的。统一管理的模式能够在批发市场从商品的供货、物流、集聚以及出售给零售商等环节高度规范化和专业化，保证在大量贸易的基础上同时保证质量安全。例如，海口市人民政府在2002 年发布《海口市人民政府关于蔬菜批发市场实行准入制管理的通告》，要求市区各蔬菜批发市场应按照"谁开办、谁负责"的原则，对蔬菜交易实行准入制管理，旨在加强蔬菜批发交易的规范化管理，确保城乡人民食菜安全。所有蔬菜批发商进场交易前必须进行自检，然后接受批发市场的抽检，抽检合格并取得准销证后方可交易；市郊菜农进入批发市场销售自己种植的蔬菜，还应持有市统一发放的"蔬菜产地标志卡"。凡定性检测不合格的蔬菜应暂停交易，并送市农产品检测中心定量检测；凡定量检测不合格的蔬菜，按有关规定作出清退或销毁处理。蔬菜批发活动必须在蔬菜批发市场内进行，场外交易应予取缔，批发商和购菜单位、个人应服从市场的统一管理各蔬菜批发市场应与蔬菜批发商签订书面协议，以明确各方责任。[①] 政府对批发市场的这种统一管理，是通过有效的行政干预，肃清批发市场交易中的不当行为，保证批发市场的健康运行。

但是，统一管理并不是一味地行政干预，也应当遵循以下几个原则：

第一，权威性原则。政府对批发市场的统一管理应该形成一套比较完整的规章制度。如海口市人民政府将蔬果批发市场准入制度以具有约束效力的形式规定下来，使批发市场准入制度有章可循。要树立政府对批发市场管理的权威性，就要打破朝令夕改的旧作风，各部门互相协作，谨慎商讨，力求达到各方利益最大化。既可以保证批发市场有序平稳的贸易，也能够使政府行政资源实现最优配置，从而实现"双赢"的局面。

第二，适度性原则。政府干预没有达到预期效果或者政府过度干预，都是政府失灵的表现。无效的政府干预不仅造成行政资源的浪费，也会导致经济的损失。因此，政府对批发市场的管理要坚持适度性原则，进行有效干预。政府对批发市场的统一管理，应当侧重于批发市场运行中关于规则、制度等方面的统一规定，引导市场资源配置向有利的方向，或者对严重的不当和恶性经济行为的纠正和惩戒，而对于批发市场正常的经济活动，应该使其遵循经济规律，按照市场供需来调节自身发展。

---

① 2002 年 9 月 23 日海口市人民政府海府〔2002〕50 号文件发布。

（3）相应的经济手段。政府可以用相应的经济手段调整批发市场的经济行为。经济手段的干预并不意味着政府可以越过价值规律和市场发展规律直接进行经济控制，而是通过价格政策、信贷政策、税收政策等经济手段调控批发市场。运用调控价格使批发市场内商品价格处在市场经济可以承受的范围内，保障最低价格，限制最高价格，以求在长期的过程中价格与价值的相统一。加大对有利于民生或者关系到经济稳健发展的关键领域的信贷政策倾斜，引导资源向这些领域的流入。通过税收政策，调节批发市场各方经济主体利益的分配，促进再分配的公平。

📖 本章案例

批发市场建筑形态规划

从广州宏新市场策划文本了解到，广州宏新集团计划投资 12 亿元兴建大型批发市场，位于广州市白云区太南路 623 号地段，西接广州大道，东接沙太路，南邻高速路网，北近广州北大门——白云山围成的区块，占地约 16 万平方米。宏新市场在总体规划中，为了使市场的先期阶段有震撼，中期扩大可连续，后期发展有空间，结合现有区块地形多变、结构复杂、市区新规划宽度 30 米的道路贯穿其中的具体形态，原则考虑采用"多板块、长条形、迂回式"的空间形态。呈"虎头、龙身、凤尾"平立面象形图案。在实际操作中，如果通过置换办法，适当拓宽西区狭口的径口，则效果更佳。

宏新市场平面布置的最大特点是采用大正面店铺、多功能组团的形式，合则为一体，分则相对独立。既考虑今后与外部环境发展环境、城市面貌的融合，又实现与市场内部布局、市场运作、市场管理进行科学对接。这是中国市场策划网首次全面总结全国成功案例，结合宏新市场实际研究策划的一个最佳方案。

🔍 本章小结

政府在批发市场中的调控作用必须要在商品经济的规律的范围内进行，超越经济规律的行政干预，不仅不会对批发市场的发展形成助力作用，反而会事与愿违。政府在批发市场的类型选择、选址规划、建筑设计、行业竞争力等方面进行规划，实质上是政府在批发市场前期规划中的一种职能的体现。在批发市场运作的过程，政府也要通过各种手段规范其经济活动。政府在批发市场发展中职能否有效发挥，直接关系批发市场能否有序运行。

关 键 术 语

政府调控；政府职能；行业竞争力分析；批发市场规划可行性

分析与思考

1. 批发市场定位的意义是什么？

2. 批发市场建筑形态有哪几种？

3. 依据迈克尔·波特的竞争模型，从几个方面可以对本行业的竞争格局以及本行业与其他行业之间的关系进行较好的分析？

4. 政府对批发市场的调控有哪些方面？

附　件

批发市场可行性报告的参考格式

9. 资金筹措

　9.1　融资方案与使用计划

　9.2　还款资金的来源

　9.3　投资指标

10. 财务评价

　10.1　项目成本费用估算

　10.2　财务盈利能力分析

　10.3　清偿能力分析

　10.4　不确定性分析

　10.5　财务评价结论

11. 社会效益评价

　11.1　社会效益评价

　11.2　生态效益

12. 项目风险分析

　12.1　项目风险因素识别

　12.2　风险程度分析

　12.3　主要风险及防范措施

　12.4　不确定性分析

13. 结论与建议

　13.1　结论

　13.2　建议

参考文献

［1］童一秋，王振华，刘芳．批发商［M］．北京：中国时代经济出版社，2004．

［2］彭辉．流通经济学［M］．北京：科学出版社，2010．

［3］王克臣，李敏，刘晓燕．我国商品交易市场发展现状分析［J］．中国市场，2009（34）．

［4］洪涛．我国小商品批发市场面临的挑战和发展趋势［J］．流通形势分析，2000（1）．

［5］徐婧．我国与发达国家批发市场发展差异分析［J］．经济研究，2008（12）．

［6］刘大集．中国农产品批发市场发展模式研究［D］．湖北：华中农业大学硕士论文，2004．

［7］郭国庆．市场营销学通论［M］．北京：中国人民大学出版社，2011．

［8］管卫国．基于改进粒子群算法的供应商选择问题研究［D］．上海：上海交通大学硕士论文，2010．

［9］赵娴．流通经济学［M］．北京：中国物资出版社，2008．

［10］丁俊发，赵娴．流通经济学概论［M］．北京：中国人民大学出版社，2012．

［11］郑治．农产品物流效率影响因素的研究——基于大连双兴综合批发市场的案例分析［D］．辽宁：东北财经大学硕士论文，2013．

［12］孙侠，张闯．我国农产品流通的成本构成与利益分配——基于大连蔬菜流通的案例研究［J］．农业经济问题，2008（2）．

［13］黄丽红．解析物流、商流和信息流的关系［J］．大家谈，2013（3）．

［14］燕学博．电子商务信息流、物流、资金流一体化整合［J］．科技资讯，2006（21）．

［15］靳伟．现代物流系列讲座．第九讲：商流、物流、资金流、信息流的关系［J］．中国物流与采购，2002（10）．

［16］徐从才．流通经济学：过程、组织、政策［M］．北京：中国人民大学出版社，2006．

［17］姜振华．电子商务下的商流探析［J］．中国流通经济，2001（2）．

［18］李德库．电子商务环境下的物流管理创新［J］．中国流通经济，2013（8）．

［19］王学东．电子商务信息流、物流、资金流互动分析［J］．科技进步与对策，2002（4）．

［20］王婷睿．供应链金融与供应链资金流优化的国外研究综述［J］．商业时代，2013（6）．

［21］陈志平，余国杨．专业市场经济学［M］．北京：中国经济出版社，2006．

［22］王施益．专业市场区位研究——以杭州市专业市场群为例［D］．浙江大学硕士论文，2010．

［23］文娟．中国南方专业批发市场选址及建筑空间形态研究［D］．湖南大学硕士论文，2004．

［24］翟志宏．中国市场热点问题研究［M］．北京：中国工商出版社，2004．

［25］国务院研究室义乌报告课题组．义乌报告——中国改革开放进程中的市场典范［M］．北京：中国经济出版社，2014．

［26］王娇．关于我国专业批发市场转型升级的分析［J］．前言探索商业论坛，2014（8）．

［27］宋华，胡左浩．现代物流与供应链管理［M］．北京：经济管理出版社，2000．

［28］续秀梅．面对国际竞争中的中国商品批发业［J］．宏观经济管理，2001（4）．

［29］宋衍萍．我国批发业发展变化及原因分析［D］．北京化工大学硕士论文，2006．

［30］胡浩．流通·金融·制度创新［M］．北京：人民出版社，2001．

［31］张丽娜．批发市场发展面临的问题及对策——以兰州东部综合批发市场为例［J］．企业导报，2012（23）．

［32］马克思恩格斯全集（第二卷）［M］．北京：人民出版社，2008．

［33］［英］琼·罗宾逊．经济哲学［M］．北京：商务印书馆，2011．

［34］高鸿业．西方经济学（第六版）［M］．北京：中国人民大学出版社，2014．

［35］洪涛．流通产业经济学（第二版）［M］．北京：中国商业出版社，2011．

［36］王毅武，康星华．现代市场经济学［M］．北京：经济管理出版社，2009．

［37］张淑云．市场经济概论［M］．北京：化学工业出版社，2010．

［38］黄子璎，李慧敏．小商品批发市场业态的发展趋势［J］．学术交流，2000（1）．

［39］易正兰．乌鲁木齐国际商贸中心批发市场物流模式探析［J］．江苏商论，2011（5）．

［40］郭崇义，庞毅．北京农产品批发市场创新营销研究［J］．北京工商大学学报（社会科学版），2011（6）．

［41］方小山，肖大威．专业批发市场发展动态研究及规划探析［J］．城市规划，2002（10）．

［42］杨忠诚，陆玉麒．专业批发市场型小城镇现状与未来［J］．城市规划学刊，2003（5）．

［43］孟国强．批发市场的十个认识问题——我国批发市场若干理论与实践研究［J］．中国市场，2005（19）．

［44］强赤华．发展我国专业批发市场的战略思考［J］．商业经济与管理，1993（1）．

［45］谢涤湘，魏清泉．广州大都市批发市场空间分布研究［J］．热带地理，2008（1）．

［46］李玉增．我国商业批发市场的发展趋向刍议［J］．商业研究，2005（22）．

［47］徐印州，周颖．对我国批发市场未来发展的思考［J］．南方经济，2003（3）．

［48］黎红，陈光龙．从某大型专业批发市场看批发市场与现代物流功能的整合［J］．物流技术，2007（7）．

［49］朱英明，王昌佐．批发市场：沪宁杭城市密集区城市发展的动力［J］．江海学刊，2004（2）．

［50］张乃兵．专业批发市场发展趋势探析［J］．现代商业，1994（7）．

［51］［美］菲利普·科特勒．营销管理［M］．上海：上海人民出版社，1997．

［52］［日］林周二．流通革命［M］．北京：华夏出版社，1996．

［53］［美］迈克尔·波特．竞争优势［M］．北京：华夏出版社，1997．

［54］纪宝成．商品流通论［M］．北京：中国人民大学出版社，1993．

［55］高涤陈等．商业运行概论［M］．北京：中国物资出版社，1991．

［56］顾国建．零售业：发展热点思辩［M］．北京：中国商业出版社，1997．

［57］向欣．特许经营：商业发展的国际化潮流［M］．北京：中国商业出版社，1997．

［58］余兴发．大商业管理体制［M］．上海哲学社会科学重点课题，1995．

［59］晁钢令等．中国商品流通渠道的重组与控制研究［M］．财政部“九五”科研规划重点课题，1998．

［60］张春魁等．流通经济学［M］．山西：山西经济出版社，1993．

［61］闵宗陶，刘星原．现代商学［M］．西安：西安交通大学出版社，2003．

［62］郭冬乐，宋则．中国商业理论前沿［M］．北京：社会科学文献出版社，2000．

［63］柳思维．贸易经济学［M］．北京：高等教育出版社，2007．

［64］吴宪和，陈顺霞．流通经济学教程［M］．上海：上海财经大学出版社，2001．

［65］［美］马丁·克里斯托弗．物流与供应链管理［M］．北京：电子工业出版

社，2003.

[66] 晏维龙. 交换、流通及其制度［M］. 北京：中国人民大学出版社，2002.

[67] 刘勇. 商业增长论［M］. 北京：经济管理出版社，1999.

[68] 宋华. 世界名店经营案例［M］. 北京：中国人民大学出版社，2001.

[69] 刘星原. 连锁经营与管理［M］. 北京：中国商务出版社，2008.

[70] 彭绍仲. 企业竞争论［M］. 北京：企业管理出版社，1998.

[71] 王海云. 市场营销学［M］. 北京：经济管理出版社，2008.

[72] 计东亚. 电子商务环境下中间商作用的转变［J］. 对外经济实务，2002（4）.

[73] 汪涛. 电子商务中的渠道行为探悉［J］. 管理评论，2004（5）.

[74] 丁鹏辉. 国际营销 STP 战略及 4P 策略分析——以德国大众汽车集团为例［J］.商业经济，2011（5）.

[75] 杜伟锦，章斌，张凤霞. 市场营销策略的比较研究［J］. 电子科技大学学报，2004（3）.

[76] 冯明明. 商品流通实用教程［M］. 天津：南开大学出版社，2008.

[77] 郭滨. 电子商务在中小企业发展中的作用［J］. 天津：天津市电视技术研究会 2009 年年会论文集，2009.

[78] 诸文静. 国际物流发展趋势下供应链管理的研究［J］. 柳州师专学报，2014（8）.

[79] 祝合良. 现代商业经济学［M］. 北京：首都经济贸易大学出版社，2008.

[80] 张鲁秀，高厚礼. 基于电子商务的企业营销渠道创新［J］. 华东经济管理，2007（9）.

[81] 吕健. 电子商务对义乌小商品市场转型升级的影响研究［J］. 同济大学马克思主义学院义乌小商品城发展课题，2014 - 11.

[82] 郑淑蓉. 中国电子商务 20 年演进［J］. 商业经济与管理，2013（11）.

[83] 任燕，安玉发，多喜亮. 政府在食品安全监管中的职能转变与策略——基于北京市场的案例调研［J］. 公共管理学报，2011（8）.

[84] 张远. 关于城市中心区批发市场布局调整的思考——以北京城市中心区小商品批发市场调控为例［J］. 国流通经济，2013（9）.

[85] 丁靖. 小城市大型综合批发市场的规划分析［J］. 中国商贸，2011（12）.

[86] 庄岩. 中国农产品价格波动的影响因素及政府调控研究［D］. 哈尔滨商业大学博士论文，2013.

[87] 李伟. 现代化农产品批发市场规划与设计研究［D］. 武汉理工大学硕士论文，2004.

[88] 胡友. 水果价格形成、波动及调控政策研究［D］. 华中农业大学博士论文，2014.

后　记

经过一年多的努力，本书终于出版了，作者要感谢为本书编写和出版提供帮助的朋友。

首先要感谢本书在引用和参阅文献目录中提到的所有学术界的同仁，他们在相关领域的研究成果是本书编写的基础。

其次要感谢经济管理出版社王光艳老师对本书出版所做的推介工作以及经济管理出版社各位老师所做的有关审稿、校对、印刷、发行等出版工作。

再次要感谢同济大学马克思主义学院的部分研究生。他们参与了本书部分内容的撰写，加快了本书的生成速度。

最后要感谢担任本书副主编的市场研究同仁杨小勇、朱庆仙、齐端章和何京月等为本书编写所付出的辛勤劳动和提供资料方面的帮助。

本书由同济大学博士生导师丁晓强教授、义乌市市场发展研究中心何建农主任、同济大学博士生导师龚晓莺教授担任主编，参加编写的作者有丁晓强（第一章、第三章、第四章、第七章）、何建农（第三章、第五章）、龚晓莺（第二章、第六章、第八章、第九章）和杨小勇（第十章）。参与本书编写的研究生有罗慧敏（第三章、第四章、第八章、第九章）、乔文瑄（第一章、第五章、第六章、第七章、第十章）、郭慧超（第四章、第十章）、许梦琦（第六章）、王靓靓（第一章）、郑梦露（第五章）、范俊萌（第七章）、王茜（第二章）、李洋洋（第五章）、杨宁汉（第三章）。全书由丁晓强教授组织编写和统稿。

由于作者水平有限，本书错漏在所难免，敬请读者批评指正。

丁晓强

2016 年 6 月 20 日于上海